“产教融合 MPAcc 教学智库实验平台建设”系列成果

“小班 + 案例”教学模式改革系列教材

◎ 邓彦　张军波　丛书主编

高级财务会计教学案例

GAOJI CAIWU KUAIJI JIAOXUE ANLI

● 罗伟峰　张绍婉　魏姗琳　陈观康　编著

华南理工大学出版社

SOUTH CHINA UNIVERSITY OF TECHNOLOGY PRESS

·广州·

内容简介

本系列教材案例均由广东工业大学管理学院案例开发中心开发完成，涵盖财务会计、财务管理、管理会计和审计等专业核心课程，以及高等学校的会计、银行会计、财税管理、财务报表分析、内部控制与风险管理、资本运营、重组并购等专业课程。适用于 MBA（工商管理硕士）、MPAcc（会计硕士）、工程硕士、全日制研究生以及本科高年级学生案例研讨；可作为理论研究的参考书，供从事财务管理理论研究的专家学者以及企业管理咨询机构使用；同时也是了解中国企业管理实践的必读书，可供企业所有者和管理者参考借鉴。

本系列教材案例为中央财政支持地方高校发展专项资金项目“产教融合 MPAcc 教学智库实验平台建设”（项目编号：400180039）、广东省哲学社会科学规划项目（GD16XGL53 & GD18YGL02）阶段性成果之一。

图书在版编目（CIP）数据

高级财务会计教学案例/罗伟峰等编著. —广州：华南理工大学出版社，2020. 5
ISBN 978 -7 -5623 -6293 -7

Ⅰ. ①高…　Ⅱ. ①罗…　Ⅲ. ①财务会计 - 案例 - 高等学校 - 教学参考资料　Ⅳ. ①F234. 4

中国版本图书馆 CIP 数据核字（2020）第 039833 号

高级财务会计教学案例

罗伟峰　张绍婉　魏姗琳　陈观康　编著

出 版 人：卢家明
出版发行：华南理工大学出版社
（广州五山华南理工大学 17 号楼，邮编 510640）
http：//www. scutpress. com. cn　E-mail：scutc13@ scut. edu. cn
营销部电话：020 - 87113487　87111048（传真）
策划编辑：吴兆强
责任编辑：吴兆强　邓荣任
印 刷 者：虎彩印艺股份有限公司
开　　本：787mm × 1092mm　1/16　**印张：**20　**字数：**509 千
版　　次：2020 年 5 月第 1 版　2020 年 5 月第 1 次印刷
定　　价：55. 00 元

“产教融合 MPAcc 教学智库实验平台建设”系列成果
“小班 + 案例”教学模式改革系列教材

序言

广东工业大学管理学院依托广东工业大学的工科优势，扎根我国社会经济转型的热土，以探索管理理论与实践前沿、服务地方社会经济发展为宗旨，持续为广东经济建设提供有力的人才支持、智力支持和决策支持，成为广东地区管理人才的重要培养基地以及广东经济管理的重要研究基地。目前，学院处于快速上升期，正努力建设成为拥有知名学科的高水平学院。

得益于广东省在国家改革开放和转型升级中的前沿地位，学院在学科建设、人才培养的过程中得以接触到大批具有"敢为天下先"精神的优秀企业家，他们在经营管理中遇到的问题颇具代表性、时代性，甚至超前性，他们在这些问题的处理上有宝贵的经验，也有刻骨的教训。他们个人的成长及其企业的发展历程对管理理论形成了很好的诠释、印证。将这些宝贵实践整理提炼形成案例，让更多管理学实践者、教育者和研究者学习、反思，使之发挥更大的作用是我们一直以来的心愿。

在广东省教育厅和学校的高度重视及大力支持下，广东工业大学管理学院一批知名教授和年轻博士组成企业管理案例开发小组，并正式立项撰写本系列教材案例集。项目团队凭借对管理学理论的独到见解和深入管理现场获得的翔实资料，提炼、撰写了100余个会计与财务案例，形成本套财会教学案例系列教材。案例主题既含战略管理、财务管理、财务会计等经典管理话题，又包括创新创业、并购重组、物流与供应链管理等具有时代特色和本土特色的热点话题，从借壳上市、并购重组、资本运营、合并报表、财务分析、税务管理、审计等角度，再现了企业家和管理者在财会实际工作中面临的典型情景、需要解决的典型问题和需要做出的典型决策，有助于读者更好地了解企业所面临的内外部环境的复杂性，认识有效管理者在新时代下所要具备的系统性和前瞻性思维。

本系列教材案例适用领域广泛：用于教学，有助于训练学生对实践的观察，深化其对管理理论、财务管理、财务会计的理解，提高其对问题的分析和解决能力；用于科研，有助于学者们捕捉具有转型期特色的管理现象、提炼管理问题、归纳新的管理规律；用于指导实践，有助于启发管理者思维、扩展视野，获得有借鉴性的管理措施。

德鲁克说："有效管理者的自我发展，是组织发展的关键所在。"我们谨以此书奉献给有志于成为卓越管理者的商学院学生，对服务企业、服务社会负有责任的学者和教师，以及在管理一线探究有效解决问题途径的实践者。愿广大读者与我们一起推动财务管理理论与实务的发展！

广东工业大学管理学院（执行院长）

张德鹏 教授

2020年2月

前言

为进一步推动案例研究及案例教学的开展，开发出更多、更好、更适用于财会教育的高质量教学案例，提高人才培养质量，由广东工业大学承担的“产教融合 MPAcc 教学智库实验平台建设”项目启动了财会教学案例开发与评选的工作，旨在深化产教融合、校企合作，构建教学智库实验平台，引领学科发展，以学科发展支撑智库建设，促进专业教育决策科学化，为专业教学提供智力支持，培养高素质应用型高端会计人才。

本系列教材案例均由广东工业大学管理学院案例开发中心开发完成，涵盖财务会计、财务管理、管理会计和审计等专业核心课程，以及高等学校会计、银行会计、财税管理、财务报表分析、内部风险控制与管理、资本运营、重组并购等专业课程。项目组成员由具有管理实践经验的企业管理相关领域的教授、博士以及部分企业高管组成。案例均在团队成员深入企业调研、采编并与企业经营者或员工深度访谈的基础上完成。入选案例必须是没有进入国内外案例库、亦未发表过的原创案例。本次开发的案例同时进入广东工业大学管理学院案例库，也是“产教融合 MPAcc 教学智库实验平台建设”系列成果。

1. 案例开发的背景

中国经济实现了跨越式发展，而今成为世界第二大经济体，这其中蕴含的中国特色管理现象与问题同样吸引了全世界的目光。中国企业对于管理相关理论和方法从模糊到熟悉，并且逐渐在实践中予以应用和创新，为经济建设积累了宝贵的经验。

财会教学案例是对企业真实运作场景与管理活动的再现，展现出具有典型性的中国式情境、问题和经验。案例在管理学科领域的教学研究和人才培养中得到了广泛认可和重视，是将管理理论与实践相结合、培养应用型高级管理人才的有效手段。案例开发是接触中国企业真实情景的有效途径，是“实践—认识—再实践—再认识”的过程；案例的真实性、实战性可以帮助学生充当决策者的角色，提升学生处理问题的能力。案例教学能让学生深刻领会到理论在实践中的生命力，是缩短教学情境与职业工作情景的有效途径。可以说，离开案例，管理教育的目标就很难实现。

2. 案例的内容框架

本系列教材的编写以管理学涉及的主要内容为范围和框架，几乎涵盖了企业管理和财务管理的各个学科领域。内容涉及创新创业、企业战略管理、财务管理、成本管理、财务会计、税务管理、审计等方面。案例类型多样，既有描述性案例，又有决策性案例。所选案例客观展现了企业某种经营行为的背景、过程、结果和存在的问题，并未对企业的经营管理做出决策，亦无暗示或说明现有管理行为是否有效。案例后附有启发思考题和案例说明书，在教学中可用于专题或综合性的课堂讨论，为案例教学方法的实施提供了有效素材，加快了教学改革的进程。

3. 案例的鲜明特色

相较于众多的企业管理案例，本次开发的案例具有以下鲜明的特色：

第一，浓厚的本土特色。本书所选案例均来自国内上市公司，代表了依托本土资源、政策和技术特点兴起的不同类型的企业，对本土企业认识、解决管理问题具有直接的参考价值。但这并不影响案例的普适性，而恰恰提示广大管理者在决策时必须关注内外部环境的独特性，对于其他地区企业利用地缘特征、地方特色资源形成竞争优势亦具有借鉴作用。

第二，可靠、充实的信息。本书所有案例均由项目组成员在深入企业调研或认真采编上市公司公开数据，并对企业经营者或员工深度访谈的基础上完成，数据可靠、充实、深入。案例展示的不仅是管理事件的经过，也体现了管理者的思想过程，有利于读者嵌入情境，对管理问题形成更深层次的认知。

第三，新鲜的时代气息。本书对近年来的新兴行业给予了充分关注，包括房地产行业、电商行业、物流行业、旅游地产行业，同时也关注了处于转型升级中的传统企业。这些企业在新时代下面临的新挑战往往不能从既有的管理学理论中找到突破口，需要通过实践案例分析来找到解决方案，这样有利于读者进行开放的、发散的、多视角的思考，系统训练思维能力。

4. 案例的适用性

本系列教材案例可满足高等院校经济管理领域的多种教学与科研需求：适用于MBA（工商管理硕士）、MPAcc（会计硕士）、工程硕士、全日制研究生以及高年级本科学生案例研讨；可作为理论研究的参考书，供从事财务管理理论研究的专家学者以及企业管理咨询机构使用；同时也是了解中国企业管理实践的必读书，可供企业所有者和管理者参考借鉴。

在此，对各企业在案例开发过程中给予的信赖和支持表示衷心的感谢！如果没有各企业的慷慨协作，要顺利完成本次案例开发是不可能的。希望所开发的案例能给企业管理提供帮助，同时引导企业经营者对相关经营行为展开探索。

广东工业大学管理学院案例开发中心负责本案例系列教材的出版工作，在此向参与编辑和出版的所有工作人员表示衷心的感谢。

案例编写过程中参考了诸多学者的研究成果，由于篇幅限制，这里不再一一列出。

广东工业大学管理学院案例开发中心

广东工业大学产教融合MPAcc教学智库实验平台

2020年2月

目 录

案例 1

高额应收，焉知非福——看瑞康医药如何盘活应收账款*

*1. 本案例由广东工业大学管理学院的陈沉、朱雨珠、罗伟峰、罗漫玲以及（肇庆学院）李华军等共同撰写，作者拥有著作权中的署名权、修改权、改编权。

2. 本案例授权广东工业大学产教融合 MPAcc 教学智库实验平台使用，广东工业大学产教融合 MPAcc 教学智库实验平台享有复制权、修改权、发表权、发行权、信息网络传播权、改编权、汇编权和翻译权。

3. 由于企业保密的要求，在本案例中对有关名称、数据等做了必要的掩饰性处理。

4. 本案例只供课堂讨论之用，并无意暗示或说明某种管理行为是否有效。

[案例封面]

专业领域： 财务会计

适用课程： 财务会计理论与实务

选用课程： 财务会计理论与实务

编写目的： 本案例旨在帮助学员通过研究，理解和掌握应收账款资产证券化的相关知识，引导学员进一步关注应收账款资产证券化的意义和影响。学员可以在此基础上，结合公司实际开展应收账款资产证券化方法前后的应收账款指标分析，对公司应收账款资产证券化后产生的影响做出判断和评价，并将其运用到经营活动的实践当中去。

知 识 点： 应收账款；应收账款资产证券化

关 键 词： 应收账款资产证券化

中文摘要： 近年来，上市公司应收账款总额居高不下，呈现出逐年递增的趋势，这已经成为许多上市公司的"通病"。根据 Wind 2017 年上半年最新数据，A 股上市公司的应收账款总额已经增长到 4.14 万亿元，算术平均值增长到 12.7 亿元；上市公司净利润总额为 1.67 万亿元，算术平均值为 4.99 亿元。上市公司的应收账款规模已经远远超过了净利润规模。上市公司开始寻找减少应收账款的方法，将应收账款进行证券化，是近期上市公司减少应收账款常见的手段之一。

[案例正文]

一、应收账款证券化

(一) 含义

应收账款证券化是一种既能充分发挥应收账款的促销作用，又能控制和降低应收账款成本的管理办法。证券化的实质是融资者将被证券化的金融资产的未来现金流量收益权转让给投资者，而金融资产的所有权可以转让也可以不转让。在国际上，证券化的应收账款已经覆盖了汽车应收款、信用卡应收款、租赁应收款、航空应收款、高速公路收费等极为广泛的领域。

(二) 特征

1. 应收账款期限较短

应收账款是企业在销售过程中形成的一种债权。通常，企业为加速其流动资金周转，给予买受人的还款期限不会特别长，因此基础资产具有回收期相对较短、周转速度相对较快的特点。

2. 应收账款无利息收入

企业在日常销售中，为了更好地进行业务拓展，通常采用赊销方式，即企业给予客户一定的还款期限，只要在约定日期之前支付即可，由此形成应收账款；买受人无需支付额外利息。

3. 入池资产数量比较灵活

在入池资产数量方面，可以根据应收账款的金额大小灵活选择入池。例如，公共企业（如水、电公司等）选择金额较小的应收账款入池时，入池资产笔数会比较多，而大型企业则选择金额较大的应收账款入池，相应的入池资产笔数则会较小。

(三) 运作流程

1. 发起人确定证券化资产并建立基础资产池

发起人是应收账款的所有者。首先，发起人会根据自身企业对融资的需求对应收账款进行定量和定性分析，确定要进行证券化的应收账款。不是所有应收账款都能用来进行证券化，应收账款证券化应该是以该应收款能够在未来所能带来的现金流为基础。其次，要对进行证券化的应收账款进行评定和组合。

2. 建立特殊目的载体 SPV①

特殊目的载体是专门为进行资产证券化而设立的独立机构。设立该机构是为了使基础资产与该资产原始权益人形成风险隔离。组建特殊目的载体时要保持分立的性质，满足清偿的债务限制，并设立独立的董事制度。特殊目的载体设立的形式一般是信托投资公司、担保公司等。

---

① SPV 全称为 special purpose vehicle。在证券行业，SPV 指特殊目的的载体，也称为特殊目的机构或公司，其职能是在离岸资产证券化过程中，购买、包装证券化资产和以此为基础发行资产化证券，向国外投资者融资。

3. 资产真实出售

资产真实出售是将拟证券化资产从资产原始权益人的资产负债表中移出，这样进行证券化的应收账款就与发起人的信用状况不再有任何关系。这种转移实现了原始权益人与基础资产的破产隔离，实现了真实出售。即使原始权益人出现破产的情况，债权人对已证券化的资产也不再具有追索权。被证券化的应收账款从原始权益人向特殊目的载体的转移是应收账款证券化运作中非常关键的一环，它既达到了破产隔离的目的，也维护了证券投资者的利益。

4. 信用评级与增级

应收账款证券化的资产发行时需要评估产品的信用等级，因此需要专业的信用评级机构对其进行信用评级。按照程序，这需要进行初评和发行评级。初评是为了确认证券化产品是否达到了所需要的信用等级，来确认信用增级要采取的措施。初评后，评级机构还需要对基础资产进行监督，对基础资产信用等级进行调整，然后进行正式发行评级，并告知投资者评级结果。信用等级越高代表证券的风险越低，发行成本也就越低。

5. 发行证券

信用评级结果公布后，特殊目的载体要将证券移交给投资银行来承销。承销有公募发行和私募发行两种方式。特殊目的载体将发行证券所得的收入交给原始权益人来购买基础资产，于证券偿付日向投资者支付本息。这样，发起人实现了其融资目标。

6. 管理资产池

特殊目的载体需要聘请专门机构来管理资产池作为“售后服务”。其主要职责是收取债务人偿还的本息后将资金存入特殊目的载体设立的特定账户，并监督债务人履行债权情况，一旦债务人违约，就需要及时采取补救措施。

二、行业背景及公司简介

（一）行业背景

目前，随着国家经济的快速增长，人民生活水平得到提高，社会保障制度越来越完善，医药行业也得到了快速的发展。医保覆盖面不断扩大，农保的覆盖率已经超过95%。但是，在近年来经济增长整体放缓的大背景下，企业要债的难度也随之加大。对于本身应收账款相对较高的医药商业公司来说，要账更是难上加难。据同花顺数据，在2015年上半年，A股19家医药商业公司的应收账款总额为723.5亿元，平均下来，每家上市公司的应收账款为38亿元。在上述A股19家医药商业公司中，上海医药截至2015年6月30日的应收账款高达240.8亿元，位居榜首。此外，九州通、国药一致、南京医药、中国医药等上市公司的应收账款也超过10亿元。

（二）公司简介

表1-1介绍了瑞康医药的基本情况，它是一家高成长性、中型的药品直销服务商，也是一家医药商业企业。公司是以山东省为目标市场、以规模以上医院及基础医疗市场的直接销售为主营业务。公司在医院直配市场处于山东省医药商业公司的领先地位。

表 1－1　瑞康医药的基本情况

公司名称	瑞康医药股份有限公司
英文全称	Realcan Pharmaceutical Co. , Ltd.
成立日期	2004－09－21
上市日期	2011－06－10
公司网址	www. realcan. cn
所属地域	山东省
所属行业	医药生物/医药商业

数据来源：同花顺。

经营范围：中药材、中药饮片、中成药、化学原料药、化学药制剂、抗生素、生化药品、生物制品（除疫苗）、精神药品、麻醉药品、蛋白同化制剂、肽类激素、医疗用毒性药品、罂粟壳、药品类易制毒化学品的批发；Ⅰ、Ⅱ、Ⅲ类医疗器械的批发和零售等。

（三）瑞康医药 2017 年应收账款

应收账款是指企业在正常的经营过程中因销售商品、产品、提供劳务等业务，应向购买单位收取的款项，包括应由购买单位或接受劳务单位负担的税金、代购方垫付的各种运杂费等。应收账款数额过高会影响企业资金周转。随着买方市场的不断发展，赊销已经成为上市公司的运营常态，同时由于资产、资金和信息的不匹配，很大程度上拉大了上市公司产品和服务的交易周期。在经济增长速度整体放缓的大环境下，企业要债的难度也随之加大，对于本身应收账款金额相对较高的医药商业公司来说，要账更是难上加难。

从表 1－2 可以看出，2017 年，瑞康医药的应收账款仍然在不断增长，且增长速度非常快，在 2017 年三季报中已经达到了 120 亿元，比 2017 年中报数据上涨了 20%。

表 1－2　2017 年瑞康医药应收账款账面价值

日期	2017. 3. 31	2017. 6. 30	2017. 9. 30
应收账款/亿元	95. 21	99. 40	120. 62

数据来源：Choice 数据。

表 1－3 横向比较了六家医药商业公司和医疗器械公司应收账款与货币资金的比值。从该表可看出，瑞康医药在应收账款不断上升的情况下，其货币资金只有 11 亿元，应收账款与货币资金的比值高达 11∶1，处于瑞康医药历史较低水平。

无论是拥有传统医药商业业务的可比公司还是新进入医疗器械业务的可比公司，应收账款与货币资金的比值都远远小于瑞康医药的比值。

表 1－3　2017 年 3 季报应收账款、货币资金

公司	应收账款/亿元	货币资金/亿元	比值
瑞康医药	120	11	10. 9
鱼跃医疗	11. 1	10. 7	1
乐普医疗	15	15	1
嘉事堂	43	12. 6	3. 4
柳州医药	42	9. 5	4. 4
九州通	168	50	3. 4

数据来源：市值风云。

拥有大量的应收账款对上市公司的影响较大。瑞康医药的应收账款一直在增加，这代表着其营业收入并未转化为现金，会对瑞康医药的现金流产生影响。降低应收账款成了瑞康医药亟待解决的问题之一。

三、瑞康医药开展应收账款资产证券化项目

随着应收账款总量的日渐扩大，加上上市公司再融资政策的收紧，越来越多的上市公司开始借助应收账款融资，谋求再融资渠道的多元化。在多元化的融资渠道中，许多上市公司倾向于选择通过应收账款融资，原因主要有三个方面：商业保理服务办理便捷，不用抵押；盘活应收账款融资是上市公司一个新的融资渠道；优化报表，进行市值管理。

瑞康医药对其上游企业预付款增加，对下游公司收款能力却不强。同时，又因为公司处在“冲出山东，走向全国”的过程中，并购了许多应收账款占总资产比重较大的公司，加大了瑞康医药的应收账款比重，造成了瑞康医药的资金短缺。因此，瑞康医药从2016年开始用应收账款资产证券化的方式进行融资变现。

（一）2016年8月转让应收账款、设立专项计划融资

2016年8月30日，瑞康医药发布了《山东瑞康医药股份有限公司关于转让应收账款的公告》。公告中称，瑞康医药拟将对山东省境内多家医院或医疗机构享有的应收账款转让给长城国瑞证券有限公司以设立专项计划融资。初始应收账款转让总规模暂定为不超过人民币9.5亿元，转让价格暂定为不超过人民币8.3亿元（以专项计划实际成立时的规模为准）。

在专项计划运作过程中，长城国瑞有权向瑞康医药循环购买应收账款。瑞康医药对专项计划账户内可分配的资金不足以支付专项计划各项税费、报酬或优先级资产支持证券持有人应获分配的专项计划利益的部分进行差额补足。

这是2016年瑞康医药公司开始实施减少应收账款策略的重要一步。此次转让应收账款，盘活了现有资产，控制了应收账款风险，瑞康医药也能及时回收流动资金。这次交易改善了瑞康医药的现金流状况，也进一步支持了公司现有的生产经营业务。

（二）2017年8月发行首期资产支持票据、首期资产支持证券

2017年8月2日，瑞康医药发布了《瑞康医药股份有限公司关于转让公司及下属子公司部分应收账款发行资产支持票据的公告》。该公告称，现瑞康医药公司拟发行首期资产支持票据，公司拟作为委托人将公司及特定下属子公司持有的不超过17亿元的应收账款作为基础资产，委托华润深国投信托有限公司，将前述基础资产信托转让给华润信托，发行首期资产支持票据。

同日，瑞康医药发布了《瑞康医药股份有限公司关于转让公司及下属子公司部分应收账款发行资产支持证券的公告》。公告称，现瑞康医药公司拟发行首期资产支持证券，拟将公司及特定下属子公司持有的不超过15亿元的应收账款作为基础资产，由兴证证券资产管理有限公司通过设立资产支持专项计划受让该基础资产，发行首期资产支持证券。

2017年11月28日，瑞康医药股份有限公司第三届董事会第七次会议和瑞康医药第

二次临时股东大会审议通过了《关于公司拟发行资产支持证券和资产支持票据的议案》，同意公司作为原始权益人，以公司及下属分、子公司持有的应收账款作为基础资产，通过向计划管理人转让基础资产，由计划管理人设立资产支持专项计划，一次或多次分期发行资产支持证券，单期规模不超过25亿元，单期最长期限不超过5年，分为优先级资产支持证券和次级资产支持证券，公司或关联方将根据项目需要持有次级资产支持证券。

本专项计划的管理人兴证证券资产管理有限公司已向合格投资者要约发行优先级与中间级资产支持证券，并通过协议定价得到全额认购，次级资产支持证券由瑞康医药全额认购。专项计划于2017年11月24日正式设立，专项计划资产支持证券的基本情况如表1－4所示。

表1－4　专项计划资产支持证券基本情况

品种	优先A	优先B	中间级	次级
规模/万元	98 615	12 100	1815	8470
评级	AAA	AA	未评级	未评级
票面年化利率/%	5.7	6.5	6.6	无
起息日	2017年11月24日			
预计到期日	2020年3月31日起第25个工作日			
总规模/万元	121 000			

数据来源：瑞康医药《关于应收账款一期资产支持专项计划的设立公告》。

从表1－4可以发现，瑞康医药发行首期资产支持证券和票据，可以优化其财务结构，减少应收账款对资金的占用，缓解流动资金不足的问题。同时，可以进一步拓宽公司融资渠道，有效降低债务性融资成本，有利于公司发展。

（三）三次开展应收账款证券化的对比与影响

1. 三次开展转让应收账款专项计划的对比

三次开展转让应收账款专项计划的对比如表1－5所示。

表1－5　三次开展转让应收账款专项计划的对比

	转让应收账款设立专项计划融资	转让应收账款发行资产支持票据	转让应收账款发行资产支持证券
公告时间	2016.8.30	2017.8.2	2017.8.2
交易对方	长城国瑞证券有限公司	华润深国投信托有限公司	兴证证券资产管理有限公司
交易标的	瑞康医药向山东省境内多家医院或医疗机构提供商品而享有的应收账款债权转让，应收账款合计不超过8.3亿元	瑞康医药及特定下属子公司向买受人销售医药、耗材、试剂、器械等物品产生的应收账款及其附属权益，转让应收账款合计不超过17亿元，债务人为二级以上公立医院	瑞康医药及特定下属子公司向买受人销售医药、耗材、试剂、器械等物品产生的应收账款及其附属权益，转让应收账款合计不超过15亿元，债务人为二级以上公立医院

数据来源：瑞康医药发布专项计划的三个公告。

2. 开展转让应收账款专项计划对瑞康医药的影响

从表1-5中可以看出，瑞康医药2016年到2017年共开展三次转让应收账款专项计划，每次专项计划的交易对方与交易标的都不同，转让应收账款总额不超过40.3亿元。瑞康医药利用应收账款进行这三次资产证券化，带来的影响如下：

（1）扩宽融资渠道。资产证券化是股权融资、债券融资之外的另一种融资形式，可成为瑞康医药现有融资方式的有益补充。

（2）盘活资产存量，将应收账款转变为流动性较高的现金资产。

（3）资产证券化能有效降低融资成本，减少瑞康医药受银行信贷政策的影响。

（4）提高资金使用率，优化公司财务结构，改善公司资产负债率。

3. 开展应收账款资产证券化对行业的影响

（1）拓宽融资渠道，降低企业融资成本。对于医疗商业企业来讲，为了更好地扩大销售，争取潜在客户，许多企业可能更多地采用应收账款形式。但是医疗企业融资渠道有限，融资门槛也比较高。在这样的背景下，医疗企业可以联合在一起做发行人，形成较大规模的应收账款资产池，然后将其不同时间到期的应收账款进行证券化，实现快速变现。

（2）盘活资产，提高资产使用效率。对于医疗商业企业，因受经济周期影响，在销售过程中很容易积累大量应收账款，营运资金占用明显。出于对盘活资金及上级考核的需要，企业采用应收账款资产证券化进行融资，可以实现应收账款出表，进行快速变现。一方面提高了资产的使用效率，另一方面通过变现应收账款，降低债务水平，改变财务结构。

四、小结

尽管瑞康医药在过去两年实行了应收账款资产证券化，但是应收账款在瑞康医药公司中的比重却还是在增加。瑞康医药公司应该尽快查找其在应收账款流程中存在的问题，制定出应收账款的管理对策。高额应收账款虽然能表现出一个公司的盈利能力强，但只有把它真正变成公司手里的钱，才能使企业更好地发展下去。

五、讨论题目

1. 应收账款融资的主要途径有哪些？
2. 应收账款资产证券化的风险是什么？
3. 瑞康医药应该如何建立一个合理的应收账款管理流程？

六、参考资料

[1] 冷军. 应收账款证券化融资的流程与优点 [J]. 冶金财会，2005（5）：26-27.

［2］郭玉军，甘勇．未来应收账款证券化的比较法研究［J］．武汉大学学报：社会科学版，2004（5）．
［3］周明．应收账款证券化设计探讨［J］．广西财政高等专科学校学报，2005（2）．
［4］张玉扣．浅析应收账款管理的内涵及思路［J］．中国商论，2012（14）：64－65．
［5］曾淑云．当前企业应收账款管理制度的现状及其对策［J］．东方企业文化，2013（22）：242－243．

[案例说明书]

一、教学的目的与用途

本案例通过对应收账款资产证券化的含义、特点、运作流程的学习，分析了瑞康医药在2016年和2017年两年里应收账款的指标变化和发行应收账款资产证券化的情况，由这两年内三次发行应收账款资产证券化的对比，总结了应收账款资产证券化带给瑞康医药以及行业的影响。

本案例适用于MBA（EMBA）、MPAcc等研究生和高年级本科生层次的教学实践，希望本案例能够为教学案例库增添素材，完善教学体系。

二、关键要点

案例使用者在对案例进行分析研究的过程中，应该着重把握应收账款资产证券化运作流程这个关键点。从瑞康医药面临的环境和条件出发，思考瑞康医药为何在应收账款连年增长的情况下选择应收账款资产证券化来改善企业营运资金现状，降低债务水平，改变瑞康医药的财务结构。

三、案例分析思路

（一）需要学员识别的关键问题

本案例需要学员识别的关键问题包括：应收账款的融资途径、应收账款资产证券化的风险以及应收账款应建立的管理机制。

（二）案例分析思路

1. *应收账款融资的主要途径有哪些？*

（1）应收账款证券化。企业可以根据自身的财务特点和财务安排的具体要求，对应收账款进行证券化融资，借助证券化提供一种偿付期与其资产的偿还期相匹配的资产融资方式，对资产负债表中具体项目进行调整和优化，盘活存量资产，增加资产流动性。特别是对于那些产品单价高、应收账款回收期长的企业来说，应收账款往往在其资产负债表上占有相当大的比重，将应收账款进行证券化既能让这部分资产产生流动性又能很好地为企业融得资金。企业可以将其应收账款证券化，由银行担任受托机构，发行基于该笔应收账款的短期受益证券。

（2）应收账款的抵借。应收账款的抵借是将企业的应收账款作为抵押品向银行获得借款的一种融资方式，分为整体抵借和特定抵借。它尤其适用于中小型企业，因为中小型企业的信用地位与社会地位使其不但难以进入直接融资市场，间接融资也是困难重重，客观上制约了中小企业在经济中优势的发挥。应收账款的抵借能够满足中小企业的资金需求，加速应收账款的周转率。企业以自己的应收账款作抵押向银行申请贷款，银行的贷款额一般为应收账款面值的50%～90%。企业将应收账款抵押给银行后一般不通知相关的客户。

（3）委托专业机构追讨或通过仲裁、法律诉讼的途经要债。当应收账款已经发生较大的损失时，企业应该尽快与债务方商讨，必要时进行债务重组。当债务企业破产时，应积极参与债权的申报以及追讨，切勿错过追讨的最佳时机。对于有能力付款却恶意拖欠的，企业自己追讨一段时间后仍没有实质性的效果，可以委托专业机构追讨应收账款，由其代理行使债权人的追讨工作，如果上述途径均无法取得实质性进展，还可通过仲裁或法律诉讼等途经来捍卫自身的正当权益。

（4）在合同中约定所有权保留条款。根据《中华人民共和国合同法》第134条规定："当事人可以在买卖合同中规定，买受人未履行支付价款或其他义务的，标的物所有权属出卖人。"这样，只有客户在付清全部货款时，才能取得货物的所有权，即使客户破产了，由于该货物的所有权仍然属于企业，不会作为破产财产，从而很大程度上保障了应收账款的安全。

2. 应收账款资产证券化的风险是什么？

（1）信用风险。信用风险是指债务人拖欠付款导致发行人不能按时支付证券本息所引发的风险。相对于其他证券化资产而言，应收账款所涉及的原始债务人违约率与相关销售合同的信用条件、收款政策的宽紧、收款程序、原始债务人的财务状况及其所处行业状况等因素有关。在实际企业运营过程中，因应收账款的笔数较多，回款期不一，企业可能不会严格按照合同约定期进行应收账款回款，且对应收账款的逾期及违约界定时间并不严格。在企业应收账款管理中，延迟几个月支付的情况极有可能出现，但企业可能判断为正常，并未逾期。企业通常会在一年后计提相应的坏账准备，因此不良及逾期率数据可能与评级界定标准存在一定差异。

此外，对于合作期限较长的客户，其应收账款通常比合作期限较短的客户更有保障，但因无合同严格约束，未来应收账款回款时间及金额具有不确定性，可能导致专项计划当期本息存在一定兑付风险。评级机构主要从收集发起机构的应收账款历史表现数据入手，对各偿债主体进行影子评级，并针对影子评级结果及历史数据表现进行债务人偿债能力的评定，建立合理的违约测算模型，来推测目标资产池的预期损失。对于历史数据不充分的发起机构，可以参考类似机构的数据，或者模拟资产的损失分布。

（2）降值风险，也称为价值摊薄风险。降值是指应收账款回收过程中因非违约因素导致的应收账款价值的减少。产生的原因主要包括：销售返利、商品退货、产品出现质量问题等。买受人要求换货从而导致应收账款金额减少。企业催收的措施、退货政策、季节性因素以及宏观经济环境的变化等都会使得应收账款降值因素具有较大的不确定性，有时即使具备较充分的历史数据也难以预测未来应收账款降值可能出现的情况。因此在专项计划中需要计提专项储备，增加次级厚度以减小优先级损失的可能性，或者通过合同约定对出现价值摊薄风险的基础资产予以替换或回购。

3. 瑞康医药应该如何建立一个合理的应收账款管理流程？

瑞康医药2017年的应收账款数额依旧在增长，除了发行应收账款资产支持证券进行融资外，企业内部也需要建立一个合理的应收账款管理流程。

（1）重视信用调查。企业可以通过查阅客户的财务报表，或根据银行提供的客户的信用资料了解客户的信誉、偿债能力、资本保障程度、是否有充足的抵押品或担保，以及生产经营等方面的情况，进而确定客户的信用等级，作为决定是否向客户提供信用的依据。

（2）控制赊销额度。企业根据客户的信用等级确定赊销额度，对不同等级的客户给予不同的赊销限额。必须将累计额严格控制在企业所能接受的风险范围内。为了便于日常控制，企业要把已经确定的赊销额度记录在每个客户应收账款明细上，作为金额余额控制的警戒点。

（3）交易合约管理。当销售部门收到经信用部门和事业群授权代表审核签字后的赊销申报单后，根据审批意见并与客户意见达成一致的情况下签订销售合同。销售合同的要素必须齐全而且符合国家法律规定，特别是付款形式、账期和延期付款的具体违约责任都应清楚、准确，然后将合同影印多份，经核对无误后分别交信用管理部门、财务部门，以利于它们对销售合同的执行、跟踪、检查，起监督和预警作用。

（4）应收账款的对账管理。应收账款一旦形成，企业就必须考虑如何按时足额收回欠款而不是消极地等待对方付款，应该经常对所持有的应收账款进行动态跟踪分析。企业要加强日常监督和管理，要及时了解赊销者的经营情况、偿付能力，以及客户的现金持有量与调剂程度能否满足兑现的需要，必要时企业可要求客户提供担保。

企业要制定一套规范的、定期的对账制度，避免双方财务上的差距像滚雪球一样越滚越大，从而造成坏账现象，同时对账之后要形成具有法律效应的文书，而不是口头承诺。建立定期对账制度，要对重要客户每月发出对账函，由业务人员到对方财务部门取得签章认可，以确保货款数额无差错。根据客户反馈，及时处理差异，并改善出现问题的交易环节。

（5）目标及回收账款管理 。销售单位的业务人员要在账款到期前取得客户的付款计划，实时发现账款问题，并与客户进行有效沟通，积极协助客户。采购部门处理有问题的款项，财务单位应主动配合业务单位与客户付款部门联络，让客户意识到我方高度重视并有决心收回欠款，这样在一定程度上提高客户的配合度。销售人员应形成以下习惯：货款回收期限前一周，电话通知或拜访客户，告知其结款日期；回收期限前三天与客户确定结款日期；结款日当天一定按时通知或前往拜访。

同时，在集团内部设立专项应收账款管理指标，作为销售单位和财务部门应收账款管理工作的绩效评估参考，即个人利益不仅要和销售挂钩，也要和应收账款的管理联系在一起。

（6）坏账管理，控制企业风险成本。按照现行会计准则和会计制度的规定，企业根据谨慎性原则的要求，应当在期末或年终对应收账款和存货进行检查，合理地预计可能发生的损失，对可能发生的各项资产损失计提减值准备和坏账损失，以便减少企业风险成本。

由于发生的坏账与提供给客户的信用条件、信用期限、客户的信用品质等有密切关系，因此不同公司提取的坏账准备金的比例是有区别的。但是比例一经确定，就不能随意更改。建立坏账准备制度首先要制定坏账提列标准，然后根据标准计提坏账准备金，为坏账损失的确认和处理提供依据。在客户破产或突发重大经营状况时，可能造成账款长期无法收回，应查明坏账发生原因，并出具专项报告，报管理层审批后方可进行核销。

四、教学组织方式

（一）问题清单及提问顺序、资料发放顺序

本案例讨论题目依次为：

1. 应收账款融资的主要途径有哪些？
2. 应收账款资产证券化的风险是什么？
3. 瑞康医药应该如何建立一个合理的应收账款管理流程？

本案例的参考资料及其索引，在讲授有关知识点之后一次性布置给学员。

（二）课时分配

1. 课前计划

发放案例正文，提供思考问题给学生，请学生在课前完成阅读，了解相关理论知识，并对案例中涉及的问题进行讨论，以小组为单位形成初步观点。

2. 课堂计划

（1）课堂前言：教师简要介绍案例主题（5分钟）。

（2）案例故事回顾：采用随机提问形式对案例中的要点进行回顾，为下一步讨论打好基础（15～20分钟）。

（3）案例分析与讨论：按照研究问题的顺序逐个提出问题并进行理论的讲解和引导分析；提问要面向小组，给出一定讨论时间，然后由小组选出代表回答（约定每位代表只能回答一个问题），同一问题可视情况请多个小组回答（所有问题的讨论和回答控制在100分钟以内）。

（4）案例总结：教师对讨论进行归纳总结，并进一步启发大家从更深层次、利用最新资料对案例进行跟踪和分析（10分钟）。

（三）讨论方式

本案例可以采用问题导向进行讨论，分小组进行。

（四）课堂讨论总结

课堂讨论总结的关键是：归纳发言者的主要观点；重申其重点及亮点；提醒大家对焦点问题或有争议观点进行进一步思考；建议大家对案例素材进行扩展研究和深入分析。

案例 2

妙手回“春”，跨界赢利——从星辉并购春天融和看分步合并的会计处理*

---

* 1. 本案例由广东工业大学管理学院张卓、周雯君、傅一窈、罗伟峰、阎雪菲、何施陶共同撰写，作者拥有著作权中的署名权、修改权、改编权。
  2. 本案例授权广东工业大学产教融合 MPAcc 教学智库实验平台使用，广东工业大学产教融合 MPAcc 教学智库实验平台享有复制权、修改权、发表权、发行权、信息网络传播权、改编权、汇编权和翻译权。
  3. 由于企业保密的要求，在本案例中对有关名称、数据等做了必要的掩饰性处理。
  4. 本案例只供课堂讨论之用，并无意暗示或说明某种管理行为是否有效。

[案例封面]

专业领域：财务会计

适用课程：财务会计理论与实务

选用课程：财务会计理论与实务，财务报表分析

编写目的：本案例分析了星辉互动娱乐两次合并春天融和，进而导出企业通过多次交易分步实现非同一控制下的企业合并的知识点，引导学生学习掌握通过多次交易分步实现非同一控制下的企业合并的相关会计处理。通过对本案例的分析，强化学生对企业通过多次交易分步实现非同一控制下的企业合并的认识和思考。

知 识 点：分步合并；长期股权投资的初始计量；长期股权投资的后续计量

关 键 词：分步合并；长期股权投资

中文摘要：2014 年 8 月 22 日和 2015 年 3 月，星辉互动娱乐股份有限公司两次收购西安曲江春天融和影视文化有限责任公司。两次收购完成后，公司持有春天融和 54.23% 股权，成为其控股股东。两次交易构成了企业通过多次交易分步实现非同一控制下的企业合并。分步实现企业合并是企业合并中的一种特殊的形式。交易完成后星辉娱乐财报中净利润暴增，其中的缘由引人深思。本案例旨在通过分析星辉互动娱乐收购春天融和的过程，对企业通过分步实现非同一控制下的企业合并的会计处理方法进行说明以及对该处理方法下所产生的投资收益进行说明和探讨。

[案例正文]

一、引言

2014 年 8 月 22 日，星辉互动娱乐股份有限公司（以下简称“星辉娱乐”）与西安曲江春天融和影视文化有限责任公司（以下简称“春天融和”）及其原有股东签订《增资协议》，约定星辉娱乐以现金方式出资 1.6 亿元增资参股春天融和，增资完成后，星辉娱乐持有春天融和 20% 的股权。2015 年 3 月，星辉娱乐以 3.65 亿元收购春天融和 34.23% 的股权，此时春天融和的整体估值为 10.7 亿元。此次收购完成后，公司持有春天融和 54.23% 股权，成为其控股股东。两次合并后，星辉娱乐 2015 年年度财务报告中盈利指标暴增，其过程、结果、原因及其会计处理值得我们思考。

二、案例起源

星辉娱乐 2015 年度财务报告数据显示，在营业收入减少 33% 的情况下，公司净利润增加 48.41%。2015 年度，公司实现净利润 40 205.89 万元，较上年同期增长 48.41%；实现年毛利润 29 316.17 万元，较上年同期增长 37.03%，同时企业净利润增长率高于毛利润增长率，但非主营业务利润较大，业绩的暴增并非来自主营业务收入的增长，而是来自投资收益。星辉娱乐 2014—2015 年度财务报表部分数据如表 2－1 所示。

表 2－1　星辉娱乐 2014—2015 年财务报表部分数据　　单位：万元

日　期	2015－12－31	2014－12－31	同比增长
主营业务收入	167 266.07	251 768.44	－33.56%
主营业务成本	137 949.90	230 373.76	－40.12%
毛利润	29 316.17	21 394.68	37.03%
投资收益	14 996.55	9 151.95	63.86%
营业利润	44 403.94	29 976.31	48.13%
利润总额	46 470.72	30 865.15	50.57%
净利润	40 205.89	27 091.57	48.41%

数据来源：星辉娱乐年报。

报告中披露星辉娱乐 2015 年投资收益为 14 996.55 万元，2014 年同期数据为 9 151.95 万元，同比增长 63.86%；2015 年取得投资收益收到的现金为 265.40 万元，2014 年同期数据为 303.26 万元，同比减少 12.48%。投资收益增加了，而取得投资收益收到的现金反而下降了，显然，投资收益的快速增长并无现金流的支撑，那么究竟谁是其真正的幕后推手？

三、交易双方概况

（一）星辉娱乐

星辉娱乐的前身为广东星辉车模股份有限公司。公司成立之初，主要从事电动玩具车和塑胶玩具的经营。自2005年起，公司抓住汽车文化的普及和汽车保有量增加的市场契机，进行产品战略创新，将传统玩具和汽车文化相结合，重点发展车模业务。2010年，星辉车模A股在深圳证券交易所上市，成为粤东首家创业板上市公司。

随着互联网技术、智能终端等信息科技的蓬勃发展和快速应用，为公司加快产业升级提供了难得的机遇。星辉车模积极拓展网络游戏。基于玩具及游戏天然的娱乐属性，公司以互动娱乐为发展主线，多媒介、多渠道和多产品全方位布局，先后收购手游开发商畅娱天下、酷果互联网广告平台；并取得金庸、梁羽生和温瑞安相关作品游戏改编权，逐步完善了以全球名车文化，金庸、梁羽生和温瑞安相关武侠文学，畅娱天下等IP授权内容为核心的线上、线下跨界营销平台。目前，公司已形成了网络游戏、车模玩具、婴童用品及上游原材料的业务架构，“玩具+游戏”已成为公司主要的利润来源。

2013年10月，星辉车模（股票代码：300043）以8.12亿元收购广东天拓资讯科技有限公司100%股权。天拓科技是一家集研发、制作、发行运营于一体的网络游戏研发运营机构，其自主研发的网页游戏《倚天》《山海传说》《群侠射雕》等深受玩家喜爱，并成功进入东南亚、中国台湾、日本、欧美等境外市场，成为网络游戏界的一匹黑马。2014年3月“广东天拓资讯科技有限公司”更名为“广东星辉天拓互动娱乐有限公司”，正式成为广东星辉车模股份有限公司的全资控股子公司。

随着人们精神文化消费的多样化和互联网对生活方式的深入影响，“互动娱乐”正日益成为主要的娱乐方式，为公司未来提供了更为广阔的发展空间。2014年3月广东星辉车模股份有限公司正式更名为星辉互动娱乐股份有限公司。这标志着星辉车模在奠定原有车模玩具等线下业务稳健经营的基础上，通过线上线下结合，构建起玩具和游戏两大产业的紧密社交化互动娱乐关系，正式建立以玩具和游戏为载体、内容和营销双重驱动的互动娱乐全产业链模式。

（二）春天融和

西安曲江春天融和影视文化有限责任公司成立于2010年9月13日，是一家以投资、策划、制作和发行影视剧为主营业务的影视传媒公司。在电视剧主营业务稳步快速增长的同时，面对国内电影市场的蓬勃发展，春天融和影视传媒积极加大在电影制作以及电影产业链资源开发的力度，拓展影视融资和影视衍生产品开发等方面的相关业务。近年来，春天融和影视传媒已将业务领域全面拓展到影视产品生产、营销、经纪、新媒体及影视金融产业链各个环节的开发之中。

四、交易动机

（一）深化产业布局的战略举措

此次投资是星辉娱乐为丰富互动娱乐产业布局，在衍生品和游戏之外新增影视变现载体的战略举措。公司投资春天融和后结合游戏开发，共同策划推广影视剧项目，以及产业链下游的衍生品开发。星辉娱乐将打造独具竞争力的以衍生品、游戏和影视三位一体、多轮驱动 IP 全版权营销盈利模式。本次投资完成后公司将成为春天融和第二大股东，未来双方将形成更为密切的业务合作，共同分享行业快速发展和协同运作带来的巨大文化价值和商业价值。

（二）适应文化传媒行业发展趋势的需要

影视剧是文化传媒行业中最具发展前景的产业之一，公司投资春天融和是公司介入快速发展的文化传媒行业的需要。中国目前已经成为全球第二大电影市场，且在快速发展中。随着银幕数量尤其是三四线城市银幕数量的快速增长和观众电影消费习惯的逐步养成，国内电影票房将持续快速攀升。本次对外投资是公司顺应文化传媒产业的发展，借力于文化产业内容更为丰富的先天属性，结合娱乐产业更为互动的娱乐特性，进一步强化公司“互动娱乐集团”的全产业链布局的需要。

五、案例进程

（一）初次合并——收购春天融和 20% 的股份

2014 年 8 月 22 日星辉娱乐与春天融和影视文化有限责任公司及其原有股东签订《增资协议》，约定星辉娱乐以现金方式出资 1.6 亿元增资参股春天融和，增资完成后，互动娱乐持有春天融和 20% 的股权。春天融和原股东放弃对标的公司本次增资的优先认购权。

本次交易完成后，春天融和设董事会，星辉娱乐有权委派 1 人担任春天融和董事。

（二）二次合并——收购春天融和 34.23% 的股份

2015 年 3 月，星辉娱乐以 3.65 亿元收购春天融和 34.23% 的股权。此次收购完成后，公司持有春天融和 54.23% 股权，成为其控股股东。春天融和将纳入公司财务合并报表范围。本次收购完成后，公司可能面临并购整合风险、行业政策风险、市场风险等风险。同时，本次收购春天融和是公司深化“互动娱乐”产业布局的战略举措，是最大化衍生品和游戏产业资源，借此切入快速发展的影视行业，形成与衍生品、游戏业务之间的协同效应，打造衍生品、游戏和影视三位一体、多轮驱动 IP 全版权运营布局的需要。

六、结果评价

时隔半年的两次并购，春天融和整体估值由 8 亿元上升到 11.25 亿元，直接导致星辉娱乐前次 20% 股权收购的公允价值大幅增加。在 2015 年半年报中，其迅速确认了这笔存在于账面上的投资收益，当期投资收益约 6 238 万元，同比增加了 646%，如表 2－2、表 2－3 所示。

表 2－2　星辉娱乐 2015 年半年度利润表　单位：元

项　目	本期数	项　目	本期数
一、营业收入	724 219 555.49	二、营业利润	204 556 971.21
减：营业成本	424 660 832.03	加：补贴收入	
营业税金及附加	3 623 274.02	营业外收入	6 211 467.02
销售费用	64 743 822.94	减：营业外支出	1 038 414.32
管理费用	62 555 612.66	其中：非流动资产处置净损失	26 909.98
勘探费用		加：影响利润总额的其他科目	
财务费用	16 815 668.11	三、利润总额	209 730 023.91
资产减值损失	10 550 905.74	减：所得税	19 214 008.94
加：公允价值变动净收益	912 178.81	加：影响净利润的其他科目	
投资收益	62 375 352.41	四、净利润	190 516 014.97
其中：对联营企业和合营企业的投资权益	2 519 117.49	归属于母公司所有者的净利润	174 761 149.96

数据来源：星辉娱乐半年度财务报表。

表 2－3　星辉娱乐 2015 年利润表　单位：元

项　目	本期数	项　目	本期数
一、营业收入	1 672 660 686.35	二、营业利润	444 039 369.06
减：营业成本	950 813 304.04	加：补贴收入	
营业税金及附加	12 709 989.69	营业外收入	22 300 274.32
销售费用	194 312 612.15	减：营业外支出	1 632 470.95
管理费用	133 895 734.36	其中：非流动资产处置净损失	41 159.13
勘探费用		加：影响利润总额的其他科目	
财务费用	40 097 588.41	三、利润总额	464 707 172.43
资产减值损失	47 669 724.66	减：所得税	62 648 268.45
加：公允价值变动净收益	912 178.81	加：影响净利润的其他科目	
投资收益	149 965 457.21	四、净利润	402 058 903.98
其中：对联营企业和合营企业的投资权益	1 045 738.35	归属于母公司所有者的净利润	351 933 633.93
影响营业利润的其他科目		少数股东损益	50 125 270.05

数据来源：星辉娱乐年度财务报表。

在2015年度报告中，其归属于上市公司净利润达到40 205.89万元，2014年同期数据仅为27 091.57万元，同比增长了约48.41%。

本次交易对星辉娱乐在互动娱乐产业的布局具有积极的战略意义。交易完成后星辉娱乐业务将得到进一步丰富和拓展，整体业务结构将更为多样化。星辉娱乐将不断提升和夯实创新产业的平台优势和产业基础，持续加强新兴业态对盈利能力的驱动作用。本次收购完成后，公司将继续积极推动长期发展战略，并把握互动娱乐产业的巨大商机，推动以内容资源为核心，以各细分行业的协同效应为竞争优势，通过获取内容资源的独家授权和并购具有独特业务优势的相关公司，继续借助上市公司平台优势打造国内一流、国际领先的，以游戏、影视和衍生品为载体，内容和营销双重驱动的“互动娱乐”产业集团。

两次收购对星辉娱乐的盈利能力造成什么影响？根据星辉娱乐披露的季度报计算的盈利能力指标如表2－4所示。

表2－4　星辉娱乐2014—2015年盈利能力指标

日　期	2015－06－30	2014－06－30
净资产收益率/%	9.34	4.27
净利润增长率/%	146.69	46.19
主营业务收入增长率/%	－38.64	13.56

数据来源：根据星辉娱乐年报整理。

从表2－4可以看出，第一次合并后，反映盈利能力的前两个指标都有所增长。尤其是第二次合并后，净利润增长率是上一个季度数据的近4倍，且增速快于主营业务收入增长率，说明公司盈利能力显著增强，体现了星辉娱乐并购后的经营产品在市场上更具有竞争力，星辉娱乐通过扩大销售获得报酬的能力极强。

但是事实上，这几个财务指标都因为不是以现金流做支撑的投资收益，所以这样逆天的基本面，股民是否增持星辉娱乐股票呢？星辉娱乐二次并购春天融和股价走势图如图2－1和图2－2所示。

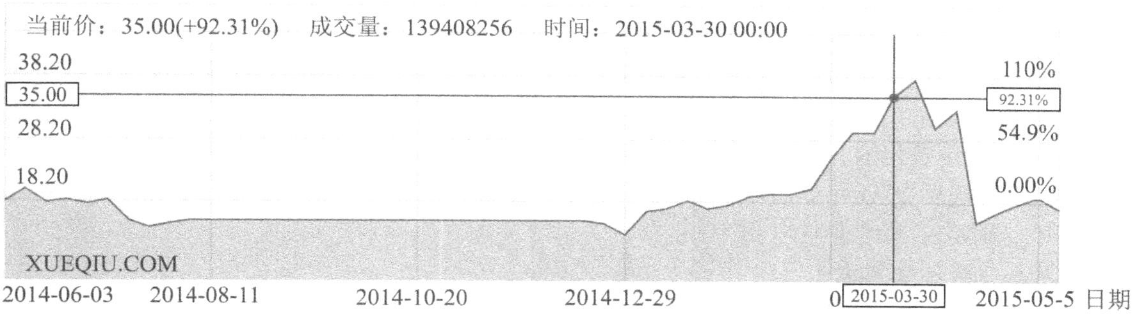

图2－1　星辉娱乐二次并购春天融和股价走势图（一）

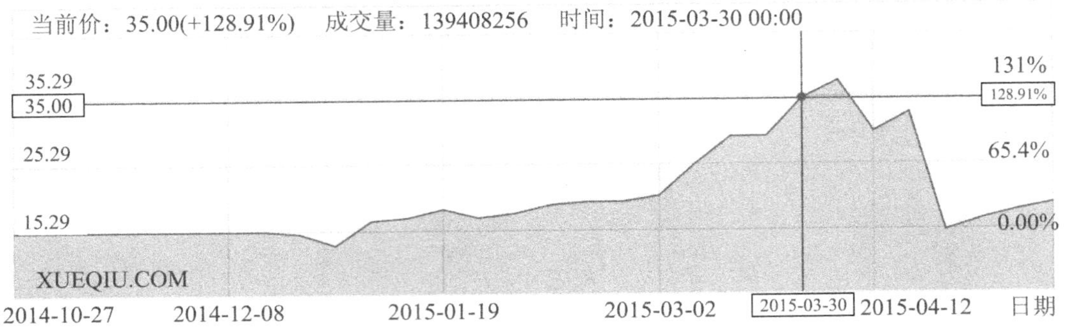

图 2－2　星辉娱乐二次并购春天融和股价走势图（二）

图中可以看出，第二次合并前后，星辉娱乐股价呈上升趋势，股民增持，公司影响力提高，融资能力进一步加强，市值扩大，购买力提高。

七、讨论题目

1. 什么是一揽子交易？什么是分步实现企业合并？
2. 星辉娱乐并购春天融和属于上述合并中的哪种类型？并说明原因。
3. 分步实现企业合并的会计处理原则是什么？
4. 结合此案例进行相关的会计处理。
5. 对星辉娱乐的盈利情况进行评价。

八、参考资料

[1]《星辉娱乐关于增资参股西安曲江春天融和影视文化有限责任公司暨对外投资公告》
[2]《星辉娱乐关于完成增资西安曲江春天融和影视文化有限责任公司的工商变更登记的公告》
[3]《星辉娱乐拟资产重组事宜所涉及西安曲江春天融和影视文化有限责任公司股东全部权益价值的评估报告》
[4]《星辉娱乐西安曲江春天融和影视文化有限责任公司 2013 年度及 2014 年度审计报告》
[5]《星辉娱乐关于完成收购西安曲江春天融和影视文化有限责任公司 34.23037% 股权的工商变更登记的公告》
[6]《星辉娱乐 2014 年年度报告》
[7]《星辉娱乐 2015 年年度报告》
[8]《企业会计准则第 33 号——合并财务报表》
[9]《企业会计准则第 20 号———企业合并》
[10]《企业会计准则第 2 号——长期股权投资》

[案例说明书]

一、教学目的与用途

本案例选择星辉娱乐与春天融和的合并为研究对象，结合并购后的财务状况，剖析本次并购对星辉娱乐的影响，并重点关注企业通过多次交易分步实现非同一控制下的企业合并在个别财务报表和合并财务报表中所做的相关会计处理，加强学员对这类会计处理的认识、运用与思考。

通过本案例的讨论学习，学员要讨论解决以下问题：①什么是一揽子交易？什么是分步实现企业合并？②星辉娱乐并购春天融和属于上述合并中的哪种类型？说明原因。③分步实现企业合并的会计处理原则是什么？④结合此案例进行相关的会计处理。⑤对星辉娱乐的盈利情况进行评价。

二、案例讨论的准备工作

（一）理论背景

企业合并理论；对一揽子交易和分步实现企业合并的判断；合并财务报表中特殊交易的会计处理；多次交易分步实现非同一控制下的企业合并在个别财务报表和合并财务报表中所做的相关会计处理等相关背景知识。

（二）行业背景

党的十八大以来，人民收入日益提高，物质生活日益丰富的同时，精神生活需求不断扩大。在这样的大背景下，新的娱乐经济公司不断涌现，老牌公司也不会仅仅满足于现状，而是加紧投入制作文化产品和企业合并的步伐。如快乐购收购快乐阳光、芒果互娱、天娱传媒、芒果影视及芒果娱乐等，娱乐产业将会面临越来越多的机遇与挑战。

三、案例要点分析

（一）什么是分步合并？什么是一揽子交易？

按照合并方式分类，企业合并分为一次合并与分步合并。一次合并是指企业通过一次投资实现对被投资企业的控制权。而分步合并是指企业通过多次交易才获得对被投资企业的控制权，投资具有层次性。

《企业会计准则33号——合并财务报表》中对一揽子交易作出了以下解释和规定：

企业通过多次交易分步实现对子公司股权投资直至达到控制的，如果对购买子公司股权投资直至达到控制的各项交易属于一揽子交易的，应当将各项交易作为一项交易进行会计处理。

购买对子公司股权投资的各项交易的条款、条件以及经济影响符合下列一种或多种情况，通常表明应将多次交易事项作为一揽子交易进行会计处理：

（1）这些交易是同时或者在考虑了彼此影响的情况下订立的；

（2）这些交易整体才能达成一项完整的商业结果；

（3）一项交易的发生取决于其他至少一项交易的发生；

（4）一项交易单独考虑时是不经济的，但是和其他交易一并考虑时是经济的；

（5）符合上述条件的即为一揽子交易，否则就是分步实现企业合并的情况。

（二）星辉娱乐并购春天融和属于上述合并中的哪种类型？说明原因

星辉娱乐并购春天融和应属于分步实现企业合并。一揽子交易的判断关键是分析交易各步骤之间在价格或条件上是否存在关联，是否属于一并谈判达成协议、互为前提和条件，以及依据各个步骤中所分别取得的股权比例、取得对象、取得方式、取得时点及取得对价等信息来判断。

本案例中，两次合并并非一开始就达成协议，也并不是以第一次交易为第二次的前提和条件。由此看来，星辉并购春天融和属于分步实现企业合并。

（三）分步实现企业合并的会计处理原则是什么？

《企业会计准则第 20 号——企业合并》及其应用指南规定："非同一控制下通过多次交换交易分步实现的企业合并，合并成本为每一单项交易成本之和。"投资企业在持有被投资单位的部分股权后，通过增加持股比例等达到对被投资单位形成控制的，投资企业应分别对每一项交易的成本与该交易发生时，按照比例享有被投资单位可辨认净资产公允价值的份额进行比较，以确定每一项交易产生的商誉。在实务中原投资时点被投资单位可辨认净资产公允价值比较难以取得，而且公允价值的计算存在较大的主观性，可能导致无法客观、真实地比较原投资成本与交易时，投资企业应享有被投资单位可辨认净资产公允价值的份额，使用该规定来确定商誉存在较大的不合理性。

为了进一步规范分步控股合并的会计处理，使合并方企业提供客观、公允的财务信息，以满足投资者等相关信息使用人的需要。根据 2017 年《企业会计准则第 20 号》的有关规定进行会计处理的，如果企业通过多次交易实现合并，则应该在每次投资时确认对被投资企业的股权投资，同时投资方应区分个别财务报表与合并财务报表。

在个别财务报表中，投资企业应当以购买日之前所持被购买方的股权投资的账面价值，与购买日新增投资成本之和作为该项投资的初始投资成本；购买日之前持有的被购买方的股权涉及其他综合收益的，应当在处置该项投资时，将与其相关的其他综合收益转入当期投资收益。

在合并财务报表中，对于购买日之前持有的被购买方的股权投资，应当按照该股权在购买日的公允价值进行重新计量，而公允价值与其账面价值的差额计入当期投资收益；购买日之前持有的被购买方的股权涉及其他综合收益的，与其相关的其他综合收益应当转为购买日所属当期投资收益，并在附注中进行披露。同时购买方应当在附注中披露其在购买日之前持有的被购买方的股权在购买日的公允价值，按照公允价值重新计量产生的相关利得或损失的金额。购买日之前持有的被购买方的股权于购买日持有的公允价值与购买日新购入股权所支付对价的公允价值之和，为合并财务报表中的合并成本，购买日享有被购买方净资产公允价值份额与合并成本之间的差额为商誉。

四、结合此案例进行相关的会计处理

（一）2014 年 8 月长期股权投资的初始计量

《企业会计准则第 2 号——长期股权投资》第六条规定，除企业合并形成的长期股权投资以外，以支付现金取得的长期股权投资，应当按照实际支付的购买价款作为初始投资成本。初始投资成本包括与取得长期股权投资直接相关的费用、税金及其他必要支出。

2014 年年报中显示星辉娱乐对春天融和施加重大影响，将其认定为联营企业，按照实际支付的购买价款作为长期股权投资的初始成本，会计处理如下（单位：万元）：

借：长期股权投资——投资成本　　　　16 000

　贷：银行存款　　　　　　　　　　　　16 000

（二）2014 年 12 月长期股权投资后续计量

《企业会计准则第 2 号——长期股权投资》第九条规定，投资方对联营企业和合营企业的长期股权投资，应当按照本准则第十条至第十三条规定，采用权益法核算。

第十一条规定，投资方取得长期股权投资后，应当按照应享有或应分担的被投资单位实现的净损益和其他综合收益的份额，分别确认投资收益和其他综合收益，同时调整长期股权投资的账面价值；投资方按照被投资单位宣告分派的利润或现金股利计算应享有的部分，相应减少长期股权投资的账面价值。

2014 年春天融和实现净利润 7 610. 20 万元，星辉娱乐按照长期股权投资权益法确认投资收益 1 522. 04 万元，会计处理如下（单位：万元）：

借：长期股权投资——损益调整　　　　1 522. 04

　贷：投资收益　　　　　　　　　　　　1 522. 04

（三）2015 年 3 月：追加投资实现分步合并

《企业会计准则第 2 号——长期股权投资》第十四条规定，投资方因追加投资等原因能够对非同一控制下的被投资单位实施控制的，在编制个别财务报表时，应当按照原持有的股权投资账面价值加上新增投资成本之和，作为改按成本法核算的初始投资成本。购买日之前持有的股权投资因采用权益法核算而确认的其他综合收益，应当在处置该项投资时采用与被投资单位直接处置相关资产或负债相同的基础进行会计处理。

2015 年 3 月，根据会计准则，在编制个别财务报表时，应当按照原持有春天融和的长期股权投资账面价值 17 522. 04 万元加上新增投资成本 56 678 万元的合计数作为改按成本法核算的初始投资成本，会计处理如下（单位：万元）：

借：长期股权投资——春天融和　　　　74 200. 04

　贷：长期股权投资——投资成本　　　　16 000

　　　　　　　　　——损益调整　　　　1 522. 04

　　　银行存款　　　　　　　　　　　　56 678

《企业会计准则第 33 号——合并财务报表》第四十八条规定，企业因追加投资等原因能够对非同一控制下的被投资方实施控制的，在合并财务报表中，对于购买日之前持有的被购买方的股权，应当按照该股权在购买日的公允价值进行重新计量，公允价值与其账面价值的差额计入投资收益。

2015 年 3 月星辉娱乐以现金支付的方式取得春天融和剩余 34.23% 的股权。此次交易构成了企业通过多次交易分步实现非同一控制下的企业合并。交易完成后春天融和成为星辉娱乐的全资子公司，纳入星辉娱乐合并报表中。对于购买日之前持有的春天融和 20% 的股权，对其购买日的公允价值进行重新计量，20% 股权的公允价值为 11.25 ×20% 即 2.25 亿元，其账面价值为 17 522.04 万元，其差额 4 977.96 万元计入当期投资收益，会计处理如下（单位：万元）：

借：长期股权投资——投资成本　　　　　4 977.96

　贷：投资收益　　　　　　　　　　　　　4 977.96

五、对星辉娱乐本次收购盈利模式进行评价

星辉两次收购春天融和共计 54.23% 股权的总成本为 5.25 亿元，加上 2014 年实现的 1 421 万元收益，及 2015 年可以确认的 5 300 万元投资收益，收购春天融和的账面成本变成了 5.92 亿元。这两次并购，春天融和整体估值由 8 亿元上升到 11.25 亿元，直接导致星辉娱乐前次 20% 股权收购的公允价值大幅增加。在 2015 年半年报中，其迅速确认了这笔存在于账面上的投资收益，当期投资收益 6 238 万元，同比增加了 646%。

对于星辉来说，这两次的并购无疑是成功的，不仅为自己带来了高额投资收益，更是实现了自己丰富互动娱乐产业布局，在衍生品和游戏之外新增影视变现载体的战略举措。

这种股权收购的短期投资收益已成为星辉重要的利润来源。在收购春天融和之外，2015 年星辉子公司珠海星辉 3 次增资趣丸网络，导致整体估值达到 16 亿元。2015 年星辉出售爱酷游全部 8.91% 股权，在年末报表中为上市公司贡献 6 127 万元投资收益。

对于这种做法，星辉表示投资也是上市公司主营业务的一部分，旗下有专门负责投资的公司，投资之后再退出属于正常现象，而分批收购增厚公允价值从而确认投资收益，也完全符合会计准则和交易所各项规定。目前，除汽车模型玩具外，星辉投资范围涉足了包括体育、游戏、影视等多个领域。公司也表示，未来如果有合适标的，他们还将持续开展投资并购活动。

六、教学组织方式

（一）问题清单及提问顺序、资料发放顺序

本案例讨论题目依次为：

1. 什么是一揽子交易？什么是分步实现企业合并？
2. 星辉娱乐并购春天融和属于上述合并中的哪种类型？说明原因。
3. 分步实现企业合并的会计处理原则是什么？
4. 结合此案例进行相关的会计处理。
5. 对星辉娱乐的盈利情况进行评价。

（二）课时分配

1. 课前自行阅读资料：约 32. 5 小时；
2. 小组讨论并提交分析报告提纲：约 2 小时；
3. 课堂小组代表发言、进一步讨论：约 1. 5 小时；
4. 课堂讨论总结：约 0. 5 小时。

（三）讨论方式

本案例可以采用小组形式进行讨论。

（四）课堂讨论总结

课堂讨论总结的关键是：归纳发言者的主要观点；重申其重点及亮点；提醒大家对焦点问题或有争议观点进行进一步思考；建议大家对案例素材进行扩展研究和深入分析。

案例 3

一万元实现 93 亿净利润——论雅戈尔的财务策略带来的巨额“收益”*

*1. 本案例由广东工业大学管理学院陈越、沈哲、汤丹莹、张绍婉、陈观康等共同撰写，作者拥有著作权中的署名权、修改权、改编权。

2. 本案例授权广东工业大学产教融合 MPAcc 教学智库实验平台使用，广东工业大学产教融合 MPAcc 教学智库实验平台享有复制权、修改权、发表权、发行权、信息网络传播权、改编权、汇编权和翻译权。

3. 由于企业保密的要求，在本案例中对有关名称、数据等做了必要的掩饰性处理。

4. 本案例只供课堂讨论之用，并无意暗示或说明某种管理行为是否有效。

[案例封面]

专业领域： 财务会计
适用课程： 财务会计
选用课程： 财务管理，财务报表分析
编写目的： 本案例旨在帮助学员通过讨论企业的金融资产与长期投资的减值计提与转换之间的问题，研究多次交易分步实现非同一控制下企业合并给企业带来的影响，分析由减值和转换带来的净利润变动的情况，从而帮助企业实现财务报表层面上的利润大增，同时，也要提醒学员反思其可能带来的不利后果。
知 识 点： 金融资产；减值准备；可供出售金融资产；资产重分类
关 键 词： 雅戈尔；资产减值；资产转换；投资收益
中文摘要： 本案例描述了雅戈尔投资中信股份，通过对资产计提减值准备、资产重分类、资产转换和后续计量等方式，在 2017 年与 2018 年一个季度之间实现了近 93 亿元的净利润，而其实现过程主要在于对财务报表的调整（出表并表），体现了资产确认、资产并表出表背后的业绩弹性空间。通过这种“破净股”的实例，可以学习到关于资产的确认、计量、报告及实际操作方面的知识。但同时，这种方法存在利润操控、盈余管理的嫌疑，运用不当将面临整改，值得业界人士深思。

[案例正文]

一、案例背景

2015年，雅戈尔投入164.67亿元人民币战略入股中信股份，累计持有14.25亿股，占中信股份的4.99%，并将其确认为可供出售金融资产。在此后的2017年，雅戈尔对可供出售金融资产（中信股份股票）计提资产减值准备，直接造成净利润下滑33.08亿元。由于这一资产减值的影响，雅戈尔预计2017年盈利为3.55亿元，同比下滑90%。然而，在2018年的第一季度，雅戈尔耗费1.1万港元（折合人民币8800元）通过二级市场购入中信股份1000股（合计1万元），将持股比例由此前的4.99%提高到5%；与此同时，副总经理兼财务负责人吴光幼成为中信股份的非执行董事。由此，根据2018年一季报业绩快报，雅戈尔将可供出售金融资产（中信股份股票）转换为长期股权投资。这一转换造成雅戈尔一季度营业外收入增加93亿元，使得雅戈尔一季度净利润预计同比增加86.80亿元，同比增长687.95%。公告发布后，公司股价上涨6.85%。从净利润大幅下滑，到净利润大幅增长，均源自对中信股份股票投资的会计处理。但是，在这段短短的时间内，中信股份的基本面和股价也没有太大的变化。股权投资类资产的会计确认背后有多大的调整空间，为何对上市公司业绩有数十亿元的影响？数十亿元的起落，是可以选择出来的吗？

本案例结合会计准则从资产分类，会计政策选择、变更等方面对雅戈尔自2015年投资中信股份起所采取的财务策略及会计处理进行分析，揭开其中的奥秘。

二、公司简介

雅戈尔集团创建于1979年，经过36年的发展，逐步确立了以品牌服装为主业，涉足地产开发、金融投资领域，多元并进、专业化发展的经营格局，成为拥有员工5万余人的大型跨国集团公司。雅戈尔集团股份有限公司为上市公司。雅戈尔在全国拥有772家自营专卖店，各品牌商业网点2632家。主打产品衬衫为全国衬衫行业第一个国家出口免检产品，连续17年保持市场综合占有率第一位，西服连续12年保持市场综合占有率第一位。

“创国际品牌”是雅戈尔的发展目标。在经过近30年的发展后，雅戈尔已成为中国的知名品牌。2007年，世界品牌实验室发布2006年度“中国500最具价值品牌排行榜”，“雅戈尔”商标品牌价值91.81亿元，位列500强第52位，成为宁波市最“贵”的商标，继续稳居全国纺织服装品牌第一。中国管理科学研究院企业发展研究中心和中国资产评估中心也先后对雅戈尔品牌价值进行了评估，“雅戈尔”分别获得了187.21亿元和115.64亿元的评估值。

三、案例分析

雅戈尔是如何从2017年的亏损到2018年第一季度就扭亏为盈，实现了如此大的净利润？为便于理解本案例的分析思路，图3-1给出了雅戈尔自2015年购入中信股份起所使用的主要财务策略，包括购入股份、持有时计提减值准备、增股并转换为长期股权投资等步骤。

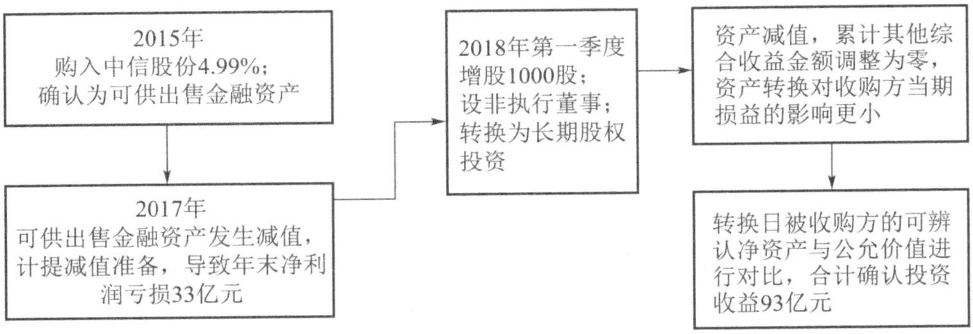

图 3-1　雅戈尔 2015—2018 年第一季度对中信股份投资情况

资料来源：根据雅戈尔年度报告整理。

（一）投资中信股份：如何进行会计确认？

2015 年，A 股上市公司雅戈尔与港股上市公司达成了战略合作协议。根据协议，双方的合作主要在产业投资、经营业务合作等方面。由于战略合作，雅戈尔认购了中信股份新发行的股份，同时也通过二级市场买入的方式增持股份。截至 2015 年年末，雅戈尔合计持有中信股份 4.99%，持股数量为 145 451.30 万股。公告披露，这一投资的投资成本为人民币 170.62 亿元，相当于 11.73 元/股。

股权类投资分类的大原则：

一家公司买入一家上市公司的股票，应该如何进行会计确认呢？这一投资形成的“资产”，应该如何归类呢？假设 A 公司买入 B 公司的股份（股权），首先应该要看 A 与 B 构成了什么关系。A 与 B 的关系可以分为 4 种：第一种是控制，A 取得 B 的控制权；第二种是合营，B 为 A 的合营公司；第三种是重大影响，A 对 B 产生重大影响，B 为 A 的联营公司；第四种为不包括在以上三种之内的其他关系。符合前三种关系的一种，A 就能确认长期股权投资。如果前三种都不符合，B 的股权就是 A 的“金融资产”。这是“资产”科目分类的大原则。也就是说，A 对 B 的投资分为长期股权投资、金融资产这两大类。

长期股权投资，指的是 A 已经参与 B 的经营，对 B 的经营管理有一定影响，B 已经可以被视为 A 的控股子公司或合营、联营子公司。金融资产，指的是 A 已经对 B 投资，但是 A 无法对 B 的经营产生影响。因此，这一股权只能算是 A 持有的金融资产。当时，雅戈尔对中信股份持股比例仅为 4.99%，也没有对中信股份委派董事，无法对中信股份的生产经营决策构成影响，显然不能确认长期股权投资。因此，投资只能被确认为金融资产。

（二）“金融资产”选择的考虑

1. 金融资产分类

当时，金融资产确认的原则主要遵照《企业会计准则第 22 号——金融工具确认和计量（财会［2006］3 号）》（简称《22 号准则（2006）》）。2017 年，《22 号准则（2006）》

已经被重新修订。这时，问题就来了，金融资产也分为好几种类别，雅戈尔本次投资应该怎么分类呢？

《22号准则（2006）》第7条指出，金融资产应当在初始确认时划分为四小类：（一）以公允价值计量且其变动计入当期损益的金融资产，包括交易性金融资产和指定为以公允价值计量且其变动计入当期损益的金融资产；（二）持有至到期投资；（三）贷款和应收款项；（四）可供出售金融资产。其中，第（二）类、第（三）类分别指的是企业进行的债权类投资。因此，企业的股权类投资主要可分为第（一）类与第（四）类。企业的股权类投资，是第（一）类还是第（四）类，对企业的财务报表数据会有不同的影响。在雅戈尔投资中信股份的时候，这就是一个非常需要慎重思考的问题。

2. 交易性与可供出售

“以公允价值计量且其变动计入当期损益的金融资产”，一般是指交易性金融资产。交易性金融资产，顾名思义，企业收购这个资产，主要目的是为了进行交易，通过交易获得回报。“可供出售金融资产”，指的是无法列入其他三类金融资产的金融资产。如果雅戈尔收购中信股份的股票是为了“炒股”，那么就应该将资产归类为交易性金融资产。但是，雅戈尔收购中信股份的股票，其实是为了进行战略合作，那么资产就应该归类为可供出售金融资产。

3. 雅戈尔的实践

2015年之后，中信股份的股价持续低迷。在2015年年底、2016年年底，雅戈尔分别将可供出售金融资产的账面价值按中信股份的股票市值（考虑汇率）进行调整。可供出售金融资产的变动被计入其他综合收益，不影响雅戈尔净利润。

如果我们简化雅戈尔的财务报表，认为报表仅体现这一项资产，报表具体情况如表3-1所示。

表3-1　雅戈尔2015—2016年财务报表简表　　单位：亿元

	投资前	投资时	2015年	2016年
净利润				
其他综合收益			-3.43	-22.77
净利润+其他综合收益			-3.43	-22.77
货币资金	170.62			
可供出售金融资产账面价值		170.62	167.19	144.42
长期股权投资				
股东权益	170.62	170.62	167.19	144.42
股东权益变动			-3.43	-22.77

数据来源：根据雅戈尔年度报告整理。

（三）33亿元资产减值从何而来？

1. 金融资产的减值

我们还要注意另一个重要的问题，就算股票被计入可供出售金融资产，也不意味着股价下跌绝对不会影响收购方的净利润。在特殊的情况下，收购方的净利润还是有可能被投资的上市公司股价牵连。《22 号准则（2006）》第 43 条指出，对单项金额重大的金融资产应当单独进行减值测试，如有客观证据表明其已发生减值，应当确认减值损失，计入当期损益。意思就是说，到了年底的时候，雅戈尔还需要对中信股份的股票进行减值测试，如果发现存在减值的，就要计提减值金额。这时，可供出售金融资产的账面金额会下降，且下降的金额会影响雅戈尔净利润。在 2017 年一整年中中信股份的股票市值显著低于雅戈尔投资成本 170 亿元的 70%，因此可以确认资产已出现减值。

2. 减值金额到底怎么确定？

《22 号准则（2006）》第 46 条指出，可供出售金融资产发生减值时，即使该金融资产没有终止确认，原直接计入所有者权益的因公允价值下降形成的累计损失，应当予以转出，计入当期损益。该转出的累计损失，为可供出售金融资产的初始取得成本扣除已收回本金和已摊销金额、当前公允价值和原已计入损益的减值损失后的余额。也就是说，资产减值的金额应该是资产最新的公允价值与初始投资成本的差额。

雅戈尔持有中信股份 4.99% 股份，初始投资成本为 170.62 亿元，在 2017 年年末的公允价值为市值 137.15 亿元。那么，资产减值的金额应该是 170.62 - 137.15 = 33.47（亿元）。这 33.47 亿元，就是雅戈尔当期净利润的亏损，如表 3 - 2 所示。

表 3 - 2　雅戈尔 2015—2017 年财务报表简表　　单位：亿元

	投资前	投资时	2015 年	2016 年	2017 年
净利润					-33.47
其他综合收益			-3.43	-22.77	26.20
净利润 + 其他综合收益			-3.43	-22.77	-7.27
货币资金	170.62				
可供出售金融资产账面价值		170.62	167.19	144.42	137.15
长期股权投资					
股东权益	170.62	170.62	167.19	144.42	137.15
股东权益变动			-3.43	-22.77	-7.27

数据来源：根据雅戈尔年度报告整理。

（四）资产分类背后的“旋转门”

雅戈尔 2018 年一季度利润预计增加约 868 046 万元，同比增长 687.95% 左右。这一惊人的业绩增长，主要是因为对中信股份的股票核算由可供出售金融资产转变为长期股权投资。事实上，这一资产转换背后的会计处理，受 2017 年年末的资产减值影响非常大。到底怎么回事，只要看看资产转换背后的原则就明白了。可供出售金融资产转换为长期股权投资是怎么做到的？雅戈尔付出的代价高吗？

1. “金融资产”可以转换为“长期股权投资”吗？

我们现在要回到文章开头提出的资产分类大原则。A 公司收购 B 公司的股份，如果关系构成控制、合营或重大影响，那么确认长期股权投资。如果以上关系都不是，确认金融资产。如果后面 A 公司通过增持 B 公司股份等方式，造成 A 公司与 B 公司关系改变，且关系构成控制、合营或重大影响中的一种，金融资产就可以转换为长期股权投资。反之，资产如果原来是长期股权投资，但因为收购方减持标的股份等关系，造成收购方失去对标的的重大影响，长期股权投资也可以转换为金融资产。

2. 转换的依据：什么是“重大影响”？

金融资产要转换为长期股权投资，关键就在于收购方对被收购方起码要造成“重大影响”。什么叫“重大影响”？《会计准则第2号——长期股权投资》第2条指出，重大影响，是指投资方对被投资单位的财务和经营政策有参与决策的权力，但并不能够控制或者与其他方一起共同控制这些政策的制定。在确定能否对被投资单位施加重大影响时，应当考虑投资方和其他方持有的被投资单位当期可转换公司债券、当期可执行认股权证等潜在表决权因素。投资方能够对被投资单位施加重大影响的，称被投资单位为其联营企业。

2018年年初，雅戈尔做了两件事情。由于这两件事情，雅戈尔判断，其对中信股份可造成重大影响。第一，2018年年初，雅戈尔耗费1.1万港元（折合人民币8800元）通过二级市场购入中信股份1000股，将持股比例由此前的4.99%提到5%。第二，3月20日，雅戈尔副总经理兼财务负责人吴光幼成为中信股份的非执行董事。怎么理解判断的依据？一般来说，在实务操作中，人们往往认为A公司对B公司的持股比例较高，才能通过股东大会产生重大影响。雅戈尔对中信股份的持股比例仅仅是5%而已。但是，对董事会的影响又是重要的一方面。雅戈尔已经向中信股份委派非执行董事，那么雅戈尔已经对中信股份的董事会具有一定影响，这时认为雅戈尔对中信股份可以产生“重大影响”，也有根据。

（五）资产减值对后续资产转换的影响

1. 长期股权投资初始投资成本的确认

可供出售金融资产转换为长期股权投资的处理方式也不复杂。首先，确认长期股权投资的初始投资成本。由于这是资产转换形成的长期股权投资，和一般收购形成的长期股权投资的初始投资成本确认有一定区别。《2号准则（2006）》第14条指出，投资方因追加投资等原因能够对被投资单位施加重大影响或实施共同控制但不构成控制的，应当按照《企业会计准则第22号——金融工具确认和计量》确定的原持有的股权投资的公允价值加上新增投资成本之和，作为改按权益法核算的初始投资成本。原持有的股权投资分类为可供出售金融资产的，其公允价值与账面价值之间的差额，以及原计入其他综合收益的累计公允价值变动应当转入改按权益法核算的当期损益。

由此可以得出如下三个步骤：

①初始投资成本的确认

初始投资成本 = 原持有的股权投资的公允价值 + 新增投资成本

中信股份作为上市公司，股份市值就是股份公允价值。原本持有中信股份4.99%的股份，在转换日即2018年3月29日市值约为128.31亿元人民币。新的1000股投资成本几乎不用考虑。因此，初始投资成本应为128.31亿元。

②可供出售金融资产公允价值与账面价值的差额的会计处理。

可供出售金融资产公允价值与账面价值的差额的会计处理，应当转入改按权益法核算的当期损益：持有中信股份4.99%股份在转换日的公允价值为市值128.31亿元。此前，由于2017年年底资产减值的关系，这部分可供出售金融资产的账面金额被降低为137亿元，其实就是2017年年底的股份市值。中间的差额部分约为8.84亿元。

③原计入其他综合收益的累计公允价值变动的会计处理。

原计入其他综合收益的累计公允价值变动的会计处理，应当转入改按权益法核算的当期损益。这个步骤最为关键。上文已经分析了，由于2017年年底资产减值的影响，原计入其他综合收益的累计公允价值变动已经变为零。所以这个步骤对2018年一季度的当期损益毫无影响。

综合上面三个步骤，可以得知，可供出售金融资产转换为长期股权投资，长期股权投资初始投资成本要再一次按公允价值入账。由于在转换日持有中信股份5%股份的公允价值为市值128.31亿元。那么，与2017年年末的资产账面金额差额就被计入当期净利润，如表3-3所示。

表3-3　雅戈尔2015—2017年财务报表简表　　单位：亿元

	投资前	投资时	2015年	2016年	2017年	初始确认
净利润					-33.47	-8.84
其他综合收益			-3.43	-22.77	26.20	
净利润+其他综合收益			-3.43	-22.77	-7.27	-8.84
货币资金	170.62					
可供出售金融资产账面价值		170.62	167.19	144.42	137.15	
长期股权投资						128.31
股东权益	170.62	170.62	167.19	144.42	137.15	128.31
股东权益变动			-3.43	-22.77	-7.27	-8.84

数据来源：根据雅戈尔年度报告整理。

2. 如果不进行资产减值处理会怎么样？

2017年年底的资产减值怎么影响了2018年一季度的资产转换？要理解这个问题，我们可以先假设2017年年底没有进行资产减值处理。那么，在2017年年底，由于持有中信股份4.99%股份的市值变动，雅戈尔会在2017年年底确认其他综合收益-7.27亿元，同时可供出售金融资产2017年年底账面金额调整为最新市值137.15亿元。这时，累计的其他综合收益金额就达到了-33.47亿元。雅戈尔将5%中信股份在2018年3月29日转换为长期股权投资。根据《2号准则（2006）》第14条，我们再来重复三大计算步骤，就可以得出完全不同的损益数据。在第三个步骤，原计入其他综合收益的累计公允价值变动应当转入改按权益法核算的当期损益。也就是说，原本的累计其他综合收益金额-33.47亿元也会体现在净利润中。同时，其他综合收益增加33.47亿元，股东权益变动金额不变，如表3-4所示。

表 3－4　雅戈尔 2015—2017 年财务报表简表　单位：亿元

	投资前	投资时	2015 年	2016 年	2017 年	初始确认
净利润					－33.47	－42.31
其他综合收益			－3.43	－22.77	26.20	33.47
净利润＋其他综合收益			－3.43	－22.77	－7.27	－8.84
货币资金	170.62					
可供出售金融资产账面价值		170.62	167.19	144.42	137.15	
长期股权投资						128.31
股东权益	170.62	170.62	167.19	144.42	137.15	128.31
股东权益变动			－3.43	－22.77	－7.27	－8.84

数据来源：根据雅戈尔年度报告整理。

3. 可行的“反业绩平滑”？

从上面的分析可以看出，可供出售金融资产的资产减值，与可供出售金融资产转为长期股权投资的初始成本确认之间存在着关系。如果资产减值，那么累计其他综合收益金额调整为零，资产转换对收购方当期损益的影响更小。如果不进行资产减值处理，那么累计其他综合收益金额加大，资产转换对收购方当期损益的负面影响更大。从客观上看，2017 年年底的资产减值对净利润的影响，可以换来 2018 年一季度净利润的增厚。

（六）转换为长期股权投资可确认 93 亿元投资收益？

资产转换的会计处理，到了长期股权投资的初始投资成本确认时，还没完成。接下来还有另一个至关重要的步骤，就是将长期股权投资的初始投资成本，与被收购方的可辨认净资产公允价值进行对比。就是这个关键步骤，造成雅戈尔 2018 年一季度业绩大幅波动。

1. 长期股权投资确认可产生投资收益？

我们首先要理解长期股权投资一个非常重要的特性。按会计准则，在确认长期股权投资的初始投资成本之后，初始投资成本要马上与被收购方的可辨认净资产公允价值份额进行对比。这时，收购方的当期损益有可能受到影响：①投资成本 ＞可辨认净资产公允价值份额，不影响损益；②投资成本 ＜可辨认净资产公允价值份额，差额计入当期损益。

为什么在确认长期股权投资的时候，初始投资成本小于标的可辨认净资产公允价值，收购方可以确认投资收益呢？这个道理也不难理解。假设标的的可辨认净资产公允价值能够被确认，而且这个值还大于收购方的投资成本，那么不就相当于收购方赚了一笔吗？那么收购方赚的部分就要确认在当期损益里面。同时，长期股权投资的投资成本会相应地向上调整，其金额等同于标的的可辨认净资产的公允价值。

2. 能否确认投资收益：关键在 PB（市净率）倍数

假设 A 公司收购 B 上市公司的股份，且可以确认长期股权投资，那么 A 公司的当期损益是否会被影响？我们结合上面的分析，就可以推导出简单的公式：长期股权投资初始成本 ＞可辨认净资产公允价值份额，损益影响为 0；长期股权投资初始成本 ＜可辨认净资产公允价值份额，差额部分计入损益。假设 A 通过二级市场增持的方式买入 B 上市公司的股份，公式还可以简化成：B 市值 × 持股比例 ＞B 净资产账面值 × 持股比例，损益影响为 0；B 市值 × 持股比例 ＜B 净资产账面值 × 持股比例，差额部分计入损益。

PB 倍数里面，P 代表市值，B 代表上市公司净资产账面值，进一步可以得出公式：P ＞B，损益影响为 0；P ＜B，损益 = （B − P）× 持股比例。由此我们可以得出结论，收购一家上市公司的股份，且确认长期股权投资，PB 倍数大于 1 时，收购方损益无影响；PB 倍数小于 1 时，收购方可确认投资收益。意思就是说，对“破净股”确认长期股权投资，可以获得投资收益。

3. 雅戈尔的实践

上文已指出，资产转换之后，作为长期股权投资的持有中信股份 5.00% 股份的初始投资成本就是 128.31 亿元。中信股份又是典型的一支破净股。在 2015 年之后，中信股份的 PB 倍数再也没有突破 1 倍。中信股份投资了很多重资产特征的公司，PB 倍数低于 1 并不奇怪。在确认长期股权投资的初始投资成本之后，雅戈尔将初始投资成本与被收购方的可辨认净资产公允价值进行对比。在这里，雅戈尔也是将被收购方的账面净资产金额确认为可辨认净资产公允价值的金额。按照港股公告，中信股份 2017 年年底的归属母公司净资产的 5% 应该是 227 亿元。相比较之后，我们可以得知雅戈尔应当可确认 98.69 亿元的投资收益。再扣除资产转换确认初始投资成本时的影响，净利润的增加额应为 89.95 亿元，如表 3 − 5 所示。

表 3 − 5　雅戈尔 2015—2018 年一季度财务报表简表　　单位：亿元

	投资前	投资时	2015 年	2016 年	2017 年	初始确认	与可辨认净资产比较	初始确认 + 可辨认净资产
净利润					−33.47	−8.84	98.69	89.85
其他综合收益			−3.43	−22.77	26.20			
净利润 + 其他综合收益			−3.43	−22.77	−7.27	−8.84	98.69	89.85
货币资金	170.62							
可供出售金融资产账面价值		170.62	167.19	144.42	137.15			
长期股权投资						128.31	227.00	227.00
股东权益	170.62	170.62	167.19	144.42	137.15	128.31	227.00	227.00
股东权益变动			−3.43	−22.77	−7.27	−8.84	98.69	89.85

数据来源：根据雅戈尔年度报告整理。

公告披露，雅戈尔所持中信股份对应的净资产可辨认公允价值与账面价值的差额 930 210.84 万元，将计入 2018 年第一季度营业外收入，增加当期净利润 930 210.84 万元。这个数据和我们推算的数据差异不大。

4. 进一步推演

又回到我们案例中间的问题。如果雅戈尔在 2017 年年底没有进行资产减值处理，那么2018年一季度的损益影响如何呢？如表3-6测算所示，如果不进行减值处理，雅戈尔2018年一季度的净利润应该下降为56.38亿元，资产与股东权益变动金额不变。

表3-6 雅戈尔2015—2018年一季度财务报表简表 单位：亿元

	投资前	投资时	2015年	2016年	2017年	初始确认	与可辨认净资产比较	初始确认+可辨认净资产
净利润					-33.47	-42.31	98.69	56.38
其他综合收益			-3.43	-22.77	26.20	33.47		33.47
净利润+其他综合收益			-3.43	-22.77	-7.27	-8.84	98.69	89.85
货币资金	170.62							
可供出售金融资产账面价值		170.62	167.19	144.42	137.15			
长期股权投资						128.31	227.00	227.00
股东权益	170.62	170.62	167.19	144.42	137.15	128.31	227.00	227.00
股东权益变动			-3.43	-22.77	-7.27	-8.84	98.69	89.85

数据来源：根据雅戈尔年度报告整理。

2018年4月26日，公司发布《关于变更中国中信股份有限公司会计核算方法的公告》，调整对所持中信股份股票的会计核算方法，受到市场和媒体较大关注。上海证券交易所向公司送达《关于雅戈尔集团股份有限公司变更会计核算方法事项的监管工作函》，要求公司及年审注册会计师审慎核实上述会计核算方法变更是否符合企业会计准则的规定，是否符合公司的经营实质。经公司与立信会计师事务所（特殊普通合伙）讨论，根据会计师意见，公司拟取消对中国中信股份有限公司的会计核算方法变更，继续以可供出售金融资产核算该项投资。

四、动因分析及启示

（一）中信股份会计核算方法变更的动因分析

1. 扭转当前巨亏为“巨利”

要知道，这神一般的操作，是合规的，巴菲特也曾这样干过。而在对外投资领域，雅戈尔这样操作已经不是第一次了。2014年1月20日，雅戈尔公告称，对宁波银行的会计核算方法由可供出售金融资产变更为长期股权投资，并以权益法确认损益。截至2014年6月30日，雅戈尔持有宁波银行总股本的11.26%。2014年上半年由会计方法变更而增加净利润约6.4亿元。

在亏损之际，追加对外投资，将“可供出售金融资产”转至“长期股权投资”，临时更改会计核算方法，表面上增加了投资利润，究竟有无实际价值从不同角度有不同定论。一些业内人士认为，受发电、航空等业务的限制，中信股份的重资产所占比例较大，因此账面价值计价市值不合理，这对股东来说可不算是件好事。

雅戈尔究竟是无心之举，还是故意调节利润，大家心中自有结论。

2. 雅戈尔的利润来源

与很多同行的战略不同的是，1998 年就上市的老牌企业雅戈尔目前的主要营业收入和利润分别来自对外投资和地产业务，再加上自家的服装业老本行，“三驾马车”并驾齐驱。上一节也提到了雅戈尔投资中信股份遇挫的问题，但实际上，雅戈尔在投资上取得过不少战果。

1999 年雅戈尔曾以 3.2 亿元入股中信证券获利 80 亿元；2009 年股权投资实现净利润 16.25 亿元，占当年雅戈尔净利润的一半；2010 年股权投资业又获净利润 12.45 亿元，同样占总净利润的近一半；2011 年股权投资业务净利润 4.87 亿元，占公司当年净利润的 28%；2015 年，雅戈尔又在百余只股票上砸出约 150 亿元的收益，几乎成为“股神”。

总的来说，雅戈尔在投资上做得风生水起。而在地产开发上，雅戈尔也丝毫不逊色于同量级的地产商。据不完全统计，1998—2017 年期间，雅戈尔服装合计产生净利润 95.9 亿元，地产业务合计取得的净利润为 106.8 亿元，投资业务合计净利润为 127.3 亿元。雅戈尔营业收入和利润几乎 2/3 以上来自投资收益和房地产开发，而对于自己的主业，雅戈尔既想重视，却又狠不下心。

（二）总结与启示

虽然造成了净利润大涨，但雅戈尔此举只是影响了利润表，并不影响资产负债表和现金流量表，对投资者而言，不应只看上市公司短期的利润，更应该看资产端和现金流等方面的情况。相较净利润，上市公司扣除非经常性损益后的净利润更有参考价值。

近几年来，雅戈尔房地产和服装业务的增速均放缓，投资业务成为一个变量。判断雅戈尔的价值，需要按照业务分步进行估值，目前整体上难有较大上升空间，除非做一些新的业务。再者，如此巨大的利润变化，必将引起证监会的高度关注，在证券市场以及新闻媒体上引起热议；哪怕雅戈尔出面解释此举并不是为了调节利润，也难免遭到证券市场的质疑。

五、讨论题目

以下问题作为课堂讨论时引导学员思考的问题，也可以布置给学员作为在课外分析案例时的思考。

1. 交易性金融资产与可供出售金融资产的选择，对收购方的财务数据的影响有何区别？
2. 雅戈尔为什么能判定资产发生了减值？标准是什么？
3. 为什么雅戈尔 2018 年能够将可供出售金融资产转换为长期股权投资？
4. 如何区分可辨认净资产与不可辨认净资产？
5. 上市公司可辨认净资产公允价值等于市值吗？

6. 可供出售金融资产与长期股权投资有什么区别？可供出售金融资产如何转换为长期股权投资？

六、参考资料

［1］《雅戈尔集团股份有限公司 2015 年年度报告》。
［2］《雅戈尔集团股份有限公司 2016 年年度报告》。
［3］《雅戈尔集团股份有限公司 2017 年年度报告》。
［4］《雅戈尔集团股份有限公司 2018 年第一季度报告》。

[案例说明书]

一、本案例需要解决的关键问题

在当今经济全球化大背景下，许多企业在经营主业的同时，为了扩大利润，也在另寻他径，靠对外投资，并采取一系列财务策略等手段来寻求公司的快速发展。本案例以雅戈尔通过对中信股份的投资进行财务报表层面的操作以提高净利润为例，引导学员从资产减值与转换角度来了解企业如何对资产进行分类，计提减值准备与转出，资产转换等以及这些行为给企业带来的影响，分析其他综合收益、投资收益以及净利润的变动，还有雅戈尔如此高调的财务策略存在的风险等，帮助学员熟悉有关金融资产、长期股权投资持有与转换的基本理论，并结合案例分析这次资产转换的策略是否可取。

二、案例讨论的准备工作

为实现本案例的教学目标，学员应在案例讨论前通过预发材料了解以下相关知识背景。

（一）理论背景

金融资产与长期股权投资的区别；金融资产的分类；持有至到期投资的减值准备计提；持有至到期投资转换为长期股权投资的步骤等。

（二）行业背景

纺织服装是我国消费品三大支柱产业之一。通过20多年的发展，中国已经成为世界上最大的服装消费国、生产国和出口国。长期以来，国内服装企业主要以贴牌的方式参与市场竞争，自主品牌较少，产品附加值较低，企业竞争力较弱。随着品牌意识的不断提升，国内一些优秀的服装企业开始注重服装品牌的培育和发展。经过不断的探索和积累，这些企业在服装品牌运营、产品开发、技术、人才等方面已经具备较强的竞争实力，开始以自主服装品牌参与市场竞争，并逐渐成长壮大。

近年来，受成本上升、用工荒、人民币升值、欧债危机等一系列问题的持续影响，过去那种依靠消耗资源、通过廉价劳动力的粗放式发展方式已经无法持续，转变发展方式已经成为服装行业发展的共识。中国服装行业在改革开放后，逐步经历了生产创造价值、规模创造价值、品牌创造价值的阶段，未来将走向文化内涵创造价值的方向。

根据国家统计局人均衣着类消费和人口数量测算，中国服饰市场规模从2006年的6 480亿元增长至2014年的15 348亿元，年均复合增长率达11.38%，增长迅速。

服装消费与居民收入水平密切相关。伴随国民收入的增加，我国服装消费市场的容量也在不断扩大。根据国家统计局的统计：2006—2014年，城镇居民人均衣着消费支出由901.78元增加到1 627.20元，年均复合增长率为7.66%；农村人均衣着消费支出由167.30元增加到510.40元，年均复合增长率为14.96%。

（三）制度背景

《企业会计准则第22号——金融工具确认和计量》
《企业会计准则第20号——企业合并》

三、案例分析要点

（一）需要学员识别的关键问题

1. 交易性金融资产与可供出售金融资产的选择，对收购方的财务数据的影响有何区别？
2. 雅戈尔为什么能判定资产发生了减值？标准是什么？
3. 为什么雅戈尔2018年能够将可供出售金融资产转换为长期股权投资？
4. 如何区分可辨认净资产与不可辨认净资产？
5. 上市公司可辨认净资产公允价值等于市值吗？
6. 可供出售金融资产与长期股权投资有什么区别？可供出售金融资产如何转换为长期股权投资？

（二）解决问题的可供选择方案及其评价

1. 交易性金融资产与可供出售金融资产的选择，对收购方的财务数据的影响有何区别？

在初始计量的时候，金融资产的投资成本都是资产的公允价值。我们可以简单地理解，由于中信股份为港股上市公司，初始计量的时候，无论被计入交易性金融资产，还是可供出售金融资产，都应该按股份市值记录投资成本，也就是雅戈尔收购的金额。在后续计量的时候，无论是选择交易性金融资产还是可供出售金融资产，中信股份的股票在计量日的账面价值都要等同公允价值，也就是股票市值。

也就是说，无论选择的金融资产性质如何，金融资产期末账面价值都会随着中信股份的股价而波动。资产价值的变动，又会影响到收购方股东权益变动。每个懂得基础会计知识的朋友都知道，会计有个重要的等式：股东权益变动 = 净利润 + 其他综合收益。问题就在于，金融资产账面价值的波动造成的股东权益变动，到底是体现在净利润里面，还是体现在其他综合收益里面。如果选择交易性金融资产，金融资产账面价值的波动体现在净利润里面，也就是营业外收入的投资收益。如果选择可供出售金融资产，金融资产账面价值的波动体现在其他综合收益里面，不影响收购方当期损益。这就是交易性金融资产与可供出售金融资产的主要区别。

根据《22号准则（2006）》第19条，交易性金融资产与可供出售金融资产不可转换。这很好理解，如果两类资产可以任意转换，收购方就可以利用上市公司股价的波动来操纵自身业绩了。

2. 雅戈尔为什么能判定资产发生了减值？标准是什么？

一般来说，资产减值指的是，企业在年末对资产进行减值测试，如果发现一项资产未来预期带来的收益会减少，且折现回来的金额低于资产账面价值，那么资产就会发生减值。

《企业会计准则第22号——金融工具确认和计量》的应用指南特别指出，分析判断可供出售金融资产是否发生减值，应当注重可供出售金融资产公允价值是否持续下降。通常情况下，如果可供出售金融资产的公允价值发生较大幅度的下降，或在综合考虑各种相关因素以后，预期这种下降趋势属于非暂时性的，可以认定该项金融资产已经发生减值，应当确认减值损失。

这也说明，可供出售金融资产公允价值的下降并不一定意味着对该类金融资产需要计提资产减值准备。在实务中，如何判断可供出售金融资产是否需要计提减值准备，笔者认为可以采取以下几个步骤：

（1）判断可供出售金融资产的公允价值是否低于其账面摊余成本。在判断公允价值是否低于账面摊余成本时，需要根据不同的类别进行考虑，而不能汇总考虑。

（2）如果可供出售金融资产的公允价值低于其账面摊余成本，则需要判断公允价值的下降幅度是否较大。如果公允价值的下降相对于金融资产的账面价值比重较大，则需要考虑计提减值准备。

（3）如果可供出售金融资产公允价值的下降幅度并不大，则需要考虑公允价值的下降是否属于非暂时性的减值。所谓非暂时性的减值，是指在合理期间内，这种减值并不会转回。因此，在判断是否出现非暂时性的减值时，需要结合企业打算持有该类金融资产的时间来考虑。如果企业打算在短期内出售该类金融资产，且在此期间内，公允价值回升的可能性不大，则需要考虑计提减值准备。

（4）如果企业并不打算在短期内出售该类金融资产，那就需要进一步分析可供出售金融资产公允价值下降的具体原因。对债务工具来说，公允价值变动的原因主要是交易对手的信用风险、市场利率的变化、市场汇率的变化以及市场整体流动性的变化。对权益工具来说，公允价值变动的原因主要是被投资对象的经营状况变化以及市场利率、汇率和市场整体流动性的变化。

雅戈尔也制定了符合会计准则的会计政策。雅戈尔公告表示，该公司于资产负债表日对金融资产的账面价值进行检查，如果有客观证据表明某项金融资产发生减值的，计提减值准备。期末如果可供出售金融资产的公允价值发生严重下降，或在综合考虑各种相关因素后，预期这种下降趋势属于非暂时性的，就认定其已发生减值，将原直接计入所有者权益的公允价值下降形成的累计损失一并转出，确认减值损失。

问题又来了，对于中信股份的股票，怎样确认发生减值？需要进行减值测试吗？按照会计准则和雅戈尔的会计政策，其实不需要进行减值测试。雅戈尔的会计政策规定，对可供出售权益工具投资的公允价值下"严重"的标准为：最近一年内公允价值累计下跌超过30%。雅戈尔对可供出售权益工具投资的公允价值下跌"非暂时性"的标准为：公允价值连续下跌时间超过12个月。但是从图3-2可以看出，从2017年年初和2017年年末中信股份股价来看，差异并不大。雅戈尔公告称"鉴于中信股份公允价值连续下跌时间超过12个月，公司认定其已发生减值"，又怎么理解呢？

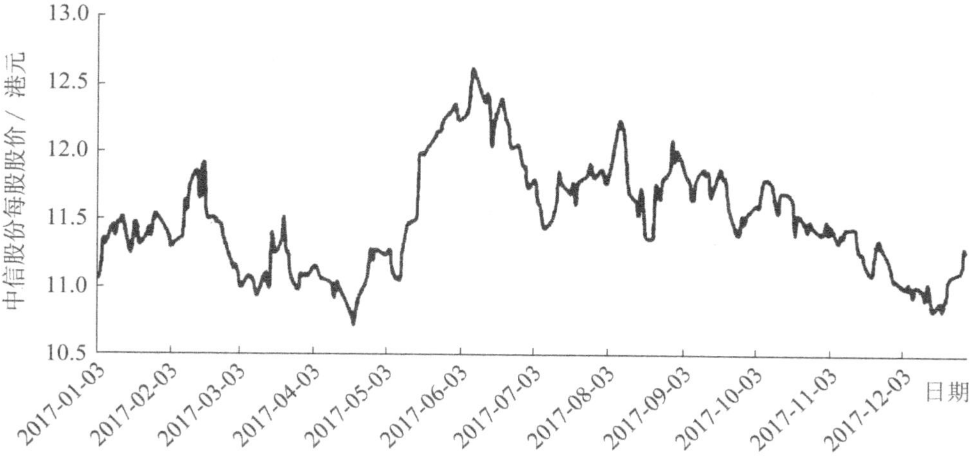

图 3-2　2017 年中信股份股价变动情况

这句话的意思应该是，在 2017 年一整年中中信股份的股票市值显著低于雅戈尔投资成本 170 亿元的 70%，因此可以确认资产已出现减值。

3. 为什么雅戈尔 2018 年能够将可供出售金融资产转换为长期股权投资？

金融资产要转换为长期股权投资，关键就在于收购方对被收购方起码要造成“重大影响”。什么叫“重大影响”？《会计准则第 2 号——长期股权投资》第 2 条指出，重大影响是指投资方对被投资单位的财务和经营政策有参与决策的权力，但并不能够控制或者与其他方一起共同控制这些政策的制定。在确定能否对被投资单位施加重大影响时，应当考虑投资方和其他方持有的被投资单位当期可转换公司债券、当期可执行认股权证等潜在表决权因素。投资方能够对被投资单位施加重大影响的，被投资单位为其联营企业。

2018 年年初，雅戈尔做了两件事情。由于这两件事情，雅戈尔判断，其对中信股份可造成重大影响。第一，2018 年年初，雅戈尔耗费 1.1 万港元（折合人民币 8800 元）通过二级市场购入中信股份 1000 股，将持股比例由此前的 4.99% 提高到 5%。第二，3 月 20 日，雅戈尔副总经理兼财务负责人吴光幼成为中信股份的非执行董事。一般来说，在实务操作中，人们往往认为 A 公司对 B 公司的持股比例较高，才能通过股东大会产生重大影响，而雅戈尔对中信股份的持股比例仅仅只有 5%。但是，对董事会的影响又是重要的一方面。雅戈尔已经向中信股份委派非执行董事，那么雅戈尔已经对中信股份的董事会具有一定影响。这时，认为雅戈尔对中信股份可以产生“重大影响”，也有根据。

4. 如何区分可辨认净资产与不可辨认净资产？

怎么理解这个会计处理呢？首先要理解一个问题，到底什么是标的“可辨认净资产公允价值”。一家公司的净资产可以分为可辨认的和不可辨认的。可辨认的净资产很好理解，就是公司可辨认的资产减去可辨认的负债的差额。可辨认的资产以及可辨认的负债，都体现在公司的资产负债表上。确认长期股权投资时，被收购方的可辨认净资产公允价值的确定，主要依据《会计准则 20 号——企业合并》（以下简称《第 20 号准则》）。

《第 20 号准则》第 14 条指出，被购买方可辨认净资产公允价值，是指合并中取得的被购买方可辨认资产的公允价值减去负债及或有负债公允价值后的余额。被购买方各项可辨认资产、负债及或有负债，符合下列条件的，应当单独予以确认：

（1）合并中取得的被购买方除无形资产以外的其他各项资产（不仅限于被购买方原已确认的资产），其所带来的经济利益很可能流入企业且公允价值能够可靠地计量的，应当单独予以确认并按照公允价值计量。合并中取得的无形资产，其公允价值能够可靠地计量的，应当单独确认为无形资产并按照公允价值计量。

（2）合并中取得的被购买方除或有负债以外的其他各项负债，履行有关的义务很可能导致经济利益流出企业且公允价值能够可靠地计量的，应当单独予以确认并按照公允价值计量。

（3）合并中取得的被购买方或有负债，其公允价值能够可靠地计量的，应当单独确认为负债并按照公允价值计量。

不可辨认的净资产之所以产生，是因为公司往往还有一些不可辨认的资产。

什么叫不可辨认的资产呢？比方说公司管理层素质、管理文化积淀、品牌形象、上下游渠道资源，等等。我们在给公司估值的时候，不但要考虑可辨认净资产的价值，还要考虑不可辨认的净资产的价值。一般在控股权类型的收购中，收购方会以标的账面净资产金额来确定标的可辨认的净资产的价值。收购对价高出标的账面净资产金额的部分，就会确认为商誉。商誉就是标的不可辨认的净资产的价值。

5. 上市公司可辨认净资产公允价值等于市值吗？

假设A公司收购B上市公司的股份，且可以确认长期股权投资，那么B上市公司的可辨认净资产公允价值怎么确认呢？我们的第一反应是，能不能用市值来确认可辨认净资产公允价值。上面已经分析了，上市公司除了拥有可辨认的净资产之外，还拥有不可辨认的净资产。一家上市公司的市值，除了反映可辨认的净资产的价值之外，也反映了不可辨认的净资产价值。投资者给上市公司估值的时候，也会把管理层资质、上下游渠道关系等等不可辨认的资产考虑进来。因此，上市公司的可辨认净资产公允价值不是市值。那么，在收购时，我们如何来确定一家上市公司可辨认的净资产的公允价值呢？根据《第20号准则》第14条，我们要将每项可辨认的资产及负债的公允价值计量出来，然后再计算出可辨认净资产公允价值。

给上市公司每一项资产及负债进行现金流估值测试是很繁琐的。具体在雅戈尔这个案例里，投资的是港股上市公司中信股份。中信股份是恒生指数中最大的成分股公司之一，主要业务覆盖了金融业、资源能源业、制造业、房地产及基础设施业、工程承包业，以及其他行业的诸多业务领域，在海内外市场广泛运营。给中信股份这样的大型多元化集团的每一项资产与负债进行估值无疑是非常困难的。在实务操作中，不少人会使用上市公司净资产的账面价值来确定上市公司可辨认净资产的公允价值。这种处理方法也许不算非常严谨，但非常可行。具体在雅戈尔这个案例中，雅戈尔在确定中信股份的可辨认净资产的公允价值金额时，使用的也是中信股份的净资产账面金额。

6. 可供出售金融资产与长期股权投资有什么区别？可供出售金融资产如何转换为长期股权投资？

（1）长期股权投资与可供出售金融资产概念界定。

长期股权投资属于企业的一项重要资产，是企业准备长期持有的权益性投资，对于企业拓展市场、增强实力、改善资产结构、减少行业系统风险、提升盈利水平都有显著作用，其形成的具体途径既可通过企业合并，亦可通过企业合并以外的其他方式取得，如支付现金、进行非货币性交换、债务重组等。长期股权投资具有数额大、期限长、风险大，但通常能为企业带来较大的现实收益或隐性收益的特点。《企业会计准则第2号——长期股权投资》（2014年3月，根据形势发展及国际相关准则的变动，财政部对该准则进行了整体修订，确保我国准则与国际准则持续趋同）专门对长期股权投资的确认与计量进行了规范，而《金融工具确认和计量》准则、《债务重组》准则、《非货币性资产交换》准则等多个具体准则涉及长期股权投资，从不同方面对其计量及会计处理作出了进一步说明。可供出售金融资产属于金融资产的一个类别。金融资产形态多样，《金融工具确认和计量》准则将其划分为四类，并分别对四类金融资产进行了定义。根据《金融工具确认和计量》准则对可供出售金融资产的描述，该资产的范围应包括初始确认即被指定为可供出售的非衍生金融资产，此外，其他没有划为《金融工具确认和计量》准则列举的前三类金融资产的，都应归为可供出售金融资产范畴。这种金融资产既可以是权益性投资，也可以是债权性投资，企业可以通过购买股票、股权或国债、企业债券、基金等方式取得，其目的一般只是获取一定的经济利益，具有投资期限不确定、风险较大、收益不稳定的特点。

（2）长期股权投资与可供出售金融资产的区别。

第一，确认的方向不同。①企业持有被投资单位的权益，便具有相应的权利，并对该单位的经营管理、收益分配等产生影响。根据影响程度及其他因素，学术界和准则制定机构通常将长期股权投资分为四种类型：第一种类型为“控制”，投资企业具有单独控制权，有权任免权力机构成员，决定财务和经营政策等；第二种类型为“共同控制”，投资企业按合约与各方分享控制权；第三种类型为“重大影响”，大股东实施控制，投资企业有较大表决权，但不能控制或与其他方共同控制企业政策的制定；第四种类型为不具有控制、共同控制或重大影响，且在活跃市场无报价，公允价值不能可靠计量的权益性投资。需要说明的是，在2014年3月财政部发布的《企业会计准则第2号——长期股权投资》中，相关条款的内容发生了若干变化，其中长期股权投资第四种类型要适用《企业会计准则第22号——金融工具确认和计量》进行处理，本文讨论暂不考虑。②对可供出售金融资产的确认，《企业会计准则第22号——金融工具确认和计量》采用的是排除法，即排除准则列举的其他三种金融资产，剩余的都是。这一界定方法把可供出售金融资产与其他金融资产区分开来了，但与长期股权投资怎么划分呢？通过准则指南或解读可以进一步发现两者在确认上的显著差异。首先，两者虽然都是时间较长的对外投资，但可供出售金融资产既可以表现为权益性投资，也可以是债权性投资，而长期股权投资只有权益性投资；其次，在判断长期权益性投资方面，如果企业持有被投资单位的权益较重，对该单位形成较大程度的影响，达到控制、共同控制或重大影响状态，那么可以得出结论，无论其在活跃市场有无报价、公允价值能否可靠计量，都应确定为长期股权投资；但在企业持股比例较低的情况下，就要根据情况来确定该权益性投资到底归属何种资产，具体就是以该投资在活跃市场有无报价、公允价值能否可靠计量为判断依据，如果属于“无报价、不能可靠计量”的情况，那么应将其归为长期股权投资，反之则归为交易性金融资产或可供出售金融资产。

第二，投资目的与期限不同。①长期股权投资的目的是借助股权投资控制或影响被投资单位。对达不到这一目标的权益性投资只有在没有活跃市场或公允报价时，才会被确认为长期股权投资。因而，其投资期限在初次确认时就明确是长期持有，投资期间企业一般不会为了眼前利益将其出售或转让。②可供出售金融资产的投资目的则着重未来出售获利，而不是控制或影响被投资单位。这就决定了其投资期限是不确定的，企业在初始确认时并不能确定是短期出售还是长期持有获利更多，持有时间的长短主要取决于投资单位所认可的最佳获利时点。因此其投资期限不会像交易性金融资产短到随时准备出售变现；也不同于持有至到期投资在初始确认时即有意图和能力将其持有至到期，而是介于交易性金融资产和持有至到期投资之间。

第三，初始投资成本的计量不同。①长期股权投资的初始计量根据投资方式不同区分两种情况分别确定：一是企业合并形成的长期股权投资。对于这种情况下长期股权投资的初始计量，《企业合并》准则又分为两种不同情况，即同一控制下与非同一控制下的企业合并，并对这两种情况规定了明显不同的会计处理方法。对于前者，初始成本应按被合并方在最终控制方合并财务报表中的净资产的账面价值的份额进行确认，而后者则根据准则确定的合并成本予以反映。二是其他方式取得的长期股权投资。这些方式包括投资者投入、发行权益性证券、债务重组、非货币性资产交换等，对于这种情况，通常都以投资协议价、权益性证券的公允价值、发生或承担的债务、换出资产的账面价值，再加上相关直接费用，作为初始成本。②可供出售金融资产方面，因都有活跃市场，公允价值能从活跃市场中获取，因此其初始成本以公允价值计量，并且该初始成本中包含支付给代理机构、券商、咨询公司的手续费用和佣金等相关交易费用。

第四，后续计量的处理有区别。①长期股权投资的后续计量有两种方法，第一种为成本法，第二种为权益法。根据上文分析，长期股权投资分为四种类型，成本法适用于第一和第四种情形。采用该方法核算时，长期股权投资应按初始投资成本进行后续计量，而且初始投资成本在后续计量过程中一般是保持不变的，除了追加或收回投资等特殊情况需要调整，对于其他原因如被投资单位实现净损益、宣告分红等引起的所有者权益的变化，均不影响长期股权投资的账面价值。权益法则适用于第二和第三种情形。采用该方法核算的长期股权投资的后续计量方法，要分为两个阶段来分析。第一阶段，在长期股权投资完成初始计量后，首先考虑要不要对初始成本作出调整，可以通过下面的方法来判断：即先计算投资时享有被投资单位可辨认净资产公允价值份额，再同初始投资成本展开比较，如果后者大于或等于前者，不必进行调整；反之，如果小于前者，则应按差额对初始投资成本予以调整。第二阶段，在长期股权投资持有期间，应随时关注被投资单位因宣告分红、实现净损益等原因导致的所有者权益的变化，并据此根据投资份额调整长期股权投资的账面价值，调整的金额如果因净损益变动引起，应计入当期损益，如因其他变动导致，则应计入所有者权益。②对可供出售金融资产，根据《金融工具确认和计量》准则，其后续计量与初始计量一样，以公允价值计价，且公允价值变动计入所有者权益，而非当期损益，这与其他金融资产在后续计量上存在明显不同。

第五，减值处理方面的差别。①对长期股权投资的减值处理，《金融工具确认和计量》准则中分为两部分：一是采用成本法核算，且活跃市场无报价、公允价值不能可靠计量的长期股权投资，其减值确认和金融资产一致，也就是当有客观证据表明其发生减值的，应当计提减值准备，但其减值损失金额不同于以公允价值进行后续计量的可供出售金融资产，而是其账面价值与其预计未来现金流量的现值之间的差额。二是其他形式的长期股权投资，《金融工具确认和计量》准则规定应在确定存在减值迹象后，预估其可收回金额，当估值低于其账面价值时，应将该投资的账面价值减记至未来可收回金额，将减记的金额确认为减值损失，计入当期损益。另外，长期股权投资的减值损失一经确认，在以后的会计期间都不能转回，这与可供出售金融资产是明显不同的。②可供出售金融资产减值，《金融工具确认和计量》准则的规定是在资产负债表日，对其账面价值进行检查，如有发行方或债务人发生严重的财务困难、违约或破产，金融资产的公允价值发生严重或非暂时性下跌等迹象证明该资产发生减值的，应确认减值损失，计提减值准备。

（3）可供出售金融资产如何转换为长期股权投资？

①因追加投资，可供出售金融资产转换为权益法核算的长期股权投资。

新《企业会计准则第2号——长期股权投资》规定：在原持有的可供出售金融资产股权的基础上追加投资，从而形成对被投资单位施加重大影响或实施共同控制的长期股权投资时，公允价值计量转为权益法核算。长期股权投资初始成本为原可供出售金融资产的公允价值与新增投资成本之和。可供出售金融资产转换日的公允价值与账面价值之间的差额，以及原计入其他综合收益的累计公允价值变动，都计入改按权益法核算当期的投资收益。

②因追加投资，可供出售金融资产转换为成本法核算的长期股权投资。

新《企业会计准则第2号——长期股权投资》规定：因追加投资，可供出售金融资产股权转换为具有控制权的长期股权投资，公允价值计量转为成本法核算。转换日可供出售金融资产的公允价值加上新增投资成本之和，作为长期股权投资成本法的初始投资成本。可供出售金融资产转换日的公允价值与原账面价值之间的差额，以及原计入其他综合收益的累计公允价值变动，都计入改按成本法核算当期的投资收益。

新《企业会计准则第2号——长期股权投资》第十四条规定：因追加投资，可供出售金融资产转换为权益法或成本法核算的长期股权投资，原可供出售金融资产在转换日的公允价值与账面价值之间的差额，以及原计入其他综合收益的累计公允价值变动，均应转入当期的投资收益。

四、教学组织方式

（一）问题清单及提问顺序、资料发放顺序

本案例讨论题目依次为：

1. 交易性金融资产与可供出售金融资产的选择，对收购方的财务数据的影响有何区别？

2. 雅戈尔为什么能判定资产发生了减值？标准是什么？

3. 为什么雅戈尔2018年能够将可供出售金融资产转换为长期股权投资？

4. 如何区分可辨认净资产与不可辨认净资产？

5. 上市公司可辨认净资产公允价值等于市值吗？

6. 可供出售金融资产与长期股权投资有什么区别？可供出售金融资产如何转换为长期股权投资？

（二）课时分配（90 ～ 120 分钟）

本案例的案例正文及讨论问题，在讲授有关知识点之后、案例讨论课之前（至少提前一周），一次性布置给学员。在案例讨论课上可以按照如下的课堂计划进行分析和讨论，仅供参考。

内容	主讲人	时间	说　明
课前准备	教师	—	至少提前一周发放资料，请学员在课前完成阅读和初步思考
讨论问题 1	分组讨论	20 ～25 分钟	学员自由发言，教师参与讨论并帮助分析
讨论问题 2	分组讨论	20 ～ 25 分钟	学员自由发言，教师参与讨论并帮助分析
讨论问题 3	分组讨论	20 ～ 25 分钟	学员自由发言，教师参与讨论并帮助分析
讨论问题 4 ～ 5	分组讨论	20 ～ 25 分钟	学员自由发言，教师参与讨论并帮助分析
讨论问题 6	分组讨论	20 ～ 25 分钟	学员自由发言，教师参与讨论并帮助分析
案例总结	教师、学员	10 ～ 15 分钟	学员自由发言，教师进行总结

（三）讨论方式

本案例拟采用小组式的讨论方式。

（四）课堂讨论总结

课堂讨论总结的关键是：根据小组发言与辩论情况，进行归纳总结，教师就学员的讨论情况进行点评，就如何运用理论知识去解决实际问题提出建议和引导学员对案例后续发展做出展望，并在课后继续跟踪最新进展。

案例 4

腐朽化神奇？——雅戈尔“财务魔术梦”破碎之路*

* 1. 本案例由广东工业大学管理学院彭镇、张绍婉、陈观康撰写，作者拥有著作权中的署名权、修改权、改编权。
2. 本案例授权广东工业大学产教融合 MPAcc 教学智库实验平台使用，广东工业大学产教融合 MPAcc 教学智库实验平台享有复制权、修改权、发表权、发行权、信息网络传播权、改编权、汇编权和翻译权。
3. 由于企业保密的要求，在本案例中对有关名称、数据等做了必要的掩饰性处理。
4. 本案例只供课堂讨论之用，并无意暗示或说明某种管理行为是否有效。

[案例封面]

专业领域：财务会计

适用课程：财务会计理论与实务

选用课程：财务会计理论与实务

编写目的：本案例旨在引导学员关注公司会计核算变更的原因及其对财务报表相关项目的影响。通过学习本案例资料，一方面，学员可以进一步了解和思考上市公司会计核算变更的深层原因、变更方式及其合理性等；另一方面，学员可以切实体会到会计核算变更对企业相关财务指标的影响，进而领会到市场监管的必要性。

知 识 点：会计核算；金融资产；长期股权投资。

关 键 词：会计核算变更；长期股权投资；金融资产。

中文摘要：会计政策是企业进行财会管理的重要依据，它的变更可能导致企业财会管理方式、财会数据的明显变化，值得利益相关者关注。本文以雅戈尔集团有限公司为例，分析其会计核算变更的背景、原因、市场反应以及对企业自身的影响，并引发对公司会计政策变更的深层思考。

[案例正文]

一、引言

在业绩披露来临之际，预增公告漫天飞舞，看似繁荣的背后却隐藏着诸多的玄机。资本市场上“假装在增长”的公司并不在少数，它们通过财务调节、处置资产和政府补贴等非常规方式成功使企业实现了“高速增长”。这些非常规方式就像一个个财务魔术，拥有瞬间将腐朽化作神奇的力量。雅戈尔集团有限公司就是这个魔术的实力玩家，通过购进1000股合计支出9230元就可使企业增加93亿元利润。雅戈尔集团到底是如何做到的？本案例将为您解读这一神秘的财务魔术。

二、公司简介

（一）雅戈尔集团简介

雅戈尔集团股份有限公司（股票代码：600177，简称雅戈尔）是一家原以服装制造为主的公司，1993年完成了股份制改造，1998年10月首次公开募股成功，同年11月在上海证券交易所挂牌上市。雅戈尔以纺织行业起家，进而将业务范围扩展到了房地产业、资本市场及电力行业，走出了一条多元化发展的道路，其利润增长点由原来的纺织业到目前的纺织、房地产和证券投资三驾马车并行。

2017年雅戈尔营业收入98.94亿元，较2016年降低33.58%，归属于上市公司股东的净利润3.55亿元，主要受计提中信股份资产减值准备的影响，较2016年降低90.36%，归属于上市公司股东的扣除非经常性损益的净利润30.13亿元，较2016年增长25.93%。

其主要指标如表4－1所示。

表4－1　雅戈尔近三年主要财务指标

年　份	2015	2016	2017
营业收入/亿元	145.27	148.95	98.4
归属于上市公司股东的净利润/亿元	43.71	36.85	2.97
归属于上市公司股东的扣除非经常性损益的净利润/亿元	22.07	23.92	－3.96
经营活动产生的现金流量净额/亿元	19.64	3.28	
归属于上市公司股东的净资产/亿元	201.52	227.11	243.74
总资产/亿元	662.77	639.12	669.19
基本每股收益/元	1.96	1.51	0.08
稀释每股收益/元	1.96	1.51	
扣除非经常性损益后的基本每股收益/元	0.99	0.98	
加权平均净资产收益率/%	23.96	16.68	1.26
扣除非经常性损益后的加权平均净资产收益率/%	12.09	10.83	

数据来源：根据雅戈尔年度报告整理。

（二）中信股份简介

中信股份有限公司（股票代码：00267，简称中信股份）成立于改革开放初期，是中国最大的综合性企业集团，也是恒生指数成分股公司之一。公司的业务主要涵盖金融、资源能源、制造、工程承包及房地产等。中信股份 2014 年 8 月借壳中信泰富，实现了中信集团在港的整体上市。截至 2017 年 12 月 31 日，中信股份的总资产达港币 75 207 亿元，归属于普通股东的权益为港币 5431 亿元。

（三）雅戈尔大手笔投资中信股份

雅戈尔对大部分消费者来说是一个知名的男装品牌，而对二级市场投资者来说，公司早已不仅仅是一个品牌服装制造企业，相较于传统的服装和品牌代理等公司起家业务，投资是一个让大家更为感兴趣的业务板块。算上 2019 年，雅戈尔已有 20 年的股票投资史，而雅戈尔每每在市场上出手，都是极其吸引眼球的大手笔。

2015 年雅戈尔入股中信股份，动作之大引起了广泛的关注。2015 年 7 月 17 日，雅戈尔全资子公司新马服装国际有限公司与中信股份签订协议，计划以 13. 95 港元/股的价格认购中信股份 8. 59 亿股，投资总额达 119. 86 亿港元，资金全部来自自筹资金。当时，1 港元对应 0. 8011 元人民币，119. 86 亿港元相当于 96. 02 亿元人民币，而雅戈尔 2015 年 3 月底的数据显示，资产总额 451. 32 亿元，负债总额 263. 36 亿元，净资产 187. 96 亿元，96. 02 亿元相当于雅戈尔一半身家。根据雅戈尔公司 2015 年中报披露的数据，在 87. 13 亿元的营业收入、29. 06 亿元净利润中，投资业务实现投资收益 18. 77 亿元、净利润 19. 5 亿元，占比高达 67. 1%。而公司三驾马车中的另外两驾“服装 + 房地产”贡献了全部营业收入的情况下，净利润贡献不足 1/3。

2015 年雅戈尔除了大笔增持中信股份外，也在不断提高浦发银行和宁波银行的持股比例，三笔战略投资的最新参考市值总和已经达到了 292. 3 亿元。根据 2015 年年报披露的数据，投资业务对集团整体净利润贡献占比高达 62. 38%。相比服装板块等非金融板块的颓势，投资业务 2015 年净利润同比增长了 12. 46%。相较于之前十几年二级市场交易、参与定增、涉足 PE 和 Pre－IPO 等短期模式，随着资金量的逐步增大，以及传统主营业务的衰弱，雅戈尔开始探索产业投资和入股金融股来寻求更加长期的发展。

然而，在 2018 年 1 月 31 日，雅戈尔发布减值公告称，鉴于中信股份公允价值连续下跌时间超过 12 个月，公司认定其已发生减值，拟以 2017 年末账面价值与投资成本之间的差额确认减值损失 33 亿元。受此减值影响，雅戈尔在 1 月 31 日宣布 2017 年业绩预计减少 33. 3 亿元，同比降低 90% 左右。其实雅戈尔 2016 年的业绩已经较为“勉强”。年报显示，营业收入近 148. 95 亿元，较上年增加 2. 53%，但归属上市公司股东的净利润近 36. 85 亿元，较上年降低 15. 71%。作为雅戈尔三大板块的服装、地产、投资，前两大板块收益还是增长，主要是投资板块较 2015 年同期降 39. 24%，很大原因就是中信股份的减值确认造成的。2017 年雅戈尔完成营业收入 98. 4 亿元，较上年同期降 33. 94%，归属于上市公司股东的净利润 2. 97 亿元，较上年同期降 91. 94%。除了投资中信股份减值 33 亿元人民币外，地产板块也影响很大，营业收入 48. 91 亿元，较 2016 年降 52. 35%（其中地产开发业务完成营业收入 46. 18 亿元，较上年同期降 53. 27%），实现归属于上市公司股东的净利润12.68亿元，较上年同期降低15.91%。

三、魔术时间：雅戈尔展现超高“财技”

根据统计，参照2017年三季报数据，雅戈尔共持中信股份14.55亿股，累计投入173.04亿元人民币，2017年9月末涉及市值142.62亿元，在雅戈尔持有的6家上市公司股票中规模排名第一，中信股份市值占雅戈尔持股的占比达到49.62%，同时在雅戈尔公司总资产比例也达到21.59%。

如此高比例的持股仓位，一旦股价下跌难免会对业绩造成冲击，而最近几年的股价表现也确实不够理想，数据显示，中信股份2015年、2016年、2017年和2018年的涨幅分别为5.92%、-16.92%、4.51%和2.13%。

（一）“神算子”雅戈尔运用“财务洗澡”：增值93亿元

然而，雅戈尔以其出色财技，通过一次财务操作，在业务没有实质变化的前提下，迅速将上述损失抹掉。

雅戈尔披露2018年度一季报预告称，预计公司业绩增加86.8亿元，同比增长687.95%左右，股价次日即大涨6.85%（如图4-1所示）。但细究其原因，却是雅戈尔将对中信股份的会计核算方式从可供出售金融资产变更为长期股权投资，并以权益法确认损益，二者记账方式的差异创造出额外的93亿元净利润，计入了非经常性损益，企业盈利能力没有实质变化。事实上，如果扣除这一非经常性损益事项，雅戈尔一季度的业绩预计将减少6.2亿元，同比降低49.27%左右，利好信息秒变利空公告。

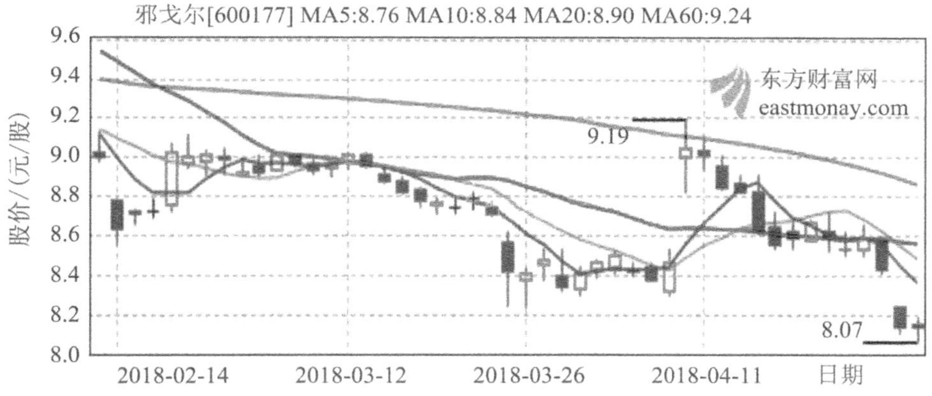

图4-1　雅戈尔股价

数据来源：东方财富网。

简单而言，这两种核算方式的主要区别在于，可供出售金融资产以成本入账，在持有期间定期进行减值测试，通过比对账面价值与市场公允价值，检查是否需要进行减值处理，如果股价下降，可供出售金融资产将不断贬值。与之不同的是，长期股权投资是以持股的净资产入账，股东按股权比例分享中信股份的经营成果，这也意味着，从此中信股份变成了雅戈尔的联营企业，二级市场股价不再影响账面价值。但是，在两种核算方式的转换过程中会存在差额，尤其中信股份又是深度“破净”股，比如，当前每股净资产达到18.67港元，每股股价却只有11.52港元。因此，在变更过程中，账面上这两种核算方式的差额就被“创造”出来，计入了一季报中的营业外收入，带动了利润的暴增。

实际上，雅戈尔这种计提减值准备的方式被认为是“财务洗澡”，指的是先让业绩“惨到底”，给自己一个低起点，一般发生在“本年利润已经不忍直视的情况下”，干脆把包袱都扔掉，好处是未来的财务数据会涨幅巨大。诸如应收账款、存货、权益投资、商誉等都可以成为减值计提的对象，成为“财务洗澡”的利器。

雅戈尔称，公司所持中信股份对应的净资产公允价值与账面价值的差额为92.03亿元，将计入2018年第一季度的营业外收入，增加当期利润93.02亿元。事实上，如果以最新收盘价11.52港币作为公允价值来衡量，雅戈尔对中信股份市值其实只有167.56亿元港币，相较于最新披露的203.65亿元港币投资成本，雅戈尔的浮亏其实已经达到36亿元。

（二）雅戈尔增持股票的“高超财技”

2018年3月29日，雅戈尔仅花费了1.15万港元再次买入中信股份1000股，持股比例从4.99%变为5%，实现举牌，并向中信股份派驻了一名董事，这样就完成了从减值33亿元到增值93亿元的酷炫表演，一方面是公司积极管理的结果，另一方面也源自中信股份近几年内的深度破净。

在进行会计核算方法的变更时，雅戈尔给出了以下理由：第一，雅戈尔副总经理兼财务负责人吴幼光先生于2018年3月20日获委任为中信股份非执行董事。第二，雅戈尔为中信股份第三大股东，且公司对中信股份的持股比例于2018年3月29日由4.99%增加至5.00%。第三，根据《企业会计准则第2号——长期股权投资》（以下简称《2号准则》）的规定，投资企业对被投资单位具有共同控制或重大影响的长期股权投资，应采用权益法核算。简单而言，即由于持股比例达到5.00%以及成功派驻董事，雅戈尔认为自己可以对中信股份施加“重大影响”，因此决定将会计核算方式进行变更。

不过，通过对比公告前后的持股数据可以发现，所谓的“持股比例于2018年3月29日由4.99%增加至5.00%”，其实就是从持有1 454 513 000股（14.5亿股）增加至1 454 514 000股，多买了1000股，参照目前的股价，也就多投了11 520元港币或9230元人民币。

那么，雅戈尔真的可以对中信股份施加重大影响吗？无可否认，能够派驻董事是一种影响力的表现，但是中信股份的股权其实高度集中，中信系股东拥有绝对话语权，只是5%的持股和一名非执行董事，能够对这家大型央企施加多少重大影响，其实值得再考虑。

数据显示，中信股份前三名单一股东共占据78.13%的股权，其中中信盛星持股25.6%，外资的正大光明投资公司持股20%。除此之外，这一策略能够成功的原因还在于，中信股份是一只破净个股，从雅戈尔买入开始，其账面持股成本一直低于中信股份的净资产，二者巨大的差距成为这一财技得以施展的重要前提。换言之，如果有机构投资者买入当前A股的破净银行股，再达到一定持股比例且拥有重大影响后，也有可能将记账方式改为权益法，再现这种财技。

（三）雅戈尔“会计戏法”惹监管关注

雅戈尔3个月内业绩惊天逆转，主要在于会计核算方法的变更。雅戈尔的“财技”也因此受到市场质疑，上海证券交易所于2018年4月24日晚间向雅戈尔公司发来了监管工作函，要求公司审慎，并提出了如下三个问题：

第一，公司称会计核算方法变更的原因为：公司副总经理吴幼光于3月20日获任中信股份非执行董事，且公司对中信股份的持股比例于3月29日由4.99%增至5%。因此，董事会认定公司对中信股份的经营决策具有重大影响。请公司结合中信股份的股权结构、董事会结构及公司参与中信股份财务经营决策的情况，依据企业会计准则核实核算方法变更的合理性和充分性。

第二，根据企业会计准则的相关规定，长期股权投资的初始投资成本小于投资时应享有被投资单位可辨认净资产公允价值份额的，其差额计入当期损益。公司以中信股份的净资产作为其可辨认净资产公允价值，并以所持中信股份的账面值与对应中信股份净资产份额的差额，直接确认93.02亿元损益。请公司核实以净资产账面价值作为可辨认净资产公允价值的合理性、充分性，会计计量的准确性。

第三，请公司审慎核实上述会计核算方法变更是否符合企业会计准则的规定，是否符合公司的经营实质，并请公司年审会计师发表意见。

监管工作函问询的重点，主要围绕会计核算方法变更是否符合会计准则规定、是否对公司经营有实质性影响展开。一是变更会计核算方法的理由是否充分，二是相关会计计量是否准确，三是核算方法变更是否符合企业会计准则的规定，是否符合公司的经营实质，并要求公司年审会计师发表意见。

四、魔术“意外”失败：雅戈尔放弃变更会计核算方法

2018年4月26日，雅戈尔在收到工作函的两天内，公司即披露取消会计核算方法变更的公告，称经公司审慎核实，根据会计师的书面意见，公司拟取消对中信股份的会计核算方法变更事项，并且提示取消该变更后，公司2018年一季度净利润将同比减少7.5亿元，同比下降约60%。在公告中，立信会计师事务所对公司变更会计核算方法的理由予以逐条分析，并明确提出公司对中信股份施加实质性重大影响的依据不充分，不建议对中信股份改按权益法核算。

（一）会计师事务所的意见

立信会计师事务所于2018年4月25日出具《关于雅戈尔集团股份有限公司变更会计核算方法事项的监管工作函的回复》，发表意见如下：

第一，2018年3月29日，雅戈尔在二级市场买入中信股份0.1万股，持股比例达到5%，该0.1万股本身并不会实质增加雅戈尔对中信股份的影响，且其增持并不足以表明公司已改变对中信股份的持有意图，其持有意图仍是作为财务投资者以获取中信股份的高额股息分配等收益。

第二，中信股份前两大股东持股比例达到78.13%，在其股东大会的表决权上前两大

股东占有绝对优势，增持后雅戈尔持股比例仅为5%。在其他股东持有股份不是高度分散的情况下，5%有表决权的股份通常并不足以达到重大影响，因此雅戈尔通过股东大会参与中信股份的经营及财务决策施加影响的量级不够。

第三，中信股份于2018年4月18日发布《董事会名单与其角色和职能》的公告，公告显示雅戈尔副总经理兼财务负责人吴幼光先生从2018年3月20日起成为中信股份非执行董事。中信股份董事会由17名董事组成，雅戈尔通过其在董事会中1/17的席位对中信股份实施的影响是非常有限的。此外，中信股份董事会设立的五个委员会，包括审计与风险委员会（监控公司的财务报告系统、风险管理及内部监控系统等）、提名委员会（制订董事提名政策、程序及准则、就董事的委任或重新委任向董事会提出建议等）、薪酬委员会（厘定各执行董事及高级管理人员的薪酬等）、战略委员会（考虑公司的重大战略方向、中长期发展计划及五年发展计划，并向董事会作出建议）和特别委员会［处理对公司及董事进行的所有调查（包括协助调查）和涉及对公司及其董事的法律程序］，董事会将相关职能授权给该五个委员会。除执行董事外，13名非执行董事中有11名均在相关委员会中任职，但雅戈尔派出的吴幼光先生在上述委员会中未担任任何职务，表明相对绝大多数非执行董事而言，雅戈尔派出董事无法参与中信股份的重大经营及财务决策相关专委会职责的履行。

综上所述，我们认为，雅戈尔简单地以上述对中信股份增持并委派1名非执行董事而判断其能够对中信股份施加实质性重大影响的依据不充分，因此不建议雅戈尔对中信股份改按权益法核算。

（二）取消会计核算方法变更对财务状况及经营成果的影响

本次取消会计核算方法变更不会对公司2017年度业绩产生影响。变更后，公司2018年第一季度归属于上市公司股东的净利润预计较上年同期减少约7.5亿元，降低约60%，待审批程序履行后，公司将及时披露《2018年第一季度业绩预告更正公告》。2018年度公司仍然将中信股份作为可供出售金融资产核算，将于资产负债表日对中信股份的账面价值进行检查，若中信股份的浮亏金额大于公司已对其计提的资产减值准备金额，公司将继续对其计提资产减值准备。若中信股份股价回升，浮亏金额小于公司已对其计提的资产减值准备金额（或出现浮盈），该价值回升部分将计入其他综合收益，不影响公司损益。

（三）董事会致歉

由于会计判断失误的原因，公司及董事会对本次取消对中信股份会计核算方法变更事项给投资者带来的不便深表歉意，董事会将督促管理层加强与年审注册会计师的沟通，保障会计判断的准确性，避免此类事项再次发生。

五、启示

（一）时刻关注企业成长性

在财务核算中，净利润虽然是衡量企业经营成果的重要指标，却也是盈利能力的一种不精确评估，容易受到各种短期因素的影响而波动，甚至存在被故意扭曲的可能，以至于在不同角度进行评价时，同一个企业可以是盈利，也可以是亏损；可以是增长，也可以是下滑。

因此，关注企业成长性，不应过度关注短期的净利润数字变动。最为明显的是，对于非经常性损益的核算，一些个股在包含非经常性损益时可以巨幅增长，但一旦剔除非经常性损益，业绩却出现较大下滑，马上从业绩增长变成业绩下滑，甚至是业绩亏损，上述的雅戈尔在调整会计核算方法方面，显然是有意为之。

（二）强化一线监管职责

近年来，交易所不断强化一线监管职责，要求中介机构发挥在上市公司质量把关方面的作用。经过监管的不断深化，中介机构审慎履职的意识不断增强，逐渐认识到自身不再仅仅是为上市公司提供专业服务、获取收益的服务机构，更应担起上市公司质量看门人的责任，本次立信会计师事务所审慎发表相关中介机构意见，即是例证。

六、讨论题目

1. 通过案例材料，分析雅戈尔33亿元资产减值从何而来。
2. 结合案例材料，分析雅戈尔资产分类背后的“旋转门”。
3. 通过案例材料，分析雅戈尔转换长期股权投资是否可确认93亿元投资收益。
4. 通过案例材料，分析雅戈尔宣布终止对中信股份股票的会计核算方法更改的原因及启示。

七、参考资料

[1] 雅戈尔集团股份有限公司2012—2017年年度报告.

[2] 中信股份有限公司2012—2017年年度报告.

[3] 靳光玫．可供出售金融资产减值特殊性的思考［J］．财会月刊，2016.

[4] 司娟．可供出售金融资产减值账务处理的探讨［J］．河北企业，2016（3）.

[5] 苏洪琳，冯霞，张琪．可供出售金融资产与长期股权投资互相转换的会计核算［J］．冶金财经，2016（8）.

[6] 张丽．长期股权投资与可供出售金融资产比较分析［J］．财会学习，2018.

[7] http：//www. finance. sina. com. cn/.

[8] http：//www. business. sohu. com/.

[案例说明书]

一、教学的目的与适用对象

(一) 本案例的适用对象

本案例适用于 MPAcc 和会计专业本科及研究生的教学实践。期望能为财务会计课程教学案例库增添素材，夯实和完善财务会计课程案例教学体系。

(二) 本案例的教学目的

投资者往往很难从财务报表的数字一眼看出公司业务经营的情况。很多时候，财务报表的会计语言对于不熟悉的人来说不好理解。公司经营业务变化不大的情况下，会计政策的改变如何让财务报表数据大起大落？雅戈尔就是一个很好的例子。本案例聚焦于雅戈尔从净利润大幅下滑，到净利润大幅增长，都是因为对中信股份股票的投资的会计处理。股权投资类资产的会计确认背后有多大的调整空间，为何对上市公司业绩有数十亿元的影响？数十亿元的起落，原本是可以选择的吗？案例从会计核算的视角分析了雅戈尔变更会计核算对企业经营的影响，希望能对学生在财务会计、会计理论与实务的学习和实践中有所启迪。

二、启发思考题

以下几个思考题可以预先布置给学生，让学生在阅读案例中进行思考：

(1) 通过案例材料，分析雅戈尔 33 亿元资产减值从何而来。

(2) 结合案例材料，分析雅戈尔资产分类背后的“旋转门”。

(3) 通过案例材料，分析雅戈尔转换长期股权投资是否可确认 93 亿元投资收益。

(4) 通过案例材料，分析雅戈尔宣布终止对中信股份股票的会计核算方法更改的原因及启示。

三、理论依据

(一) 股权投资的会计确认

一家公司买入一家上市公司的股票，应该如何进行会计确认呢？这一投资形成的“资产”，应该如何归类呢？

假设 A 公司买入 B 公司的股份（股权），首先应该要看 A 与 B 构成了什么关系。A 与 B 的关系可以分为 4 种：第一，控制，即 A 取得 B 的控制权。第二，合营，即 B 为 A 的合营公司。第三，重大影响，即 A 对 B 产生重大影响，B 为 A 的联营公司。第四，以上都不是。符合前三种关系的一种，A 就能确认长期股权投资。如果前三种都不符合，持有 B 的股权就是 A 的“金融资产”。这是“资产”科目分类的大原则。也就是说，A 对 B 的投资分为长期股权投资、金融资产这两大类。

长期股权投资，指的是 A 已经参与 B 的经营，对 B 的经营管理有一定影响，B 已经可以被视为A的控股子公司，或合营、联营子公司。金融资产，指的是A已经对B投资，但是A无法对B的经营产生影响。因此，这一股权只能算是A持有的金融资产。

1. 金融资产选择的考虑

（1）金融资产分类。当时，金融资产确认的原则主要遵照《企业会计准则第22号——金融工具确认和计量（财会〔2006〕3号）》（以下简称《第22号准则》（2006））。2017年，《22号准则（2006）》已经被重新修订。这时，问题就来了。金融资产也分为好几种类别，雅戈尔本次投资应该怎么分类呢？《22号准则（2006）》第7条指出，金融资产应当在初始确认时划分为四小类：第一，以公允价值计量且其变动计入当期损益的金融资产，包括交易性金融资产和指定为以公允价值计量且其变动计入当期损益的金融资产；第二，持有至到期投资；第三，贷款和应收款项；第四，可供出售金融资产。其中，第二类、第三类分别指的是企业进行的债权类投资。因此，企业的股权类投资主要可分为第一类与第四类。企业的股权类投资，到底是第一类还是第四类，对企业的财务报表数据会有不同的影响。在雅戈尔投资中信股份的时候，这就是一个非常需要慎重思考的问题。

（2）交易性金融资产和可供出售金融资产。“以公允价值计量且其变动计入当期损益的金融资产”，一般是指交易性金融资产。交易性金融资产，顾名思义，企业收购这个资产，主要目的是为了进行交易，通过交易获得回报。“可供出售金融资产”，指的是无法列入其他三类金融资产的金融资产。

在初始计量的时候，金融资产的投资成本都是资产的公允价值。我们可以简单理解为：由于中信股份为港股上市公司，初始计量的时候，无论被计入交易性金融资产，还是可供出售金融资产，都应该按股份市值记录投资成本，也就是雅戈尔收购的金额。在后续计量的时候，无论是选择交易性金融资产还是可供出售金融资产，中信股份的股票在计量日的账面价值都要等同公允价值，也就是股票市值。也就是说，无论选择的金融资产性质如何，金融资产期末账面价值都会随着中信股份的股价而波动。资产价值的变动，又会影响到收购方股东权益变动。每个懂得基础会计知识的朋友都知道，会计有个重要的等式：股东权益变动 = 净利润 + 其他综合收益。问题就在于，金融资产账面价值的波动造成的股东权益变动，到底是体现在净利润里面，还是体现在其他综合收益里面。如果选择交易性金融资产，金融资产账面价值的波动体现在净利润里面，也就是营业外收入的投资收益。如果选择可供出售金融资产，金融资产账面价值的波动体现在其他综合收益里面，不影响收购方当期损益。这就是交易性金融资产与可供出售金融资产的主要区别。根据《22号准则（2006）》第19条，交易性金融资产与可供出售金融资产不可转换。这很好理解，如果两类资产可以任意转换，收购方就可以利用上市公司股价的波动来操纵自身业绩了。

（二）长期股权投资初始投资成本的确认

可供出售金融资产转换为长期股权投资的处理方式也不复杂。首先，要确认长期股权投资的初始投资成本。由于这是资产转换形成的长期股权投资，和一般收购形成的长期股权投资的初始投资成本确认有一定区别。《2号准则》第14条指出，投资方因追加投资等原因能够对被投资单位施加重大影响或实施共同控制但不构成控制的，应当按照《企业会计准则第22号——金融工具确认和计量》确定的原持有的股权投资的公允价值加上新增投资成本之和，作为改按权益法核算的初始投资成本。原持有的股权投资分类为可供出售金融资产的，其公允价值与账面价值之间的差额，以及原计入其他综合收益的累计公允价值变动应当转入改按权益法核算的当期损益。由此可以得出三个步骤：第一，确认初始投资成本：初始投资成本 = 原持有的股权投资的公允价值加上新增投资成本之和；第二，可供出售金额资产公允许价值与账面价值的差额的会计处理：可供出售金融资产公允价值与账面价值的差额当转入改按权益法核算的当期损益；第三，原计入其他综合收益的累计公允价值变动的会计处理：原计入其他综合收益的累计公允价值变动应当转入改按权益法核算的当期损益。

综合上面三个步骤，可以得知，可供出售金融资产转换为长期股权投资，长期股权投资初始投资成本要再一次按公允价值入账。

四、案例具体分析

（一）通过案例材料，分析雅戈尔 33 亿元资产减值从何而来

1. 金融资产的减值

我们要注意一个重要的问题，就算股票被计入可供出售金融资产，也不意味着股价下跌绝对不会影响收购方的净利润。在特殊的情况下，收购方的净利润还是有可能被投资的上市公司股价牵连。

《22 号准则（2006）》第 43 条指出，对单项金额很大的金融资产应当单独进行减值测试，如有客观证据表明其已发生减值，应当确认减值损失，计入当期损益。意思就是说，到了年底的时候，雅戈尔还需要对中信股份的股票进行减值测试，如果发现存在减值迹象的，就要计提减值金额。这时，可供出售金融资产的账面金额会下降，且下降的金额会影响雅戈尔净利润。

2. 资产减值的判断

一般来说，资产减值指的是，企业在年末对资产进行减值测试，如果发现一项资产未来预期带来的收益会减少，且折现回来的金额低于资产账面价值，那么资产就会发生减值。

雅戈尔也制定了符合会计准则的会计政策。雅戈尔公告表示，本公司于资产负债表日对金融资产的账面价值进行检查，如果有客观证据表明某项金融资产发生减值的，计提减值准备。期末如果可供出售金融资产的公允价值发生严重下降，或在综合考虑各种相关因素后，预期这种下降趋势属于非暂时性的，就认定其已发生减值，将原直接计入所有者权益的公允价值下降形成的累计损失一并转出，确认减值损失。

问题又来了，对于中信股份的股票，怎样确认发生减值？需要进行减值测试吗？按照会计准则和雅戈尔的会计政策，其实不需要进行减值测试。雅戈尔的会计政策规定，对可供出售权益工具投资的公允价值下“严重”的标准为：最近一年内公允价值累计下跌超过 30%。雅戈尔对可供出售权益工具投资的公允价值下跌“非暂时性”的标准为：公允价值连续下跌时间超过 12 个月。

会计政策不同于会计准则。在会计准则允许的范围内，企业可以自行制定会计政策。只要不违背会计准则，管理层可以根据自身判断来制定或调整会计政策。对同一个行业的公司进行分析，排除不同公司不同会计政策的影响，又是分析师的一项基本功。

但是可以看出，中信股份股价在2017年年初和2017年年末差异并不大。雅戈尔公告称“鉴于中信股份公允价值连续下跌时间超过12个月，公司认定其已发生减值”，又怎么理解呢？这句话的意思应该是，在2017年一整年中中信股份的股票市值显著低于雅戈尔投资成本170亿元的70%，因此可以确认资产已出现减值。

（二）分析四次主动更名对资本市场以及企业自身的影响。

1. 减值金额的确定

《22号准则（2006）》第46条指出，可供出售金融资产发生减值时，即使该金融资产没有终止确认，原直接计入所有者权益的因公允价值下降形成的累计损失，应当予以转出，计入当期损益。该转出的累计损失，为可供出售金融资产的初始取得成本扣除已收回本金和已摊销金额、当前公允价值和原已计入损益的减值损失后的余额。简单来说，意思就是说，资产减值的金额，应该是资产最新的公允价值与初始投资成本的差额。

中信股份4.99%股份，初始投资成本为170.62亿元。中信股份4.99%股份，在2017年年末的公允价值为市值137.15亿元。那么，资产减值的金额应该是170.62－137.15＝33.47（亿元）。这33.47亿元，就是雅戈尔当期净利润的亏损。

中信股份4.99%股份在2016年年底账面金额已经根据市值调整为144.42亿元。那么，减值金额为什么不是最新公允价值137.15亿元减去144.42亿元的差额呢？

下面来看两个重要的公式：

股东权益变动＝2017年年末公允价值－2016年年末账面金额＝－7.27亿元。

资产减值金额＝2017年年末公允价值－初始投资成本＝－33.47亿元。

根据上面两个公式，如果资产减值金额真的是33.47亿元，那么就和股东权益变动金额对不上了。这到底是怎么回事呢？

按照会计准则，资产减值的金额确实是33.47亿元。只不过，在将资产减值金额计入当期损益时，我们还要将累计的其他综合收益转回来。这样可以得出公式：净利润（资产减值金额）＋其他综合收益＝－33.47亿元＋26.20亿元＝－7.27亿元＝股东权益变动＝2017年年末资产账面金额－2016年年末资产账面金额＝137.15亿元－144.42亿元

这样，会计上的恒等式就没问题了。这时，我们就看到，从2015年到2017年，其他综合收益累计金额就是0元。

（三）结合案例材料，分析雅戈尔资产分类背后的“旋转门”

雅戈尔2018年一季度预计公司业绩增加约868 046万元，同比增长687.95%左右。这一惊人的业绩增长，主要是因为对中信股份的股票核算由可供出售金融资产转变为长期股权投资。

事实上，这一资产转换背后的会计处理，受2017年年末的资产减值影响非常大。到底怎么回事，只要明白资产转换背后的原则就明白了。首先，可供出售金融资产转换为长期股权投资是怎么做到的？雅戈尔付出的代价高吗？

2018年年初，雅戈尔做了两件事情。由于这两件事情，雅戈尔判断，其对中信股份可造成重大影响。第一，2018年年初，雅戈尔耗费1.1万港元（折合人民币8800元）通过二级市场购入中信股份1000股，将持股比例由此前的4.99%提高到5%。第二，3月

20日，雅戈尔副总经理兼财务负责人吴幼光成为中信股份的非执行董事。

一般来说，在实务操作中，人们往往认为A公司对B公司的持股比例较高，才能通过股东大会产生重大影响。雅戈尔对中信股份的持股比例仅仅是5%而已。但是，对董事会的影响又是重要的一方面。雅戈尔已经向中信股份委派非执行董事，那么雅戈尔已经对中信股份的董事会具有一定影响。这时，认为雅戈尔对中信股份可以产生“重大影响”，也有根据。

（四）分析雅戈尔是否可确认93亿元投资收益

资产转换的会计处理，到了长期股权投资的初始投资成本确认时，还没结束。接下来还有另一个至关重要的步骤，就是需要将长期股权投资的初始投资成本，与被收购方的可辨认净资产公允价值进行对比。就是这个关键步骤，造成雅戈尔2018年一季度业绩大幅波动。

1. 长期股权投资确认可产生投资收益

按会计准则，在确认长期股权投资的初始投资成本之后，初始投资成本要马上与被收购方的可辨认净资产公允价值份额进行对比。这时，收购方的当期损益有可能受到影响：投资成本＞可辨认净资产公允价值份额，不影响损益；投资成本＜可辨认净资产公允价值份额，差额计入当期损益。

《2号准则》第10条指出，长期股权投资的初始投资成本大于投资时应享有被投资单位可辨认净资产公允价值份额的，不调整长期股权投资的初始投资成本；长期股权投资的初始投资成本小于投资时应享有被投资单位可辨认净资产公允价值份额的，其差额应当计入当期损益，同时调整长期股权投资的成本。被投资单位可辨认净资产的公允价值，应当比照《企业会计准则第20号——企业合并》（以下简称《20号准则》的有关规定确定。

为什么在确认长期股权投资的时候，初始投资成本小于标的可辨认净资产公允价值，收购方可以确认投资收益呢？这个道理也不难理解。假设标的的可辨认净资产公允价值能够被确认，而且这个值还大于收购方的投资成本，那么不就相当于收购方赚了一笔吗？收购方赚的部分就要确认在当期损益里面。同时，长期股权投资的投资成本会相应地向上调整，等同标的的可辨认净资产的公允价值。

2. 可辨认资产和不可辨认资产

一家公司的净资产可以分为可辨认的和不可辨认的。可辨认的净资产很好理解，就是公司可辨认的资产减去可辨认的负债的差额。可辨认的资产以及可辨认的负债，都体现在公司的资产负债表上。确认长期股权投资时，被收购方的可辨认净资产公允价值的确定，主要依据《20号准则》。

《20号准则》第14条指出，被购买方可辨认净资产公允价值，是指合并中取得的被购买方可辨认资产的公允价值减去负债及或有负债公允价值后的余额。被购买方各项可辨认资产、负债及或有负债，符合下列条件的，应当单独予以确认：

（1）合并中取得的被购买方除无形资产以外的其他各项资产（不限于被购买方原已确认的资产），其所带来的经济利益很可能流入企业且公允价值能够可靠地计量的，应当单独予以确认并按照公允价值计量。合并中取得的无形资产，其公允价值能够可靠地计量的，应当单独确认为无形资产并按照公允价值计量。

（2）合并中取得的被购买方除或有负债以外的其他各项负债，履行有关的义务很可能导致经济利益流出企业且公允价值能够可靠地计量的，应当单独予以确认并按照公允价值计量。

（3）合并中取得的被购买方或有负债，其公允价值能够可靠地计量的，应当单独确认为负债并按照公允价值计量。

不可辨认的净资产之所以产生，是因为公司往往还有一些不可辨认的资产。什么叫不可辨认的资产呢？比方说公司管理层素质、管理文化积淀、品牌形象、上下游渠道资源，等等。我们在给公司估值的时候，不但要考虑可辨认的净资产的价值，还要考虑不可辨认的净资产的价值。

3. 上市公司可辨认净资产公允价值与市值的关系

假设A公司收购B上市公司的股份，且可以确认长期股权投资，那么B上市公司的可辨认净资产公允价值怎么确认呢？上市公司除了拥有可辨认的净资产之外，还拥有不可辨认的净资产。一家上市公司的市值，除了反映可辨认的净资产的价值之外，也反映了不可辨认的净资产价值。投资者给上市公司估值的时候，也会把管理层资质、上下游渠道关系等不可辨认的资产考虑进来。因此，上市公司的可辨认净资产公允价值不是市值。

那么，在收购时，我们如何来确定一家上市公司可辨认的净资产的公允价值呢？根据《20号准则》第14条，我们要将每项可辨认的资产及负债的公允价值计量出来，然后再计算出可辨认净资产公允价值。给上市公司每一项资产及负债进行现金流估值测试是很繁琐的。具体在雅戈尔这个案例里，投资的是港股上市公司中信股份。中信股份是恒生指数中最大的成分股公司之一，主要业务覆盖了金融业、资源能源业、制造业、房地产及基础设施业、工程承包业，以及其他行业的诸多业务领域，在海内外市场广泛运营。给中信股份这样的大型多元化集团的每一项资产与负债进行估值无疑是非常困难的。其实，在实务操作中，不少人会使用上市公司净资产的账面价值来确定上市公司可辨认净资产的公允价值。这种处理方法也许不算非常严谨，但非常可行。雅戈尔在确定中信股份的可辨认净资产的公允价值金额时，使用的是中信股份的净资产账面金额。

4. 能否确认投资收益：关键在PB倍数

假设A公司收购B上市公司的股份，且可以确认长期股权投资，那么A公司的当期损益是否会被影响？

我们结合上面的分析，就可以推导出简单的公式：长期股权投资初始成本＞可辨认净资产公允价值份额，损益影响为0；长期股权投资初始成本＜可辨认净资产公允价值份额，差额部分计入损益。

假设A通过二级市场增持的方式买入B上市公司的股份，公式还可以简化成：B市值×持股比例＞B净资产账面值×持股比例，损益影响为0；B市值×持股比例＜B净资产账面值×持股比例，差额部分计入损益。

PB倍数里面，P代表市值，B代表上市公司净资产账面值，进一步可以得出公式：P＞B，损益影响为0；P＜B，损益＝（B－P）×持股比例。

由此我们可以得出结论，收购一家上市公司的股份，且确认长期股权投资，PB倍数大于1时，收购方损益无影响；PB倍数小于1时，收购方可确认投资收益。意思就是说，对“破净股”确认长期股权投资，可以获得投资收益。

5. 雅戈尔的实践

雅戈尔资产类型转换之后，作为长期股权投资的中信股份 5.00% 股份的初始投资成本就是 128.31 亿元。中信股份又是典型的一支破净股。在 2015 年之后，中信股份的 PB 倍数再也没有突破 1 倍。中信股份投资了很多重资产特征的公司，PB 倍数低于 1 倍并不奇怪。在确认长期股权投资的初始投资成本之后，雅戈尔将初始投资成本与被收购方的可辨认净资产公允价值进行对比。在这里，雅戈尔也是将被收购方的账面净资产金额确认为可辨认净资产公允价值的金额。按照港股公告，中信股份 2017 年年底归属于母公司的净资产的 5% 应该是 227 亿元。相比较之后，我们可以得知雅戈尔应当可确认 98.69 亿元的投资收益。再扣除资产转换确认初始投资成本时的影响，净利润的增加额应为 89.95 亿元。公告披露，雅戈尔所持中信股份对应的净资产可辨认公允价值与账面价值的差额 930 210.84 万元，将计入 2018 年第一季度营业外收入，增加当期净利润 930 210.84 万元。

（五）分析雅戈尔宣布终止对中信股份股票的会计核算方法更改的原因及启示

目前雅戈尔已正式发布 2017 年年报及 2018 年一季报。出乎意料的是，在财报发布之前，雅戈尔宣布终止对中信股份股票的会计核算方法更改。中信股份股票仍被确认为可供出售金融资产。原来，雅戈尔收到了交易所的监管工作函。会计师审慎核实之后，认为确认雅戈尔对中信股份构成重大影响的依据还是不充分。

第一，雅戈尔在 2018 年一季度仅买入中信股份 0.1 万股，并不能视为雅戈尔对中信股份投资的目的已改变。雅戈尔对中信股份的投资还是属于财务性投资。

第二，中信股份的前两大股东合计持股比例超过 78%。雅戈尔持股比例仅为 5%，无法通过股东大会产生重大影响。

第三，中信股份董事会席位合计 17 席。雅戈尔仅取得董事会 1/17 的表决权。中信股份董事会设置了多个重要的委员会，但雅戈尔委派的董事没有在其中任何一个委员会中任职。因此在董事会层面，雅戈尔对中信股份产生重大影响的依据不够充分。

雅戈尔终止会计核算方法的更改，意味着 2018 年第一季度将少确认 93 亿元净利润。根据雅戈尔 2017 年年报，雅戈尔 2017 年实现归属于母公司的净利润 2.97 亿元，同比下降 91.95%，关键因素为对中信股份股票计提资产减值约 33 亿元。根据 2018 年一季报，雅戈尔 2018 年第一季度实现归属于母公司的净利润 5.09 亿元，同比下降 59.64%。

此前雅戈尔公告表示：2018 年度公司仍然将中信股份作为可供出售金融资产核算，将于资产负债表日对中信股份的账面价值进行检查，若中信股份的浮亏金额大于公司已对其计提的资产减值准备金额，公司将继续对其计提资产减值准备。若中信股份股价回升，浮亏金额小于公司已对其计提的资产减值准备金额（或出现浮盈），该价值回升部分将计入其他综合收益，不影响公司损益。

从雅戈尔的案例中，我们可以看出："出表并表"策略对公司财务数据的影响是极大的。"出表并表"调节利润并不简单，资产确认的分界线虽然有时主观判断的成分大，但界线很多时候是分明的。在雅戈尔案例中，要从股东大会、董事会、投资意图多个方面分析，才能准确地判断资产转换依据是否充分。

五、建议课堂计划

（一）课前准备

首先，教师根据班级人数将学生进行分组，一般每组4～6人为宜。分组时应按照同组异质的原则考虑性别、专业、性格差异、能力强弱等因素，以便于丰富学生思考问题的视角。其次，教师应提前发放案例材料，要求学生在课前完成案例的阅读，根据自己的兴趣可以搜索与案例相关的补充材料；最后，每个小组课前完成案例问题的讨论，并由组长对小组的讨论结果进行汇总，初步形成各小组的答案，在课堂案例分析后进行整理，下次课中每组以PPT的形式进行展示。

（启发思考题中的题目仅供教师参考，可根据教学需要自行调整）

（二）课堂教学

课堂教学时长90分钟，主要包括以下阶段：

（1）案例印象：教师以PPT的形式对案例涉及的行业进行讲解，把学生带入案例分析的情境中（5分钟）。

（2）案例展示：教师以PPT的形式对案例进行展示，并提出案例所要讨论的思考题（10分钟）。

（3）思路分析：教师就案例的分析思路向各小组代表同学提问，以此判断学生对案例的掌握情况（10分钟）。

（4）小组汇报：分小组对案例思考题进行汇报，提出各小组对相应问题的独立思考，记录学生的回答（25分钟）。

（5）问题讲解：教师根据学生对思考题的回答总结出不足之处，并对三个问题逐一讲解（30分钟）。

（6）案例总结：对整个案例的布局及知识要点再次进行描述和总结（10分钟）。

（7）课后计划：请各小组根据课堂内容完善对案例问题的分析和总结，并形成书面报告，以巩固对本案例及相关知识点的理解。

案例5

惊天杠杆引发血案——兼评龙薇传媒收购万家文化案中的信息披露问题*

---

* 1. 本案例由广东工业大学管理学院的彭镇、罗伟峰、张绍婉、陈观康、李华军（肇庆学院）撰写，作者拥有著作权中的署名权、修改权、改编权。

2. 本案例授权广东工业大学 MPAcc 教学智库实验平台使用，广东工业大学 MPAcc 教学智库实验平台享有复制权、修改权、发表权、发行权、信息网络传播权、改编权、汇编权和翻译权。

3. 由于企业保密的要求，在本案例中对有关名称、数据等做了必要的掩饰性处理。

4. 本案例只供课堂讨论之用，并无意暗示或说明某种管理行为是否有效。

[案例封面]

专业领域：财务会计
适用课程：财务会计理论与实务
选用课程：财务会计理论与实务
编写目的：本案例通过分析龙薇传媒收购万家文化这一特殊事件，旨在帮助学员学习企业并购相关知识以及理解信息披露在并购中的重要性。同时，通过该事件的来龙去脉，本案例将引导学员分析我国上市公司信息披露中存在的问题以及新出台的规定对于完善上市公司信息披露制度的意义，从而更全面地认识和评价上市公司经营活动。
知 识 点：信息披露；企业并购
关 键 词：龙薇传媒；万家文化；信息披露；并购
中文摘要：龙薇传媒是由知名演员赵薇和其丈夫黄有龙成立的一家传媒公司，成立仅一月就计划以51倍杠杆收购上市公司万家文化。收购事件犹如戏剧般波折，万家文化股价暴涨又暴跌，中小股民蒙受巨大损失。随后经证监会调查发现，龙薇传媒涉嫌空壳收购、信息披露违规等诸多问题。本案例旨在通过龙薇传媒收购万家文化的事件，帮助学员认识信息披露的重要性，了解我国上市公司信息披露中存在的问题以及新出台的规定对于完善上市公司信息披露的意义。

[案例正文]

一、引言

2017年岁末，一则爆炸性的新闻火了朋友圈，赵薇夫妇因收购原浙江万好万家文化股份有限公司（股票代码：600576，以下简称“万家文化”；现已更名为浙江祥源文化股份有限公司，以下简称“祥源文化”）过程中，涉嫌信息披露违法违规而面临被证监会处罚。根据2018年4月11日证监会公布的《行政处罚决定书》，在控股权转让过程中，西藏龙薇文化传媒有限公司（以下简称“龙薇传媒”）通过万家文化在2017年1月12日、2017年2月16日公告中披露的信息存在虚假记载、误导性陈述及重大遗漏。证监会对相关公司和责任人员拟给予行政处罚和市场禁入措施，其中对黄有龙、赵薇给予警告，处以30万元罚款，并采取5年证券市场禁入措施。至此，这场备受关注的利用名人效应进行高杠杆收购的闹剧终于落下帷幕。

二、公司简介

（一）龙薇传媒

西藏龙薇文化传媒有限公司于2016年11月2日成立，法定代表人为赵薇，经营范围为文化艺术交流策划与咨询，企业形象设计策划，影视策划咨询，动漫设计，广告设计制作代理及发布，会务服务，企业形象策划。注册资本200万元，且未实缴到位，资产、营业收入、利润都为零。事发后根据每日经济新闻记者实地探访，其披露的通讯地址也无该企业挂牌办公。龙薇传媒的成立时间恰恰为收购前的一个月，这不得不让人怀疑此公司就是赵薇夫妇为了收购万家文化而成立的“空壳公司”。

（二）万家文化

万家文化成立于1992年9月，于2003年2月20日在上海证券交易所挂牌上市，股票代码为600576。公司业务涵盖文化咨询、动漫设计、影视策划、金融信息咨询服务（不含证券、期货）、体育信息咨询、教育信息咨询、软件开发、投资管理、实业投资、资产管理、企业管理服务。目前在杭州、厦门、北京、深圳、上海、安徽等地有参股及控股企业30余家。

万家文化的前身为无锡庆丰股份有限公司，是由无锡庆丰发展有限公司整体变更设立的股份有限公司。无锡庆丰发展有限公司的前身为无锡庆丰纺织有限公司，是于1992年成立的中外合资企业。1999年10月，无锡庆丰纺织有限公司性质由中外合资企业变更为国内合资的有限责任公司，同时更名为无锡庆丰发展有限公司。2007年7月，公司名称由无锡庆丰发展有限公司变更为浙江万好万家实业股份有限公司。2015年10月22日，公司名称由浙江万好万家实业股份有限公司变更为浙江万好万家文化股份有限公司。2017年9月19日，公司名称由浙江万好万家文化股份有限公司变更为浙江祥源文化股份有限公司，如图5-1所示。随着每一次公司名称的变更，祥源文化的主营业务也跟着一变再变。

三、空壳公司收购上市公司事件始末

（一）以小博大——股权转让一波三折

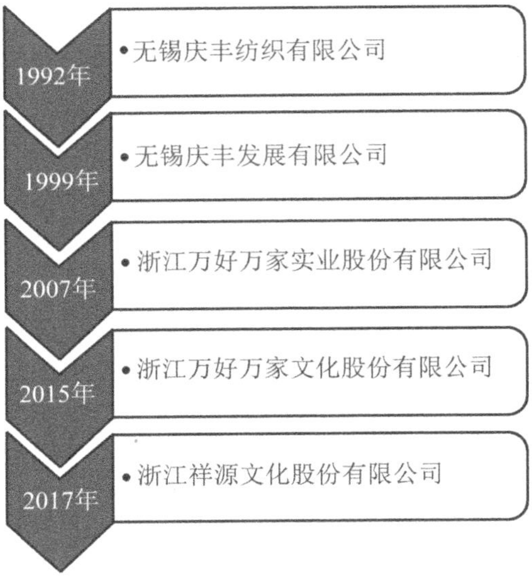

图5－1　祥源文化更名过程

2016年12月23日，万家文化的控股股东万好万家集团有限公司（以下简称万家集团）与龙薇传媒签订《股份转让协议》，向龙薇传媒转让其持有的1.85亿股万家文化无限售条件流通股，占万家文化已发行股份的29.135%。一旦此次交易完成，龙薇传媒将成为万家文化的控股股东。按照上述《股份转让协议》，股份转让价款合计约30.6亿元，龙薇传媒分四笔向万家集团支付。但是由于龙薇传媒在筹资过程中出现问题，随即宣告将收购股份的份额减少到3200万股，转让价调整为5.3亿元，股份转让比例降至5.0394%，此次调整并不会造成万家文化集团实际控制人的变更。但是最终依然由于资金问题导致这次收购没有达成，双方解除了股份转让协议，万家集团退还了部分股份转让款给龙薇传媒，并且双方互不追究违约责任。具体过程如表5－1所示。

表5－1　事件发展进程

时　间	事　件
2016年11月28日	万家文化停牌，股价18.38元/股
2016年12月27日	公告控制权转让，龙薇传媒拟作价约30.6亿元收购万家文化29.135%股份，转让价格为16.54元/股
2017年1月11日	万家文化回复交易所问询函，表示龙薇传媒资金来源为股东自有资金6000万元，银必信借款150 000万元（赵薇个人信用担保），某金融机构149 990万元（万家文化股份质押担保）。收购方杠杆倍数为惊人的51倍
2017年1月12日	万家文化复牌，收获涨停。之后股价最高为25元/股
2017年2月8日	万家文化停牌，股价为20.13元/股
2017年2月13日	万家文化公告称，龙薇传媒将股份收购比例下调为5%
2017年2月15日	万家文化回复交易所问询函，称判断龙薇传媒无法按期完成融资计划
2017年2月16日	万家文化复牌，收盘价为18.42元/股
2017年2月27日	万家文化紧急停牌，当日晚公告收到证监会立案调查通知书
2017年2月28日	万家文化复牌，跌停，收盘价为15.18元/股
2017年3月28日	万家文化公告龙薇传媒未按期提供股份过户所需文件
2017年4月1日	万家文化公告大股东与龙薇传媒友好协商，终止股份转让事项
2018年4月11日	证监会公布《行政处罚决定书》，股价跌至6.36元/股

（二）惊天杠杆——证监会围追堵截

1. 51倍惊天杠杆由来

龙薇传媒对万家文化的收购价额约为30.6亿元，分为三部分：自有借款资金、第三方借款和股权质押融资：

第一部分，赵薇自有资金借款6000万元，不收取利息等资金成本；这笔钱已经在2016年12月26日到账；第二部分，从第三方借款15亿元，筹资成本为年化利率10%，还款期限为3年，为赵薇提供15亿元借款的是西藏银必信资产管理有限公司（以下简称“银必信”），银必信的第一笔借款1.9亿元在2016年12月26日已经到账，第二笔13.1亿元在2017年2月7日之前到账；第三部分，约15亿元来自金融机构股票质押融资，融资年利率6%左右，还款期限为3年。可见，赵薇30亿元都是借来的，自己只出资了6000万元，而收购的公司龙薇传媒注册资金仅为200万元。如果一切如所有当事人所愿，就是一家空壳公司通过51倍杠杆收购当时市值120亿元的上市公司。

长城证券收购兼并部总经理尹中余表示，一般的并购重组中自有资金的比例在20%～30%，借款比例在70%～80%比较合理。由此也可以看出，此次并购中龙薇传媒对价的资本结构可谓相当畸形。如果没有引来监管部门的关注，收购得以顺利进行，那么以后证券市场上这样类似的空手套白狼的戏码可能会变本加厉。

3. 信息披露问题重重

（1）贸然公告惹祸端。2016年12月23日，龙薇传媒和万家文化签订《股份转让协议》并对外公告。在《股份转让协议》签订后，龙薇传媒才与相关银行商谈融资，而该银行的融资款项需经总行审批流程，能否最终审批通过尚存在不确定性。

龙薇传媒在本次收购前一个月成立，期间未进行资金的充分筹备，在境内可支付资金有限、金融机构拟融入资金缺乏充分准备的情况下，采取高杠杆收购方式，签订股权转让协议。在履行能力、履行结果不确切，收购行为真实性、准确性不能保证的情况下，贸然公布收购信息。这一行为因其名人效应等因素叠加，严重误导市场投资者，引发市场和媒体的高度关注，致使万家文化股价大幅波动，严重干扰了正常的市场秩序。

（2）筹资安排存遗漏。2016年12月26日，龙薇传媒收到银必信支付的第一笔借款1.9亿元。在龙薇传媒与银必信的协议中，龙薇传媒向银必信借款15亿元，借款额度有效期为该借款协议签订之日起三个月，借款年化利率10%，担保措施为赵薇个人信用担保。同时，银必信的实际控制人秦某要求，银必信的借款需要有金融机构的资金配套。这说明银必信的借款有前提条件。而当时金融机构融资还在内部审批流程中，审批流程预计于2017年1月31日前完成，这说明银必信的融资具有较大的不确定性。但是，这一关键信息并没有在公告里披露。

至于金融机构股权质押融资，公告表示融资额度约为15亿元。但是，证监会调查发现，龙薇传媒的高管赵某曾表示会优先使用股权质押融资，因为这样资金成本会更低。金融机构内部审批的时候，也是向总行上报了30亿元的审批额度。这意味着，龙薇传媒最优先的资金方案其实是30亿元的股权质押融资。但这一关键信息，也没有在公告里披露。如果市场一早得知龙薇传媒有可能30.6亿元收购案中有30亿元资金来自股份质押融资，那么对收购的成败判断就会大不一样。

（3）重大事项未披露。2017 年 1 月 12 日，龙薇传媒通过万家文化在给上交所问询函的回复中称，金融机构股票质押融资审批流程预计于 2017 年 1 月 31 日前完成。证据显示，2017 年 1 月 23 日，万家集团、龙薇传媒已知晓其向中信银行杭州分行的融资计划未通过中信银行总行审批。截至 2017 年 1 月 31 日，龙薇传媒并没有与任何金融机构达成融资合作。

无法从金融机构获取股票质押融资的事项对龙薇传媒收购万家文化控股权存在重要影响，此外，龙薇传媒未及时通知万家文化披露重大事件的进展、变化情况及可能产生的影响。

（4）虚假公告被拆穿。2017 年 1 月 12 日，龙薇传媒通过万家文化在给上交所问询函的回复中称，“若龙薇传媒未能及时足额取得金融机构股票质押融资，龙薇传媒将积极与万家集团进行沟通以使本次交易顺利完成，同时继续寻求其他金融机构股票质押融资。”

证据显示，在中信银行审批未获通过之后，龙薇传媒未积极与万家集团沟通，没有再联系过其他金融机构寻求融资，信息披露存在虚假记载、误导性陈述。

综上，龙薇传媒在 2017 年 1 月 12 日公告中称“将积极与万家集团进行沟通以使本次交易顺利完成”；在 2017 年 2 月 16 日公告中称“立即与其他银行进行多次沟通”存在虚假记载和误导性陈述。

（5）融资失败瞒真相。2017 年 2 月 7 日，银必信告知龙薇传媒无法支付其剩余的 13.1 亿元借款，即银必信在第二笔股权转让款支付期限截止时，没有准备好足够的资金。

但是龙薇传媒在 2017 年 2 月 16 日通过万家文化披露的公告中将无法按期完成融资计划归因于金融机构融资审批失败，未披露在应支付第二笔股权转让款时，银必信未准备足够资金的事实，存在重大遗漏。

4. 内幕交易引人猜疑

虽然此次交易失败，但龙薇传媒近乎全身而退，万家集团不仅没有向龙薇传媒讨要 1.5 亿元违约金，而且主动退还其前期支付的 2.5 亿元股权转让款。股票投资市场从来都是零和博弈，有人涨就有人跌，与龙薇传媒相比，不少因这场收购大戏介入万家文化的中小投资者可谓损失惨重。龙薇传媒收购万家文化，从一开始计划成为万家文化的控股股东，到之后只是一个小股东，以及最后看准时机解约退出，捞一把就走，很难排除他们两家之间存在内幕交易的可能性。龙薇传媒在信息披露中表示，其没有和上市公司一起开展合作影视传媒领域的项目计划。万家集团也是想卖掉手中持有的 29.135% 的万家文化股权，通过收购这一途径来套现走人。这时候可以看出万家文化也是一只“壳”，一样没有什么靠谱的主营业务，公司名称和主营业务一变再变，跨界转型让人不禁眼花缭乱。万家文化在碰到龙薇传媒这样的大金主时，自然配合默契。

（三）触犯众怒——投资者集体维权

相比于赵薇夫妇的全身而退，不少因这场收购大戏介入万家文化的中小投资者可谓损失惨重。

从复盘情况来看，万家文化股票于 2016 年 11 月 28 日停牌，停牌时股价为 18.83 元。2017 年 1 月 12 日复牌后，万家文化连续两个交易日涨停，第三、第四个交易日继续收涨，最高涨至 25 元，涨幅高达 32.77%。2 月 8 日，万家文化再次停牌，停牌时股价为

20.13元，停牌期间公告股东股份转让比例由29.135%变更为5%。2月16日复牌后，当日下跌8.49%，第二个交易日下跌6.89%。在4月1日宣布交易解除后的第一个交易日，公司股价下跌2.39%，后续该股持续下跌。截至2018年4月20日，万家文化收盘价为6.13元，较1月17日股价最高点25元下跌75.48%，较首次停牌前下跌67.45%，如图5-2所示。

图5-2　祥源文化（原万家文化）2017年4月—2018年4月股价变化情况

资料来源：东方财富网。

目前，据不完全统计，已有270余名股民联名聘请律师欲起诉龙薇传媒和万家文化，要求赔偿损失。初步统计，该270余位投资者的索赔金额将超过人民币2000万元。若该批投资者胜诉，未来有很大可能还会有更多的投资者加入索赔大军，赵薇夫妇和万家文化面临的索赔金额或将更大。

四、顶风作案引来监管

赵薇及相关当事人可以说是顶风作案。2016年，已经有多家涉及杠杆收购的上市公司收到交易所下发的问询调查，包括顺威股份、尤夫股份、步森股份等，而且这些公司被问询的时间，就发生赵薇拟以51倍杠杆资金收购上市公司的前一个月。另外，2015年持续发酵的“宝万之争”，以及证监会主席刘士余在2015年针对“不太正常的现象——举牌、杠杆收购”提出的：“来路不正的钱，从门口的野蛮人变成了行业的强盗，这是不可以的”，赵薇及相关当事人对相关法规和案例的漠视，终究给他们招来了问询调查。

国外监管实践表明，杠杆收购尤其是极高的杠杆收购，往往会给上市公司及各相关利益主体带来不确定性。一方面，高杠杆收购一旦失败，难免要承受补仓甚至爆仓的风险，对于上市公司和投资者将产生系列连锁效应，甚至可能成为系统性金融风险的导火索。另一方面，由于信息披露有限，若非监管机构追问，其他市场主体很难看清真实的杠杆率和风控指标等信息，给普通投资者带来极大风险。

五、结束语

2018 年 4 月 13 日，沪深交易所同时公告，就《上市公司收购及股份权益变动信息披露业务指引（征求意见稿）》公开征求意见。本次征求意见截止日期为 2018 年 5 月 13 日。

沪深交易所两份文件（以下简称“收购信批新规”）内容差异较小，主要集中在股份权益变动信息披露、收购方信息披露两方面，主要打击“快进快出”“蒙面举牌”“朦胧预期”“杠杆收购”等行为。可以说，举牌、买壳、敌意收购的灰色地带是重点整治对象。

新规出台，舆论一片哗然，纷纷怀疑新规是针对此次赵薇夫妇收购闹剧制定的。然而，不管原因是否真的如此，本案例也再次给投资者敲响警钟：股市有风险，投资需谨慎。

六、讨论题目

1. 资金不确定性大，可以收购上市公司吗？
2. 监管部门该如何监管此类资金方案披露问题？
3. 如何判断收购方邀约可信任程度？
4. 信息披露违规是哪方责任？
5. 我国上市公司信息披露存在哪些问题？

七、参考资料

[1] 证监会处罚决定书，2018. 04. 11.
[2] 雪球财经．“小燕子”能 Hold 住万家文化吗［J］．股市动态分析，2017（2）：36－37.
[3] 周松清．30. 6 亿豪购万家文化——女星赵薇跨界控股上市企业成首例［N］．21 世纪经济报道，2016：2.
[4] 余兴喜．“龙薇”的教训［J］．新理财－公司理财，2017（12）：20－21.
[5] 杨斯清．我国证券市场信息披露存在的问题及对策［J］．对外经贸，2018（1）：91－92.
[6] 臧欣．高杠杆收购监管趋严［J］．法人，2018（1）：58－59.
[7] 宗和．揭秘：“小燕子”是怎么变成“女股神”的［J］．商业观察，2017（12）：34－38.
[8] 蔡恩泽．龙薇并购万家文化闹剧的警示［J］．时代金融（上旬），2017（5）：32－33.
[9] 刘丽新．浅析龙薇传媒信息披露违规案［J］．河北企业，2018（2）：128－129.
[10] 段曙东．聊聊“跑路”［J］．中国质量技术监督，2017（12）：85.
[11] 叶檀．赵薇这把玩僵了［J］．理财，2017（2）：14.
[12] 并购汪：因赵薇而起？买卖壳必看：收购信批新规来了！http：//mp. weixin. qq. com/s/3vsdyvGLKPMil1egFzTjRw.

[案例说明书]

一、本案例需要解决的关键问题

本案例需要解决的关键问题是如何引导学员从龙薇传媒收购万家文化的案例中了解信息披露的重要性，以及信息披露对股市和交易双方的影响，并了解我国股市信息披露存在的问题，针对这些问题应该如何应对。

二、案例讨论的准备工作

（一）理论背景

信息披露制度是指证券市场上的有关当事人在证券的发行、上市和交易等一系列环节中，依照法律、证券主管机关或证券交易所的规定，以一定的方式向社会公众公开与证券有关的信息而形成的一整套行为惯例和活动准则。信息披露制度有利于保护投资者的合法利益，保证公开、公平、公正原则的实现，强化上市公司的经营管理，优化资源配置，提高证券市场的效率，是现代证券市场的基石。根据信息供给的不同，影响股市运作的信息可分为以下四类：政府部门发布的信息、证券监管部门发布的信息、上市公司披露的信息、研究部门及新闻媒介披露的信息。

（二）制度背景

为严格规范我国上市公司的信息披露，政府先后出台多部法律法规对信息披露进行强制要求，如《中华人民共和国公司法》《中华人民共和国证券法》《上市公司信息披露管理办法》。

三、案例分析要点

（一）需要学员识别的关键问题

本案例需要学员识别的关键问题包括：资金不确定性大，是否可以收购上市公司；监管部门该如何监管此类资金方案披露问题；收购方邀约可信任程度该如何判断；本案例中信息披露违规是哪方责任；我国上市公司信息披露存在的问题有哪些？

（二）解决问题的可供选择的方案

1. 资金不确定性大，可以收购上市公司吗？

证监会为何决定对赵薇、黄有龙夫妇实施市场禁入？决定书提出的第一个理由是：龙薇传媒在自身境内资金准备不足，相关金融机构融资尚待审批，存在极大不确定性的情况下，以空壳公司收购上市公司，且贸然予以公告，对市场和投资者产生严重误导。

监管部门和龙薇传媒争论的重点，在于到底什么样的行为属于“贸然公告”。决定书指出，龙薇传媒在境内可支付资金有限、金融机构拟融入资金缺乏充分准备的情况下，采取高杠杆收购方式，签订股权转让协议。在履行能力、履行结果不确切，收购行为真实性、准确性不能保证的情况下，贸然公布收购信息。这种行为就叫作“贸然公告”。

“贸然公告”还会造成很严重的后果。决定书指出，贸然公布收购信息，其行为因其名人效应等因素叠加，严重误导市场投资者，引发市场和媒体的高度关注，致使万家文化股价大幅波动，严重扰乱了正常的市场秩序。

龙薇传媒申辩时称，其行为不属于“贸然公告”。龙薇传媒指出，公司的成立时间、是否开展经营活动、资金筹备情况、股份转让交易的杠杆率等问题，均属于交易主体自身的商业考量因素，不影响收购行为的合法性、真实性和合理性，不应成为认定龙薇传媒信息披露违法的考量因素。

这个申辩理由明显没有被监管部门采纳。决定书指出《中华人民共和国证券法》第5条规定，证券的发行、交易活动，必须遵守法律、行政法规；禁止欺诈、内幕交易和操纵证券市场的行为。鉴于第5条规定“禁止欺诈”，那么，不允许任何人以任何方式借“意思自治”“契约自由”为名误导投资者，破坏证券市场秩序。

如果投资者的杠杆太大、资金不到位，那么资金方案属于不确定性较大。如果这时投资者还要收购上市公司，很可能被认定为“贸然公告”。“贸然公告”很有可能误导投资者，造成股价大起大落，有违反《中华人民共和国证券法》“禁止欺诈”规定的风险。要是有投资者资金不确定能到位，还要公告收购上市公司，那么相当于给市场发出了一枚“收购烟雾弹”。因为资金的关系，收购落空的风险较大。这时很难判断投资者到底是不是“忽悠式收购”。

这是不是意味着，资金不够，就不能收购上市公司控制权呢？可以从另一个角度思考问题。投资者如果要收购上市公司控制权，那么即使投资者还没真正取得上市公司控制权，其行为也会对上市公司股价造成很大的影响。如果任何资金实力不足的投资者都可以成为上市公司的收购方，“贸然收购”频频上演，市场秩序也就无法保证了。

2. 监管部门该如何监管此类资金方案披露问题？

证监会处罚的其他理由是龙薇传媒的融资计划存在虚假披露，且融资进度没能及时披露。这对市场判断收购交易的成败产生了极大影响，可能造成投资者受损，也存在很大的市场操纵隐患。

龙薇传媒高管做笔录时表示：“关于总金额我们就是希望越多越好，因为他们成本低，但是最后能借多少还是要看股价的。12月29日见面之前，银行通过王某中发给我一个方案，表示保底22亿元能够借，如果股价涨起来，到27元的时候，最高能批到30亿元。”

“杠杆买壳”中，股份质押融资方案的关键就是上市公司股价。本交易中，龙薇传媒收购1.85亿股，对应30亿元融资就是16.22元/股。假设股价上涨到27元/股，股份市值与融资金额的比值就是166%。这一质押率只算是及格。

由于上市公司股价本身具有波动性，以往“杠杆买壳”方案即使使用股份质押融资方案，质押融资占总交易规模的比重也不会太大，这样才能降低收购方爆仓风险。如果市场一早得知龙薇传媒有可能约30.6亿元收购案中有约30亿元资金来自股份质押融资，那么对收购的成败判断就会大不一样。可见信息有多关键。

3. 如何判断收购方邀约可信任程度？

在回复交易所问询函的时候，龙薇传媒曾表示，金融机构股票质押融资审批流程预计于2017年1月31日前完成。这也是赵薇、黄有龙夫妇被市场禁入的一大关键。问题就出在"预计"这两个字上。"预计"这两个字，到底构不构成对投资者的承诺？龙薇传媒申辩时称，回复公告中记载的2017年1月31日，仅是龙薇传媒"预计"的金融机构融资审批完成的日期，不是确定的事项，不构成承诺。龙薇传媒对金融机构审批能否完成进行了充分的风险提示，投资者不会对该"预计"日期产生过大的信赖，龙薇传媒没有对此进行进一步披露的义务。

但是这一理由没被采纳。决定书指出，金融机构融资审批失败对本案收购能否顺利推进有重大影响，属于《上市公司信息披露管理办法》第三十二条所规定的，对重大事件产生较大影响的变化，应及时披露。龙薇传媒在2017年1月12日回复公告中记载的"预计"时间2017年1月31日，已对市场和投资者构成预期，一旦不能如期实现，应当及时披露，进一步提示风险。可以看出，在监管层看来，公告里面任何一个"预计""预期"都是收购方对市场投资者作出的"海誓山盟"。

以往，不少大股东会在公告中提出各种模糊暧昧的用语，比方说"尽力注入优质资产"之类的。如果不明确什么属于大股东/收购方作出的承诺、违反承诺有什么后果，大股东/收购方的"空头支票"就会随便开了。

在2018年4月13日公布的《上市公司收购及股份权益变动信息披露业务指引（征求意见稿）》中，重点规范大股东/收购方承诺事项。比方说，以往收购方可在报告书中披露"目前暂无增减持计划/注入资产计划"。根据新规定（征求意见稿），收购方如果说"暂无计划"，就必须明确不实施计划的期限。这样就基本杜绝大股东/收购方再轻易许诺的可能性。

4. 信息披露违规是哪方责任？

在申辩的时候，龙薇传媒和万家文化还互相推卸责任。龙薇传媒原本回复问询函时公告，金融机构股票质押融资审批流程预计于2017年1月31日前完成。在2月23日，龙薇传媒就得知融资未通过审核。但这一事项未能及时公告。龙薇传媒申辩时指出，万家文化作为信息披露义务主体，已先于龙薇传媒知晓与相关金融机构未达成融资合作的信息，如未及时披露重大信息与龙薇传媒无关。

万家文化本次也受到行政处罚。万家文化申辩时却指出，万家文化不是信息披露义务人，仅是龙薇传媒履行法定信息披露义务的通道，仅负有按照目前监管要求和行业公认的标准，在形式检查后"原汁原味"地代为公告。

在监管层看来，以上两方的理由都不成立。收购方是信息披露义务人，理应负有信息披露责任。上市公司虽然不是信息披露义务人，但也负有提醒、核实责任。证监会调查发现，为龙薇传媒出面联系金融机构的，其实是万家文化实控人，万家文化管理人员也参与其中。本次新规定（征求意见稿），重点强调了收购方与上市公司各自负有的责任。

5. 我国上市公司信息披露存在哪些问题？

（1）信息披露不及时。在市场经济中，信息传递作为获取资源的重要手段，关系着投资者的利益和企业的成败。一方面，市场本身存在信息不对称的缺陷，若企业不及时通报相关信息，则投资者不能在第一时间获得与自身利益相关的信息；另一方面，某些上市公司为使用内幕交易手段或因经营成果不佳而延迟了信息发布，损害了有关主体的利益。

（2）信息披露不真实。信息是连接投资者和企业的桥梁，信息的真实性代表了企业形象，诚信企业更易获得投资者及社会的支持。然而某些上市公司为了粉饰财务状况、经营成果，通过管理层舞弊、财务造假等手段给消费者传递虚假信息。

（3）信息披露不严谨、不规范。部分上市公司利用法律及相关法规的差异、模糊之处，或直接漠视法律及相关法规的规定，主观、随意地发布一些子虚乌有的信息。还有某些中介机构，在向公众传达信息的过程中，将某些未经审核的信息传达给投资者，缺乏谨慎的职业态度。

四、教学组织方式

（一）问题清单及提问顺序、资料发放顺序

本案例讨论题目依次为：

1. 资金不确定性大，可以收购上市公司吗？
2. 监管部门该如何监管此类资金方案披露问题？
3. 如何判断收购方邀约可信任程度？
4. 信息披露违规是哪方责任？
5. 我国上市公司信息披露存在哪些问题？

本案例的参考资料及其索引，在讲授有关知识点之后一次性布置给学员。

（二）课时分配

1. 课后自行阅读资料：约 3 小时；
2. 小组讨论并提交分析报告提纲：约 3 小时；
3. 课堂小组代表发言、进一步讨论：约 3 小时；
4. 课堂讨论总结：约 0.5 小时。

（三）讨论方式

本案例可以采用小组形式进行讨论。

（四）课堂讨论总结

课堂讨论总结的关键是：归纳发言者的主要观点；重申其重点及亮点；提醒大家对焦点问题或有争议观点进行进一步思考；建议大家对案例素材进行扩展研究和深入分析。

案例 6

咖啡背后的故事——预约定价下星巴克的国际避税*

---

*1. 本案例由广东工业大学管理学院的张源、韩思成、丘晓琳玲、朱旖璐、阎雪菲、何施陶等共同编写，作者拥有著作权的署名权、修改权、改编权。

2. 本案例授权广东工业大学产教融合 MPAcc 教学智库实验平台使用，广东工业大学产教融合 MPAcc 教学智库实验平台享有复制权、修改权、发表权、发行权、信息网络传播权、改编权、汇编权和翻译权。

3. 由于企业保密的要求，在本案例中对有关名称、数据等做了必要的掩饰性处理。

4. 本案例只供课堂讨论之用，并无意暗示或说明某种管理行为是否有效。

[案例封面]

专业领域： 财务管理/其他

适用课程： 税收筹划理论与实务，国际税收

选用课程： 税务筹划，中国税制研究

编写目的： 本案例旨在使学员对星巴克等相关跨国公司的国际税收筹划战略有充分认识和深入了解。本案例从星巴克的避税诱因及条件入手，详细介绍星巴克公司国际避税的方法，分析其被欧盟委员会调查的原因及由此引发的国际反避税热潮，引导学员对国际税收筹划进行全面思考。

知 识 点： 预约定价；税务筹划；转移定价

关 键 词： 预约定价；星巴克；国际避税

中文摘要： 本案例以星巴克公司的经营情况及纳税调查为切入点，结合星巴克公司的架构以及运营价值链，探讨了星巴克公司利用预约定价安排等方法进行跨国避税的手段，并说明其避税风险导致欧盟介入的后续影响，旨在引导学员对国际税收筹划的全面思考。

[案例正文]

一、案例背景

2015 年 10 月 21 日，历时近两年的荷兰星巴克避税案落下帷幕。欧盟委员会判决荷兰政府与星巴克签订的预约定价安排协议不正当地减少了星巴克在荷兰的税负，构成了荷兰对星巴克的非法国家援助。为减轻由此引发的不公平竞争，欧盟委员会责令星巴克向荷兰当局补缴 2 000 万 ～ 3 000 万欧元税款，具体补缴金额将由荷兰当局依据欧盟委员会在判决中认可的转让定价方法确定。

犹如一声惊雷，欧盟此举打响了国际反避税的第一枪。各国政府纷纷表态，支持打击对于跨国公司愈演愈烈的避税行为。英国新征“谷歌税”、美国严厉打击“税负倒置”、经济合作与发展组织（OECD）国家签署了关于实施银行间自动交换信息的标准等，所有这一切的国际打击行动都与星巴克那一杯苦苦的咖啡有关。

（一）公司介绍

星巴克（Starbucks）咖啡公司成立于 1971 年，是世界领先的特种咖啡的零售商、烘焙者和星巴克品牌拥有者。星巴克旗下零售产品包括 30 多款全球顶级的咖啡豆、手工制作的浓缩咖啡和多款咖啡冷热饮料、新鲜美味的各式糕点食品以及丰富多样的咖啡机、咖啡杯等商品。1987 年，现任董事长霍华德·舒尔茨收购了星巴克，从此带领公司建立了数座里程碑。

1992 年 6 月，星巴克作为第一家专业咖啡公司成功上市，迅速推动了公司业务增长和品牌发展。2018 年，公司已在北美、拉丁美洲、欧洲、中东和太平洋沿岸 37 个国家拥有超过 12 000 家咖啡店，拥有员工超过 117 000 人。

长期以来，星巴克公司一直致力于向顾客提供最优质的咖啡和服务，营造独特的“星巴克体验”，让全球各地的星巴克店成为人们除了工作场所和生活居所之外温馨舒适的“第三生活空间”。与此同时，公司不断地通过各种体现企业社会责任的活动回馈社会，改善环境，回报合作伙伴和咖啡产区农民。鉴于星巴克独特的企业文化和理念，公司连续多年被美国《财富》杂志评为“最受尊敬的企业”。

（二）发展历程

1971 年，星巴克在西雅图派克市场成立第一家门店，开始经营咖啡豆业务；1987 年，舒尔茨集资收购了星巴克，并任首席执行总裁。

然而，就年轻的创业公司而言，亏损是必然的。1987 年，星巴克亏损 33 万美元，1988 年亏损翻了一番，1989 年更不可思议地亏损了 1 200 万美元。1990 年 3 月，星巴克成功募集风险资金 1 350 万美元，为第四轮融资（前三回分别是创始的 165 万美元，收购星巴克的 380 万美元，第三轮 390 万美元）。时隔一年，1991 年的 5 月，星巴克再次进行第五轮融资，最终募集资金 1 500 万美元。

星巴克并没有将自己的领地局限在西雅图一市，20 世纪 90 年代，它先是在美国的其他地区开花，随后又走向了全世界。其后，星巴克又率先向自己的兼职员工提供本公司股票的买卖权，1992 年，星巴克在纳斯达克公开上市，截至 2018 年其股价累计涨幅已达 3 500%，市值从 4 亿美元增至 829.41 亿美元（图 6－1）。

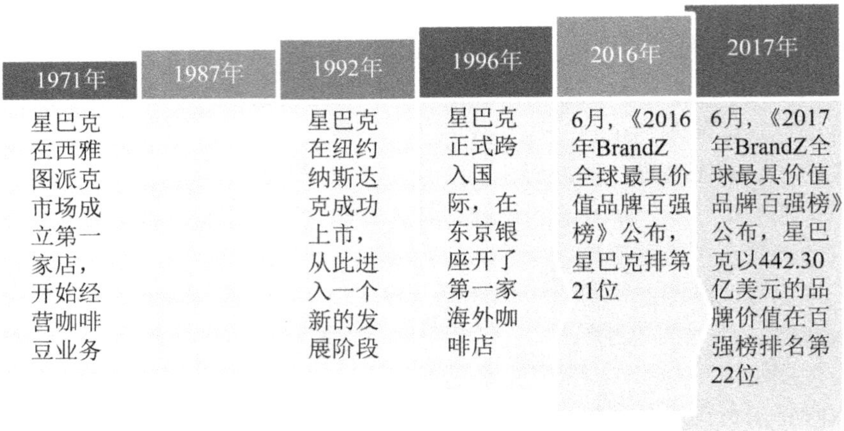

图 6－1 星巴克发展历程

资料来源：星巴克官网。

（三）星巴克销售模式

星巴克的生产并不只是在本国进行。其研发、采购、生产以及最终的销售分别隶属于不同国家不同的子公司。具体如图 6－2 所示。

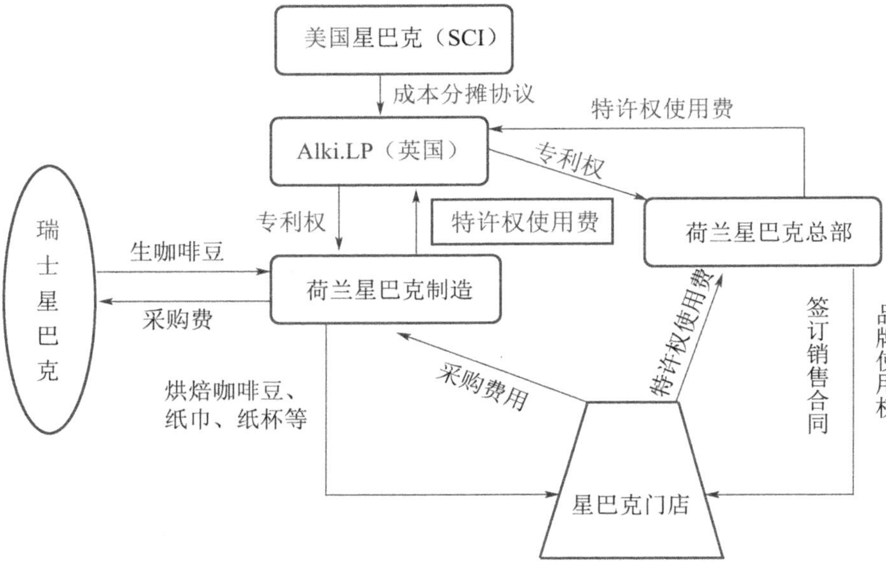

图 6－2 星巴克全球生产销售模式

资料来源：星巴克官网。

美国华盛顿州的有限责任公司 Starbucks Coffee International（SCI）和英国的有限合伙企业 Alki. LP 签订了成本分摊协议，共同开发无形资产，共同享有无形资产的使用权；

Alki. LP 负责星巴克新产品的研发，随后将咖啡豆烘焙配方作为专利技术授予荷兰星巴克制造有限公司，并收取高额的特许权使用费；而瑞士星巴克贸易有限公司则承担了星巴克集团全球采购业务，将采购的生咖啡豆销售给荷兰星巴克制造有限公司进行烘焙加工，并收取高额采购费；最后，由荷兰星巴克总部负责与各地区门店协商签订具体销售协议，授予各门店品牌使用权，并收取特许权使用费；而荷兰星巴克制造有限公司则从瑞士星巴克购买生咖啡豆后，利用 Alki. LP 授予的专利使用权对咖啡进行烘焙、包装，再分销给欧洲、中东和非洲市场的星巴克门店，借机再收取一笔采购费（图 6－2）。

（四）星巴克税负情况

由图 6－3 可以看出，2010 年星巴克公司营业收入就超过了 100 亿美元，每年都能保持稳定增速。2015 年，星巴克公司营业收入增长 16. 5%，增速创下近年来的新高。

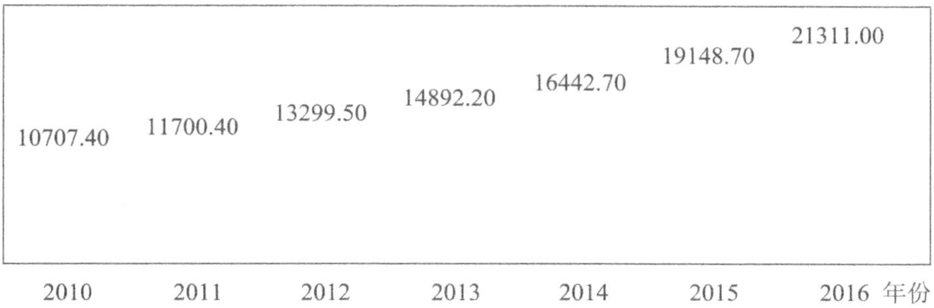

图 6－3　星巴克 2010—2016 年营业收入（单位：百万美元）

资料来源：Starbucks annual report 2010—2016。

从图 6－4 的整体规模来看，星巴克 2010—2016 年的税前利润总额处于一个稳步上升的状态，这种情况的出现也说明了星巴克的利润一直保持在一个较为稳定的状态。

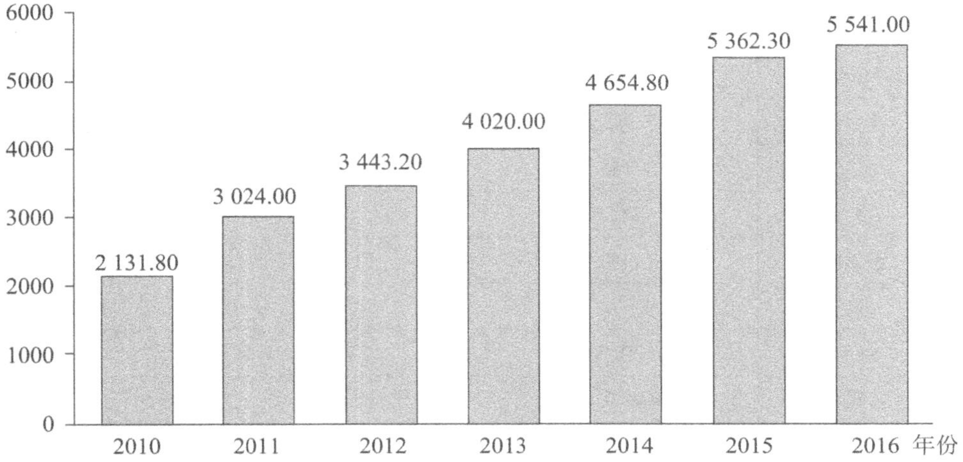

图 6－4　星巴克 2010—2016 年税前利润总额（单位：百万美元）

资料来源：Starbucks annual report 2010—2016。

如表 6 – 1 所示，在星巴克的税负结构中，美国本土所缴纳的税额占据了其整体税负的八九成，在美国以外的税负占其整体税负的一到二成，然而星巴克海外营业收入却占其总收入的 40%，也就是说，星巴克在美洲以外市场的实际税负率远远低于美洲市场。

表 6 – 1　星巴克公司全球税负情况　　单位：百万美元

年份	美洲市场			美洲以外市场		
	税前经营性损益	实际纳税额	实际税负比率/%	税前经营性损益	实际纳税额	实际税负比率/%
2010	1 291. 10	450. 40	34. 88	840. 70	38. 30	4. 56
2011	1 775. 20	525. 80	29. 62	1 249. 40	37. 30	2. 99
2012	2 020. 40	597. 60	29. 58	1 422. 80	76. 80	5. 40
2013	2 365. 20	710. 40	30. 04	1 654. 80	95. 90	5. 80
2014	2 809. 00	963. 20	34. 29	1 845. 80	128. 80	6. 98
2015	3 211. 40	971. 50	31. 11	2 150. 90	172. 20	8. 01
2016	3 358. 90	1 176. 80	35. 04	2 182. 10	202. 90	9. 30

资料来源：Starbucks annual report 2010—2016。

如表 6 – 2 所示，通过比较同期各主要咖啡企业的所得税税负率，我们可以看出：星巴克公司的所得税税负率明显低于同行业其他企业的所得税税负水平。

表 6 – 2　星巴克公司所得税税负与同行业对比表

年份	公司名称	所得税税费/百万美元	利润总额/百万美元	所得税税负率/%
2013	星巴克	806. 3	4 020	20. 06
	85 度 C	10. 54	38. 18	27. 60
	雀巢咖啡	3 260. 88	12 455. 66	26. 18
2014	星巴克	1 092	4 654. 8	22. 88
	85 度 C	12. 19	30. 15	40. 43
	雀巢咖啡	3 372. 05	10 283. 40	32. 79
2015	星巴克	1 143. 7	5 362. 3	21. 32
	85 度 C	13. 34	51. 85	25. 72
	雀巢咖啡	3 309. 96	11 801. 68	28. 05
2016	星巴克	1 379. 7	5 541	24. 90
	85 度 C	20. 26	79. 13	25. 60
	雀巢咖啡	4 419. 62	12 544. 79	35. 23

资料来源：Starbucks annual report 2013—2016、Gourmet Master annual report 2013—2016、Nestle annual report 2013—2016。

如图 6 – 5 所示，在同行业对比中，我们选择了同行业内税负较高的 85 度 C 咖啡店和雀巢咖啡，通过与 85 度 C 咖啡店对比可以看出，2013 年至 2016 年的 85 度 C 咖啡店的税前利润总额基本上都远低于星巴克，但是85度C咖啡店的实际税负却高于星巴克，其中2014年85度C咖啡店的税负率竟比星巴克公司高出接近2倍！

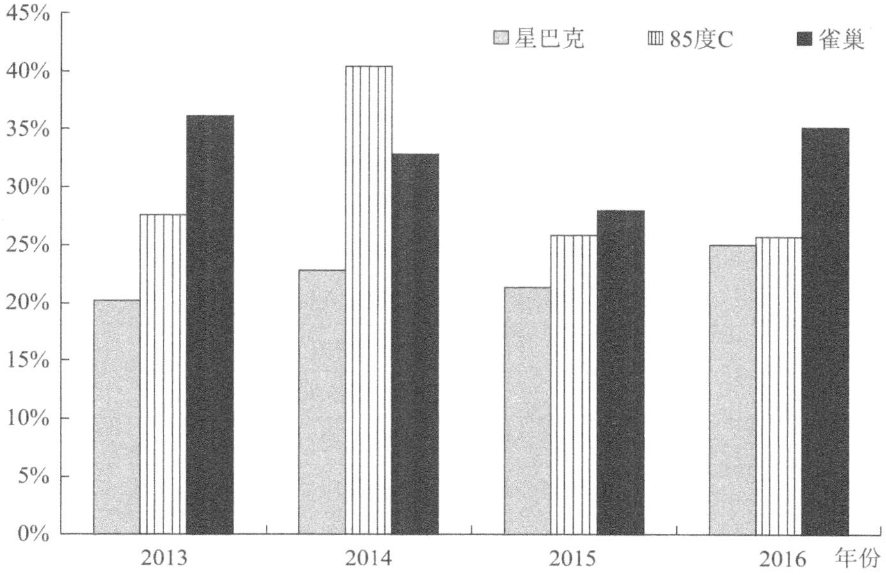

图6-5　星巴克公司所得税税负与同行业对比图

资料来源：Starbucks annual report 2013—2016、Gourmet Master annual report 2013—2016、Nestle annual report 2013—2016。

由上述图表我们可以看到，星巴克不仅在美洲以外市场的实际税负率远远低于美洲市场，而且在同行业的税负率也是比较低的，这说明星巴克在国际税收筹划方面下了很大的功夫，也取得了较为理想的效果。

二、星巴克避税诱因及条件

（一）星巴克避税诱因

1. 利润转移集中

星巴克之所以开展税收筹划，其目的是把海外利润集中在英国和瑞士。这是因为，首先，瑞士是避税天堂，企业所得税率只有20%，远远低于美国的35%，也低于欧洲多数国家，利润囤积在瑞士可以大大降低星巴克的税负；其次，英国的企业是一个合伙制企业，按照英国的税法规定，合伙企业不承担纳税义务，而只是由合伙人缴纳个人所得税，而其合伙人位于美国华盛顿州，因此不用在英国纳税，其经营所得分回美国后在华盛顿州不需要缴纳州税，避税效果十分明显。

2. 各国税收管辖权差异

税收管辖权是一国在征税方面的主权。税收管辖权主要有地域管辖权、居民管辖权、公民管辖权。在实施居民税收管辖权的国家，是否是一国居民决定了该国是否有征税权，所以，纳税企业利用各个国家居民判断标准的差异，避免成为一国居民而规避这个国家的税收，或成为一国居民而享受该国的税收优惠政策，避免双重征税，甚至产生双重不征税，同时尽量享受到不同国家给予的税收优惠。

由表6－3可以看出，目前美国是按照登记注册地标准来判定纳税人身份，而其他三个国家同时使用登记注册地标准和实际管理与控制中心所在地标准，这就给予了星巴克“可乘之机”。首先，星巴克在英国、荷兰、瑞士建立的企业中，虽然某些只是空壳公司，实际管理与控制中心在美国，但是由于美国采用单一的登记注册地标准，所以这些公司既不用在其所在国缴纳所得税，也不必缴纳美国的所得税；其次，英国、荷兰、瑞士的所得税税率比美国低，并且荷兰还具有较为优惠的税收政策，在这三个国家建立企业，成为该地的居民纳税人，就可以合法地享受较低的税率和税收优惠政策。

表6－3　星巴克所在国家纳税人身份判定标准

国家	纳税人身份判定标准
美国	登记注册地标准
英国	登记注册地标准或实际管理与控制中心所在地标准
荷兰	登记注册地标准或实际管理与控制中心所在地标准
瑞士	登记注册地标准或实际管理与控制中心所在地标准

资料来源：星巴克官网。

（二）星巴克避税条件

1. 美国的延期纳税制度

美国有延期纳税这项较为特殊的税收政策，它是指延期缴纳境外所得的税款，即跨国公司从境外获得的利润，一直延期到经营所得从境外汇回美国时才缴纳企业所得税，当所得留存在境外则不用纳税。因此，星巴克把大量所得留存在瑞士、英国等国家，这部分所得只按照国外较低税率征收所得税，当星巴克需要资金时，直接从境外支付，那么其盈利从获得到支出都避免了在美国纳税。

2. 荷兰不征预提税

一个集团内部通常会涉及跨国的资金支付，一般而言，支付资金的国家会对这笔来源于本国的资金征收预提税。然而，荷兰有特殊企业所得税政策，即对从荷兰向境外支付的股息、利息和特许权使用费不征预提税。因此，星巴克在荷兰设立的两家公司，都使用了英国合伙企业提供的特许权，需要支付特许权使用费，所以星巴克无须支付任何预提税，就轻松地完成了利润由荷兰向英国转移。

3. 转让定价协议的可利用

转移定价是指有共同利益又处于同一控制下的相关企业之间，在转移商品、技术、劳务等过程中，违背市场交易规则而制定了特殊的价格优惠政策，以达到整体利益最大化。利用转让定价进行税收筹划的一般模式是将利润由高税率地转移至低税率地，在高税率国家的企业按照较低的价格向低税率国家的企业销售相关商品，而低税率国企业则按照较高价向高税率国销售相关商品。

随着企业对无形资产的日益重视和无形资产的不断增加，无形资产在企业发展过程中起到越来越重要的作用，同时，由于无形资产的特殊性，其价值不易准确评估，所以无形资产的转让定价被越来越多的跨国企业所利用，目前很多大型跨国企业转让定价都是通过授予知识产权和支付特许权使用费等方式来实现的。

星巴克正是利用了无形资产的转让定价，其拥有的商标权、咖啡生产技术等无形资产，由注册在英国的合伙企业所拥有，然后再由其授予荷兰星巴克总部和荷兰星巴克制造公司，如此一来，两个公司都需要向英国的有限合伙企业支付大量的特许权使用费，从而顺利地转移了利润，降低了在荷兰的税负。

4. 成本分摊协议的可利用

成本分摊协议是企业之间签订的，用来规定在研发、生产或获得资产、劳务和权利等过程中各方承担的风险和成本，以及享有的权利和利益范围。成本分摊协议签订后，签订协议的各方即可拥有开发后的无形资产，同时各方也可以扣除无形资产开发过程中产生的费用。

如图6－6所示，美国华盛顿州的有限责任公司 Starbucks Coffee International（SCI）和英国的有限合伙企业 Alki. LP 签订了成本分摊协议，共同开发无形资产，共同享有无形资产的使用权。事实上，星巴克大量的无形资产都是在美国产生的，而英国的有限合伙企业 Alki. LP 与美国的 Starbucks Coffee International 签订成本分摊协议后，无形资产也自动地被视为归英国的 Alki. LP 所有。

而假设美国华盛顿州的 Starbucks Coffee International 和英国的 Alki. LP 并没有签订成本分摊协议，那么美国的 Starbucks Coffee International 在授予英国的Alki. LP知识产权使用的过程中会获得一笔特许权使用费，然而这笔特许权使用费并没有改变整个集团的利益，相反，因其还需在美国纳税，进而损失了一部分利益。

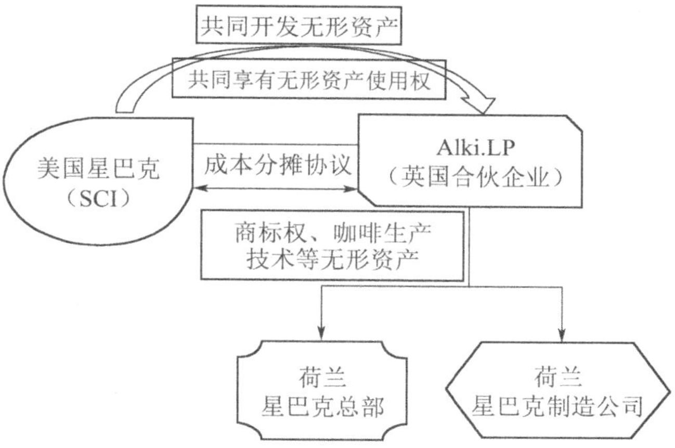

图6－6　星巴克转让定价协议的利用

资料来源：星巴克官网。

此外，此举也规避了美国的 Section 367（d）法规，即受控外国公司在取得美国公司授予的无形资产后，不进行进一步开发就直接对外销售的，虽说这是受控外国公司实现的销售收入，但不管其最终是否汇回美国，都要并入美国公司征税。而签订了成本分摊协议后，表面上，英国的有限合伙企业同样履行开发无形资产的义务，这样其获得的特许权使用费就可以留在英国而不用交税。

5. 不同的企业组织形式

不同的企业组织形式，其法人地位不同，就会造成在不同国家纳税义务的不同。常见的企业组织形式有股份有限公司、有限责任公司、普通合伙企业、有限合伙企业、个人独资企业、个体工商户等。股份有限公司和有限责任公司一般来说是法人，而对于合伙企业和独资企业来说，能否视为独立的法人并附有纳税义务，不同国家的规定是不同的。

在英国，合伙企业不是纳税主体，其所得分配到各个合伙人，由合伙人缴纳税收。因此，在英国设立的星巴克的合伙企业 Alki. LP 所取得的所得不以合伙企业的名义纳税，而是将这笔所得直接分配在美国华盛顿州的合伙人，而华盛顿州是不征收个人所得税的，由此，这笔收入就获得了双重节税的效益。

6. 政府协议的特殊性

如果跨国公司在某个国家设了机构场所，必然会给该国带来一定的收益和就业岗位，能够促进该地区的经济发展。为了吸引海外的投资设厂，很多国家都会改变本国的税制设计，甚至和跨国企业签订特殊协议，让跨国企业获得一些节税效益。在西方的政治体制下，政府为了企业带来的效益，往往会和企业达成特殊协议。

荷兰和瑞士等国家有税收裁定，纳税人可以利用税收裁定与税务机关谈判裁定的条款，税务机关一般都会给予该纳税人比法定税率更低的税率。荷兰的税务机关就和荷兰星巴克协商，荷兰星巴克在计算应纳税所得额时，其整体利润率不得低于5%，如果荷兰星巴克利润率低于5%，税务局会调增应纳税额，反之则不会干预。如此一来，相当于只要荷兰星巴克给当地政府留下相当于5%利润率的应纳税所得额，剩余利润的转移将不受荷兰税务机关的干预限制。

三、星巴克避税安排及避税情况

（一）避税架构

星巴克集团在欧洲、中东和非洲市场的运营架构由 Alki. LP（英国）、Starbucks Coffee Trading Company SARL（瑞士星巴克）、Starbucks Manufacturing BV（荷兰星巴克制造公司）、Starbucks Coffee BV（荷兰星巴克总部）以及众多星巴克门店组成。

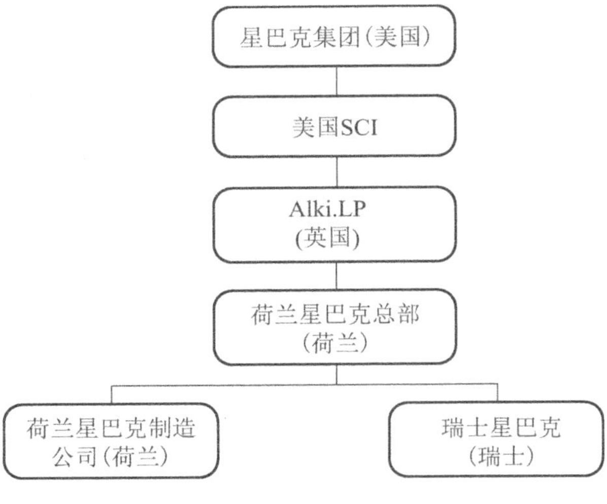

图 6－7　星巴克集团在欧洲、中东和非洲市场的股权结构

资料来源：International Taxation。

由图 6－7 可以看出，星巴克在全球范围内有着复杂的控股关系：首先，星巴克集团控制着位于美国华盛顿州的一家有限责任公司 Starbucks Coffee International（SCI），该公司通过美国集团内部一系列复杂的控股关系，最终控股位于英国的一家有限合伙企业 Alki. LP；其次，英国的这家合伙企业控股荷兰的 Starbucks Coffee BV；最后，荷兰的 Starbucks Coffee BV 同时控股瑞士星巴克公司和荷兰的 Starbucks Manufacturing BV，通过以上设置，星巴克形成一种复杂的控股结构。

（二）避税安排

星巴克通过其公司股权架构，构建了一条由研发、采购、生产和销售四部分组成的运营价值链，这四部分共同组成星巴克避税架构，避税收入主要集中在欧洲、中东和非洲地区。

星巴克避税安排，如图6－8所示。

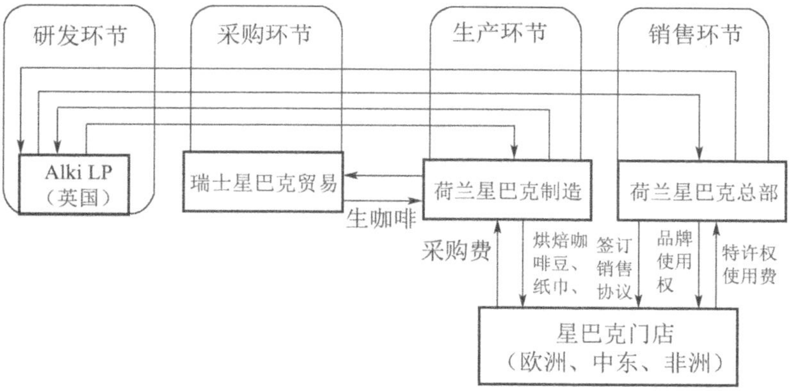

图6－8　星巴克避税安排

资料来源：星巴克官网。

第一部分，星巴克集团旗下的Starbucks Coffee International（SCI）是华盛顿州的有限责任公司，通过控股，对位于英国的有限合伙企业Alki. LP实施控制，两者利用成本分摊协议，共同负责星巴克产品的研发，再由Alki. LP将无形资产使用权授予荷兰星巴克制造公司和荷兰星巴克总部，并收取每年6%的特许权使用费。

第二部分，瑞士星巴克贸易有限公司承担了星巴克集团全球采购业务，并将采购的生咖啡豆以20%的加成价格销售给各个地区的星巴克制造企业包括荷兰星巴克制造公司进行烘焙加工，而瑞士对于咖啡贸易的税率仅为5%，远低于其他国家，由此，星巴克公司充分利用瑞士的贸易低税率优势，将利润集中在瑞士。

第三部分，荷兰星巴克制造公司从瑞士星巴克贸易有限公司以20%的加成成本价格购买生咖啡豆，并利用Alki. LP授予的专利使用权对咖啡进行烘焙、包装，再分销给欧洲、中东和非洲市场的星巴克门店。此外，荷兰星巴克制造企业还向这些门店提供纸巾和纸杯等用品。相关销售协议由荷兰星巴克总部与各星巴克门店谈判并签署，荷兰星巴克只进行制造并不履行销售功能。

第四部分，荷兰星巴克总部负责与各地区门店协商签订具体销售协议，同时向各门店授予商标等无形资产使用权，每年收取6%的特许权使用费。

此外，星巴克还巧妙地利用了与政府的预约定价安排，根据荷兰星巴克和荷兰政府双方约定的协议，荷兰政府默许荷兰星巴克只要把自己的利润率保持在5%，并向荷兰政府缴纳固定数额的税收就可免去荷兰税务机关的调查，其他在荷兰产生的剩余利润，荷兰星巴克制造企业可以根据自己的意愿合法转移到其他低税率的国家。此项约定更是为星巴克利润转移提供了保障。

（二）避税效果

1. *在英国避税效果*

首先，星巴克总部规定，在英国以及所有海外经营的星巴克每年需要向“星巴克”品牌支付年销售额的6%作为知识产权费，这个比例远高于其他同类型企业。在2011年星巴克财务账面价值中显示其亏损3 290万英镑，根据其3.98亿英镑的营业收入计算，上交给母公司的由专利权及版权费构成的特许权使用费就达到了2 388万英镑，这一笔支出大幅度减少了星巴克在英国公司的应纳税所得额。相比之下，其竞争对手COSTA，销售收入3.77亿元，却要支付1 500万英镑税款。

其次，虽然Alki. LP将咖啡豆烘焙配方作为专利技术授予荷兰星巴克使用，又将其他的无形资产使用权授予荷兰星巴克总部使用，如商标使用权等，并从二者收取特许权使用费，但由于其所用的咖啡豆都是来自瑞士星巴克贸易有限公司，在咖啡豆运抵英国前，又需经过星巴克在荷兰阿姆斯特丹设立的烘培公司进行烘培加工。在此过程中，英国星巴克会支付超额的费用给瑞士和荷兰两家公司，其中瑞士对于咖啡相关贸易的税率低至5%，荷兰的企业所得税仅为8.5%，这样英国星巴克不仅将收取的特许权使用费以及相关利润转移到低税率的瑞士和荷兰两国，还同时降低了星巴克在英国公司的应纳税所得额。

最后，英国星巴克还通过资本弱化的手段，利用公司间借贷行为进行避税。尽管在我国，公司间的借贷是不允许的，但是在英国，公司之间的相互借贷是合法的。英国星巴克可以通过向那些设立在低税国或者不征收利息所得税的国家的公司借款，约定有利于自身避税的借款利率，通过支付大量的利息费用将产生在英国的利润转移到低税率国家。2011年星巴克英国的财务经费几乎都来自借款，并支付了星巴克集团旗下公司200万英镑的利息。

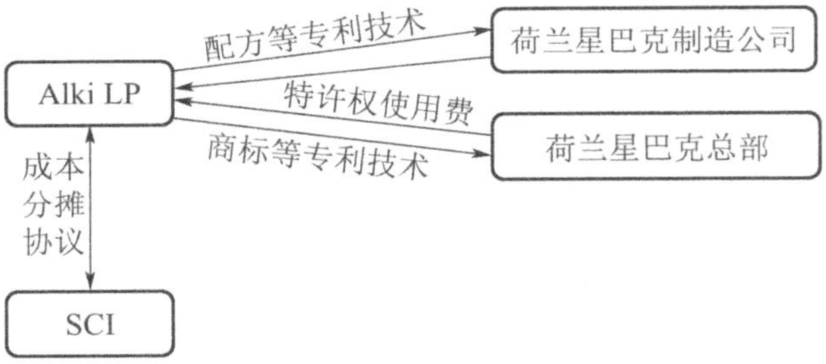

图6－9　星巴克英国避税框架

资料来源：星巴克官网。

通过以上方式，星巴克在英国的14年时间里，一共有超过30亿英镑的营业额，却一共只缴纳了860万英镑的税款，税负率仅为0.29%（如图6－9所示）。

2. *在荷兰避税效果*

荷兰企业所得税政策中有规定，从荷兰向境外支付的股息、利息和特许权使用费不征预提税。利用该政策，星巴克在荷兰设立的荷兰星巴克制造公司和荷兰星巴克总部虽然需要向英国的Alki. LP支付每年6%特许权使用费，但也利用使用费将利润转移到了英国（如图6－10所示）。

图6－10　荷兰星巴克避税框架

数据来源：星巴克官网。

数据显示，荷兰星巴克贸易有限公司和荷兰星巴克制造有限公司在2011年纳税额仅为715 876欧元，2012年纳税额在60万～100万欧元，到2014年，星巴克税前利润为4.07亿欧元，但支付的公司税仅260

万欧元，不到税前利润的1%，税负率极低。

3. 在瑞士避税效果

瑞士星巴克贸易有限公司在价值链中是很关键的一个环节，瑞士星巴克贸易有限公司从南美洲购买咖啡生豆，卖给星巴克旗下负责咖啡豆烘焙的子公司，销售加成比例高达20%，即荷兰星巴克制造公司支付的采购价款是正常原材料成本的120%，而同类企业购买类似的咖啡豆支付的采购价款仅为原材料正常成本的105%，由此，星巴克利用这之间的采购差额，通过转让定价的方式将星巴克在荷兰产生的利润转移到瑞士，并只需支付8.5%的咖啡贸易税。

实际上，这家位于瑞士的星巴克贸易公司什么工作都没做，只是纯粹在电脑上处理了一下交易，而咖啡生豆也并没有运进瑞士，而是直接从购买地送到了烘焙子公司手中。也就是说，即使这家公司不存在，对于星巴克集团的销售流程也没有丝毫影响，即它没有任何存在的必要，因为星巴克在英国的销售公司以及门店可以直接下订单买生咖啡豆并且联系负责烘焙的子公司，但经过瑞士星巴克这一中间机构之后，在英国星巴克就需要支付上述20%的加成，而且这部分加成可以从英国税收中将其扣除出去，从而达到避税目的。

四、星巴克遭指控因素

（一）税务安排争议

星巴克通过上述避税架构设计及安排，成功地降低了自身税负，但过低的税率也带来了外界的怀疑。欧盟委员会于2014年6月18日就3个欧盟国家是否向星巴克公司提供不适当的税收优惠展开调查。欧盟委员会表示，将对星巴克在荷兰的税务进行深入调查。通过调查发现以下几点：

1. 采购费用过高

欧盟对星巴克进行税务调查之后得出了两个重要的结论，是支付给荷兰星巴克咖啡豆制造公司的费用远远超过正常水平。虽然荷兰星巴克坚称自己遵守了所有相关的税收法律以及规定并且严格执行了和荷兰政府达成的预约定价安排，但是不可否认的是其支出的采购价款是原材料正常成本的120%，超出的20%是对瑞士星巴克承担的采购功能的补偿，但这20%真的是瑞士星巴克的合理利润水平吗？从同期的数据资料显示，在价值链条中处于相似地位的咖啡豆加工生产企业一般保持在4.9%～13.1%的利润水平。所以咖啡豆采购企业保持4.9%～13.1%的利润水平才是合理的，荷兰星巴克制造公司支付的材料采购费用明显与常规水平相违背。通过支付较高的材料采购费用，荷兰星巴克制造公司把原来产生在荷兰的利润转移到了瑞士这个税负相对较低的国家。

2. 特许权使用费的合理性

欧盟税务机关调查得出的另外一个结论是荷兰星巴克制造公司向英国的Alki. LP支付了不合理的特许权使用费，而这笔特许权使用费是荷兰星巴克制造公司购买咖啡豆烘焙技术的支出。暂且不说这笔特许权使用费是否存在高估的可能性，仅仅就咖啡烘焙技术是否是专利技术这个问题就会让人产生很多疑问。其实荷兰星巴克从Alki. LP购买的，与其说是专利技术，不如说是一种配方说明，这个配方仅仅说明了在烘焙咖啡豆时应该采用的温度，除此之外并没有提供什么具有实质性的专利技术信息。如果这个配方说明可以认为是专利技术的话，那么瑞士星巴克制造就可以把在瑞士产生的利润通过特许权使用费的方式转移到英国。但欧盟表示没有任何一家公司会心甘情愿地为这样的信息支付特许权使用费。即使欧盟认同这个配方说明可以作为专利技术收取特许权使用费，那么应该按什么标准来收取也成为问题争议的焦点。

经济合作与发展组织OECD指南上说明，应该以产量或者销售额作为标准收取特许权使用费，当然以收入、利润作为标准在极特殊的情况下也是允许的。但是从欧盟的税务调查报告来看，Alki. LP收取的特许权使用费并没有以荷兰星巴克制造公司的产量、销售额甚至是利润作为标准，而是在荷兰星巴克制造公司保留了5%的常规利润的情况下将剩余利润全都用来支付特许权使用费。虽然荷兰星巴克制造是严格按照预约定价安排执行的，也得到了荷兰政府的默许，但是这种预约定价安排的确违反了独立交易原则，造成了荷兰星巴克制造公司在荷兰少交了2 000万～3 000万欧元的税款。

3. 企业功能定位的不准确

荷兰星巴克制造的企业类型被定义为来料加工型并且使用交易净利润法来计算应纳税额，即以9%～12%的利润率乘以成本来计算税额。而生产型企业和来料加工型企业的主要区别在于材料采购方面，一般来说前者采购的原材料属于企业的资产，归企业所有；而后者主要负责原材料的加工，所用到的原材料大部分是由委托方供给，其并不拥有原材料的所有权，仅仅根据合同的约定收取加工费。在欧盟对星巴克的税务调查中荷兰星巴克制造公司声称自己为来料加工型企业的另一个重要的原因就是其所有采购、销售合同都是荷兰星巴克总部代为签订的，因而相较于其他正常的企业，其在采购、销售方面不用承受任何的风险和损失，因而将定义自己为来料加工企业是合理的。但是从欧盟委员会的税务调查报告来看，荷兰星巴克制造公司在从事无风险的来料加工业务的同时还计提了存货跌价准备，这就表明其承担了相应的存货风险。因而在用交易净利润法计算税额的时候咖啡豆的采购成本、存货的跌价风险以及其他费用都应该算作企业的成本并作为基数来计算应纳税额。但是事实是，荷兰星巴克制造公司声称自己是来料加工型企业并没有把这类成本作为基数计算缴纳税收，从而导致税基过窄，少缴纳了大量的税款。

（二）外部环境因素

1. BEPS行动计划掀起反避税浪潮

税基侵蚀与利润转移（base erosion and profit shifting，BEPS），是指跨国公司利用国际税收规则存在的不足，以及各国税制差异和存在的漏洞，最大限度地减少其全球总体税负，甚至达到双重不征税的效果，造成对各国税基的侵蚀。根据OECD统计，全球每年有4%～10%的企业所得税因跨境避税而流失，税收损失为1 000亿～2 400亿美元。

BEPS行动计划是国际反避税所达成的初步共识，正引领着国际反避税的发展趋势。2008年国际金融危机以后，许多国家，特别是经济发达的国家受危机影响出现了财政困难的问题，使得打击避税行为成为政府的政策选择。2015年9月21日，OECD财政事务委员会第90次会议在巴黎召开，来自包括中国在内的54个国家和地区的200多名与会代表审议并一致通过了BEPS计划的全部（15项）行动计划最终报告以及一份解释性声明。

跨国公司作为各国反避税的重要对象之一，尤其是星巴克这类大型跨国企业，利用征税原则和方法存在的漏洞大肆避税。BEPS行动计划中的第二项“消除混合错配安排的影响”、第五项“考虑透明度与实质性因素，更有效地打击有害税收实践”、第八项“确保转让定价结果与价值创造相匹配”更是与星巴克公司的税收情况联系密切，在BEPS时代更为严格的反避税体系下，星巴克预约定价安排等避税手段已不能为企业提供确定性及合法避税的机会。

2. 欧盟对各国税收干预加强

在如今全球化的环境下，跨国公司充分利用各国税制差异避税。2008年金融危机之后，跨国公司的避税行为愈演愈烈。自2013年6月起，欧盟委员会就开始了一系列针对成员国税收情况的调查。自容克就任欧盟委员会主席以来，新一届欧盟委员会进一步将整治跨国公司避税、推进税制改革列为工作重点。2015年10月，欧盟委员会认定卢森堡和荷兰分别给予菲亚特和星巴克以选择性的税收优惠；2016年1月，欧盟委员会认定比利时在“超额利润”计划下给予35家跨国公司以选择性税收优惠，违反了欧盟关于国家援助的规则等。

五、星巴克裁决结果

2015年10月21日，历时近两年的荷兰星巴克避税案落下帷幕。欧盟委员会判决荷兰政府与星巴克签订的预约定价安排不正当地减少了星巴克在荷兰的税负，构成了荷兰对星巴克的非法国家援助。为减轻由此引发的不公平竞争，欧盟委员会责令星巴克向荷兰当局补缴2 000万～3 000万欧元税款，具体补缴金额将由荷兰当局依据欧盟委员会在判决中认可的转让定价方法确定。

（一）各方态度

1. 星巴克：拒不认错

对于欧盟的罚款，星巴克作出回应，否认以不当手段避税。星巴克公司表示，公司一直遵守荷兰以及经济合作与发展组织的政策法规，将对欧盟委员会的裁决提起上诉。在一份声明中说到，公司遵守了“所有相关税收规定和法律”以及国际税务指导方针，在2008年到2014年间，公司在全球一共交了30亿美元的税。星巴克还说，它和荷兰政府都认为“这一裁决存在重大失误”。

2. 荷兰：持反对态度

荷兰政府也对欧盟委员会的裁决持反对态度。荷兰政府称，它对欧盟委员会的裁决表示“吃惊”，它认为荷兰遵守了国际税务准则，荷兰政府与荷兰星巴克制造公司达成的预约定价安排遵从了OECD指南及独立交易原则。此外，荷兰政府还将向议会通报此事并商讨对策。

3. 英国：无能为力

欧盟介入调查后不久，英国议会议员就星巴克未能在英国按照法律规定支付高额的企业所得税一事对其公司的高管进行了问询。英政府税务部门一位官员表示，对于星巴克是否逃税，他们显得无能为力。他说：“我们调查了所有有逃税嫌疑的企业或个人的收入账目，最后的结论只有一个：就是避税。”

4. 总结

一石激起千层浪。以星巴克、苹果等为首的跨国公司疯狂避税的新闻，再度登上西方主流媒体版面，民意汹汹。美欧政府纷纷表示，将祭出“翻天印”，重拳打击跨国公司避税。

然而，会计师也常说：“只要是避税，就不是逃税，一切都合法。”就法言法，合法的避税和构成犯罪的逃税，性质截然不同。实际上，二者界限模糊，难以区分。对于跨国公司的税收行为，由于全球不存在统一的税法，而使得跨国公司可浑水摸鱼，极力钻各国税法差异漏洞，“租税套利”屡禁不绝。

经济学家沙利文称：“当美国最赚钱的公司上缴的税款减少之后，普通百姓的纳税负担就会更重了。”外界难以想象，2016 年美国个人所得税向国库贡献 1.1 万亿美元，而联邦层级的公司所得税加起来也就 1 810 亿美元，美国大企业海外账户上还有 2 万亿美元不肯汇回国内。跨国公司避税，让美国几乎每年损失 1 500 亿美元。

综上所述，对于跨国公司的避税行为，各方说法不一。跨国公司为了减少所得税的缴纳，进而增加其账面利润，所采取的避税行为，在其看来，是对其可持续经营能力的保证。然而，对于政府层面来说，跨国公司的大肆无底线的避税行为，首先是一种对中小型企业的不公平，其次它使得国家财政收入受到了严重侵害，从某种程度上来说，这实质上也是对国家主权的另一种形式的践踏。

（二）后续影响

1. 星巴克企业整顿

（1）迁移总部。欧盟处罚结果出来后，星巴克打算近期将欧洲总部由阿姆斯特丹移至伦敦，以便在英国缴纳更多的税。星巴克在电邮中指出，这次乔迁将聚焦伦敦“为数不多”的资深主管，其中有部分将由阿姆斯特丹转调。总部位于西雅图的星巴克还指出，该公司打算在英国多纳些税。

（2）Alki. LP 公司关闭。欧盟委员会的裁决结果公布之后，Alki. LP 公司关闭了。星巴克发言人大卫·亨德森解释说，在星巴克去年决定把它的欧洲总部从阿姆斯特丹迁往伦敦的同时，阿尔基公司的业务就在慢慢退出，旧的欧洲总部的架构随后也解散了。然而，Alki. LP 公司实际上却被塞进了一家新公司——星巴克欧洲、中东和亚洲控股公司（Starbucks EMEA Holdings），而这家公司还没有提交任何财务报告。

2. 掀起国际打击避税热潮

打击国际逃避税，没有一个国家或地区可以“独善其身”，“查税风暴”已从欧美刮向了东亚，并最终将席卷全球。2014 年 12 月 4 日，英国财政大臣乔治·奥斯波尼（George Osborne）宣布了一项新的税务策略，要求在其境内的大型跨国公司缴纳 25% 的“谷歌税”（Google Tax），以此遏制这些公司的漏税行为。所谓“谷歌税”，是指如果一家公司在英国进行大量的商业活动，却通过操纵国际税收规则将其国内营收转移至别国，企图逃避企业税收的话，那么这家公司将被征收其营业收入 25% 的税收。

美国财政部也将采取打击“税负倒置”的新措施，遏制美国企业通过购买外国公司、变更纳税地以实现避税的做法，根据新的规定，在倒置交易之前三年内购买的美国公司不能算作外国公司的资产。此外，美国可能对境内跨国公司所持的海外现金一次性征收

20%的税，这个举措的一个主要目标便是打击美国公司将盈利留在海外以避免因现金遣返而面临高额税收的避税行为，这是因为美国公司只有在将境外利润汇回本国的时候才需要针对这部分利润纳税，然而，跨国公司认为目前现金汇回的35%税率过高，对公司造成了严重的负担，所以跨国公司把大部分利润留存海外。

经济合作与发展组织2014年5月6日发表宣言称，该组织中包括瑞士在内的34个成员国和巴西、中国、新加坡等13个国家当天共同签署了关于实施银行间自动交换信息的标准。以统一的国际标准，让不同国家银行的信息在各国司法部门之间自动交换，各国政府打击本国海外避税者的能力将得到实质性增强。

数字经济时代来临，国际税收秩序面临空前挑战，如果所有跨国经济交易都可以大肆进行避税，导致税基侵蚀、利润转移，后果不堪设想。打击跨国公司避税，全球掀起新一轮高潮。各国有志一同，税务改革快马加鞭，国际合作方兴未艾！

六、小结：全球征税VS全球避税？跨国公司何去何从？

对于避税与反避税问题，国家政府与跨国公司双方始终各执一词。

跨国公司的国际避税行为产生的主观原因可归结为，利益最大化的驱使。一般而言，任何一个企业的产品价格=成本+利润+税收，企业在利益驱动下，除了在成本控制上做文章以外，税负成了它们必须解决的另一个问题。即使是国内的本土企业也会竞相争取进入到经济特区或者税收优惠地区进行生产经营活动，以求减轻税收负担、减少纳税额。由此可见，跨国公司主动的国际避税行为也就不足为奇了。有一部分跨国公司还争辩道，虽然他们少缴了税，但是他们却为所在国创造了大量的就业岗位，也多履行了许多社会责任，这些附加值，已经不是仅仅依靠上缴的税收所能衡量的了。他们认为，他们通过不违法的手段进行了避税，本就无可厚非，而且其还承担了所在国的经济社会责任，已然做到了“仁至义尽”。

然而，政府部门却认为，跨国公司充分利用各国税制差异避税，尤其在2008年金融危机之后，跨国公司的避税行为愈演愈烈。以欧盟为例，由于欧盟国家的税务体系都是地域性的，跨国公司的避税行为对欧盟国家的损害尤其明显。它侵蚀了欧盟国家的税收基础，也扭曲了欧盟内部的市场竞争环境。根据欧盟委员会的估计，跨国公司的避税行为会使欧盟成员国每年损失500亿～700亿欧元的财政收入。同时，技术的进步为公司跨国经营创造了条件，但是，真正能够向海外转移生产的公司极其有限，其中多数是具有相当规模和经营能力的大型跨国公司，多数中小企业的经济活动多局限在一个国家之中。据欧盟的估算，由于跨国公司的避税行为，本土公司要比跨国公司多缴纳30%的税收。此外，跨国公司愈演愈烈的避税行为已经严重影响了政府的财政收入，这在某种程度上也是对国家主权的一种蔑视。

双方的观点鲜明、态度坚决。无论如何，事物的发展矛盾是普遍存在的，是前进性和曲折性的统一。时代在进步，各国家和各企业也是在发展，新的国际税收准则的制定，表明了国际合作的进一步加强，这也是对跨国企业的一个重大考验。新的国际税收机制下，跨国企业税收筹划将何去何从？值得我们去关注和思考。

七、讨论题目

案例给了我们很多启示和反思，本案例侧重点是从星巴克公司案例中分析企业在国际反避税浪潮下，进行税务筹划风险管理的重要性，重点思考下列问题：

1. 欧盟是如何评价星巴克与荷兰之间的预约定价协议的？

2. 税务机关在对成本分摊协议认定时，其判断转让定价方法合理性的适用规则是什么？

3. 欧盟打击跨国避税行为的意义是什么？

4. 在 BEPS 行动计划背景下，星巴克应该采取什么对策？

5. 本案例对跨国公司如何避免跨国经营中因各国税制的多样性而带来的税务风险有什么启示？

八、参考资料

[1] OECD. OECD transfer pricing guidelines for multinational enterprises and tax administrations [J]. 2010.

[2] Eduard Sporken, Loek Helderman, Rezan Okten. The revised OECD discussion draft on transfer pricing aspects of intangibles [J]. International Transfer Pricing Journal, 2014 (1).

[3] OECD. Addressing the tax challenges of the digital economy [J]. 2015.

[4] 计金标. 税收筹划 [M]. 6 版. 北京：中国人民大学出版社，2016.

[5] 蔡昌. 税收筹划：理论、实务与案例 [M]. 北京：中国财政经济出版社，2016.

[6] 陈茂芬. 最新税收筹划经典案例与深度解析 [M]. 广州：广东经济出版社，2017.

[7] 张滢. 对英国开征“谷歌税”的述评与思考 [J]. 国际税收，2015 (5)：79 – 80.

[8] 赵国庆. 跨国公司全球避税安排机制研究——基于 OECD“税基侵蚀与利润转移”报告的分析 [J]. 国际税收，2014 (2)：107 – 113.

[9] 宋兴义，朱青. 国际避税地：不再安全的税收庇护所 [J]. 中国税务，2009 (5)：24 – 26.

[10] 廖体忠. 国际税收合作迎来明媚阳光——在新的经济背景下解读 BEPS 行动计划成果 [J]. 国际税收，2015 (10)：56 – 58.

[11] 延峰，陆京娜. 非法国家援助——由星巴克避税安排引发的法律诉讼 [J]. 国际税收，2016 (1)：38 – 43.

[13] 张浚. 试析欧盟打击跨国公司避税及其意义 [J]. 现代国际关系，2016 (12)：53 – 59.

[14] 何叶. 跨国公司避税行为分析 [J]. 商情：教育经济研究，2008 (5)：378.

[15] 谭舒. 国际反避税与 BEPS 行动计划 [J]. 山西青年，2016 (13)：39 – 41.

[案例说明书]

一、本案例要解决的关键问题

如图6－11所示，本案例要实现的教学目的主要在于：通过以星巴克进行国际税收筹划的案例，引导学生对国际税务筹划案例进行深入分析，对跨国企业进行国际税务筹划的动机、条件以及风险进行探索和思考。一方面，学员在对税务案例分析的基础上敢于对其提出质疑，更加深刻地认识税务筹划在企业管理中的重要性；另一方面，在国际税收政策变动的背景下，能积极防范风险并积极寻找应对策略。

图6－11　案例分析思路导图

说明：根据案例内容整理。

第一部分总体介绍星巴克咖啡公司的发展历程、财务状况以及税负状况。

第二部分主要介绍星巴克的税收筹划工作。该部分又分为两大节：第一节详细分析星巴克进行国际避税的诱因及条件，第二节具体分析星巴克公司的避税安排以及其在英国、荷兰、瑞士等国的实际税负。

第三部分主要讲述欧盟委员会对于星巴克的税收指控的前因后果。主要有以下两点：第一，欧盟委员会对于星巴克的税收指控的理论依据；第二，欧盟委员会出具裁决结果后，星巴克及其他涉事国对此的态度及后续影响。

第四部分主要是对整个案例进行总结分析。“税收筹划”又称“合理避税”，是一种法律和制度允许的企业合法筹划行为。企业进行税收筹划，最直接的效果就是税负降低，应交税费的减少，使得企业的可支配收入大大提高，更利于生产经营规模的扩大。然而，就政府部门来说，跨国公司的大肆避税已经严重影响了政府的财政收入，这在某种程度上也是对国家主权的一种蔑视。

新的国际税收准则的制定，表明了国际合作的进一步加强，这也是对跨国企业的一个重大考验。新的国际税收机制下，跨国企业税收筹划将何去何从？值得我们去关注和思考。

二、案例讨论的准备工作

为了有效地实现本案例的目标，学生应该具备下列相关知识背景。

（一）理论背景

国家税务总局注册税务师管理中心在其编写的《税务代理实务》中，把税收筹划明确定义为：企业在遵循税收法律、法规的情况下，为实现企业价值最大化或股东权益最大化，在法律许可的范围内，自行或委托代理人，通过对经营、投资、理财等事项的安排和策划，以充分利用税法所提供的包括减免税在内的一切优惠，对多种纳税方案进行优化选择的一种财务管理活动。税收筹划主要基于以下三种理论。

1. 经济理性人理论

西尼耳定量地确定了个人经济利益最大化公理，约翰·穆勒在此基础上总结出“经济人假设”。“经济人假设”是指每一个从事经济活动的人都是利己的，即每一个从事经济活动的人所采取的经济行为都是力图以自己的最小经济代价去获得自己的最大经济利益。

2. 自由与法制理论

对市场主体而言，法无禁止即自由。税法给许多企业提供了避税的可能性，在不违反法律的情况下，企业有权对此加以利用。

3. 资本逐利性理论

亚当·斯密在《国民财富的性质和原因的研究》中曾提到：“我们每天所需的食物和饮料，不是出自屠户、酿酒商或面包师的恩惠，而是出于他们自利的打算。我们不说唤起他们利他心的话，而说对他们有好处。”之后，资本自然会流向创造更多利润的地方，如果外国政府创造了更好的创造利润的条件，资本自然就流向海外。

另外，现在越来越多的跨国公司将企业经营业绩与管理者或职员的个人经济利益联系起来，如员工持股等，公司治理中产权理论表明，当个人利益与企业资产联系起来之时，个人更有动机去帮助其所在的企业进行一定程度的避税。

（二）公司背景

1. 星巴克公司简介

星巴克（Starbucks）咖啡公司成立于1971年，是世界领先的特种咖啡的零售商、烘焙者和星巴克品牌拥有者，旗下零售产品包括30多款全球顶级的咖啡豆、手工制作的浓缩咖啡和多款咖啡冷热饮料、新鲜美味的各式糕点食品以及丰富多样的咖啡机、咖啡杯等。1987年，现任董事长霍华德·舒尔茨收购了星巴克，从此带领公司建立了数座里程碑。

1992年6月，星巴克作为第一家专业咖啡公司成功上市，迅速推动了公司业务增长和品牌发展。目前公司已在北美、拉丁美洲、欧洲、中东和太平洋沿岸37个国家拥有超过12 000家咖啡店，拥有员工超过117 000人。

2. 星巴克公司运营模式介绍

星巴克公司的运营模式，主要由Alki. LP（英国星巴克）、Starbucks Coffee Trading Company SARL（瑞士星巴克）、Starbucks Manufacturing BV（荷兰星巴克制造公司）、Starbucks Coffee BV（荷兰星巴克总部）以及众多星巴克门店组成。

（1）Alki. LP。Alki. LP拥有星巴克在欧洲、中东和非洲地区的无形资产所有权，这些无形资产包括星巴克商标和咖啡豆烘焙技术等。Alki. LP将咖啡豆烘焙技术使用权授予荷兰星巴克制造公司，将其他无形资产使用权授予荷兰星巴克总部，并向荷兰星巴克制造和荷兰星巴克总部收取特许权使用费。

（2）瑞士星巴克贸易有限公司。瑞士星巴克主要承担星巴克集团在全球范围内的生咖啡豆采购工作，并将采购的生咖啡豆销售给星巴克设立于各个地区的加工厂进行烘焙加工。

（3）荷兰星巴克制造公司。荷兰星巴克制造公司主要对瑞士星巴克采购的生咖啡豆进行烘焙和包装，并分销给欧洲、中东和非洲市场的星巴克门店。此外，荷兰星巴克制造公司还向这些门店提供纸巾和纸杯等用品。相关销售协议由荷兰星巴克总部与各星巴克门店谈判并签署，荷兰星巴克制造公司并不履行销售功能。

（4）荷兰星巴克总部。荷兰星巴克总部负责与各星巴克门店谈判并签署经烘焙的咖啡豆和其他相关产品的销售协议。此外，荷兰星巴克总部还向各星巴克门店授予星巴克商标等无形资产使用权，并从各星巴克门店收取特许权使用费。

（5）星巴克门店。遍布欧洲、中东和非洲地区的星巴克门店中，有一部分是由星巴克集团直接投资成立，另一部分则由星巴克集团授权非关联第三方投资设立。

星巴克在全球范围内有着复杂的控股关系：星巴克集团控制着位于美国华盛顿州的一家有限责任公司 Starbucks Coffee International（SCI），该公司通过美国集团内部一系列复杂的控股关系，最终控股位于英国的一家有限合伙企业 Alki. LP；其次，英国的这家合伙企业控股荷兰的 Starbucks Coffee BV；最后，荷兰的 Starbucks Coffee BV 同时控股瑞士星巴克公司和荷兰的 Starbucks Manufacturing BV，通过以上设置，星巴克形成一种复杂的控股结构（见图6-7）。

3. *星巴克公司税负情况*

在星巴克的税负结构中，美国本土所缴纳的税额占据了其整体税负的八至九成，在美国以外的税负占其整体税负的一到二成，然而星巴克海外营业收入却占其总收入的40%，也就是说，星巴克海外税负率比本土要低（见表6-1）。

4. *星巴克公司避税模式*

星巴克集团运营价值链由研发、采购、生产和销售四部分组成，这四部分共同组成星巴克避税架构。其销售网络遍布全球，避税收入主要集中在欧洲、中东和非洲地区。

第一部分，星巴克集团旗下的 Starbucks Coffee International（SCI）是华盛顿州的有限责任公司，通过控股，对位于英国的有限合伙企业 Alki. LP 实施控制，二者签订了成本分摊协议，共同负责星巴克产品的研发，再由 Alki. LP 将无形资产使用权授予荷兰星巴克制造公司和荷兰星巴克总部，并收取特许权使用费。

第二部分，瑞士星巴克贸易承担了星巴克集团全球采购业务，并将采购的生咖啡以高价销售给各个地区的星巴克制造企业进行烘焙加工，而瑞士企业所得税率仅为5%，远低于美国的35%，充分利用瑞士低税率优势，将利润集中在瑞士。

第三部分，荷兰星巴克制造公司从瑞士星巴克贸易有限公司购买生咖啡豆，利用 Alki. LP 授予的专利使用权对咖啡进行烘焙、包装，再分销给欧洲、中东和非洲市场的星巴克门店。此外，荷兰星巴克制造公司还向这些门店提供纸巾和纸杯等用品。相关销售协议由荷兰星巴克总部与各星巴克门店谈判并签署，荷兰星巴克制造并不履行销售功能。

第四部分，荷兰星巴克总部负责与各地区门店协商签订具体销售协议，同时向各门店授予商标等无形资产使用权，收取特许权使用费。

这些公司在整个集团价值链中所承担的避税模式见图6-8。

在价值链中，瑞士星巴克贸易有限公司是很关键的一个环节，这家公司会从南美洲购买咖啡生豆，接着卖给星巴克旗下负责咖啡豆烘焙的子公司，销售加成比例高达20%。然而，这些咖啡生豆并没有运进瑞士，而是直接送到了烘焙子公司手中。也就是说，这家位于瑞士的星巴克贸易公司，实际上什么工作都没做，只是纯粹在电脑上处理了一下交易而已，即使这家公司不存在，对于星巴克的集团销售流程也没有丝毫影响，即它没有任何存在的必要，因为星巴克在英国的销售公司以及门店可以直接下订单买咖啡生豆并且联系负责烘焙的子公司，但经过瑞士星巴克贸易这一中间机构之后，英国 Alki. LP 就需要支付上述20%的加成，而该加成可在英国税收中将其扣除出去，从而达到避税目的。

（四）制度背景

1. 美国的延期纳税制度

美国有延期纳税这项较为特殊的税收政策，它是指延期缴纳境外所得的税款，即跨国公司从境外获得的利润，一直延期到其所得从境外汇回美国时才缴纳企业所得税，当所得留存在境外则不用纳税。因此，星巴克把大量所得留存在瑞士、英国等国家，这部分所得只按照国外较低税率征收所得税，当星巴克需要资金时，直接从境外支付，那么盈利从获得到支付都避免了在美国的纳税。

2. 荷兰不征预提税

一个集团内部通常会涉及跨国的资金支付，一般而言，支付资金的国家会对这笔来源于本国的资金征收预提税。然而，荷兰有特殊的企业所得税政策，即对从荷兰向境外支付的股息、利息和特许权使用费不征预提税。因此，星巴克在荷兰设立的两家公司，都使用了英国合伙企业提供的特许权，需要支付特许权使用费，而星巴克无须支付任何预提税，就轻松地完成了利润由荷兰向英国转移。

3. 各国税收管辖权差异

税收管辖权是一国在征税方面的主权。税收管辖权主要有地域管辖权、居民管辖权、公民管辖权。在实施居民税收管辖权的国家，是否是一国居民，决定了该国是否有征税权，所以，纳税企业利用各个国家居民判断标准的差异，避免成为一国居民而规避这个国家的税收，或成为一国居民而享受该国的税收优惠政策，避免双重征税，甚至产生双重不征税，同时尽量享受到不同国家给予的税收优惠。

4. BEPS 行动计划

2014年9月，OECD 经过24个月紧锣密鼓的工作，在整合发布的 BEPS 项目首批7项产出成果的基础上，于2015年10月5日又发布了 BEPS 项目15项产出成果。这些成果已于10月8日在 G20 财长与央行行长会议被审核通过，并将提交11月 G20 安塔利亚峰会由各国领导人背书。

税基侵蚀与利润转移（base erosion and profit shifting，BEPS），是指跨国公司利用国际税收规则存在的不足，以及各国税制差异和存在的漏洞，最大限度地减少其全球总体税负，甚至达到双重不征税的效果，造成对各国税基的侵蚀。

BEPS 行动计划的出台，为国际税收领域多边合作应对共同挑战提供了良好示范。世界主要经济体通过密集、严格的多边谈判与协调，在转移定价、防止协定滥用、弥合国内法漏洞、应对数字经济挑战等一系列基本税收规则和管理制度方面达成了主要共识。新的国际税收制度的重构、多边税收合作的开展，对避免因各国采取单边行动造成对跨国公司的双重征税、双重不征税以及对国际经济复苏的伤害将产生积极作用。

三、案例分析要点

（一）理论依据

1. 成本分摊协议

成本分摊协议是企业之间签订的一项协议，用来规定在研发、生产或获得资产、劳务和权利等的过程中，各方承担的风险和成本，以及享有的权利和利益范围。成本分摊协议签订后，签订协议的相关各方即可拥有开发后的无形资产，同时各方也可以扣除无形资产开发过程中产生的费用。

3. 税收管辖权

税收管辖权是指主权国家根据其法律所拥有和行使的征税权力，主要有地域管辖权、居民管辖权、公民管辖权。目前各国的企业所得税居民纳税人身份的判定主要有：登记注册地标准、实际管理与控制中心标准、总机构所在地标准。

4. 转让定价

转让定价是指有共同利益又处于同一控制下的相关企业之间，在转移商品、技术、劳务等过程中，违背市场交易规则而制定了特殊的价格优惠政策，以达到整体利益最大化。利用转让定价进行税收筹划的一般模式是将利润由高税率地转移至低税率地，在高税率国家的企业按照较低的价格向低税率国家的企业销售相关商品，而低税率国企业则按照较高价向高税率国销售相关商品。

5. BEPS 行动计划

BEPS 即税基侵蚀和利润转移，是指跨国企业利用国际税收规则存在的不足，以及各国税制差异和征管漏洞，最大限度地减少其全球的总体税负，甚至达到双重不征税的效果，造成对各国税基的侵蚀。为此，2012 年 6 月，G20 财长和央行行长会议同意通过国际合作应对 BEPS 问题，并委托 OECD 开展研究。2013 年 6 月，OECD 发布《BEPS 行动计划》，并于当年 9 月在 G20 圣彼得堡峰会上得到各国领导人背书。BEPS 行动计划共包括应对数字经济的税收挑战、消除混合错配安排的影响、制定有效受控外国公司的规则、考虑透明度与实质性因素更有效打击有害税收实践、转让定价文档和国别报告等 15 项计划。

（二）分析思路

教师可以根据自己的教学目标（目的）来灵活使用本案例。这里提出本案例的分析思路，仅供参考。

本案例总的来说是对星巴克公司在欧洲地区的税收筹划战略进行分析。第一部分介绍星巴克公司的基本情况和发展战略，使学生对星巴克公司的发展有直观的感受。此外，本部分还分析星巴克的财务状况，简要介绍星巴克公司近些年面临的税收争议，激发学生进一步探究的兴趣。

第二部分从星巴克税务筹划的诱因入手，详细说明星巴克避税的手段。在本部分揭示星巴克避税的大环境，包括美国延期纳税制度，各国税收管辖权差异等，为下文星巴克避税模式做了铺垫。

第三部分对星巴克公司的避税模式进行深入探究，从避税安排到避税结果两个层面递进分析。在避税安排方面，主要介绍星巴克的组织架构以及在承接第二部分避税环境的基础上，分析星巴克利用各地分（子）公司的职能划分，进行转让定价手段以及无形资产交易等避税手段的应用。避税结果重点介绍在星巴克模式下，各地分（子）公司的不同税负情况。

第四部分在第三部分的基础上，从内部避税安排的合理性和外部大环境变化两方面对星巴克公司频遭各国税务机关及媒体指控的原因进行分析。内部避税安排的分析结果表明，星巴克自身税收筹划安排是具有风险的，在违法的边缘徘徊。而大环境的变动，包括经济政治等因素导致星巴克税务安排开始被国家所关注。

第五部分承接第四部分，介绍欧盟对星巴克避税的裁决结果，各国以及星巴克本身对此的态度，以及此事件的后续影响。最后对星巴克避税判决事件做出总结。

本案例从星巴克的纳税情况被各国调查这一事件入手，以星巴克避税诱因以及避税条件，到具体避税安排结果，再到避税的风险分析以及最终判决结果这一主线进行深入探讨，客观地反映出了星巴克避税模式的具体情况，对各国企业跨国避税有借鉴意义。

（三）关键要点

（1）美国本土税制差异及漏洞和各国所得税制度差异是星巴克公司能够进行国内、国际避税的根本原因。

（2）成本分摊协议、转让定价协议和各国税收协定也为星巴克公司的避税安排提供了条件。

（3）在瑞士和荷兰税收安排在星巴克公司进行国际避税策略中发挥重要作用。

（4）星巴克公司进行国际避税时应同时考虑 BEPS 行动计划下存在的税收风险。

四、教学组织形式

（一）问题清单及提问顺序、资料发放顺序

任课老师可以提前一周发放案例正文以及问题清单给学生，供学生熟悉并深入理解该案例，并鼓励学生利用课余时间思考提出的问题。任课老师上课提问的顺序可按照以下问题清单顺序：

（1）欧盟委员会是如何评价星巴克与荷兰之间的预约定价协议的？

（2）税务机关在对成本分摊协议进行认定时，其判断转让定价方法合理性的适用规则是什么？

（3）欧盟打击跨国避税的意义是什么？

（4）在 BEPS 行动计划背景下，星巴克应该采取什么对策？

（5）本案例对跨国公司如何避免跨国经营中因各国税制的多样性而带来的税务风险有什么启示？

参考答案：

（1）预约定价协议（advance pricing arrangement，APA）是指税务部门和纳税人之间就适用于同一利益主体所直接或间接拥有、控制的两个或两个以上组织、贸易商号、企业之间，对收入、扣除、抵扣、优惠或折让进行分担时，彼此对该交易有关转让定价的计算方法共同达成的一种具有约束力的协定，是国际通行的一种转让定价调整方法。

2008 年 4 月，荷兰税务机关与荷兰星巴克制造公司签订了 APA，确定了荷兰星巴克制造公司可以使用交易净利润法，以 9% ～ 12% 的交易利润率乘以其运营成本来计算税基。然而，欧盟委员会认为，该协议所确定的交易净利润法并不适用，不能如实反映荷兰星巴克制造公司在整个供应链中所承担的风险。欧盟委员会调查发现，首先，荷兰星巴克制造公司把采购的生咖啡豆计入了资产，还计提了存货损失的风险准备金。在交易净利润法下，荷兰星巴克制造公司应该将采购生咖啡豆的成本、存货风险、中间分销环节费用等都纳入应税成本，但其并没有这么做；其次，就使用咖啡烘焙工艺方面的专有技术，荷兰星巴克制造公司向位于英国的关联公司支付了特许权使用费。然而，这笔特许权使用费不但未被纳入荷兰星巴克制造公司的应税成本，而且其支付的金额过高，既不是基于与类似公司的比较价格或该专有技术的本身价值，也不与荷兰星巴克制造公司的收入或利润挂钩。由此，该 APA 中规定的定价方法不符合独立交易原则，造成了荷兰星巴克制造公司在荷兰的税基过窄，荷兰星巴克制造公司少缴了 2 000 万 ～ 3 000 万欧元的所得税。

（2）成本分摊协议是否合理，至少要满足两个原则。第一，要满足转让定价的一般原则——独立交易原则，即完全独立的无关联关系的企业或个人，依据市场条件下所采用的计价标准来处理其相互之间的收入和费用分配的原则。第二，在满足独立交易原则条件下，还要满足风险与收益相配比的原则。风险与收益相配比的原则归根到底也是独立交易原则在成本分摊协议中的具体体现。根据 OECD 转让定价指南，无形资产的开发、价值提升、维护/保护和使用，可以获得部分无形资产的收益权。是否能够对无形资产的开发承担风险和取得使用的控制权，也将影响无形资产的收益。

（3）一些全球经营的跨国公司，尤其是高科技公司，利用各个国家税制的差异逃避税负。这些避税行为显示了跨越边界的经济活动与以民族国家为基础的治理体系之间不协调的情况。以本案例对象星巴克公司为例，其将海外利润集中在英国和瑞士，避税额每年达 2 000 万 ～ 3 000 万欧元。而苹果公司更是通过跨国的税务安排逃避了大量的税负。2015 年，苹果有限公司税前所得为 838 亿美元，缴纳的所得税仅有 177 亿美元。

由于欧盟国家的税务体系都是地域性的，跨国公司的避税行为给欧盟国家的损害尤其明显。它侵蚀了欧盟国家的税收基础，也扭曲了欧盟内部的市场竞争环境。根据欧盟委员会的估计，跨国公司的避税行为使得欧盟成员国每年损失了 500 亿 ～ 700 亿欧元的财政收入。同时，技术的进步为公司跨国经营创造了条件，但是，真正能够向海外转移生产的公司极其有限，其中多数是具有相当规模和经营能力的大型跨国公司，多数中小企业的经济活动多局限在一个国家。据欧盟委员会估算，由于跨国公司的避税行为，本土公司要比跨国公司多缴纳 30% 的税收。

此外，打击跨国公司的避税行为是也欧盟试图加强对国际市场力量监管的一项重要举措。

（4）星巴克主要通过无形资产安排和混合错配安排两种途径达到避税效果，并通过预约定价安排的形式为其避税安排提供了保障。在 BEPS 行动计划发布前，星巴克的避税安排游走于 OECD 指南与独立交易原则的边缘地带，也给了星巴克集团与荷兰政府同欧盟委员会争论的空间。但是，在 BEPS 的新形势下，星巴克该如何应对呢？

首先，确保税收与经济实质相匹配。BEPS 第 8 ～ 10 项行动计划《确保转让定价结果与价值创造相匹配》指出：从转让定价角度而言，无形资产的法律所有权本身并不能使法律所有权人最终享有跨国企业集团利用无形资产而获得回报。法律所有权人最终应得的回报取决于其执行的与无形资产开发、价值提升、维护/保护和利用相关的重要价值创造功能、使用的资产和承担的风险，以及跨国企业集团的其他成员通过其执行的功能、使用的资产和承担的风险所做出的贡献。根据 BEPS 第 8 ～ 10 项行动计划，星巴克应确保 Alki. LP 实际履行了无形资产的开发、价值提升、维护/保护和利用等相关的重要价值创造功能并承担了相关风险，实现转让定价结果与价值创造相匹配的原则。

其次，提高有关裁定的透明度。BEPS 第 5 项行动计划《考虑透明度与实质性因素，更有效地打击有害税收实践》指出：各成员国应就包括单边预约定价安排在内的特定裁定开展强制性自发情报交换，以减少可能造成的事实扭曲，提高有关信息在相关各国的透明度，从而规避税基侵蚀与利润转移方面的风险。

根据此项行动计划，荷兰政府应就与荷兰星巴克制造公司签订的单边预约定价安排同包括英国、瑞士、美国在内的相关各国开展强制性自发情报交换，使得这些国家的主管税务当局都能够了解荷兰星巴克制造公司的利润流向和这些利润的课税情况，从而避免这些利润发生不征税或少征税的情况。

最后，确保国际税收规则的一致性。BEPS 第 2 项行动计划《消除混合错配安排的影响》对国内法和税收协定范本提出修订建议，着力消除跨境交易中混合错配安排导致的税基侵蚀影响。一旦被国内法和税收协定采用，这些政策建议将有效消除混合错配安排的影响，从而切断星巴克利用混合错配安排进行避税的途径。

所以，在 BEPS 时代更为严格的反避税体系下，星巴克的避税安排已不能提供确定性及合法避税的机会，星巴克应当仔细梳理其在整个集团价值链中承担的功能和风险，确保转让定价结果与价值创造相匹配，从而在更为广泛和透明的监管环境中，提高包括转让定价在内的税务安排的合规性和可预见性，有效防范税务风险，并提升整个集团的综合税务效益。

（5）跨国公司要避免跨国经营中因各国税制多样性而带来的税务风险，应采取事前预防的原则。首先，跨国企业在赴境外投资前要熟悉来源地的国内税法，以及来源国与居住国是否签订税收协定，从整体上把握和提高对跨境涉税信息的了解，避免信息不对称。同时，了解该国对 BEPS 行动的执行情况，比如是否加入国别报告信息交换等；其次，跨国企业在与某些国家（尤其是欧盟成员国）签订单边预约定价协议时，对转让定价的选择方法必须参考已有案例，进行反复推敲，以降低纳税风险，避免重蹈星巴克、亚马逊、苹果公司的覆辙。为防万一，在签订单边预约定价协议的同时，还应做好应对调查的准备。最后，可以考虑以双边预约定价安排取代单边预约定价安排，这一方法可以极大地降低涉税争议的可能性。

（二）课时分配

1. 课后自行阅读资料：约 3 小时；

2．小组讨论并提交分析报告提纲：约3小时；
3．课堂小组代表发言、进一步讨论：约3小时；
4．课堂讨论总结：约0.5小时。

（三）讨论方法

本案例可以采用小组式的讨论，或者进行小组上台演示、讲解、分析的PPT演示。

（四）课堂讨论总结

课堂讨论总结的关键：学生在课堂学习并讨论本案例中涉及的各种税收筹划的方案及解决方法，同时查阅相关资料，将有疑问的地方提出并汇总，最后由指导老师完成疑难解答。最后，建议大家对案例素材进行扩展研究和深入分析。

案例 7

中国电影产业的康庄大道*

*1. 本案例由广东工业大学管理学院的张源、李溥洋、崔雪松共同编写，作者拥有著作权的署名权、修改权、改编权。

2. 本案例授权广东工业大学产教融合 MPAcc 教学智库实验平台使用，广东工业大学产教融合 MPAcc 教学智库实验平台享有复制权、修改权、发表权、发行权、信息网络传播权、改编权、汇编权和翻译权。

3. 由于企业保密的要求，在本案例中对有关名称、数据等做了必要的掩饰性处理。

4. 本案例只供课堂讨论之用，并无意暗示或说明某种管理行为是否有效。

[案例封面]

专业领域： 财务管理/其他
适用课程： 税法，战略管理
选用课程： 税务筹划，中国税制研究
编写目的： 本案例通过介绍 HB 电影公司的基本情况，结合政府出台的霍尔果斯税收洼地政策及中外合拍电影税收优惠政策，引导学员分析 HB 公司应该如何利用这些政策来制定公司发展战略以及税收安排，进而分析国内电影产业对应的税收政策上的不足，提出相应的建议和措施。通过本案例学习，希望学员们能及时关注国内外经济形势及相关税收政策，在熟知国家税法的基础上，还要有一定的国际税收视野。
知 识 点： 企业所得税；战略管理；税收安排。
关 键 词： 战略管理；税收管理；霍尔果斯；税收优惠。
中文摘要： 本案例从我国电影产业的发展历程、行业情况、发展趋势等方面入手，以中国大陆一家知名的综合性民营娱乐集团——HB 传媒股份有限公司为切入点，分析了中国电影产业发展的新机遇。案例突出了霍尔果斯的税收优惠政策以及中外合拍片的各种税收优惠政策，进而分析了 HB 公司的战略税收安排。本案例旨在为实践操作者提供相应的思路和启示。

[案例正文]

一、电影产业概述

（一）中国电影产业发展历程

1. 历史转型时期（1979—1992年）：由电影事业转为电影产业

1979年10月，第四次中国文学艺术工作者代表大会召开，这次会议重申执行“双百”方针，提出了文艺“为人民服务，为社会主义服务”的“二为”方向，推动了文艺领域的思想解放，这标志着中国的电影产业的复苏。到了1989年，娱乐片占国产电影的75%，电影作为一种文化产业的概念开始形成。到1992年，中国电影影片产量达到170部，全国总票房收入为32亿元，中国电影产业开始稳步发展。

2. 市场开放时期（1993—2008年）：中国电影产业持续发展

1993年1月5日广电部颁布实施《关于当前深化电影行业机制改革的若干意见》，该文件的实施，使得一部分世界高品质大片能同步进入国内。1996年中国电影影片产量持续下降，政府加大了对中国电影产业的扶持力度。2000年至2003年，受中国加入WTO的影响，中国电影产业面对冲击，处于调整阶段，市场持续低迷。2004年至2008年电影票房收入持续增长，2008年票房收入达到43.4亿元。

4. 迅猛发展时期（2009年至今）：中国电影产业逐步与国际接轨

2009年至今，中国电影产业进入迅猛发展时期。票房、银幕、观影数量及观影人次持续增长，国产片的质量有所提高，占据了国内市场的主阵地，中小成本制作的影片更具有本土市场竞争力，中国电影市场影响力不断扩大。2016年11月7日，由第十二届全国人民代表大会常务委员会第二十四次会议通过的《中华人民共和国电影产业促进法》，第一次使中国的电影产业有法可依，使中国电影产业改革发展的策略上升到法律制度的层面，对电影产业的发展有着深远的意义。

（二）电影行业情况

1. 近年来中国票房情况

国内电影票房从2011年的131.15亿元增长到2017年500.77亿元，中国电影产业在国民经济新的发展形势下实现了稳健增长。以电影票房收入衡量，我国电影市场已经成为仅次于美国的全球第二大电影市场。图7-1为我国2011—2017年国内电影票房收入情况。

2. 2017年全球行业总体情况

2017年全球电影票房收入为399.2亿美元，创下历史新高，较上年增长了3%，迪士尼出品的《美女与野兽》以12.63亿美元成为年度票房冠军。

2017年中国电影总票房收入559.11亿元（含服务费），同比增长13.45%，票房收入增速恢复两位数。观影人次16.2亿，同比增长18.08%，总人口人均观影次数为1.17次，首次突破1。全年新增银幕9 597块，日均增长26.3块，全国银幕总数已达50 776块，同比增长23.3%。观影人次与银幕数量的不断增长推动了中国电影业的持续发展。2017年国产影片票房收入301.04亿元，占总票房收入的53.84%。全年故事影片产量798部。公开上映的影片中，票房收入过亿元的影片共92部，其中国产影片51部。

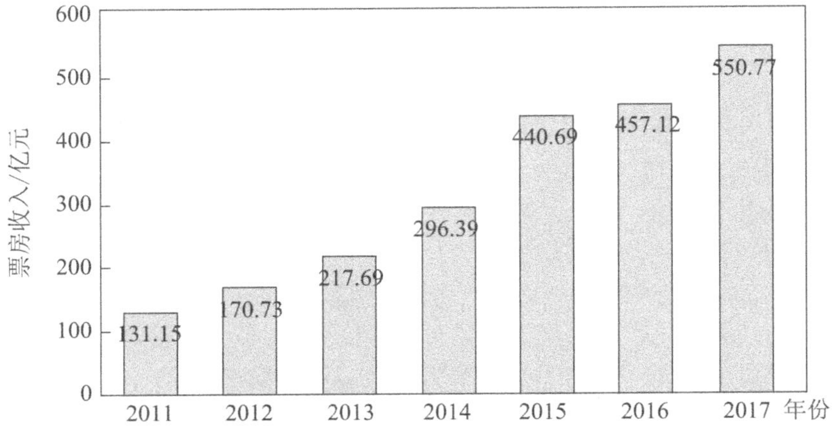

图7－1　我国2011—2017年国内电影票房收入

数据来源：国家新闻出版广电总局电影局。

3. 2017年中国电影市场特征

（1）2017年影片票房呈现出了更强的头部效应，口碑效应增强。

2017年电影票房增速回升受头部内容带动影响显著。一方面随着观众审美标准日益成熟，优质内容的票房号召力超预期，《战狼2》综合票房收入达56.8亿元，创国内电影市场票房收入纪录；2017年内共上映466部影片，票房收入在10亿元以上的影片有15部，数量占上映影片总数的3.2%，15部影片的总票房收入为258亿元，占总票房收入比率高达46%，而466部上映影片中大部分（占比56%）的单片票房收入不足1000万元。另一方面，社交高度渗透下口碑迅速传播，为好内容的影片带来更肥沃的土壤，《摔跤吧，爸爸》《寻梦环游记》等均为好口碑带动票房收入超预期的代表。表7－1为2017年国产电影民营发行公司排行榜（前15名）。

表7－1　2017年国产电影民营发行公司排行榜（前15名）

排名	公司名称	主发影片票房收入/亿元	主发影片数量	主发过亿元影片数量	主发票房收入最高影片
1	影联传媒	64.1	10	5	战狼2
2	博纳影业	28.0	9	4	乘风破浪
3	猫眼影业	26.2	6	2	羞羞的铁拳
4	光线传媒	23.3	6	5	大闹天竺
5	和和影业	17.9	4	1	西游伏妖篇
6	耀莱影视	17.5	1	1	功夫瑜伽
7	华谊兄弟	17.4	9	3	芳华
8	新丽传媒	17.2	3	3	悟空传

续上表

排名	公司名称	主发影片票房收入/亿元	主发影片数量	主发过亿元影片数量	主发票房收入最高影片
9	五洲电影发行	13.9	11	5	英伦对决
10	乐视影业	11.5	8	3	熊出没之奇幻空间
11	阿里影业/淘票票	7.7	4	4	机器之血
12	娱跃营业	6.9	8	3	铁道飞虎
13	四海发行	3.1	5	2	鲛珠传
14	和力辰光	3.0	1	1	心理罪
15	北京恒业	3.0	5	1	京城81号Ⅱ

数据来源：2017年国产电影发行市场白皮书。

（2）票房持续下沉，三线以下城市成为拉动票房收入增长的主要力量。

2017年中国电影总票房收入559.11亿元，同比增长13.45%，其中一、二线城市票房收入同比增速分别为8%和13%，低于全国总票房13.45%的增长水平；随着三、四、五线城市消费者观影习惯的养成和优质影片的不断增多，三、四、五线城市票房同比增速更高，分别为20%、23%、25%，成为拉动票房增长的主要力量。

（3）影院投资热情不减，行业集中度略有下降，业内出现多起并购事件。

2017年全国影院数达到9 340家，同比增长18%，近三年平均增长率19.9%。银幕数达到50 776块，同比增长23.3%，近三年平均增长率29.2%，全国影院投资依旧保持快速增长。2017年国内主要大型地产公司、娱乐集团等凭借雄厚的资金实力和物业便利，跨界涌入电影行业，影院竞争加剧，排名靠前的影投公司开店速度不及行业增速造成市场份额下降。2017年行业出现多起大规模并购整合事件，并购数量、金额达历史新高。

（4）发展趋势。

2017年全国人均观影次数为1.17次，长期来看，我国人均观影次数对比韩国人均3.5次、美国人均3.8次，依然有3倍增长空间。预计未来三年票房增速保持在10%～30%区间，其中三、四、五线城市票房收入占比接近40%，票房收入同比增速均在20%以上，未来将成为票房收入增长主要驱动力。

面对日益激烈的市场竞争，以及行业监管力度的加大，中小影投公司面临经营压力。随着国内主要院线公司及影投公司进入资本市场以及跨界资本的不断涌入，行业整合进程加快。

在我国现有市场环境下，观众的观影需求受影片供应情况影响较大，因此，公司所处电影院线、影院行业受到上游电影制片、发行行业的影响，也即片源的数量和质量在一定程度上决定着公司的票房收入。一方面，虽然我国电影产量已粗具规模，但是具备较高商业价值的影片数量仍较少；另一方面，进口影片数量受限，根据我国加入世界贸易组织的承诺，我国每年进口影片数量为64部，其中分账片34部。虽然国产影片取得了长足的进步，但还缺少真正能够赢得口碑、获得好评、全面满足市场需要和观众文化需求的优质影片。

二、HB 公司情况介绍

HB 传媒股份有限公司是中国内地一家知名的综合性民营娱乐集团，该集团于2001 年投资的电影在中国一炮走红而正式进入电影行业。此后 HB 集团全面进军传媒产业，投资领域涉及电影、电视剧、艺人经纪、娱乐营销等多个方面，并于 2012 年在深交所挂牌上市。

（一）企业主营业务介绍

HB 集团主营业务分为三大板块：影视娱乐、品牌授权与实景娱乐及互联网娱乐，图 7 －2 为 HB 集团业务流程图。

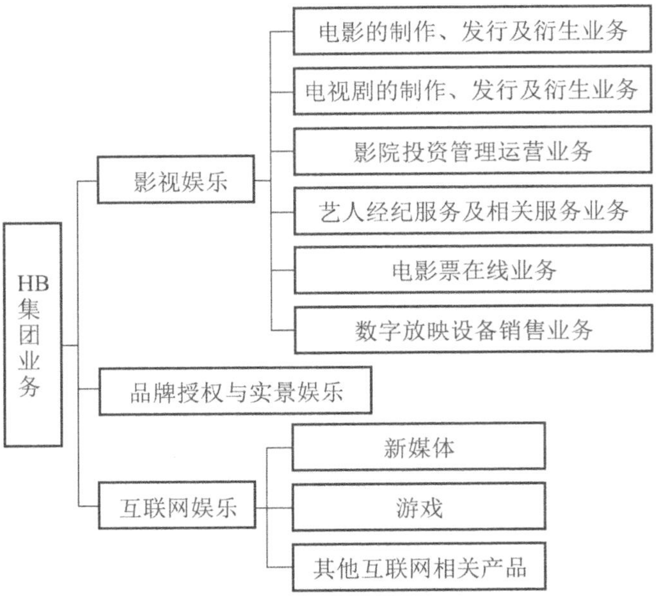

图 7 －2　HB 集团业务流程图

数据来源：根据 HB 集团 2017 年年报整理。

（二）HB 集团财务情况分析

2017 年，公司围绕主营业务的产业投资串联了三大业务板块，驱动业务创新，加速大娱乐生态布局。报告期内，公司影视娱乐板块发挥行业优势，收益明显上升，品牌授权及实景娱乐板块稳步发展，互联网娱乐板块升级调整；公司整体业绩较上年同期有所上升。表 7 －2 为公司近两年营业收入情况。

表 7 －2　HB 集团营业收入情况

	2017 年		2016 年		同比增减/%
	金额/亿元	占营业收入比重/%	金额/亿元	占营业收入比重/%	
营业收入合计	39.72	100.00	35.42	100.00	12.14
其中：影视娱乐	34.00	85.60	26.00	73.40	30.77
品牌授权及实景娱乐	2.58	6.50	2.57	7.26	0.39
互联网娱乐	3.07	7.73	6.76	19.09	－54.59
合并抵消	－0.26	－0.65	－0.19	－0.54	36.84
其他业务收入	0.33	0.83	0.28	0.79	17.86

数据来源：根据 HB 集团 2016—2017 年年报整理。

2017 年公司营业收入与上年同期相比增加 12.14%，其中，影视娱乐板块营业收入与上年同期相比增加 30.77%，主要是其拍摄电影票房收入所得。表 7 －3 为 HB 集团营业成本。

表 7-3 HB 集团营业成本

	2017 年		2016 年		同比增减/%
	金额/亿元	占营业收入比重/%	金额/亿元	占营业收入比重/%	
营业成本合计	21.53	100.00	17.10	100.00	25.91
其中：影视娱乐	20.28	94.19	15.62	91.35	29.83
品牌授权及实景娱乐	0.03	0.14	0.04	0.23	-25.00
互联网娱乐	1.36	6.32	1.65	9.65	-17.58
合并抵消	-0.25	-1.16	-0.22	-1.29	13.64
其他业务成本	0.11	0.51	0.01	0.06	1000.00

数据来源：根据 HB 集团 2016—2017 年年报整理。

报告期内，公司营业成本较上年同期相比增长 25.91%，主要是随着收入的变动而相应变动。

作为主要依靠影视娱乐收入来源的 HB 集团虽然在 2017 年的收入比 2016 年有所增长，但是影视行业竞争加剧，2017 年中国电影总票房收入 559.11 亿元（含服务费），HB 集团在电影票房与发行市场份额方面，受到了冲击。主要还是由于 HB 集团 2011 年在整体业务布局方面的改变，去电影化的影响较大，所以在 2011 年至 2014 年 HB 集团票房与发行市场份额持续走低，在 2015 年其重新将重心转移在电影发行制作上，其营业收入才有了转机。

（三）面临的竞争危机

1. 同行业企业带来的竞争威胁

（1）电影行业的竞争格局。随着文化体制改革的不断深入，我国民营电影企业正逐步发展壮大为国内电影行业的重要力量，以往国有企业垄断电影市场的格局在国家政策的日益松动下已被打破，民营企业已经可以涉足电影产业的绝大多数领域。影片的总体数量分布呈现平均化的市场格局，影片市场价值分布则呈现寡头垄断的市场格局。我国目前仍有数十家传统国有电影制片单位，每年生产近百部以特定题材为主题的影片，承担较多的舆论宣传职能，另外有几百家小型民营电影公司，每年累计出品数百部小制作影片，这两类电影公司导致我国电影市场产量分布比较平均。

（2）电视剧行业的竞争格局。随着文化体制改革的不断深入，行业准入门槛较低使从事电视剧制作业务的企业数量较多，市场集中度较低，竞争比较充分。

近年来电视剧市场一直处于整体供大于求的局面，细分市场供求不均衡的现象比较明显。我国电视剧制作公司数量众多，实力差距也很大。细分市场的不平衡将进一步加剧市场竞争，扩大公司之间的实力差距，中小规模的电视剧制作机构将被逐步淘汰出局，能够形成较大产能的大型电视剧制作机构将逐步成为电视剧制作市场的主导，市场集中度也将因此而提高。

（3）艺人经纪及相关服务业的竞争格局。艺人经纪服务业是为各类文化活动提供经纪服务的行业，其市场供求取决于整个文化产业的发展。随着国民经济的快速发展，包括广告业、影视业和演艺业在内的文化产业均实现了较快的发展，这些都为艺人经纪服务创造了较大的市场需求。同时，由于国家法律法规对艺人经纪业务的监管相当宽松，行业进入壁垒很低，大量艺人经纪公司和个体经纪人在近年不断涌现，导致我国的艺人经纪服务市场呈现出市场集中度较低、市场化程度较高的特征。

在国内艺人经纪公司快速增长的同时，国外的大型艺人经纪公司也通过在国内设立分支机构的方式进入我国艺人经纪市场。但是除少数具有国际影响力的艺人签约海外艺人经纪公司外，大多数艺人都是签约境内的经纪公司，我国的艺人经纪市场目前来说还是一个由本土经纪公司所主导的市场。

2. 行业发展趋势带来的威胁

（1）电影行业的发展趋势。随着我国文化体制改革的不断深入，电影市场的开放程度也必须不断提高。许多新竞争主体的进入，在一定程度上改变了市场现有竞争格局，从而降低了电影行业的平均利润水平。同时也为电影业实现快速发展提供了良好机遇，为国产电影营造了一个较为宽松和有利的发展环境。

随着电影整体市场环境的不断改善和日趋成熟，市场资源向大型电影企业倾斜的趋势将更为明显，这使得具有资金、人才优势的大型电影企业的盈利能力在竞争加剧的市场环境中仍能在较长时间保持较高水平。而且，国内电影市场对高质量国产大片的需求仍将长期旺盛，国产大片将具备良好的票房前景，在市场上能够继续保持较高的利润水平。虽然国家对文化体制建设和文化产业发展高度重视，但是电影行业仍将面临一系列阻碍行业发展的不利因素，包括盗版冲击、国际市场竞争冲击、政策准入壁垒、专业人才和资本实力壁垒等因素，电影企业需要面对并解决这些问题，才能更快更好地发展。

（2）电视剧行业的发展趋势。随着我国文化体制改革的不断深入，国家对电视剧在内的文化体制建设和文化产业发展高度重视，国家鼓励具备条件的文化企业通过资本市场募集资金来满足文化企业发展的需要，为电视剧行业提供了良好的发展环境。随着居民生活消费水平的提高，居民对文化产品的购买欲望和消费能力也将提高，这为电视剧行业提供了巨大的发展空间。

随着电视剧制作成本的逐年增加，生产优秀的高质量电视剧成为提高电视剧行业利润水平的关键，优秀的电视剧作品能够提高电视台收视率，增加电视广告收入。电视台广告收入的增加以及电视台对电视剧播出力度的加大，会提高对优质电视剧作品的采购数量和采购金额，从而推动投资制作方加大电视剧投入，出品高质量的电视剧。电视剧制作质量的差异化将导致不同档次的电视剧企业之间利润水平的差异化，从而有利于电视剧市场的优胜劣汰和健康发展。

（3）艺人经纪及相关服务业发展趋势。拥有较强的影视制作资源和发行实力的艺人经纪公司才具有核心竞争力，才能培养和吸引一流的演艺人才。影视制作业务和艺人经纪业务的有机结合代表着影视艺人经纪服务业的发展方向。

在国民经济快速增长的背景下，企业的名人品牌代言意识不断提高，影视业和演艺界的商业活动大幅增长，这些都为艺人经纪服务创造了较大的市场需求。因此，艺人经纪服务业在未来一段时间内仍将保持相对较高的利润水平。

（四）面临的风险

1. 产业政策风险

国家对电影、电视剧行业实行严格的行业准入和监管政策，一方面给新进入广播电影电视行业的国内企业和外资企业设立了较高的政策壁垒，保护了公司的现有业务和行业地位；另一方面，随着国家产业政策的进一步放宽，公司目前在广播电影电视行业的竞争优势和行业地位将面临新的挑战，甚至整个行业都会受到外资企业及进口电影、电视剧的强力冲击。另外，电影、电视剧进口专营等限制性规定也在一定程度上制约和影响了公司部分业务拓展。

2. 税收优惠及政府补助政策风险

HB集团报告期内依据国家相关政策享受了增值税减免和政府补助。尽管随着公司经营业绩的提升，税收优惠和政府补助对当期净利润的影响程度逐年下降，公司的经营业绩不依赖于税收优惠和政府补助政策，但税收优惠和政府补助仍然对公司的经营业绩构成一定影响，公司仍存在因税收优惠和政府补助收入减少而影响公司利润水平的风险。

3. 盗版风险

盗版现象给电影、电视剧的制作发行单位带来了极大的经济损失，造成了我国影视行业持续发展动力不足、原创缺乏等一系列问题。政府有关部门近年来通过逐步完善知识产权保护体系、加强打击盗版执法力度、降低电影票价等措施，在保护知识产权方面取得了明显的成效。同时，公司也结合自身实际情况在保护自有版权上采取了许多措施，包括签订严密的版权合同，明确责任，预防版权侵权风险；采取反盗版技术、组织专门队伍打击盗版活动等。通过上述措施，在一定程度上减少了针对公司版权的盗版行为。

4. 募集资金投资项目实施的风险

公司虽然在对募集资金项目的市场前景进行分析时已经考虑到了未来的市场状况，做好了应对规模扩大后市场压力的准备，有能力在规模扩大的同时，实现快速拓展市场的目标，但也不能排除因市场开拓未能达到预期，以致规模扩张不能实现预期投资收益的风险。

5. 市场竞争加剧的风险

在电影类别方面，国产商业大片的数量和质量均实现了突破性飞跃。但是，中国的电影市场能否继续容纳更多的电影产量仍然有待验证。如果更多的影片竞争相同的档期，将不可避免地出现上映日期难以协调、观影人群要分流的竞争新局面。电视剧方面，经过多年的迅猛发展，电视剧行业的市场化程度已经很高。精品电视剧的细分市场依然呈现供不应求的状况，但仍然无法完全避免整个行业竞争加剧所可能产生的系统性风险。

利用SWOT分析工具对HB集团进行分析，可得出表7－4的分析结果。

表 7－4　HB 集团 SWOT 分析表

优势（S）	劣势（W）
1. 品牌优势显著 2. 产业链建设完善 3. 运营体系成熟 4. 电影市场占有率高 5. 专业人才突出	1. 商业大片收入波动大 2. 终端市场掌控乏力 3. 后期制作水平低 4. 影视衍生品开发不足
机会（O）	威胁（T）
1. 文化体制改革深入 2. 院线数量大增 3. 大众观影习惯形成 4. 电商市场潜力大	1. 作品不确定性大 2. 盗版现象存在 3. 海外市场威胁 4. 出口前景堪忧

数据来源：根据对 HB 集团进行 SWOT 分析编制而成。

随着院线数量大增以及人们观影消费的增加，HB 集团若想提升企业的营业收入，为企业带来更大的利润，就应该更好地发展其影视业务。为了更好地发展其影视业务，就必须在拍摄更多电影的同时节约更多的成本，如税收成本。

三、中国电影企业的机遇

HB 集团节约税收成本，可以利用我国的“避税天堂”——霍尔果斯的税收优惠政策，还可以将其业务发展至国外，与国外合拍电影享受优惠。

（一）霍尔果斯背后的秘密

近两年来，中国电影市场中国产片发展势头凶猛，尤其是 2017 年上映的《战狼 2》更是以 56.79 亿元的票房收入傲视群雄。随着众多的国产片的井喷式发展，一个原本寂寂无闻的地方走进了我们的视野中——霍尔果斯。

霍尔果斯位于中国新疆伊犁哈萨克自治州霍城县一个陆路口岸，与哈萨克斯坦隔霍尔果斯河相望。霍尔果斯是中国最早向西方开放的口岸，曾是丝绸之路新北道上的重要驿站。1881 年正式通关，通关历史已近 130 年，是目前中国西北五省综合运量最大的国家一类公路口岸，也是中国向西面对中亚、西亚乃至欧洲距离最近、最便捷的口岸，已成为中国政府实施“东联西出，西来东去”战略的重要支点。如今，中哈霍尔果斯国际边境合作中心成为世界唯一的国际边境合作中心，是上海合作组织框架下国家间经贸往来的示范区。

霍尔果斯经济特区成立后，国家在税收、金融、土地、财政等很多方面都给予霍尔果斯非常优惠的政策。在基础设施建设方面，中央财政对基础设施建设贷款给予贴息补助，执行 10 年，由中央财政出资支持解决目前中哈霍尔果斯国际边境合作中心 8.5 亿元的基础设施资金缺口。另外，2011—2020 年，霍尔果斯经济特区新增财政收入全部留在当地用于基础设施建设。

在霍尔果斯成立公司到底有怎样的优惠?

2010 年 5 月，中央决定设立霍尔果斯国家级经济开发区，2011 年 9 月国务院下发《关于支持喀什霍尔果斯经济开发区建设的若干意见》（“国发 33 号文”），将霍尔果斯经济开发区的建设提升到国家战略层面，定位为“向西开放的重要窗口”，致力于把霍尔果斯打造为“优惠政策洼地”。根据该文件指令，2010 年 1 月 1 日至 2020 年 12 月 31 日，霍尔果斯针对影视、文化传媒服务业、信息科技产业、金融服务业、商务服务业、旅游业，以及生物制药类、会展经济、新能源、农副产品深加工类等行业的企业给予不同的优惠政策。

（1）税收优惠财政奖励。在国务院下发的《关于支持喀什霍尔果斯经济开发区建设的若干意见》文件的基础上，财政部、国家税务总局会同新疆维吾尔自治区相关部门出台了《新疆困难地区重点鼓励发展产业企业所得税优惠目录（试行）》，凡是被列入目录内的行业均可根据《霍尔果斯经济开发区企业所得税税收优惠管理办法》（霍特管办发［2013］33 号）享受企业所得税五免五减的优惠政策。

（2）企业所得税“五免五减”政策。根据《关于支持喀什霍尔果斯经济开发区建设的若干意见》(国发 33 号文)，霍尔果斯经济开发区企业所得税实行“五免五减”的优惠政策，即在 2010 年 1 月 1 日起至 2020 年 12 月 31 日止，对经济开发区内新办的属于重点鼓励发展产业目录范围内的企业，自取得第一笔生产经营收入所属纳税年度起，企业所得税享五年免征优惠。第一笔生产经营收入，是指产业项目已建成并投入运营后所取得的第一笔收入。

（3）个人所得税。根据霍尔果斯经济开发区有关政策，个人所得税可以根据纳税人单月在园区内实际缴纳个人所得税额地方留成部分给予补贴奖励，具体标准为：当月缴纳个税在 1 000 元至 2 000 元人民币部分，奖励比例为其在园区实际缴纳个税地方留成部分的 70%。当月缴纳个税在 2 000 元至 4 000 元人民币部分，奖励比例为其在园区实际缴纳个税地方留成部分的 80%。当月缴纳个税在 4 000 元人民币以上部分，奖励比例为其在园区实际缴纳个税地方留成部分的 90%。

（4）其他税收奖励政策。除以上税收优惠外，霍尔果斯开发区对新设立企业（无论是否在目录内），纳税人一个纳税年度内在霍尔果斯园区实际缴纳税款，增值税、营业税、所得税及附加税等当年留存地方财政的总额在 100 万～300 万元、300 万～500 万元、500 万～1 000 万元、1 000 万～2 000 万元、2 000 万～5 000 万元、5 000 万～1 亿元、1 亿元以上的，可分别按留存总额 15%、20%、25%、30%、35%、45%、50% 的比率予以额外奖励。

（5）股权投资类企业优惠政策。霍尔果斯政府按照《新疆维吾尔自治区促进股权投资类企业发展暂行办法》（新政办发〔2010〕187 号）出台了扶持政策。

政策规定以合伙制形式设立的股权投资类企业所得税为 0，股息、红利所得个人所得税率为 20%，地方分享部分的 50% 拨付企业，实际税率为 16%。

（6）上市优惠政策（IPO 绿色通道）。除前述税收优惠外，注册地为新疆的企业在上市方面也享有优惠政策。根据中国证券监督管理委员会与新疆维吾尔自治区人民政府、新疆生产建设兵团在京签署的《关于发挥资本市场作用进一步支持新疆经济社会发展的战略合作协议》（简称“合作协议”），证监会对符合条件的新疆企业申请首发上市（IPO）、新三板挂牌，适用“即报即审、审过即发”政策，即上市的“绿色通道”。图 7－3 为霍尔果斯税收优惠图解。

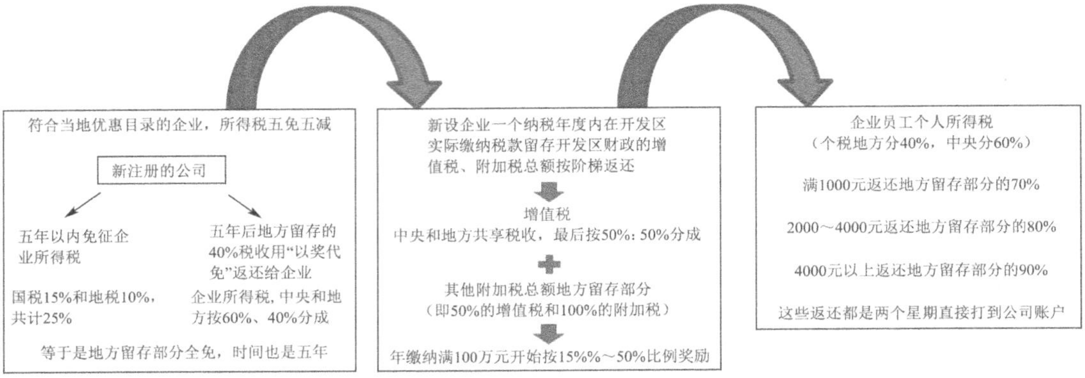

图 7－3　霍尔果斯税收优惠图解

数据来源：据《关于支持喀什霍尔果斯经济开发区建设的若干意见》（国发 33 号文）编制。

霍尔果斯近年来的投资与避税状况，使“新疆口岸之首”逐渐成为“税收洼地”，吸引了国内众多影视企业、知名影星纷纷投资，这引起了业界的高度关注。

那么，拥有 56.79 亿元票房收入的电影《战狼 2》在霍尔果斯节约了多少税呢？图 7－4 为《战狼 2》分账比例。

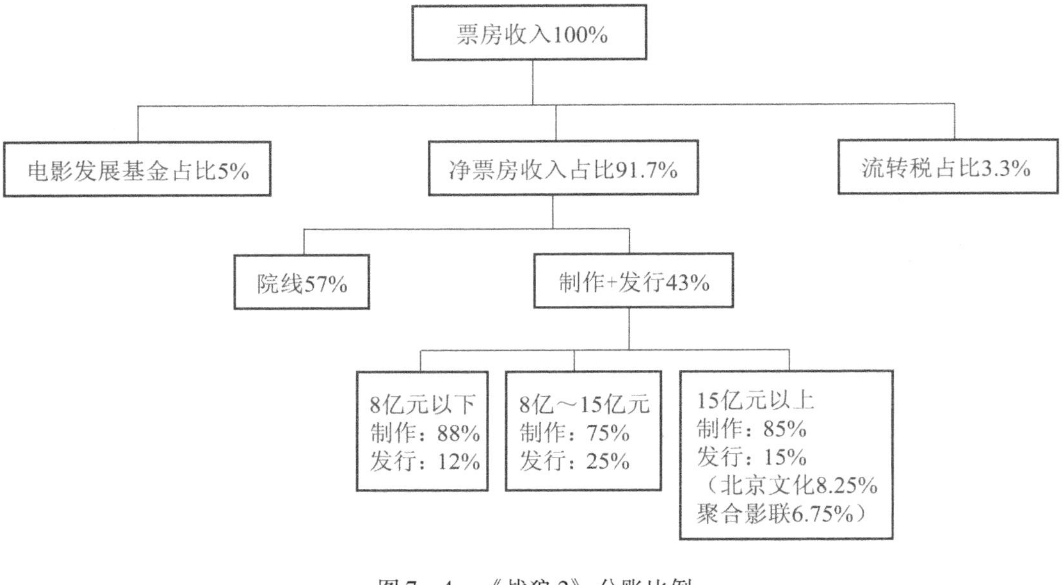

图 7－4　《战狼 2》分账比例

数据来源：据《战狼 2》出品、发行方详情编制。

《战狼 2》出品公司名单中有三家公司的注册地在霍尔果斯，分别是春秋时代（霍尔果斯）影业有限公司、霍尔果斯橙子映像传媒有限公司和霍尔果斯登封国际文化传播有限公司。据北京文化发布的公告，《战狼2》的宣传费为0.6亿元，成本为2亿元，春秋时代（霍尔果斯）影业有限公司、霍尔果斯橙子映像传媒有限公司和霍尔果斯登封国际文化传播有限公司三家公司所占份额约为80%，按照该影片56.79亿元的总票房收入来算，如果没有享受税收优惠，那么应该按照25%的企业所得税缴纳税款，如果享受企业所得税税收优惠，则可以最大限度节税。下面对两种结果进行比较。

①不考虑税收优惠政策。

制作+投资方收入=56.79亿元×91.7%×43%=22.392亿元

制作+投资方含税利润=22.392亿元-2亿元-0.6亿元=19.792亿元

三家公司含税利润=19.792亿元×80%=15.8386亿元

三家公司正常缴纳税款

增值税=15.8386亿元×6%=0.950 316亿元

附加税=0.950 316亿元×12%=0.114 038亿元

所得税=15.838 6亿元×25%=3.959 65亿元

三家公司税后利润=15.8386亿元-0.950 316亿元-0.114 038亿元-3.959 65亿元=10.814 596亿元

②考虑税收优惠政策。

地方政府奖励=（0.950 316亿元×50%+0.114 038亿元）×35%=0.206 218 6亿元

三家公司税后利润=10.814 596亿元+3.959 65亿元+0.206 218 6亿元=14.980 464 6亿元

③优惠结果。

节税金额=14.9 804 646亿元-10.814 596亿元=4.1 658 686亿元

由上述计算结果可知，在正常缴纳税款的情况下，《战狼2》需要缴纳4.165 868 6亿元税款，而根据霍尔果斯的优惠政策，这笔巨额的税款可以减免，为企业省下一大笔费用。图7-5为《战狼2》税收安排前后对比图。

霍尔果斯的优惠政策吸引了国内众多影视企业、知名影星纷纷投资，其中不仅有吴京、邓超和杨幂等明星在霍尔果斯创立了公司，HB集团也早在霍尔果斯设立公司。截至2017年12月31日，HB集团共有130家控股子公司或孙公司，其中设立在霍尔果斯的子公司及孙公司共有6家，假设HB集团2017年的影视收入中有1亿元来源于这6家企业，则该年份可优惠的所得税金额达到2500万元。在霍尔果斯税收优惠期间，如若将更多的主营业务放在霍尔果斯的企业发展，这无疑会给企业的税收安排带来很大的节省。

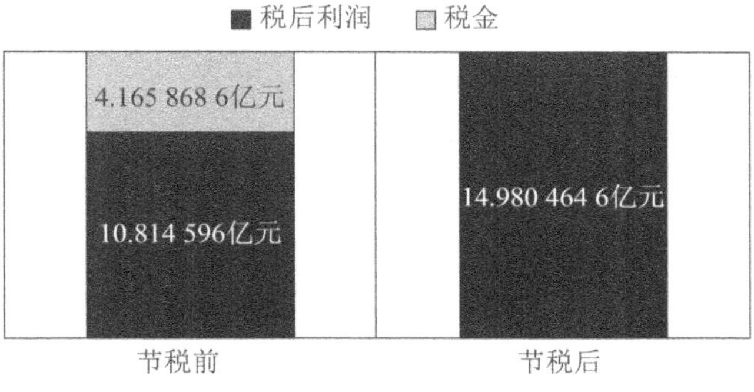

图7-5 《战狼2》税收安排前后对比图

数据来源：据《战狼2》税收优惠计算结果绘制而得。

霍尔果斯是中国的“税收硅谷”，HB集团在国内开展业务而节约的税收成本离不开霍尔果斯的支持。但是企业的收入来源不仅有国内部分，还有海外市场。根据中国近年就合拍电影和各国谈判的协议，HB 集团在海外合拍电影，也可以享受各种税收优惠政策。

（二）中外合拍电影准予享受的优惠政策

1. 泰国

首先，免征电影演员的个人所得税。该项优惠针对定居海外、依照外国法律成立电影公司或持有外国企业股份的人士，通过拍摄外国电影获得收入。

其次，免征向推广文化基金会捐款的个人和企业所得税，免征税额等同于捐赠财产的数额或财物价格，以刺激更多个人或企业以文化身份向泰国文化捐赠财产，作为保育泰国传统艺术和文化的资金。

最后，免征电影拍摄取景的进口关税，以及减少收取电影拍摄和清洗胶卷进口关税，从原来的每米 30 铢减少至每米 1.5 ～ 10 铢，同时还减少摄像机的进口关税。

2. 法国

根据中国和法国在 2010 年签署的合拍协议，中法合拍电影将会获得双重国籍，在中国是中国电影，在法国是法国电影。2015 年 1 月 1 日起，国际制片资金支持政策通过国会的审议。在法国拍摄或后期制作 5 天以上，法国作为剧情一部分，花费 100 万欧元以上或花费总预算一半以上就可以得到在法国总花费 20% 的退款，2016 年起赴法国拍摄或进行后期制作，可获得高达 30% 的资金支持。需要特别指出的是，国外摄制组来法国拍摄并不需要交税，因此该政策并非退税。

3. 韩国

从 2011 年开始，韩国电影振兴委员会对在韩国拍摄的外国电影和电视剧系列的制作费给予部分补贴。在韩国内支出的财务和劳务费用可以得到现金补贴，这样外国制作公司能够以较低的制作费来制作高品质的影视作品。制作费 30% 的现金补贴：在韩国支出的制作费的 30%，以现金形式补贴。补贴金规模以补贴申请日未发放预算为准，每部电影最高补贴金额为 20 亿韩元。

但外国电影和电视剧系列能否领取补贴，需满足以下三个条件：海外资金必须超过纯制作费的 80%；韩国电影振兴委员会认可的，在韩国国内支出 1 亿韩币以上的海外影视作品；韩国电影振兴委员会将考核影视项目对韩国的观光旅游、电影产业及参与度的贡献。

4. 加拿大

为了推动电影产业发展、吸引更多外国影片来加拿大拍摄，加拿大联邦政府在影视产业推行了一系列抵税政策。联邦政府和各省均有不同规格的拍摄制作资金补助。表 7 – 5 为加拿大各地区影视业优惠政策。

表 7 – 5　加拿大各地区影视业优惠政策

地区	政策优惠	额外优惠	设施服务	条件
联邦政府	16% 的人工成本税收抵免	联邦影视中心提供从开发制作到推广的资金援助	—	电影项目投资必须大于 100 万加币

续上表

地区	政策优惠	额外优惠	设施服务	条件
安大略省（多伦多所在区域）	21.5%的税收抵免	电脑特效及数字动画制作中18%的人工成本可税收抵免	动画、后期制作产业发达	——安大略省媒体发展公司电影基金拨款超过5亿加元
魁北克省（蒙特利尔所在区域）	20%的税收抵免	电脑特效及数字动画制作中16%的人工成本可税收抵免	超过900亿美元的大片在魁北克省制作	—
不列颠哥伦比亚省	33%的税收抵免	电脑特效及数字动画制作中17.5%的人工成本可税收抵免	60家摄影棚，北美三大影视制作中心之一；超过2.5万制作人员	—
阿尔伯塔省	符合条件的人工成本的25%税收抵免，非人工成本的29%税收抵免	连续30天在省内拍摄，或有8名阿尔伯塔省人员参与后期制作，可享受额外1%的税收抵免	—	—

数据来源：根据加拿大税制整理而得。

5. 英国

2015年3月，中英合拍电影协议生效，协议谈判由英国电影协会（BFI）和中国新闻出版广电总局（SARFT）以及中国电影合作制片公司（CFCC）完成，得到了英国文化传媒和体育部（DCMS）以及英国贸易投资总署（UKTI）的支持。

英国电影协会的阿曼达·内维尔则从政策的角度介绍了英国为合拍项目提供的优惠政策。在英国政府与中国签署协议后，协会将为前往英国进行国际合拍的电影人提供25%的退税比例，以鼓励两国展开国际合作。

6. 新加坡

2010年7月23日，中国和新加坡签署了一份电影合作拍摄协议。合作拍摄协议涵盖了真人动作、动画及纪录片形式的影院放映电影与电视电影。根据协议，今后两国合作拍摄的电影，在其各自国家都能享受与国产电影同等的政府资助及鼓励政策。在两国的内容监督方面，合拍片也将被视为两国的国产片等同对待。电影合拍协议将由中国广电总局电影局及新加坡媒体发展管理局分别代表中新两国执行。

协议的签署意味着，中新合拍片在中国放映将不再受进口片引进限额的约束，在新加坡则可享受到政府及15亿元私人媒体基金的扶持。新加坡方面的限制条件为：中国和新加坡对一部影片的投资及主创、演员等方面均不得低于整部影片的20%（可以“非现金”方式投入）。

7. 意大利

在合拍方面，意大利方面只设立了一条“意方需投资占比最少20%”的条款，而在题材和人员上毫无要求，几乎是国际合作制片领域中最宽松的规定。意大利影视业的税收优惠政策，即针对赴意拍摄的影片（含电视、广告等），意大利文化部制定了相应的大幅度减免税收制度。简言之，如果是合拍片，可申请总制片成本的15%进行免税，如果只是在意大利进行拍摄（非法律意义上的“合拍”），在当地产生的费用可申请25%的免税额。而具体针对“中国计划”，意大利国家级的电影行会和意大利影像工业协会在中国派驻了专员，可供中国影视业者咨询及协助办理，保证“高质量而低成本”。对中国影视业者尤其是低成本的文艺类影片而言，赴意合拍，不但可以得到意大利国产片的发行身份，还将得到意大利电视台优先收购及协助制片的待遇。

8. 新西兰

自2013年起，在新西兰拍摄制作的海外和本地电影的退税由15%提高至20%。若制片公司满足了某些条件，为新西兰带来更多收益，还能获得5%的额外补贴。这些条件包括：摄制活动支出至少为5亿新西兰元；确保90%的真人演员为新西兰人；在新西兰国内举办至少一次官方首映式；影片发行的DVD和蓝光影碟中需包括一部关于新西兰的短片。

9. 美国

美国各州政府对于电影制作实施的优惠政策各不相同，这些优惠的政策旨在吸引资本投资国内电影业，创造更多的就业岗位。如在纽约，自2002年12月开始，凡是直接用于影视制作（包括后期）的商品和服务，纽约州和纽约市征收的零售税（8%左右）全部免除；2005年3月开始，在纽约州摄制电影可获10%的减税，如果在纽约市摄制，可额外增加5%减税。在佛罗里达州，自2001年1月1日起，销售或租赁电影、电视和录音设备不征税；出租不动产用于电影的拍摄不征税。自2007年起，任何符合条件的成本在62.5万美元以上的电影制作可享受15% ～22%的减税。而成本在10万 ～ 62.5万美元之间（且超过70分钟）的电影或纪录片，可获得15% ～ 17%的减税。

中外合拍协议的真实落地，使得中国越来越多的电影制片商与国外合拍，就新西兰而言，自政策实施以来，已为30多部电影以及众多电视剧提供了近5亿新元的补贴。表7-6为近年中外合拍电影协议一览表。

表7-6　近年中外合拍电影协议一览表

国家	合作协议	各方投资比例	合拍项目
加拿大	1987年（2017更新）	不低于15%（有第三方制片时，不低于10%）	《归途列车》《千锤百炼》
韩国	2014年	不低于20%（可以“非现金”方式投入）	《分手合约》《重返20岁》
意大利	2004年	不低于20%	《咖啡风暴》
新加坡	2010年	不低于20%（可以“非现金”方式投入）	《遇见》《危险关系》
法国	2010年	不低于20%	《狼图腾》
新西兰	2010年	不低于20%	《困兽》
印度	2014年	不低于20%（有多方合作时，投入不低于10%）	《功夫瑜伽》《大闹天竺》

数据来源：根据电影票房数据库整理而得。

中国是四大文明古国之一，中华文化博大精深，吸引着世界各地的民众。作为新时代最具活力的文化表现形式，影视产品和服务的出口潜力巨大，而且影视产业的发达对于塑造“文化人格”具有重要意义，因此世界各国都极力扶持本国影视产业走出国门，扩大本国文化的影响力，带动本国经济发展。

对于HB集团而言，虽然国内有税收硅谷——霍尔果斯，但是HB集团若要节约税收成本，扩大市场占有率，“走出去”也是其必由之路。所以合理运用各国的合拍优惠政策，加快国际化步伐，对HB集团今后的电影拍摄道路显得尤为重要。

四、讨论题目

通过本案例的学习，可以得到一定的启示，并带来思考。总结为以下的问题：

1. 2017年我国电影票房收入达到新的高度，这固然离不开一个好的环境，请对电影企业的外部宏观环境进行分析。
2. 面对竞争激烈的行业情况，公司在未来可以制订怎样的经营发展计划?
3. 试分析我国影视产业现行税收政策存在的问题。
4. 试提出完善我国影视产业税收政策的相关建议。

[案例说明书]

一、案例目标

本案例要实现的教学目的在于：通过介绍HB电影公司的基本情况，结合政府出台的霍尔果斯税收洼地政策及中外合拍电影税收优惠政策，引导学员分析HB公司应该如何利用这些政策来制定公司发展战略以及税收安排，进而分析国内电影产业对应的税收政策上的不足，提出相应的建议和措施。通过本案例学习，希望学员们能及时关注国内外经济形势及相关税收政策，在熟知国家税法的基础上，还要有一定的国际税收视野。

二、案例讨论的准备工作

为了实现本案例目标，学生应该具备下列相关知识背景。

（一）理论背景

PEST为一种企业所处宏观环境分析模型。所谓PEST，P是政治（politics），E是经济（economy），S是社会（society），T是技术（technology）。这些是企业的外部环境，一般不受企业掌握。

（1）政治环境。政治会对企业监管、消费能力以及其他与企业有关的活动产生十分重大的影响。一个国家或地区的政治制度、体制、方针政策、法律法规等常常制约、影响着企业的经营行为，尤其影响企业较长期的投资行为。

（2）经济环境。经济环境是指一个国家的经济制度、经济结构、产业布局、资源状况、经济发展水平以及未来的经济走势等。构成经济环境的关键要素包括GDP的变化发展趋势、利率水平、通货膨胀程度及趋势、失业率、居民可支配收入水平、汇率水平、能源供给成本、市场机制的完善程度、市场需求状况，等等。

（3）社会环境。社会环境指一定时期整个社会发展的一般状况。社会要素是指组织所在社会中成员的民族特征、文化传统、价值观念、宗教信仰、教育水平以及风俗习惯等因素。构成社会环境的要素包括人口规模、年龄结构、种族结构、收入分布、消费结构和水平、人口流动性等。其中人口规模直接影响着一个国家或地区市场的容量，年龄结构则决定消费品的种类及推广方式。

（4）技术环境。技术环境是指社会技术总水平及变化趋势、技术变迁、技术突破对企业的影响，以及技术对政治、经济社会环境之间的相互作用的表现等（具有变化快，变化大，影响面大等特点）。科技不仅是全球化的驱动力，也是企业的竞争优势所在。

（二）行业背景

1. 2017年行业总体情况

2017年全球电影票房收入399.2亿美元，创下历史新高，较上年增长了3%，迪士尼出品的《美女与野兽》以12.63亿美元成为年度票房冠军。

2017年中国电影总票房收入559.11亿元（含服务费），同比增长13.45%，票房收入增速恢复两位数。

观影人次16.2亿，同比增长18.08%，总人口人均观影次数为1.17次，首次突破1次。全年新增银幕9 597块，日均增长26.3块，全国银幕总数已达50 776块，同比增长23.3%。观影人次与银幕数量的不断增长推动了中国电影业的持续发展。2017年国产影片票房收入301.04亿元，占总票房收入的53.84%。全年故事影片产量798部。公开上映的影片中，票房收入过亿元影片共92部，其中国产影片51部。

2. 2017年中国电影市场特征

（1）2017年影片票房呈现出了更强的头部效应，口碑效应增强。

2017年电影票房增速回升受头部内容带动影响显著。一方面随着观众审美标准日益成熟，优质内容的票房号召力超预期，《战狼2》综合票房收入达56.79亿元，创国内电影市场票房收入纪录；2017年内共上映466部影片，票房收入在10亿元以上的影片有15部，数量占上映影片总数的3.2%，15部影片的总票房收入为258亿元，占总票房收入比高达46%，而466部上映影片中大部分（占比56%）的单片票房收入不足1000万元。另一方面，社交高度渗透下口碑迅速传播，为好内容的影片带来更肥沃的土壤，《摔跤吧，爸爸》《寻梦环游记》等均为好口碑带动票房收入超预期的代表。

（2）票房持续下沉，三线以下城市成为拉动票房收入增长的主要力量。

2017年中国电影总票房收入559.11亿元，同比增长13.45%，其中一、二线城市票房收入同比增速分别为8%和13%，低于全国总票房收入13.45%的增长水平；随着三、四、五线城市消费者观影习惯的养成和优质影片的不断增多，三、四、五线城市票房同比增速更高，分别为20%、23%、25%，成为拉动票房收入增长的主要力量。图7－6为我国近四年各线城市票房增速。

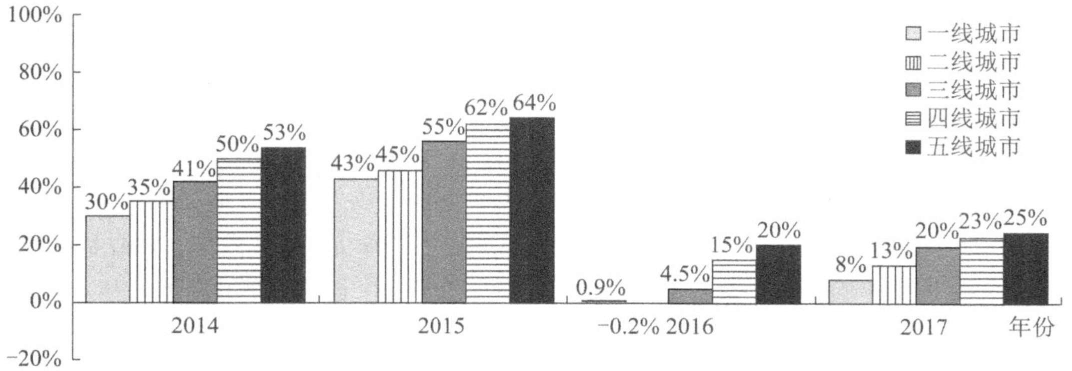

图7－6　我国近四年各线城市票房增速

数据来源：2017年国产电影发行市场白皮书。

（3）影院投资热情不减，行业集中度略有下降，业内出现多起并购事件。

2017年全国影院数达到9 340家，同比增长18%，近三年平均增长率19.9%。银幕数达到50 776块，同比增长23.3%，近三年平均增长率29.2%，全国影院投资依旧保持快速增长。2017年国内主要大型地产公司、娱乐集团等凭借雄厚的资金实力和物业便利，跨界涌入电影行业，影院竞争加剧，排名靠前的影投公司开店速度不及行业增速造成市场份额下降。2017年行业出现多起大规模并购整合事件，并购数量、金额达历史新高。

（三）制度背景

1. 我国对电影产业的资金支持

2014 年 6 月 19 日的财政部、国家发展改革委等联合下发的《关于支持电影发展若干经济政策的通知》，发布了支持电影发展的若干经济政策。其中提到，将加大电影精品专项资金支持力度，每年安排 1 亿元资金，用于扶持 5 ～ 10 部有影响力的重点题材影片；通过文化产业发展专项资金重点支持电影产业发展；对电影产业实行税收优惠政策；实施中西部地区县级城市影院建设资金补贴政策；对电影产业实行金融支持政策；实行支持影院建设的差别化用地政策等。

2. 我国对电影产业的法律支持

2016 年 11 月 7 日全国人民代表大会常务委员会第二十四会议通过《中华人民共和国电影产业促进法》。按照电影创作、摄制、发行、放映等环节规定了相应的制度，并规定了具体的保障措施和法律责任。该法案的顺利通过和落地将对电影产业投融资形成长期利好，有助于产业的健康有序发展。

3. 我国电影产业税收政策的演变

2005 年 3 月 29 日，财政部、海关总署、国家税务总局联合下发《关于文化体制改革试点中支持文化产业发展若干税收政策问题的通知》（财税〔2005〕2 号），规定对试点地区新办文化企业，自工商注册登记之日起，免征 3 年企业所得税，对从事数字广播影视、数据库、电子出版物等研发、生产、传播的文化企业，凡符合国家现行高新技术企业税收优惠政策规定的，可统一享受相应的税收优惠政策，对经批准成立的电影制片厂或电影集团及其成员企业销售的电影拷贝收入免征增值税，对电影发行企业向电影放映单位收取的电影发行收入免征营业税。

2009 年 3 月 26 日，财政部、国家税务总局联合下发《关于文化体制改革中经营性文化事业单位转制为企业的若干税收优惠政策的通知》（财税〔2009〕34 号），规定对经营性文化事业单位转制为企业，自转制注册之日起免征企业所得税，对其自用房产免征房产税，对其转制中涉及的增值税、营业税、城建税等给予适当的优惠政策。上述经营性文化事业单位包括从事新闻出版、广播影视和文化艺术的事业单位。与此同时，鉴于财税〔2005〕2 号文在 2008 年 12 月 31 日到期，为了进一步支持文化企业发展，财政部、海关总署、国家税务总局联合下发《关于支持文化企业发展若干税收政策问题的通知》（财税〔2009〕31 号），对电影企业取得的销售电影拷贝收入、转让电影版权收入、电影发行收入以及在农村取得的电影放映收入免征增值税和营业税。

2009 年 7 月，国务院审议通过了《文化产业振兴规划》，要求进一步贯彻落实相关税收优惠政策，加大税收扶持力度，支持文化产业发展。

2010 年 3 月 11 日，财政部、国家税务总局下发《关于国家电影事业发展专项资金营业税政策问题的通知》（财税〔2010〕16 号），规定电影放映单位营业税为全额计税，上缴的国家电影事业发展专项资金不得扣除。

2012 年 12 月 4 日，财政部、国家税务总局下发《关于交通运输业和部分现代服务业营业税改征增值税试点应税服务范围等若干税收政策的补充通知》（财税〔2012〕86 号），将试点地区的电影业纳入到营改增的范围，同时规定对试点电影企业转让电影版权免征增值税。

2013 年 5 月 24 日，财政部、国家税务总局下发《关于在全国开展交通运输业和部分现代服务业营业税改征增值税试点税收政策的通知》（财税〔2013〕37 号），明确从 2013 年 8 月 1 日起，将全国范围的广播影视服务业纳入到增值税征税范围。

电影放映企业在农村的电影放映收入，自 2014 年 1 月 1 日至 2018 年 12 月 31 日免征增值税。2014 年 11 月 27 日的《关于继续实施支持文化企业发展若干税收政策的通知》提出电影集团公司、电影制片厂及其他电影企业取得的销售电影拷贝收入、转让电影版权收入、电影发行收入以及在农村取得的电影放映收入免征增值税；为承担国家鼓励类文化产业项目而进口国内不能生产的自用设备及配套件、备件，在政策规定范围内，免征进口关税；对从事文化产业支撑技术等领域的文化企业，按规定认定为高新技术企业的，减按 15% 的税率征收企业所得税；开发新技术、新产品、新工艺发生的研究开发费用，允许按照税收法律法规的规定，在计算应纳税所得额时加计扣除。

三、案例分析的要点

（一）需要学员识别的关键问题

本案例需要学员具备的主要知识点包括：税务风险管理、企业战略管理。

（二）解决问题的方案

1. 电影企业的外部宏观环境分析

外部宏观环境分析包括政策法规环境分析、经济环境分析、社会文化环境分析以及技术环境分析四部分。通过该部分的分析，将进一步了解企业所处的外部环境。

（1）政策法规环境分析

①文化产业成为国家战略产业。近年来，中国影视传媒行业发展迅猛，其作为文化建设的重要部分渐渐上升至国家战略高度。如图 7－7 所示，相关政策法规的出台与完善促

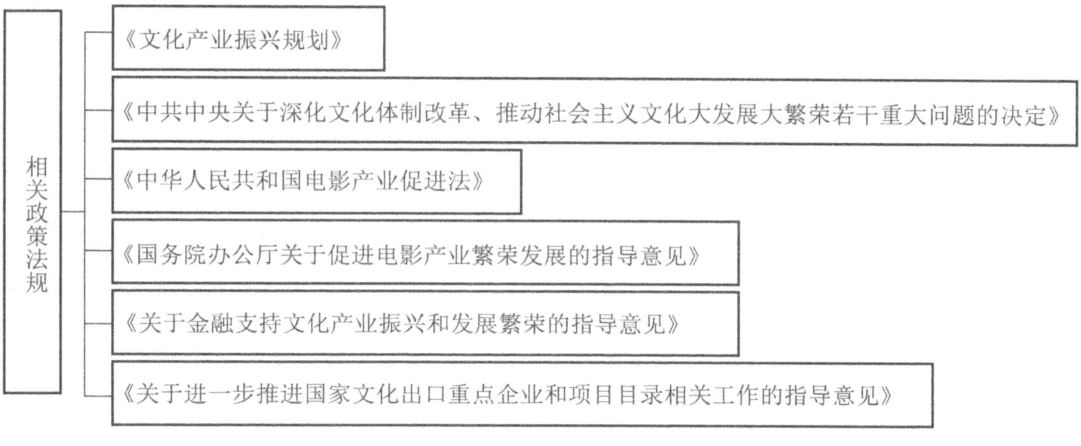

图 7－7　相关政策法规一览

数据来源：根据近年国家颁布的政策法规整理而得。

进了我国影视文化行业的快速健康发展。2015 国家文化产业政策频出。“十三五”规划提出，文化产业要在 2020 年成为国民经济支柱性产业。为了实现该目标，文化产业的未来增量至少要达到 50000 亿元，年均名义增长率至少要超过 13%，这便表示传媒产业作为文化产业的重要组成部分也将在“十三五”期间保持高速增长。因此，国家充分考虑了传媒行业长期稳定发展的需要后，便提供了指导性意见，出台了相关扶持性、规范性政策。

②税收优惠及政府补助政策。为了减轻企业在财税方面的压力，进一步加快企业发展，国家还出台了所得税优惠政策和政府补助政策（见图 7－8）。此外，电影行业可依法享受现行税收优惠政策。为促进区域经济发展，地方政府出台了贴息补助政策，电影的发行、销售拷贝、转让版权以及在农村放映取得的收入免征增值税，以支持文化产业发展。

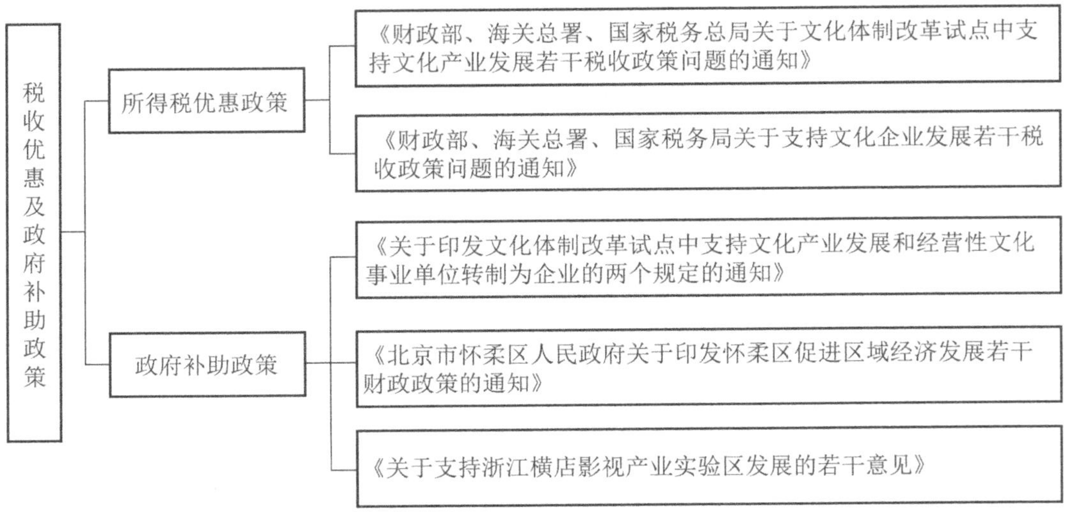

图 7－8　税收优惠及政府补助政策

数据来源：根据近年国家颁布的政策法规整理而得。

③政策法规监管制度。十八大以来，随着我国文化体制深入改革以及政府简政放权理念的转变，传媒行业同步加强了行业监管，并基本完成了现代监管体制重建和过渡任务。以《中华人民共和国著作权法》为基础，我国已形成了较完善的法律法规和政策体系，其中主要涵盖行业资质管理、业务标准审查、质量管理等。同时，根据《广播电视管理条例》《电视剧管理规定》《电影管理条例》等规章，国家加强了影视业务的资格准入和内容审查，完善了监管政策。

综上所述，文化产业逐步成为国家战略性产业，相关法律法规的不断出台与完善，为文化产业的发展提供了动力和保障，文化影视企业更应该顺应政策利好形势，把握其快速健康发展的方向。

（2）经济环境分析

目前，中国作为全球第二大经济体，与世界各国的经济发展紧密相连。金融危机爆发后，世界经济陷入了最困难的阶段，而此时的中国却带动了经济增长。2009—2011 年，中国拉动世界经济增长的贡献率超过了 50%。2015 年以来，在国内外经济形势错综复杂，全球经济复苏放缓的情况下，中国却加强了宏观调控，经济运行在合理区间，偶尔有所波动。

随着国家产业结构的升级，文化传媒行业发展势头迅猛，国内电影票房成绩屡创新高，消费者增加了文化娱乐方面的支出。随着文化传媒产业链进一步延伸融合，文化传媒产业前途大好，未来可期。

（3）社会文化环境分析

作为享受型和发展型消费的主体，影视文化行业近几年正深刻影响和改变着人们的消费方式和观念。无论从产业广度还是深度，文化消费已成为新的增长极和消费热点，文化影视产业全面进入繁盛期。

基于市场需求，影视行业更为重视观众的情感需求与欣赏品位，加深与观众的沟通交流以了解其真正需求，这也极大改善了过往影视作品与观众需求难以契合的状况。

（4）技术环境分析

随着新技术的不断涌入，传统媒体被极大颠覆。新技术促进了传媒产业各个业务单元之间的整合和延伸，更为传媒产业链的发展提供了有力的技术支持。传媒行业迈向了多元化、大众化、类型化发展的轨道。

综上所述，我国影视文化行业所面临的外部宏观环境大好。影视文化行业作为文化建设的重要部分渐渐上升至国家战略高度，政策体制改革带来了利好消息，税收优惠及政府补助政策减轻了企业在财税方面的压力，城镇化激增的文化需求释放了该行业繁荣的内生动力，开放的国外环境带来的先进技术，科技进步为该行业带来了新的动力，“互联网+”的发展极大地促进了影视产业通过新媒体的转型发展。

2. *未来可以制定的经营发展计划*

（1）业务发展计划

在电影产业竞争日益激烈的情况下，公司应该继续加大电影业务的投入，此外，应该根据项目的市场反馈、剧本开发进展、演职人员档期等因素对电视剧、网剧及综艺节目业务进行增加、减少、替换和调整。公司要继续提高为艺人及客户服务的专业水平，吸引具有特点和潜力的艺人加入，扩大收入规模，使签约艺人类型呈现多样性，覆盖影视、网络、音乐、时尚等多领域。三线以下城市作为拉动票房收入增长的主要力量，公司应当根据市场情况在二、三线城市新建影院，扩大规模。公司顺应并利用文化传媒产业蓬勃发展之大势，以积极扩张的姿态进行业务布局，在原有电影、电视和艺人经纪等业务为主的影视娱乐板块基础上，进一步扩展至包括电影院、文化城、电影世界等的品牌授权及实景娱乐板块。

（2）人力资源开发计划

公司应该通过外部引进和内部培养相结合的方式，提高员工素质，改善人才结构，组建一支与公司发展战略相适应的人才队伍。

进一步完善各类岗位专业人员，特别是关键经营管理岗位、艺术创作岗位和发行宣传岗位人员的薪酬体系和激励机制，合理确定薪酬结构，建立长期激励计划，将员工的职业生涯规划和公司的发展规划有机地结合起来，努力营造吸引人才、留住人才和鼓励人才脱颖而出的机制和环境，吸引和鼓励优秀人才为企业长期服务。未来几年要重点引进、培养和储备以下几方面的人才：

①国内一流的导演、制片人、监制及宣传发行人才；

②知名艺人；

③具备较大发展潜质的新艺人；

④具有丰富实践经验的资深影视娱乐业管理专业人士；

⑤具备丰富电影国际发行经验的海外专业人士；

⑥具备丰富新媒体运作经验和资源的专业人士；

⑦具备丰富的文化旅游产业运作和管理经验的专业人士。

（3）国际合作计划

继续探索和实践电影海外业务，积极落实党中央和国务院提出的国产电影“走出去”战略，打造全球化娱乐公司。

公司作为国内领先的、具备一定海外业务拓展能力的娱乐企业，在国产电影海外发行及合作方面积累了较为丰富的实践经验。公司将通过建立和培养国际化的海外事业团队、组建海外子公司等方法，以及与海外电影企业长期良好的合作来进一步拓展国际业务，逐步建立在国际市场的品牌和信誉，积极推动国产电影走向世界。

（4）进一步完善公司治理结构计划

公司将进一步完善法人治理结构，建立适应现代企业制度要求的决策机制和用人机制。以加强董事会建设为重点，充分发挥独立董事和专门委员会的作用，更好地发挥董事会在重大决策、经理人员选聘等方面的作用。公司还将建立和完善高级管理人员及核心员工的激励和约束机制，更好地吸收和利用社会各界的优秀人才。

（5）资金需求及使用计划

公司将结合自身资源和管理能力，尽快提高影视剧出品量，扩大知名演艺人才储备，延伸现有业务链并开拓新的收入和利润增长点。合理安排募集资金的使用，将优化和改善公司财务结构，提升公司资本实力，助力公司成长性和自主创新能力的增强，为公司未来发展注入推动力。

3. 分析我国影视产业现行税收政策存在的问题

（1）未形成完善且有针对性的政策体系

现今针对影视产业的税收政策散见于各项具体规定中，且主要针对放映环节，除了没有系统性的指导意见外，针对我国目前影视行业发展存在的急需解决的技术、人才等问题，也没有针对性的税收优惠政策。仅对有线数字电视基本收视维护费和农村有线电视基本收视费免征增值税，及对以信息传播类影视企业为主的高新技术企业有所得税优惠。虽然近年来我国加大了对影视行业的税收政策扶持，但是这些政策衔接不紧密，比较缺乏系统性。目前我国影视产业尚未形成产业化集聚发展模式，未形成较为完整的产业链，这使得政府在制定相应扶持政策时只能就事论事，不能从全局的角度统筹规划。任何产业都不是独立发展的，完善整个产业链的税收政策才能从根本上促进一个产业的发展。影视产业链主要包括三类企业：制片企业、发行企业以及放映企业，分别处于产业链的上、中、下游。产业链上某个环节税负的改变就会对整个产业税负产生一定影响。以“营改增”前后对比为例。一直以来电影市场的票房分账规则都是以票房总收入为基数，扣除5%的电影发展专项资金和3.3%的营业税及附加，按比例将票房总收入的91.2%在制片方、发行方以及院线之间分配。同时电影版权转让和发行收入免税，各个环节上的纳税主体在缴纳完营业税金及附加之后就不需再缴纳其他流转税，最终结果是税费由各方共同承担。营改增后，理论上，每个环节纳税主体均被认定为增值税纳税主体，但政策的不协调导致抵扣链条不完整，这就导致处于不同环节的纳税主体税负发生变化。消费者是增值税税负的最终承担者，在行业税负整体增加的情况下，影院只有通过提高电影票价的方式将税负转嫁出去。我国目前电影票价已经偏高，如果再提价，必然会影响观众的消费动力，进而给刚刚起步的电影产业带来不利影响。

（2）政策法律效力低、不规范、缺乏稳定性

一方面，当前我国尚未出台税收基本法，支持影视产业发展的各类税收政策条文法律层次多样，在制定税收优惠时也没有具体的参照标准。而且大部分的税收政策条文零散、割裂，在政策内涵和总体规划上缺乏统一性，且法律效力较低。此外，由于相关的财税政策条文法律层次多样，缺乏明确的执行准则，政策的具体执行主要还是依靠当地的政府官员，其执行效果很可能因此打折扣。另一方面，政策总体规划上缺乏长远性和稳定性。这些部门规章的时效性较短，有效期大多是3～5年，特别是新一轮财税体制改革以来，受经营相关的税种变更的影响，有的部门规章不到一年就失效。

（3）税收优惠政策覆盖面窄

我国现有的支持影视产业发展的税收政策主要采取税费优惠方式。有税费减免和所得税税前加计扣除，如进口设备的减免税、高新技术企业的所得税优惠、有线电视放映的增值税减免等。而针对影视制作尤其是数字技术和人力成本的规定则几乎没有，这两项的投入又可以算是电影投资的重头戏。此外，我国当前影视产业存在的一个难题就是中小企业融资困难，具体表现在：一方面，由于影视作品的制作、发行过程中存在很多的不确定因素，且缺乏准确、详细的价值评估标准，因此金融企业通常不愿意对中小企业的项目进行融资，资本市场内的投资者更会再三犹豫；另一方面，影视基地建设、技术研发也存在投资难以收回的风险，使得这些方面缺乏资金支持。而这些资金缺口，仅靠财政投资是不能解决的，而且影视产业的发展过分依赖于财政的直接投资，也会使得影视产业难以实现市场化，更应该通过财政、税收的多种政策工具作用于市场来引导资金、劳动力和技术在各个产业之间的流动。

同时，多针对放映环节的税收优惠并不能从根本上提升影视产业发展能力，影视产业的核心是影视作品，围绕影视作品才产生了与之相关的一系列生产活动。针对影视作品版权及影视作品制作技术的税收支持较少，仅对个人的稿酬收入、著作权转让、进口相关设备关税进行减免和高新技术企业的税收减免，而高新技术认定的不成熟，使得只有以信息传播类的影视企业有机会享受高新技术企业的所得税优惠政策，而影视制作类企业同样具有研发高新技术的能力，却缺乏类似的税收政策扶持。同时高新技术企业的认定也缺乏约束条件，无法真正发挥激励企业加大研发的作用，如在其他产业中曾经出现过企业一旦被认定为高新技术企业反而不再加大研发力度或暂停研发的情况。

4. 完善我国影视产业税收政策的相关建议

（1）完善税收政策体系

一方面，“营改增”的实行虽然在一定程度上减轻了影视产业整体税负，但从长远来看，应配合产业链完善税收政策体系。一是可将税收优惠更多针对影视衍生品。目前我国影视产业内部发展不均衡，特别是衍生品市场发展缓慢，在整个电影产业中的地位较低，而这一市场却具有巨大的发展潜力，如美国好莱坞的盈利70%来自于衍生品市场。目前

对图书、音像等产品实行的是增值税低税率，那么对以影视作品为原型生产的玩具等衍生品也可实行增值税低税率。同时，如果将销售衍生品的收入再次投入影视产业而获得利润，那么就可以按照一定比例享受所得税退税政策。这在一定程度上能促进影视产业内部的均衡发展，引导影视产业链条全面发展，转变其盈利模式，以真正实现电影全产业化。二是支持影视产业基地的发展，促进产业集聚，实现规模效应。目前我国浙江、上海等地均建有规模较大的影视基地，地方政府可以在税法授权范围内行使一定的税收裁量权，根据当地发展状况制定相应的税收优惠政策。在土地使用、基础设施建设、融通资金、创新成果保护方面出台优惠政策，重点关注收益的减免、成本的扣除及资金的支持，鼓励基地内影视企业创新，支持其与高科技产业园区的交流与合作，以形成影视产业集群效应，发挥规模效应。这样不仅有利于加深影视产业与其他产业的合作，更能实现促进影视产业与其他产业相互扶持、相互进步的目的。

另一方面，理清税费关系。目前影视产业除了涉及相关税种外，还需要缴纳文化事业建设费，按增值税额的3%由国家税务局一并征收。将文化事业建设费改为特殊的文化税，对于规范其征收制度和资金使用有积极作用。我国可以效仿法国文化产业税的制定，结合我国影视产业的实际发展状况和发展目标，对影视产业的各个领域和项目实施差别税率，这样既可以起到规范我国税制的作用，又可以对相关的领域和项目进行引导。

（2）优化税收优惠方式

一是推动税收政策创新，建立以间接税为主、直接税为辅的税收优惠机制。充分利用各种方式降低企业税负，促进其发展，如进口免关税、出口退税、增值税进项扣除、优惠税率、加速折旧。具体而言可以采取下列措施：①对国家鼓励的重点影视产品，对弘扬社会正能量、反映少数民族文化和中国传统文化、以儿童为主要受众的影视作品等的制作、发行实施具有持续性的政策，允许按一定比例对剧本投入、人力成本进行扣除，对其放映免征增值税、企业所得税减半征收。②明确影视产业进口先进设备及技术免关税项目的详细清单，真正落实关税减免优惠政策。③根据不同业务类型的企业实施有针对性的税收优惠，简化税收优惠享受流程。影视制作类企业、信息传播类企业都存在前期投入较大的特点，因此可规定新设立的企业享受企业所得税“三免三减半”政策（前三年免税，后三年减半征收），保证其现金流的充足，缓解资金压力。此外可适当延长企业投资或亏损的结转年度。同时可在企业税务登记时根据主营业务分类进行管理，简化申报流程，使其能够自动享受税收优惠，税务机关定期抽查即可，提高政策落实力。④对影视企业租赁场地进行拍摄的费用所缴纳的增值税按低税率征收，对于自有的场地可给予房产税、城镇土地使用税等的税收优惠，其贷款合同给予免征印花税。⑤人力投入是影视企业一项比较大的投入，“营改增”后人力成本无法取得进项税发票，其所含税额即会进入制作成本，因此可在测算的基础上按照一定比例对其进行扣除。同时还可比照软件企业的职工教育经费扣除标准，将职工教育经费扣除比例提高到8%且允许职工培训费用在企业所得税前全额扣除。若由影视企业开办电影人才培训机构，可部分减免其取得的收入的征税或采取低税率，鼓励其发展。

二是艺术家、作家、制作人等人才是影视产业创新和发展的源泉，要吸引更多有才能的人投身影视事业，在个人所得税上应该给予更多的优惠。尤其是原创性和艺术性的作品，不仅可以获得税收减免，而且应该在版权上受到足够的保护。在全面实施增值税的背景下，给予艺术作品免税固然是一种税收优惠，但是可能使得艺术家和艺术品中介承担“隐性”增值税。因此，可以考虑允许一定规模的艺术品中介作为增值税一般纳税人缴纳增值税，从而抵扣相应的支出，降低实际的税收负担。

三是加大对影视产业对外贸易的支持力度，提升我国影视产业和文化的国际影响力。在税收扶持方面，对影视产品和服务的出口实施免关税或零关税，并加大出口退税的力度。

扩大享受税收优惠的范围，避免人为造成资金和人才流动在不同行业间的扭曲。为了促进影视产业的创新，研发税收抵免可以在条件成熟情况下扩大到相关行业。增加影视产业的投资，既需要政府的支持和补助，同时也应该与风险投资等政策结合，提高影视产业的市场资金投入。

四、教学组织方式

（一）问题清单及提问顺序、资料发放顺序

本案例讨论题目依次为：

1. 2017年我国电影票房收入达到新的高度，这固然离不开一个好的环境，请对电影企业的外部宏观环境进行分析。
2. 面对竞争激烈的行业情况，公司在未来可以制定怎样的经营发展计划？
3. 试分析我国影视产业现行税收政策存在的问题？
4. 试提出完善我国影视产业税收政策的相关建议。

本案例的参考资料及其索引，在讲授有关知识点后一次性布置给学员。

（二）课时分配

1. 课后自行阅读资料：约3小时；
2. 小组讨论并提交分析报告提纲：约3小时；
3. 课堂小组代表发言、进一步讨论：约3小时；
4. 课堂讨论总结：约0.5小时。

（三）讨论方式

本案例可以采用小组式进行讨论。

（四）课堂讨论总结

课堂讨论总结的关键是：归纳发言者的主要观点；重申其重点及亮点；提醒大家对焦点问题或有争议观点进行进一步思考；建议大家对案例素材进行扩展研究和深入分析。

案例 8

“双爱尔兰”三明治夹出了什么？——对微软公司税收争议案的思考*

*1. 本案例由广东工业大学管理学院的张源、龙秋如、彭观莲、阎雪菲、何施陶撰写，作者享有著作权中的署名权、修改权、改编权。

2. 本案例授权广东工业大学产教融合 MPAcc 教学智库实验平台使用，广东工业大学产教融合 MPAcc 教学智库实验平台享有复制权、修改权、发表权、发行权、信息网络转播权、改编权、汇编权和翻译权。

3. 由于企业保密的要求，在本案例中对有关名称、数据做了必要的掩饰性处理。

4. 本案例只供课堂讨论之用，并无意暗示或说明某种管理行为是否有效。

[案例封面]

专业领域：财务管理
适用课程：财税管理，税法
选用课程：税务筹划，中国税制研究
编写目的：伴随着经济全球化的进程，跨国公司成为世界经济舞台上的明星，同时也面临着不同国家复杂而不完善的税制及相关政策要求。本案例通过解剖微软公司国际税收筹划战略，分析总结跨国公司国际税收筹划战略的要点以及存在的主要涉税风险，以此为纳税人及相关机构提供理论参考。
知 识 点：国际筹划管理；转让定价；成本可分摊协议
关 键 词：跨国公司；科技公司；税收筹划；无形资产
中文摘要：跨国公司利用无形资产转让定价避税行为正成为各国税务机关关注的焦点，“美国微软公司避税案”即是此类行为的典型。本案例以“美国微软公司避税”案为例，分析微软公司税务结构，并结合相关国家或者地区的税收优惠政策，探讨微软公司国际税收战略选择。

[案例正文]

一、案件背景介绍

(一) 关于微软的税收争议

作为科技界“龙头”的微软在不断创造巨大收入的同时，也巧妙地通过在美属波多黎各开设分公司等“合法手段”，每年少缴大量的税款。此做法“完全合法”，且“相当普遍”。拥有较高价值的品牌、专利和版权的跨国企业往往会在低税制的地区设立分公司，然后尽可能把经营利润转移给这些分公司，从而减少应纳所得税。材料显示，微软在海外拥有其90%的现金资产。

2012年，美国参议院附属委员会公开指责像微软、惠普、苹果和思科这样的科技公司利用美国税法的漏洞和模糊之处，在美国少缴数十亿美元的税款。这些公司所采取的措施可能没有违反美国法律的字面意义，却违反了立法本意。该委员会向微软发出咨询函，要求提供那些通常在正常申报或投资者信息披露中没有公开的信息。

该委员会调查发现，20世纪90年代，微软在爱尔兰设立了一个区域运营中心，负责微软在欧洲、中东和非洲的销售业务。接着，微软开设新加坡公司（负责亚洲销售业务）和波多黎各公司（负责北美和南美的销售业务）。而微软的研发活动主要在美国本土进行。微软所采取的转让定价方法是：将拥有产权的软件产品低价转移至位于低税率地区的境外机构进行销售，然后再高价购回在美国进行销售，并允许境外分支机构保留其销售利润。如果欧洲地区的销售额达到微软全球总收入的30%，微软将从其爱尔兰公司收回30%的收入以补偿研究开发费用，其余的资金则仍保留在海外。而且，因美国税法的“透视规定”以及自2004年起实施的允许企业通过在申报表的一个选择框内进行勾选而申报自身免税的“打钩”规定，微软境外公司的纳税问题被忽视。对微软而言，这意味着向境外公司销售软件而取得的原本需要马上纳税的收入，因被初步认定为两个与税收无关的实体之间的资金往来而免于征税。微软赚取在美国开发、销售的产品的销售收入，却没有按照美国的税法纳税。

但是，微软负责全球纳税事务的副总裁威廉·桑普尔在听证会上指出：“微软在世界各地开展业务时，都会严格遵守当地的税收规定，每年都要向美国联邦、州、地方以及外国政府缴纳数十亿美元的税款。尽管微软在世界各地开设分支机构时，主要是考虑竞争力和高效率的因素，税收因素的确也是微软决定设立子公司时需要考虑的一个因素。与我们主要贸易伙伴所处的税收制度相比，美国的国际税收政策已经过时，缺乏竞争力。”

总之，美国政府并没有实质性的证据裁定微软违法，因此微软的“双爱尔兰”避税结构沿用至今。

二、微软公司国际税收筹划战略及方法

(一) 微软开展国际税收筹划的条件

1. 各国税收管辖权判定标准的差异

税收管辖权，是指一个国家在征税方面所拥有的管辖权力，即国家在税收领域中的主

权，一国政府有权决定征税对象、征税项目和税率。其判定标准如表 8－1 所示。

表 8－1 税收管辖权判定标准

	内 容
地域管辖权	以纳税人的收入来源地为依据
居民管辖权	以本国居民纳税人取得的所得为依据，不论其是来源于本国境内还是本国境外
公民管辖权	以本国公民纳税人取得的所得为依据，不论其是来源于本国境内还是本国境外

地域管辖权是指在实行地域管辖权国家里，以纳税人的收入来源地为依据，确定征税与否，因此，又称之为“从源课税”。

居民管辖权是指以本国居民取得的所得为管辖对象的一种税收管辖权。根据这一管辖权，本国居民取得的所得，不论其是来源于本国境内还是本国境外，都必须承担向本国纳税的义务，而对外国居民纳税人取得的所得则不予课税。

公民管辖权是指以本国公民取得的所得为管辖对象的一种税收管辖权。基本内容是，凡本国公民取得来源于本国或来源于国外的所得，都必须承担本国的纳税义务，而不论该公民是否居住在本国境内。

2. 法人的税收居民身份判定标准的差异

对于法人的税收居民身份的判定，有两种判定标准：

（1）以法人登记注册地为标准，即凡是依据本国法律在本国登记注册的公司，不论其总机构是否设在本国，也不论其投资人是否是本国人，均确认其为本国的法人居民；凡是依据外国法律在外国政府登记注册的公司，不论其总机构设在本国境内或境外，均确认其为外国的法人居民。

（2）以管理机构或控制中心地为标准，即凡是法人管理机构或控制中心设在本国，无论在哪个国家登记注册，都是本国的法人居民；凡是法人管理机构或控制中心不在本国的，即使在本国登记注册，都不是本国法人居民。

3. 各国所得税的差异

把海外公司建立在一个所得税相对较低甚至为零的国家，如：英国（所得税税率为 28%），爱尔兰（所得税税率为 12.5%），百慕大、开曼群岛等岛国（所得税率为 0%），以此避开美国的 35% 的高所得税税率，就会使总体纳税支出大大减少。

4. 转让定价协定的可利用

利用转让定价手段在企业集团内部转移利润，使得企业集团的利润尽可能多地在低税率国家关联企业中实现，是跨国公司常用的一种国际税收筹划策略。但是这个规定要求关联企业之间的转让定价要符合独立交易原则（指完全独立的无关联关系的企业或个人，依据市场条件下所采用的计价标准或价格来处理其相互之间的收入和费用分配的原则，简单来说就是关联企业之交易定价要如同非关联企业一样）。

5. 成本分摊协议的可利用

成本分摊协议即 CCA（cost contribution arrangements），是两个以上企业之间议定的一项框架，用以确定各方在研发、生产或获得资产、劳务和权利等方面承担的成本和风险，并确定这些资产、劳务和权利的各参与者的利益的性质和范围。

最常见的CCA是无形资产共同开发协议，每一个参与者都可以获得所开发无形资产的一份权利。在这种CCA中，每个参与者都被授予独立地利用无形资产的权利。当参与者对CCA开发的资产拥有所有者权益，且权益是按适当比例划分时，参与者无须为使用与其获得的权益相一致的资产支付特许权使用费或其他费用。

美国公司采用CCA可以避开美国税法的"Section367（d）"的规定，即如果母公司把无形资产转移到新设立的外国子公司换取子公司的股权，该交易将会被视同母公司销售无形资产，应该就无形资产收取的特许权使用费在美国纳税。

6. 国际税收协定的可利用

为了解决国与国之间税收权益分配矛盾和冲突，各国之间一般都会通过签订国际税收协定给予缔约国居民一定的所得税优惠。第三国居民可以通过在缔约国一方设立子公司的方法，使子公司成为缔约国一方居民公司，从而享受到税收协定的优惠。

但是利用国际税收协定进行税收筹划具有一定的风险性，表面上来看是合法有效的，实际上却容易被指控滥用国际税收协定，税务当局可以通过加强与税收协定国家的税收信息交换等方式加以控制。

7. 微软的无形资产

微软作为软件提供商，其主要产品为软件。软件是一种典型的无形资产。"双爱尔兰"避税结构中，无形资产是这个结构得以进行的关键所在。

无形资产是指企业拥有或者控制的没有实物形态的可辨认非货币性资产。由于无形资产非实物、高成本、收益不稳定，难以寻找可比案例计量其价值，使得跨国公司利用其实施转移定价来进行利润转移更加隐蔽。

（二）微软的主要区域运营组织结构及运营模式

电脑软件的下载和使用，对于用户来说，在不同国家下载或使用的效果是一样的，但是对于微软来说，在低税率的国家下载量越多，微软能规避的税款越多。

从20世纪90年代开始，为了抢占国际市场份额并减少整体税费成本，微软开始建立一个相互关联的全球业务区域运营架构，包括三个区域经营中心，分别在爱尔兰、新加坡和波多黎各。微软努力使这三个经营中心的利润最大化，以减少其税收债务。

1. 微软爱尔兰

爱尔兰都柏林区域运营中心主要负责微软产品在欧洲、中东和非洲地区的生产和销售，包括位于爱尔兰的多个实体：

Round Island One（简称RIO）在爱尔兰运营，总部设在百慕大群岛。其出资建立了微软在波多黎各的全资受控外国公司Microsoft Operations Puerto Rico（简称MOPR）。

Microsoft Ireland Research（简称MIR）是RIO的一家作为忽视实体的全资受控外国公司，在爱尔兰区域运营中心处于核心地位。根据成本分摊协议，MIR承担微软研发成本的30%（研发活动都是在美国的微软公司进行的，MIR实际负责的研发不足微软公司总研发量的1%），同时享有在欧洲、中东和非洲地区销售微软产品的权利。但是MIR并不直接生产或销售，而是将该经济权利转授给其全资子公司Microsoft Ireland Operations Limited（简称MIOL）。

MIOL作为MIR的一家忽视实体的全资受控外国公司，主要生产微软产品的副本并卖给位于欧洲、中东和非洲地区的分销商，再由分销商销售给客户（图8－1）。

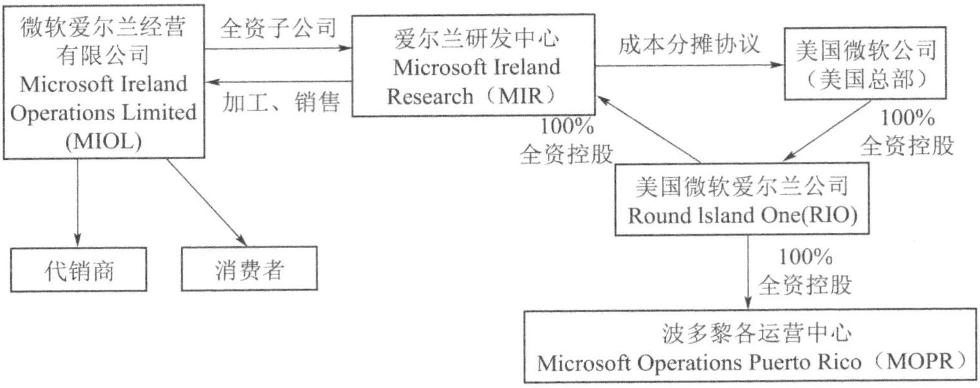

图8－1　微软爱尔兰框架图

资料来源：崔晓静、何朔，《“美国微软公司避税案”评析及启示》，《法学》2015年第12期。

2. 微软新加坡

新加坡区域运营中心主要负责微软公司在日本、印度、大中华地区与亚太地区的业务，包括多个实体：

Microsoft Singapore Holdings Pte. Ltd（简称MSHPL），是美国微软的一家全资受控外国公司。

Microsoft Asia Ireland Limited（简称MAIL），位于百慕大群岛，是MSHPL的一家忽视实体的全资受控外国公司。根据成本分摊协议，MAIL承担微软研发成本的10%（实际上MAIL不进行任何研发活动），享有在亚洲地区销售微软产品的权利。类似地，MAIL将所获得的知识产权的经济权利转授给Microsoft Operations Pte. Ltd（以下简称MOPL）。MOPL同样是MSHPL的一家忽视实体的全资受控外国公司，主要业务是在获得MAIL的授权后，制作微软产品的副本并销售给亚洲各地的分销商，再由分销商销售给客户（图8－2）

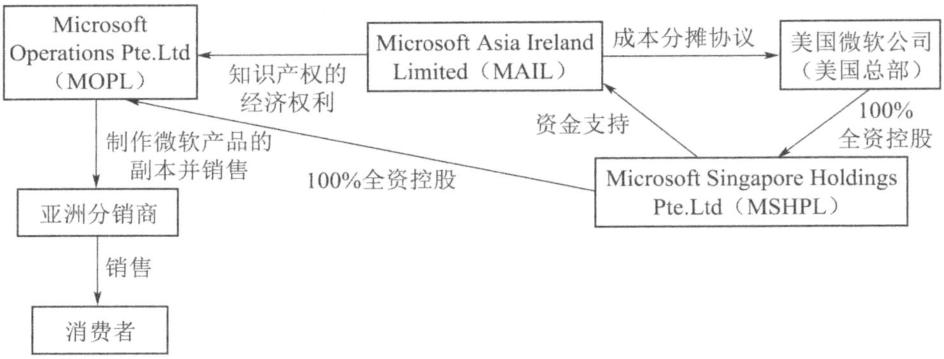

图8－2　微软新加坡框架图

资料来源：同图8－1。

3. 微软波多黎各

波多黎各区域运营中心主要由MOPR运营，其于2006年与微软美国签订成本分摊协议，获得了在美洲地区销售微软产品的权利。同时，MOPR 向微软美国支付 9 ～ 10 年的买进支付以补偿微软知识产权的现有价值，并根据其在美洲地区的销售额占全球销售额的比重大约承担了微软全球年度研发成本的 25%。此外，根据 MOPR 和微软美国子公司 Microsoft Licensing GP（简称 MLGP）之间的分销协议，在获得微软美国的授权后，MOPR 制作微软产品的数字和物理副本，并将其销售给 MLGP，由 MLGP 将该部分产品最终销售给美国消费者，但其须将在美国销售额的 47.27% 转移至波多黎各区域运营中心（图 8 –3）。

图 8 –3　微软波多黎各框架图

资料来源：同图 8 –1。

（三）“双爱尔兰”避税安排结构分析

美国微软公司为节税，架构了“双爱尔兰”避税安排结构（图 8 –4），其步骤如下：

第一，由美国微软在爱尔兰依法注册设立一家子公司爱尔兰微软，即 RIO，其实际管理机构在百慕大地区。由于爱尔兰实行单一“实际管理机构”税收管辖权，因此 RIO 作为爱尔兰非居民企业就不用向爱尔兰政府缴纳相关税款。而且，根据美国法律规定，依照外国法律在外国注册设立的企业将被美国视为该外国的税收居民，RIO 依据爱尔兰相关法律注册设立就会被美国视为爱尔兰税收居民。于是 RIO 既是爱尔兰非税收居民，又是美国非税收居民。同时，根据爱尔兰税法规定，如果一家非居民企业既被和爱尔兰签订有双边税收协定国家的税收居民所控制，该非居民企业又控制了一家在爱尔兰从事经营业务的居民企业，那该非居民企业可以享受爱尔兰和该国签订的税收协定待遇。因此 RIO 在与美国微软公司交易时，美国税法允许 RIO 可以享受爱尔兰与美国签订的税收协定待遇；而 RIO 与美国微软爱尔兰研发中心（简称 MIR）交易时，RIO 可以根据爱尔兰税法享受美国与爱尔兰签订的税收协定待遇。另外，RIO 作为美国微软在海外的一个子公司，其所得收入可以延迟汇回美国。

第二，由 RIO 在爱尔兰依法设立一个实际管理机构也在爱尔兰的全资子公司，即 MIR。同时 MIR 通过“勾选规则”让自己作为非独立实体成为 RIO 的一个分支机构并入到 RIO 中向美国微软公司汇总纳税。MIR 虽然不是美国微软公司直接设立的，但它在爱尔兰运营中心占主导地位，其主要作用是与美国微软签订成本分摊协议来进行成本利润在美国和爱尔兰之间的移动和划分。在第二步里，MIR 会与美国微软公司签订一份成本分摊协议，约定 MIR 取得美国微软在爱尔兰的无形资产的合作研发权。该协议的作用在于通过条款规定让美国微软公司向 RIO 转让无形资产的行为变成母子公司间的合作研发行为，从而避免了转让定价调整，同时也符合 CFC 规则的豁免条件。

第三，为了完成“双爱尔兰”避税安排，美国微软公司需要避开美国税法第 367 节

(d) 条。则美国微软公司通过 MIR 再依据爱尔兰法律设立一个全资子公司 MIOL，由其专门将 MIR 加工过的产品向业务辖区内的经销商销售，最后由经销商向最终消费者销售微软的商品。

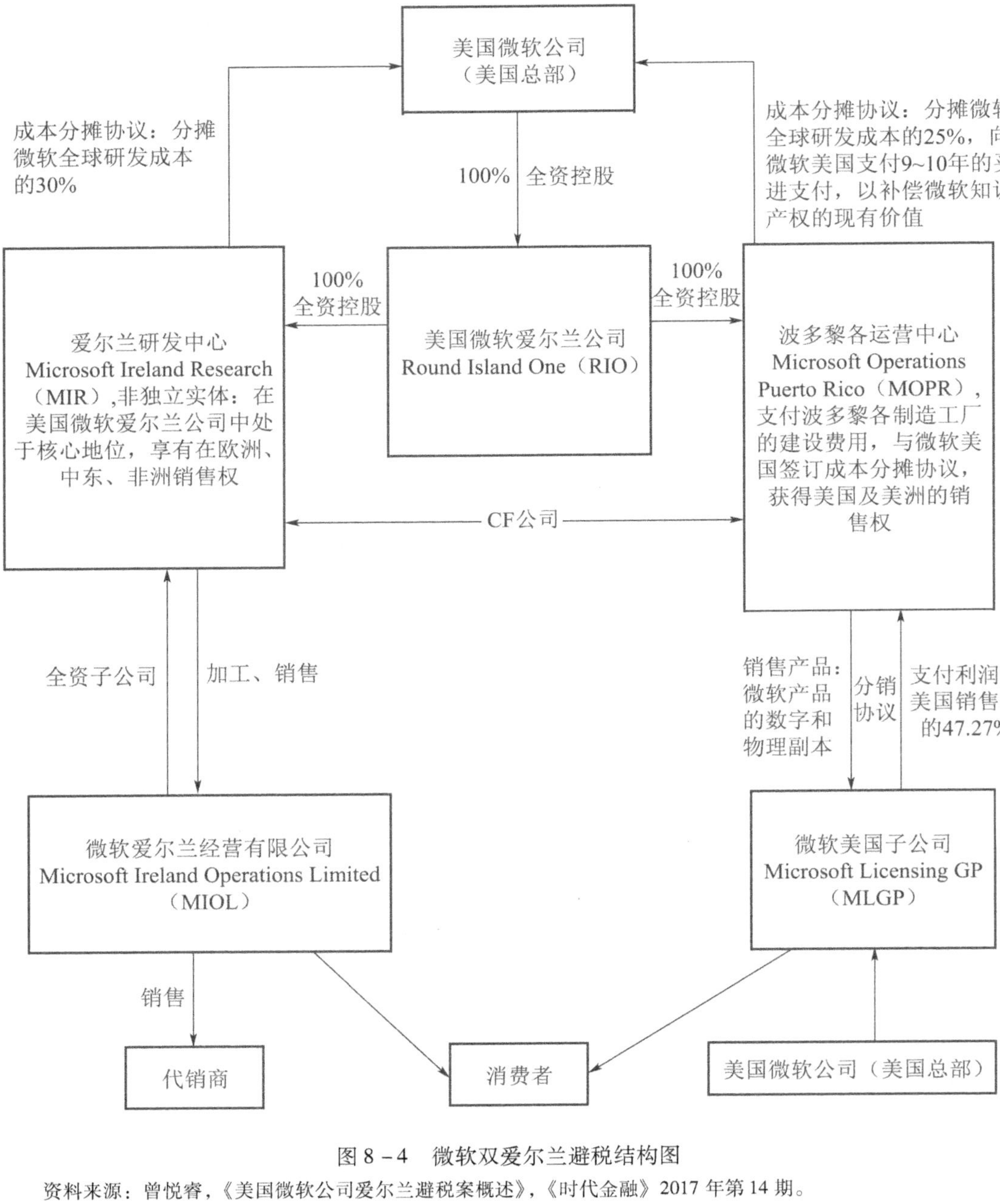

图 8－4 微软双爱尔兰避税结构图

资料来源：曾悦睿，《美国微软公司爱尔兰避税案概述》，《时代金融》2017 年第 14 期。

根据美国《国内收入法典》第 367 节 (d) 条，如果美国母公司把无形资产转移到新设立的外国子公司以换取子公司的股权，该交易将会被视同母公司销售无形资产，应就该无形资产在未来 20 年间产生的所有特许权使用费在美国纳税。为了避免该条被适用，美国的跨国公司经常采用与国外子公司签订成本分摊协议的方式进行无形资产转移。微软公司亦不例外。

微软和其各区域运营中心之间签订了一个世界性的成本分摊协议，每个参与实体基于其占全球收入的份额分摊微软知识产权全球研发成本的一部分，并相应获得在其各自区域内销售微软产品的权利。其中，MIR 大约分摊 30%，MAIL 大约分摊 10%，MOPR 大约分摊 25%，美国微软分摊剩余的 35%。由于成本分摊协议的每个参与方均被视为被研发无形资产的所有人，依此方法，微软将其所研发的无形资产转移到了美国境外，也因此将无形资产所产生的收益转移到了美国境外。比如，在爱尔兰和新加坡区域运营中心，子公司取得权利后，并不直接从事微软产品的生产和销售，而是将知识产权的经济权利转授给更低层级的关联受控外国公司，由其生产并销售微软产品给相应的分销商，再由分销商最终销售给客户。由于关联受控外国公司向子公司支付的特许权使用费不被视为美国《国内收入法典》F 部分所得，故该部分利润得以避免在美国缴税。又如，在波多黎各区域运营中心，根据成本分摊协议，MOPR 取得了在美洲地区（包括美国在内）的销售微软产品的权利，但根据 MOPR 与 MLGP 之间的分销协议，微软又为美国微软子公司在美国国内销售产品买回了部分分销权。之所以这样做，是因为根据分销协议，MLGP 须将其在美国销售额的 47.27% 转移到波多黎各区域运营中心，从而使该部分在美国国内销售产品取得的收入避免在美国缴税，而只需以 1.02% 的税率在波多黎各缴税。

通过成本分摊协议，各区域运营中心将支付给美国微软一定的费用，这笔费用就作为美国微软的收入，只需缴纳少量的税款。

三、微软公司的国际筹划方法总结

（一）选择切入点

苹果、亚马逊、Facebook、星巴克、微软等跨国公司所承担的税收大部分是企业所得税，所以跨国公司的税收筹划一般从不同国家的企业所得税率的高低切入，将所得从高税率国转移至低税率国，从而降低税负。

（二）转让定价（通过 CCA 成本分摊协议）

转让定价是指关联企业之间在销售货物、提供劳务、转让无形资产等时制定的价格。其一般做法是：高税率国企业向其低税率国关联企业销售货物、提供劳务、转让无形资产时制定低价；低税率国企业向其高税率国关联企业销售货物、提供劳务、转让无形资产时制定高价。这样，利润就从高税国转移到低税国，从而达到减轻税负的目的。

微软公司转让定价筹划方法的高明之处在于将成本分摊协议设计进去，也就是知识产权的成本分摊到下属海外子公司时，将知识产权拆分为法律权利和经济权利，赋予子公司经济权利，从而将利润留在海外子公司。

（三）延期纳税

美国税法允许美国公司的海外子公司留取通过非美国无形资产取得的收入，直到这家海外子公司把利润转回美国才缴税。这为微软公司的海外利润筹划提供了条件，只要取得的收入一直停留在海外，就不需要负担美国的所得税。但如果收入汇回美国，就要缴纳高达35%的企业所得税。

微软公司的延期纳税不等同于一般意义上的递延纳税。一般所说的递延纳税指的是纳税人根据税法的规定可将应纳税款推迟一定期限缴纳。而微软公司的延期纳税是没有日期限制的，也就是说在美国现行的税法下，微软公司的海外利润是可以永远延期纳税的。

微软公司的国际税收筹划方法可以概括为图8－5。

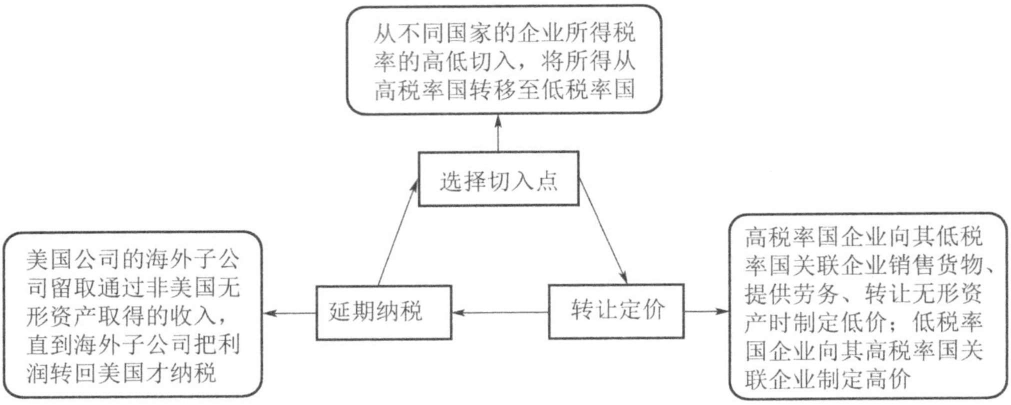

图8－5　微软公司国际税收筹划方法总结

四、微软公司国际税收战略主要涉税风险点

在爱尔兰税收法典中，最受争议的部分就是复杂的公司架构规定。爱尔兰的相关法律规定，该国不对本国公司向其他位于欧盟国家的公司的付款征税。即使是在爱尔兰注册的公司，只要其母公司或总部设在外国，就被认定为外国公司。因此，爱尔兰在过去的几十年里一直是非常吸引跨国公司的国度。

利用这些规定，跨国公司可以在爱尔兰设立两家子公司，然后将绝大部分未完税的海外收入转移至一家爱尔兰分公司，再将这些收入以某种交易形式支付给另一个属于百慕大等避税天堂实际管理的爱尔兰分公司。这两家爱尔兰子公司被称为“双爱尔兰”。

将美国投资吸引至爱尔兰，使该国在金融危机前享受了经济繁荣。多年来，爱尔兰一直抵制欧盟（EU）其他成员国的巨大压力，这些成员国将这种税收安排视为不公平的税收竞争手段。

爱尔兰财政部长迈克尔·努南（Michael Noonan）表示，从2015年1月起，在爱尔兰设立的公司将不能采取“双爱尔兰”做法。利用现有架构的企业必须以2020年为限，分阶段退出，或者做出其他安排。

据悉，有1000多家跨国公司在爱尔兰设立了子公司。这些公司一方面从12.5%的低企业所得税税率及当地弹性劳工制度中获利，另一方面为爱尔兰提供了16万个工作岗位，也就是说，差不多每10个爱尔兰员工就有1个受雇于跨国公司。避税漏洞政策的逐步废除，可能使受雇于跨国公司的爱尔兰员工面临失业风险。

五、美国税制改革对微软公司的影响

（一）美国税制改革

2018 年，美国历史上最大的特朗普税改正式实施，其中：

对于过去形成的、未课税或课税极低的所得视同汇回，一次性征税。其中，对归属于现金或现金等价物的收益，税率为 15.5% ；对归属于非现金性资产的收益，税率为 8% 。这笔税收相当于“过路过桥费”，一次性征收，过往不咎。

对于未来新增的所得，减税法案增设了一个新的所得类别，称为“全球无形低课税所得”（global intangible low-taxed income，GILTI），适用较低税率。GILTI 是指美国股东在受控外国公司（CFC）的净所得超过正常收益的部分。这部分所得是按美国股东在 CFC 中股份的比例计算出来的，与国内收入法典 F 分部的其他所得一样，不论是否分配，都要按比例加进股东的所得之中。公司股东的 GILTI 自 2018 年至 2025 年可扣除 50%，2026 年后只可扣除 37.5% 。

对于美国股东收到的拥有 10% 以上所有权的海外子公司股息给予 100% 扣除，即参股免税。此项措施将美国一贯实行的全球课征制一举而变为了属地课征制。但享受该政策的前提是，美国股东必须拥有海外子公司表决权股份 10% 以上，且符合持股期限要求。税改前美国公司所得税对美国居民公司全球所得课税，但有递延纳税规定，即如果所得不汇回，则不课税；现在改为属地课税，并取消了递延纳税规定，即对美国居民公司海外所得要不在获取时就征税，要不完全免税。改为属地原则后，美国企业在境外的投资红利按照属地原则汇回美国时可百分之百抵扣，不需要重复纳税。

对于跨国企业可能利用利润转移而使其海外收益永久避税的做法，法案中规定了反滥用条款，试图加以防范。

所有这些措施都是为了促使美国跨国公司将离岸所得汇回国内，直接或间接投资于美国国内，拉动投资，进而带动就业、促进经济增长。

（二）对微软的影响

按特朗普税改新政，美国的跨国公司海外利润中的现金和其他流动资产回到美国时，需按 15.5% 的税率缴纳一次性税收，比此前 35% 的税率大幅降低。这让美国的跨国公司将海外现金汇回美国的动力激增。

微软 2018 财年第二季度财报中，纳入了受特朗普税改影响一笔 138 亿美元净扣税，这笔扣税直接导致了微软当季出现净亏损。微软的财报说明中称，会计报告结果包括与特朗普税改有关的 138 亿美元净扣税。虽然微软没有细分这笔税收的具体项目，但市场普遍认为这可能跟微软把它的巨额海外现金储备汇回美国有关。

六、讨论题目

以下问题作为课堂讨论时引导学员思考的问题，也可以布置给学员在课外准备案例时思考。

1. 跨国税收筹划具有一定的风险，分析微软公司冒着风险，设计并实施国际税收筹划的动机。

2. 对于微软这类型的跨国科技公司，探讨并分析微软公司实施国际税收筹划步骤以及方案。

3. 跨国科技公司一直是各国打击国际避税的重点关注对象，分析微软公司成功实施国际税收筹划以来存在的税收争议，归纳“双爱尔兰”避税结构的风险。

4. 随着世界各国对国际避税的打击愈加严厉，对于像微软公司这类型的跨国公司，可以从哪些方面思考并设计国际税收筹划的方案。

5. 2018 年，在美国历史上最大规模的税改方案实施后，微软等科技股的股价有所下跌，分析这一现象产生的原因。税改方案对微软等跨国科技公司未来的发展有什么影响和启示，对美国经济将会造成怎样的影响？

七、参考资料

[1] 曾悦睿．美国微软公司爱尔兰避税案概述［J］．时代金融，2017（14）．

[2] 崔晓静，何朔．“美国微软公司避税案”评析及启示［J］．法学，2015（12）．

[3] 李超民．美国税改影响跨国资本流动［J］．2018（Z1）．

[4] 梁甜甜．当前国际避税模式的法律思考［J］．2017（05）．

[5] 赵国庆．审视跨国高科技公司避税行为，完善我国反避税制度——兼评“双爱尔兰（荷兰三明治）”避税安排［J］．国际税收，2013（08）．

[6] 朱长胜．关于成本分摊协议应用的几点思考［J］．财务与会计，2013（02）．

[7] 廖益新．国际税法学［M］．北京：高等教育出版社，2008．

[8] Brian J A，Michael J M．国际税收基础［M］．北京：中国税务出版社，2005．

[9] 倪淑慧，贾宪军．美国科技大公司巨额现金持有量的成因、影响及启示［J］．浙江金融，2018（03）．

[10] 朱一青．知识产权跨境交易反避税典型案例及评析［J］．河南财政税务高等专科学校学报，2016（06）．

[11] 张瀚予．跨国公司无形资产转移定价税制研究［D］．烟台：烟台大学，2017．

[12] 何铁军．国际税收协定滥用的法律问题研究［J］．经济研究导刊，2015（14）．

[13] 叶莉娜．美国转移定价之最优法规则评析与借鉴［J］．国际商务研究，2014（02）．

[14] 李旭鸿．国际税收协定与国内税法关系研究［J］．中国青年政治学院学报，2010（05）．

[15] 周青莹．论国际避税的形式及其治理［J］．闽西职业技术学院学报，2016（02）．

[16] 熊永生，李晓珂，林亚婷．转让定价税收效果分析［J］．商业经济，2011（17）．

[案例说明书]

一、本案例需要解决的关键问题

本案例主要适用于本科及硕士研究生的“纳税筹划”“国际税收”“战略管理”等课程，也可作为MBA教学案例和对企业高管的培训。通过本案例的研究讨论，学员应该实现以下教学目标：

（1）认识到税收筹划的重要性，学会运用税收筹划方法对真实的企业进行国际税收筹划方案的设计，以实现企业利益的最大化。

（2）了解国际税收的相关知识，掌握常见的国际税收筹划架构。

（3）能够分析出跨国企业在国际税收筹划中存在的主要涉税风险点。

二、案例讨论的准备工作

为实现本案例的教学目标，学员应在案例讨论前通过预发材料了解以下相关的知识背景：

（1）OECD《跨国企业与税务机关转让定价税务指南》；

（2）《联合国关于发展中国家转让定价的实用手册（2017版）》；

（3）美国税法典“Section367（d）”；

（4）经济合作与发展组织的《关于对所得和财产避免双重征税的协定范本》；

（5）成本分摊协议（Cost Contribution Arrangements）；

（6）美国、爱尔兰、新加坡、波多黎各等地区/国家的企业所得税率、税收管辖权；

（7）各关联国家的国际税收协定。

三、案例分析要点

（一）需要学员识别的关键问题

（1）跨国税收筹划具有一定的风险，分析微软公司冒着风险，设计并实施国际税收筹划的动机。

（2）对于微软这类型的跨国科技公司，探讨并分析微软公司实施国际税收筹划步骤以及方案。

（3）跨国科技公司一直是各国打击国际避税的重点关注对象，分析微软公司成功实施国际税收筹划以来存在的税收争议，归纳“双爱尔兰”避税结构的风险。

（4）随着世界各国对国际避税的打击愈加严厉，对于像微软公司这类型的跨国公司，可以从哪些方面思考并设计国际税收筹划的方案。

（5）2018年，在美国历史上最大规模的税改方案实施后，微软等科技股的股价有所下跌，分析这一现象产生的原因。税改方案对微软等跨国科技公司未来的发展有什么影响和启示，对美国经济将会造成的影响？

（二）解决问题可供选择的方案及其评价

1. 跨国税收筹划具有一定的风险，分析微软公司冒着风险，设计并实施国际税收筹划的动机

实现利益最大化是跨国公司生产经营的最终目标。

作为跨国公司的微软公司进行税收筹划，可以整体减少税收负担，减少经营成本，增加自己在市场中的竞争力，从而使微软公司整体达到利益最大化。

2. 对于微软这类型的跨国科技公司，探讨并分析微软公司实施国际税收筹划步骤以及方案

（1）熟悉国际税收筹划基本原理以及相关税制和规定。

国际税收筹划基本原理：① 国际税收筹划的概念；② 导管公司与国际税收协定：导管公司类型、导管公司与滥用税收协定等；③ 转让定价原理、国际应对转让定价的措施等；④外国基地公司原理；⑤ 战略管理的相关理论。

相关税制和规定：① OECD《跨国企业与税务机关转让定价税务指南》；②《联合国关于发展中国家转让定价的实用手册（2017 版）》；③ 美国税法典“Section367（d）”；④ 经济合作与发展组织的《关于对所得和财产避免双重征税的协定范本》；⑤ 成本分摊协议（Cost Contribution Arrangements）；⑥ 美国、爱尔兰、新加坡、波多黎各等地区/国家的企业所得税率、税收管辖权；⑦ 各关联国家的国际税收协定。

（2）选择切入点。

微软公司所承担的税负大部分是企业所得税，所以其税收筹划一般从不同国家的企业所得税率的高低切入，将所得从高税率国转移至低税率国从而降低税负。

（3）构建“爱尔兰—爱尔兰”双爱尔兰架构。

RIO 首先与美国母公司签订了成本分摊协议，然后使用一定的方法以较低的价格获取了母公司本身所持有的知识产权，然后子公司再将使用权授予给 MIR 使用，一方面使利润流向 MIR，另一方面避免国外的利润直接流回美国而缴纳 35% 的企业所得税。

3. 跨国科技公司一直是各国打击国际避税的重点关注对象，分析微软公司成功实施国际税收筹划以来存在的税收争议，归纳“双爱尔兰”避税结构的风险

（1）争议。

① 一方面，世界各地的媒体、政客和民间呼声争相讨伐微软公司利用在离岸税港设立子公司等税务安排方式避税的“可耻”行为。

② 另一方面，英国某市长表示，作为一个公司企业总裁职责的一个重要部分，就是确保公司在法律允许范围内税负最小化，以便增进公司的效益。他还表示，欧盟成员国应该争相降低企业税来吸引更多大型国际企业在当地安家落户。对政府来说，企业更多缴纳税收当然是好事，但是企业缴纳多少税最终是各国政府如何塑造税收系统和架构的问题。

（2）税务风险。

① 尽管微软公司采用的是所有跨国公司如苹果、亚马逊、星巴克和谷歌普遍在用的“三明治”避税方式，但实际上，微软的种种避税行为早已激起欧盟国家内部的愤怒。欧盟反垄断监管部门就曾要求星巴克补缴数百万欧元的税款，查的就是“荷兰三明治”的避税方式。此前，苹果已经因为在爱尔兰的税收情况接受调查，被罚向爱尔兰补缴高达

130多亿欧元的税款。欧盟还在想办法限制企业利用复杂架构来减少应缴税款的能力。

② 爱尔兰政府2015年封堵了税务漏洞，不再允许“双爱尔兰”模式，但已经使用这种模式的公司可以继续沿用到2020年末。微软公司的三明治架构最多只能沿用至2020年，此后该如何进行税务筹划值得深思，且如果筹划不当会面对高额的税负支出。

4. 随着世界各国对国际避税的打击愈加严厉，对于像微软公司这类型的跨国公司可以从哪些方面思考并设计国际税收筹划的方案

（1）国际税收筹划是一项非常复杂、专业性非常强的工作，要求操作人员不但能够充分了解世界各地的税收制度与优惠政策，并能时刻关注其变化，熟悉公司的业务，而且精通财务知识、税务知识以及相关的法律法规。

（2）跨国公司在进行税收筹划时应该从集团整体的角度考虑，各公司之间不能只考虑如何实现自身利益。因此，跨国企业应该以集团整体利益最大化、税负最小化为目标，制定适当的税收筹划方案，使投资者的权益不断增长，避免由于集团内部各公司的税收筹划方案的冲突而导致集团整体利益的下降。

（3）跨国公司可以通过内部货物的流转把高税率地区的交易转移到低税率的国家，这样使跨国企业获得了大量的所得，而所需要缴纳的税负则相对较低，跨国企业能够通过内部转移的方式实现合理避税，利用转移定价减少所得税，实现跨国企业税收筹划水平的提升。

（4）为了避免与应对滥用税收协定的条款相抵触，跨国公司在设立导管公司时，首先必须考虑税务当局的税收监管能力与反滥用税收协定的政策规定，选择适当的地点设立导管公司；其次，在导管公司设立国也应开展实质性的经营生产活动，避免单纯建立用来避税的空壳公司，以免引起税务当局的关注。

（5）利用外国基地公司进行税收筹划应当谨慎小心，一是税收筹划结构需要建立在对各国最近税收政策基础上；二是避免激进的税收筹划，违反税收筹划合乎立法意图的本质。

（6）目前，世界上对于电子商务贸易的所得的界限比较模糊，利用这个特点，跨国公司可以进一步进行税收筹划。尤其是对于一些无形资产，更是无法有效地判断哪些是人工所得、哪些是经营所得，因此在进行国际税收筹划的过程中，可以根据税率的不同适当地对所得税进行操作，提升跨国企业的经济效益，保证跨国公司能够实现长期稳定的发展。

（7）当跨国公司决定在国外投资和从事经营活动时，可以选择不同的组织形式，或是在东道国建立子公司，或是建立分公司。在实际活动中，子公司与分公司两种组织形式各有利弊。一般而言，在营业初期以分支机构组织形式经营为好，这样其开业的亏损能在汇总缴纳时冲抵总公司利润，从而减少跨国公司的税收负担；但当分支机构由亏转盈之后，则应适时转变为子公司，以享受东道国为子公司提供的免税期以及延期纳税等好处。

5. 2018年，在美国历史上最大规模的税改方案实施后，微软等科技股的股价有所下跌，分析这一现象产生的原因。税收方案对微软等跨国科技公司未来的发展有什么影响和启示，对美国经济将会造成怎样的影响

（1）对微软的影响。

美国税改法案通过后，微软等科技股的股价有所下跌。这是由于税改方案出台之后，大家意识到以谷歌、微软为首的高科技公司本身受到税改的影响是非常小的。第一，因为他们面临的税负本身就比较低；第二，他们已经充分利用了国家的税收漏洞，或者说是技

巧，实现大量避税。所以这一轮的减税对于他们的影响是非常小的，反而对于金融类、原油类、零售类等其他企业的影响是巨大的，因为一下凭空多出来很多留存利润。这个时候不是说科技股变差了，而是有更好的机会。

对于微软来说，一方面美国的企业所得税从35%降到15%，与“双爱尔兰”避税架构的核心国家爱尔兰的企业所得税率12.5%相差不大，加上“双爱尔兰”避税架构的漏洞将会在2020年堵上，微软可能会重新架构全球业务架构，将业务重心转回美国。另一方面，按照改革后的特朗普税法改为属地原则后，美国企业在境外的投资红利按照属地原则汇回美国时可百分之百抵扣，不需要重复纳税。对此前已产生未汇回美国国内的海外所得，依收入的种类分别按8%（资产）或10%（现金）的优惠税率征收一次性所得税。微软留存在海外的大量留置资金，可能将会在近期慢慢转移回美国国内。

（2）对美国的影响。

减税虽然是一件极复杂的事，但是其针对的对象是明确的：只有企业和个人。对企业来说，一直奉行自由主义的美国，其企业的税负在主要发达国家经济体中却居高不下，平均税率达到35%，高于OECD成员国的平均水平。高税负按理来说可以带来较高的税收，但美国的税法规定，企业只需要按国库券的年利率来缴纳利息，就可以递延海外收入部分应缴的所得税。这个政策的初衷是为了实现美企的海外资本扩张，促进资本的自由流通，但同时也造成了一个“漏洞”：大量的美企将收入转移到海外，从而实现避税。库克就曾公开表示，苹果有七成的现金存放于国外，每年可以避税300亿美元。一方面是国内企业的高税负，另一方面是海外资本扩张的优惠政策，二者共同作用，造成了美国企业所得税收入的“尴尬”境地：美国对企业征税的税率虽然高于OECD成员国的平均水平，但是税收收入却比OECD的平均水平还低。商人出身的特朗普对美国的企业税负的“尴尬”深有体会，自然不会对这种资本的隐形外流置之不理。长期以来，美国是世界上对外直接投资最多的国家，跨国公司遍布全世界。但是，以前美国政府要对跨国公司汇回美国的利润征收35%的税。在这种情况下，美国跨国公司为了避税，往往把利润存放在税率很低的“避税地”。据媒体报道，规模最大的50家美国跨国公司有约16000亿美元的利润存放在海外，苹果公司以2000亿美元位列第一，辉瑞制药公司以1936亿美元排在第二，微软公司以1240亿美元名列第三。

特朗普本次税改的主要目的之一是鼓励资金回流美国。按照特朗普政府的减税方案，政府对跨国公司以现金方式汇回的利润征收15.5%的税，对以非现金形式汇回的利润征收8%的税。现在，利润汇回税大幅降低后，跨国公司有可能将海外资金转移回美国，这16 000亿美元大部分极有可能会回流美国，从而有助于改善美国的经常项目逆差，也有助于向美国经济注入投资资金。特别是美国股市走势强劲，无论是纽交所还是纳斯达克都连创新高。资金都往美国跑，新兴国家将面临巨大压力。

四、教学组织方式

（三）问题清单及提问顺序、资料发放顺序

本案例讨论题目依次为：

1. 跨国税收筹划具有一定的风险，分析微软公司冒着风险，设计并实施国际税收筹

划的动机。

2. 对于微软这类型的跨国科技公司，探讨并分析微软公司实施国际税收筹划步骤以及方案。

3. 跨国科技公司一直是各国打击国际避税的重点关注对象，分析微软公司成功实施国际税收筹划以来存在的税收争议，归纳“双爱尔兰”避税结构的风险。

4. 随着世界各国对国际避税的打击力度加大，像微软公司这类型的跨国公司可以从哪些方面思考并设计国际税收筹划的方案。

5. 2018 年，在美国历史上最大规模的税改方案实施后，微软等科技股的股价有所下跌，分析这一现象产生的原因。税收方案对微软等跨国科技公司未来的发展有什么影响和启示，对美国经济将会造成怎样的影响？

（四）课时分配（90 ～ 120 分钟）

本案例的案例正文及讨论问题，在讲授有关知识点之后，案例讨论课之前（至少提前一周），一次性布置给学员。在案例讨论课上可以按照下表的课堂计划进行分析和讨论，仅供参考。

内容	主讲人	时间	说明
课前准备	教师	—	至少提前一周发放资料，请学员在课前完成阅读和初步思考
讨论问题 1	分组讨论	20 ～ 25 分钟	学员自由发言，教师参与讨论并帮助分析
讨论问题 2	分组讨论	20 ～ 25 分钟	学员自由发言，教师参与讨论并帮助分析
讨论问题 3	分组讨论	20 ～ 25 分钟	学员自由发言，教师参与讨论并帮助分析
讨论问题 4	分组讨论	20 ～ 25 分钟	学员自由发言，教师参与讨论并帮助分析
讨论问题 5	分组讨论	20 ～ 25 分钟	学员自由发言，教师参与讨论并帮助分析
案例总结	教师、学员	10 ～ 15 分钟	学员自由发言，教师进行总结

（五）讨论方式

本案例建议采用小组式的讨论方式。

（六）课堂讨论总结

课堂讨论总结的关键是：根据小组发言与辩论情况，进行归纳总结，教师就学员的讨论情况进行点评，就如何运用理论知识去解决实际问题提出建议并引导学员对案例后续发展做出展望，并在课后继续跟踪最新进展。

案例 9

水可载舟，亦可覆舟——转让定价法下宝洁与星巴克的不同“税”路*

*1. 本案例由广东工业大学管理学院的张源、温琳、徐于茜、卓少彦、许嘉丽撰写，作者拥有著作权中的署名权、修改权、改编权。

2. 本案例授权广东工业大学产教融合 MPAcc 教学智库实验平台使用，广东工业大学产教融合 MPAcc 教学智库实验平台享有复制权、修改权、发表权、发行权、信息网络传播权、改编权、汇编权和翻译权。

3. 由于企业保密的要求，在案例中对有关名称、数据等做了必要的掩饰性处理。

4. 本案例只供课堂讨论之用，并无暗示或说明某种管理行为是否有效。

[案例封面]

专业领域： 财务管理

适用课程： 财税管理法，税法

选用课程： 税收筹划，中国税制

编写目的： 本案例通过分析宝洁和星巴克两家跨国公司对转让定价的运用，得出有关跨国公司税收成本控制的深刻启示。

知 识 点： 转让定价；税收优惠；价值创造

关 键 词： 跨国公司；关联交易；税收成本控制

中文摘要： 本文的研究对象宝洁公司和星巴克是两家总部位于美国的知名跨国公司，在全球许多国家都拥有子公司，每年的销售收入和利润都非常可观。两家公司也根据自身跨国经营的特点，不断探索税收筹划模式。但宝洁公司却因转让定价这一税收策划方法运用得不合理，在2003年上半年，位于中国的分公司被查出有严重的漏税行为。而星巴克却通过合理的税收策划，转让定价，享受着各国税制差异带来的税收利益，极大地控制了税收成本，实现了企业价值的最大化。两家公司税收策划的经验与教训值得我们深入探讨。

[案例正文]

一、引言

随着跨国公司规模和业务范围的全球扩张，在转让定价方面的研究虽然已十分广泛，但鲜有将实体企业间的税收策划方案进行对比分析，下面将以宝洁公司、星巴克的税收筹划为例，通过对这两个案例的对比研究，对跨国公司的转让定价情况进行总结分析。

二、税收成本控制方法——转让定价

（一）转让定价的定义

转让定价是指公司集团内部机构或企业之间相互提供产品、劳务或财产而进行的内部交易作价。跨国企业通常为了整体利益，采取有别于正常市场价格的定价来决定集团内部企业之间或者与关联企业之间的交易价格、收益分配或成本分担，将利润转移到低税率国或避税地的关联企业。

（二）转让定价的表现形式

1. 可比非受控价格法

该方法依据相同或类似市场条件下非关联企业之间进行同类交易时所使用的独立非受控价格来调整关联企业之间合理的转让定价，它被认为是调整跨国关联企业转让定价的最合理、最科学的方法。该方法适用于几乎所有类型的关联交易。

由于无形资产交易的可比性要考虑无形资产本身（包括无形资产的类别、用途、预期收益与开发程度等）的可比性和交易环境的可比性（如开发投资、转让条件、法律保护程度及期限、地理位置等），也即要求关联交易与非受控交易要严格可比，否则受控交易使用的价格就不具有参照性，这往往也是使用该方法调整无形资产转让定价的重要瓶颈。

2. 利润分割法

利润分割法包括一般利润分割法和剩余利润分割法两种方法。在无需严格可比信息的情况下，关联交易各方按各自对交易带来的实际或预期利润的贡献确定各方应分配的利润。一般利润分割法与剩余利润分割法的区别主要在关联方之间分配的利润的范围：一般利润分割法分配交易带来的预期或实际的全部利润；剩余利润分割法分配全部利润去除分配给各关联方的一般利润后的差值，即剩余利润。两者的共同点在于利润分割都需遵循独立交易原则，依据关联各方承担的职能和风险来确定最终的利润分配。

利润分割法的优点在于，通常情况下不需要依赖于严格可比独立经济实体，具有一定灵活性。利润分割法下，交易双方都做评价，所以不会出现任何一方存在极端的利润结果。利润分割法特别适用于对能直接带来超额利润的营销性无形资产的转让定价调整，尤其适用于各参与方关联交易高度整合且难以单独评估的情况。在现有国际与国内转让定价规范框架下，利润分割法有可能成为目前解决复杂无形资产转让定价问题最合适的方法。近几年我国的转让定价案件中，涉及集团劳务、成本分摊协议的案件比重明显增加。

4. 其他方法

其他方法包括价值贡献分配法及资产评估方法等。价值贡献分配法可衡量创造价值的因素对跨国企业总体利润的贡献，最后依据贡献程度将总利润在关联企业之间进行分配。对于难以确定可比独立交易实体，但可确定集团总体利润和交易各方为创造价值的贡献的关联交易，通常可以考虑使用价值贡献分配法。

资产评估方法包括成本法、市场法和收益法等方法，这些方法主要是资产评估学的相关理论在无形资产的价值评估中的应用。

另外，在征求意见稿中，对于转让定价方法的选择和使用，无论选择何种转让定价方法，都需说明企业对集团整体利润或者剩余利润水平所做的贡献，即在法律合同或协议的基础上，考虑经济实质与法律实质的一致情况。

（三）转让定价的交易类型

根据《准则》规定，关联方之间进行转移定价的交易类型主要包括以下几种：①购买或销售商品；②购买或销售其他有形资产；③提供或接受劳务；④代理销售货物或签订合同；⑤经营租赁和融资租赁；⑥提供资金；⑦担保和抵押；⑧商标使用的许可授权；⑨研究与开发项目的转移；⑩关键管理人员报酬等。

三、宝洁概况

（一）公司背景

宝洁（Procter & Gamble，P&G）公司成立于1837年，至今已有近200年历史，是世界上经营时间最长、营业范围最广的企业之一。公司总部位于美国俄亥俄州西西那堤市。截至2015年。宝洁公司已在全世界超过90个国家或地区设立了子公司或代工厂，全球员工超过10万人。2017年，宝洁公司在《财富》美国500强排行榜中排名第36位。此外，宝洁公司还连续数年获得世界500强十大最受赞誉企业的殊荣。

（二）财务状况

宝洁公司自在中国创办第一间合资企业广州宝洁有限公司以来，进军中国仅3年即实现盈利，创下世界500强速度之最。

如表9-1所示，从宝洁公司2001—2005年的营业收入及净利润可以看到，宝洁公司业绩整体呈现上升趋势，在全球化背景下，公司凭借跨国优势，逐步拓宽自己的业务，稳步发展。

表9-1　宝洁公司2001—2005年部分重要营业数据①　　单位：百万美元

年　份	2001	2002	2003	2004	2005
营业收入	4736	6678	7853	9827	10927
净利润	2922	4352	5186	6481	7257

宝洁公司营业收入年年攀高，但自1993年起，宝洁在中国的子公司广州宝洁连续多

① 该数据来自www.pginvestor.com。

年成为我国轻工行业向国家上缴税额最多的企业，也正是如此，税收策划对于高速发展的宝洁尤为重要。

（三）税收策划过程

宝洁公司在中国境内的关联企业主要有广州宝洁所属广州纸品有限公司、广州口腔保健用品有限公司，北京宝洁所属北京洗涤用品有限公司和成都分公司、天津分公司等。

2002 年，在宝洁公司的关联企业中部分公司出现连续亏损，广州纸品有限公司和北京洗涤用品有限公司陷入财务困境，这些公司失去了向银行借贷的能力。于是宝洁公司以公司本部的名义向中国银行广东省分行寻求总金额高达 20 亿元左右的巨额贷款。但与正常企业行为相违背的是，宝洁公司又拨出巨资以无息借贷的方式借给广州纸品有限公司和北京洗涤用品有限公司使用，如图 9 - 1 所示。

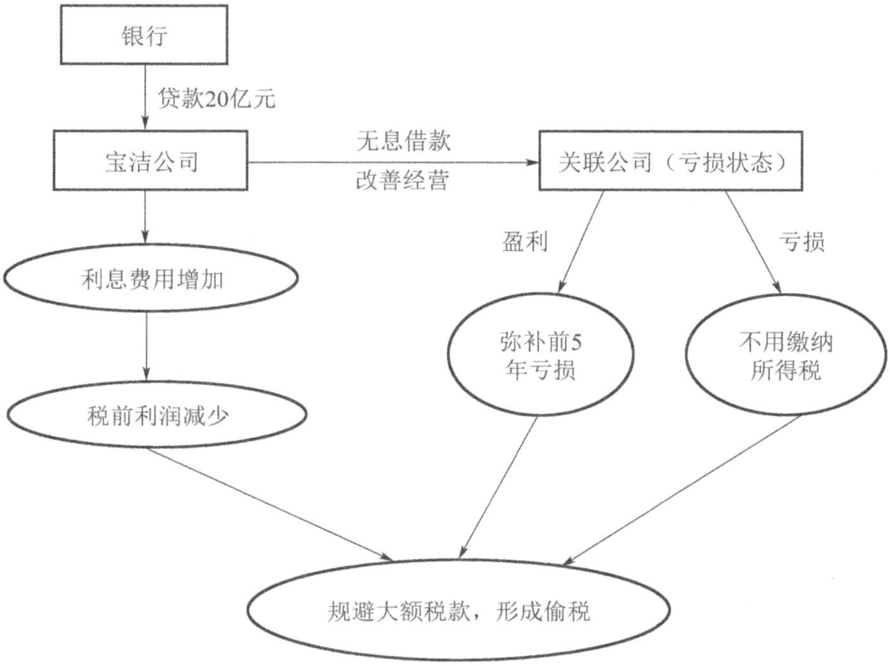

图 9 - 1　广州宝洁公司转让定价关系①

一方面，作为宝洁，其借贷给关联企业的巨额资金实际并不为自身所用，却承担着巨额的银行借贷利息。向银行大量借贷，借贷资金与随之产生的利息支付在账目上表现为负债。根据税法的规定，利息支出是在税前扣除，于是，随着其税前利润的相对减少，其应交所得税也相应地减少，所以宝洁公司利用税前列支利息从而达到减少纳税的目的。

另一方面，由于存在业务代理关系，宝洁公司可以预付部分资金给广州纸品有限公司和北京洗涤用品有限公司，使其作为获得了巨额无息贷款的公司（有预付货款及费用作挡箭牌，该公司不认为这是融资行为，于是不作纳税申报）改善了资金运营状况，如果

① 根据《智富时代》2016 年第 4 期《宝洁公司漏税——中国首例避税案》获得。

其当年利润仍表现为亏损，则这两家公司当年无需缴纳所得税；如果其当年利润表现为盈利，根据税法规定，则可将税前利润弥补前五年的亏损，同样能减少当年应纳所得税额。

假设广州宝洁 2002 年未贷款 20 亿元时的税前利润为 a 亿元①

假设一：广州宝洁 2002 年贷款 20 亿元，贷款利率为 5.76%（以 2002 年 2 月发布的 5 年以上长期贷款基准利率），后以 4% 的利率贷款给两家关联企业（亏损状态，无需缴纳企业所得税）

广州宝洁应纳税所得额 $= a - 20 \times 5.76\% + 20 \times 4\% = a - 0.352$（亿元）

应纳税额 $= (a - 0.352) \times 33\% = 0.33a - 0.11616$（亿元）

假设二：广州宝洁 2002 年贷款 20 亿元，贷款利率为 5.76%（2002 年 2 月发布的 5 年以上长期贷款基准利率），后无息贷款给两家关联企业（亏损状态，无需缴纳企业所得税）

广州宝洁应纳税所得额 $= a - 20 \times 5.76\% = a - 1.152$（亿元）

应纳税额 $= (a - 1.152) \times 33\% = 0.33a - 0.38016$（亿元）

减少税款：$(0.33a - 0.11616) - (0.33a - 0.38016) = 0.264$（亿元）

广州宝洁通过将贷款利息定为零进行资金使用权的转移，减少了其在中国境内所有关联企业应纳所得税之和，成功规避了部分政府税收。然而这样的转让定价方式违背了我国税法的相关规定，2003 年 5 月，广州税务局宣布了对宝洁集团的处分——追缴企业所得税 8149 万元，并限其于 2003 年年底全部缴交入库。这次资金使用权的转让定价没能实现成功的税收策划，反而给公司带来了更大的资金损失和形象损失，造成了严重的负面影响。

四、星巴克概况

（一）公司背景

星巴克（Starbucks）于 1971 年成立，为全球最大的咖啡连锁店，其总部坐落在美国华盛顿州西雅图市。星巴克有近 12 000 间分店遍布北美、南美洲、欧洲、中东及太平洋区。

（二）财务状况

根据星巴克所披露的财务分析报告，2017 年度，星巴克实现营业收入约 224 亿美元，净利润约为 29 亿美元，通过近三年的财报数据分析，星巴克每年的营业收入和净利润都在稳步增加，如表 9－2、图 9－2 所示。可见，星巴克所得税筹划十分重要。

表 9－2　星巴克 2015—2017 年部分重要营业数据②　　单位：万美元

年　份	2015	2016	2017
营业收入	1 916 270	2 131 590	2 238 680
净利润	275 740	281 770	288 470
税额	114 370	137 970	143 260
税额/营业收入的比率	5.97%	6.47%	6.40%

① 由于广州宝洁为未上市企业，公司未向外界披露财务数据，因此本文基于以下假设条件计算其节税效果。

② 该数据来自 https：//finance. yahoo. com。

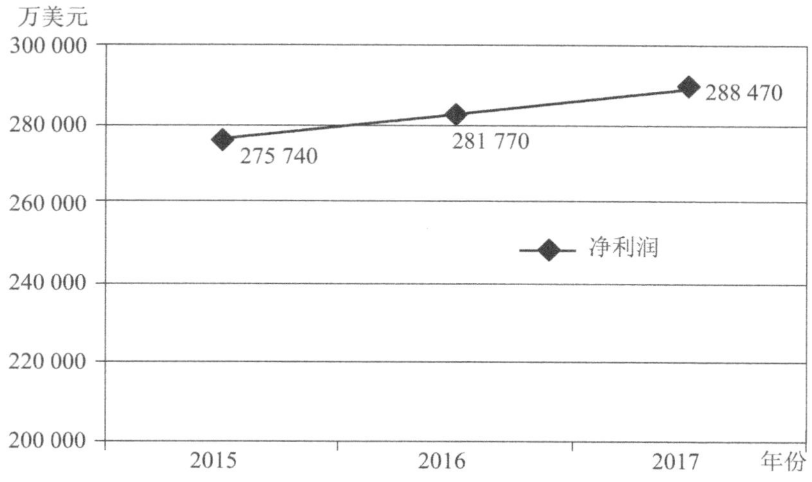

图9－2 星巴克2015—2017年净利润趋势图

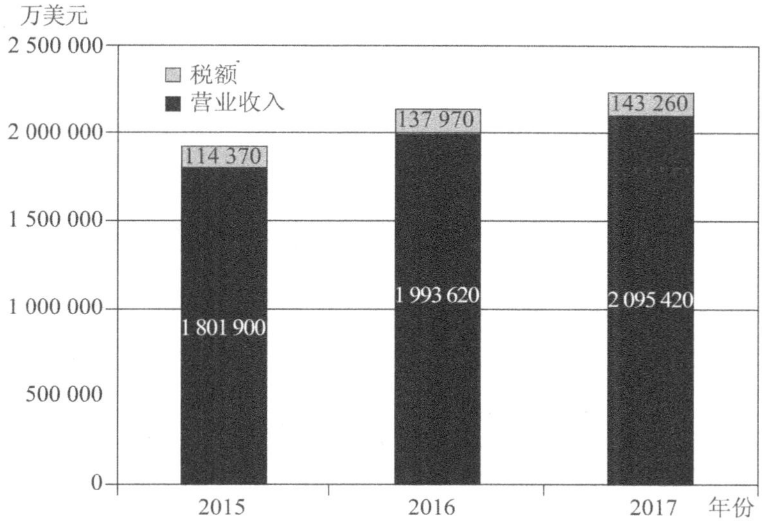

图9－3 星巴克2015—2017年营业收入及税额变动图

正因如此，星巴克利用了跨国经营的优势，探索出一套税收策划模式。

从图9－3中可以看出，星巴克每年的应缴纳税额只占其营业收入的6%左右。而在它的税负结构中，在美国本土所缴纳的税额占据了其整体税负的八九成。

（三）税收策划过程

1. 公司纳税框架设计

美国星巴克总部Starbucks Coffee International（SCI）是一家成立在美国华盛顿州的股份有限公司，控制位于英国的有限合伙企业Alki. LP，Alki. LP控股Starbucks Coffee BV（荷兰星巴克总部），荷兰星巴克总部控股Starbucks Coffee Trading Company SARL（瑞士星巴克）和 Starbucks Manufacturing BV（荷兰星巴克制造）。星巴克设置如图 9－4 所示的公司架构，主要是想通过瑞士（避税天堂）以及英国有限合伙企业进行税收策划。

2. 美国星巴克总部

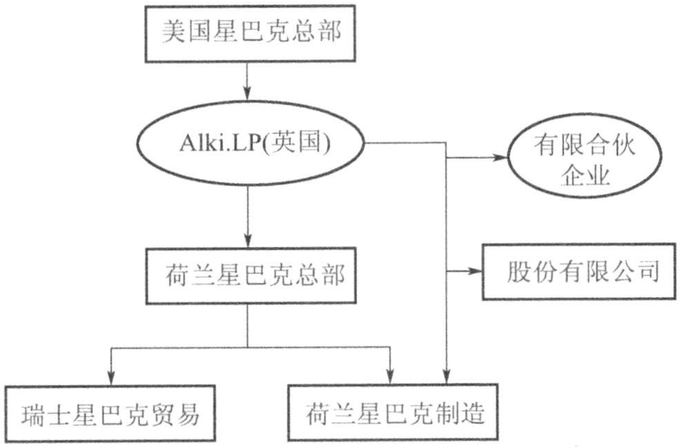

图 9－4　星巴克公司结构①

美国星巴克总部主要是通过与英国 Alki. LP 公司签订成本分摊协议来达到降低税负的目的。成本分摊协议是企业之间签订的一项协议，用来规定在研发、生产或获得资产、劳务和权利等的过程中，各方承担的风险和成本，以及享有的权利和利益范围。成本分摊协议签订后，签订协议的相关各方即可拥有开发后的无形资产，同时各方也可以扣除无形资产开发过程中产生的费用。根据美国的税法，如果母公司为了取得海外子公司的股权而将无形资产转移给海外子公司使用，这一无形资产的转让行为应当视为无形资产的销售行为，应在未来 20 年内就该无形资产取得的特许权使用费在美国纳税。假设美国星巴克总部不与 Alki. LP 签订成本分摊协议，那么当它将商标权、烘焙技术等无形资产转移给 Alki. LP 时，就应当视为出售无形资产，需就其收入纳税。而通过双方签订的成本分摊协议，美国星巴克总部与 Alki. LP 公司对无形资产共同拥有，当 Alki. LP 公司使用这些无形资产时不需支付特许权使用费，总部没取得收入而不需纳税。

3. Alki. LP

Alki. LP 负责小部分研发工作，不承担生产经营工作。Alki. LP 主要负责授予荷兰星巴克总部和荷兰星巴克制造无形资产使用权，因此每隔一定的时间，这两家公司就需要向 Alki. LP 支付巨额的特许权使用费。而 Alki. LP 为在英国的有限合伙企业，其合伙人位于美国华盛顿州，根据英国税法，Alki. LP 公司无需在英国纳税，只需合伙人在其所在地按照法律缴税即可。同时，Alki. LP 在美国的纳税情况：第一，美国华盛顿州不征收个人所得税，所以 Alki. LP 也无需在美国缴纳个人所得税；第二，根据美国的打钩原则，除了上市实体外美国公司可以通过填一张表格来选择某一实体的法律认定是公司还是合伙企业。通过打钩原则，美国星巴克总部将荷兰星巴克总部和荷兰星巴克制造认定为无视实体，即在美国税法中被视为不存在，因此 Alki. LP 收取的特许权使用费被认定为内部收入，不需要缴纳美国的企业所得税。因此，星巴克把部分营业利润转移到英国的有限合伙公司，节税效果显著（图 9－5）。

图 9－5　星巴克各公司交易关系图②

①② 根据《新理财》2017 年第 4 期《星巴克国际避税模式探究》绘制。

4. 荷兰星巴克总部

荷兰星巴克总部负责和各门店谈判各项产品的具体销售协议，同时提供星巴克商标等无形资产的使用权，向各门店收取特许权使用费。但这一特许使用权来自 Alki. LP，因此，荷兰星巴克总部还需要向 Alki. LP 支付高额的特许权使用费。通过这个过程，荷兰星巴克总部收取的特许权使用费就和 Alki. LP 公司特许权的买入款抵消了相当一部分，星巴克实质上将大量的利润转移到了英国的 Alki. LP 公司，而只需要就抵消后剩下的很少一部分向荷兰税务机关纳税（图 9－6）。

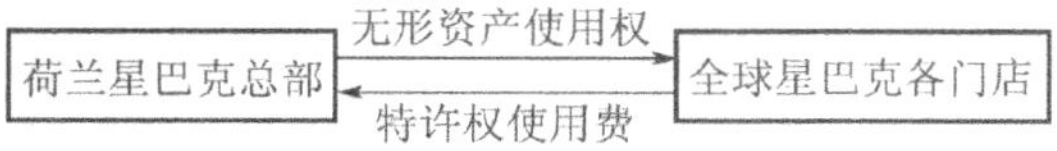

图 9－6 荷兰星巴克总部与各门店关系图①

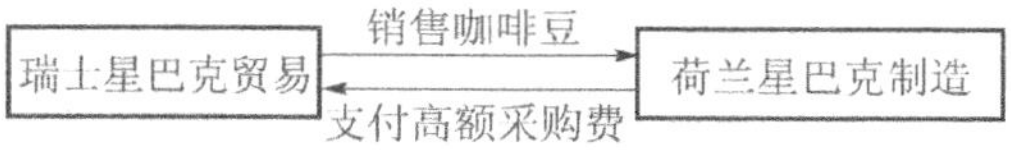

图 9－7 瑞士星巴克与荷兰制造交易关系图②

5. 瑞士星巴克贸易

瑞士星巴克贸易负责星巴克全球范围的咖啡豆采购工作，销售给世界各地的星巴克制造公司，其中就包括荷兰星巴克制造。但在交易过程中，为了充分利用瑞士税率较低的优势，瑞士星巴克贸易以较高的价格将咖啡豆卖给荷兰星巴克制造，荷兰星巴克制造则通过支付高额的采购费，将自己获取的利润转移到了瑞士，采取转让定价的方式减少自己的税负（图 9－7）。

6. 荷兰星巴克制造

荷兰星巴克制造在向瑞士星巴克贸易采购咖啡豆后将咖啡豆烘焙和包装好分销给各地的门店。由于荷兰星巴克制造在咖啡豆生产过程中采用了英国 Alki. LP 授权的咖啡豆烘焙等技术，所以其收入的一部分通过特许权使用费转入英国；而采购咖啡豆的过程中，支付给瑞士星巴克贸易较高的价格，因此其利润的一部分又流入了瑞士星巴克贸易（图 9－8）。

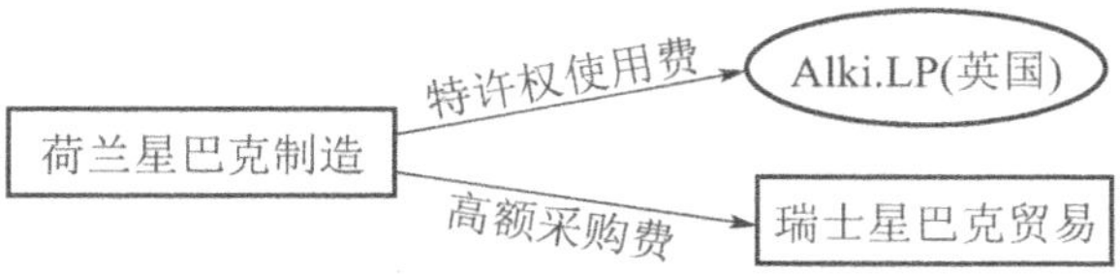

图 9－8 星巴克相关子公司关系图③

五、宝洁税收策划失败与星巴克成功的“税”路比较

（一）宝洁失败的原因

广州宝洁以向银行借贷 20 亿元后通过无息借贷的方式借款给关联企业以期达到大数额的节税效果。根据《中华人民共和国企业所得税法》第八条规定，企业实际发生的与取得收入有关的、合理的支出，包括成本、费用、税金、损失和其他支出准予在计算应纳税所得额时扣除。据此，企业将银行借款无偿让渡给其他企业使用，所支付的利息与取得收入无关，应调增纳税所得额。然而，广州宝洁对于这笔无息贷款，用预付贷款及费用作挡箭牌而不做纳税申报，实则并不是这笔贷款的真正目的，违反了上述规定，最终导致税收策划失败，被判定为偷税而受严厉处罚。

①②③ 根据《新理财》2017 年第 4 期《星巴克国际避税模式探究》绘制。

（二）星巴克成功的原因

其实，欧盟曾于2015年裁定星巴克需在欧盟成员国荷兰补缴3400万美元的税款，但星巴克公司表示一直遵守荷兰以及经济合作与发展组织的政策法规，将对欧盟委员会的裁决提起上诉，截至目前星巴克仍然无需支付此罚款。相较于广州宝洁，星巴克恰当选择避税地，合理运用各国税法条例和不同国家之间法律的缺口，成功控制税务成本，值得借鉴。

六、讨论题目

1. 宝洁公司采用了什么节税方法？为何其纳税策划之路会走向失败？请结合案例内容进行说明。

2. 星巴克的税收策划过程是怎么样的？其成功之处在哪里？请结合案例内容进行评析。

3. 税收成本控制的方法有哪些？案例开篇提到的其中一种税收策划方法——转让定价一般适用于企业哪些生产经营环节？

4. 如何区分为避税而滥用转让定价的行为和普通正常的关联交易？

5. 跨国企业在进行纳税策划过程中，应如何合理制订节税方案来规避风险？

七、参考资料

[1] 景宇. 浅析集团内关联劳务转让定价的税务管理［J］. 中国税务，2018（03）：70-71.

[2] 蔡昌，李蓓蕾，单滢羽. 解密跨国避税［J］. 首席财官，2017（15）：90-93.

[3] 蔡昌，单滢羽，李蓓蕾，星巴克国际避税模式探究［J］. 新理财，2017（04）：68-71.

[4] 张泽平，叶莉娜. 国际税基划分视野下的无形资产转让定价规则［J］. 现代法学，2016，38（02）：137-148.

[5] David Chamberlain，张宇. BEPS以后的转让定价：一种全新的模式？［J］. 税务研究，2015（10）：99-102.

[6] 马蔡琛，余琼子. 完善无形资产转让定价税收政策［J］. 理论探索，2012（05）：59-61.

[7] 张辑. 跨国公司转移定价避税的应对策略［J］. 统计与决策，2012（01）：58-61.

[8] 李传喜. 对国际转移定价避税条件的讨论和反思［J］. 北方经贸，2008（04）：42-44.

[9] 王丰国. 跨国公司转移定价中的避税与反避税分析［J］. 商业研究，2006（02）：51-55.

[案例说明书]

一、本案例要解决的关键问题

通过本案例的应用，引导学生思考税收策划与漏税、偷税的区别，探讨跨国公司有哪些合理合适的税收策划经验值得借鉴，分析企业如何在具体的财务活动中合理地通过税收策划控制税收成本，以及跨国公司应如何改进税收策划方法中的不足。

二、案例讨论的准备工作

为了有效地实现本案例的目标，学员应该具备以下的理论知识背景。

1. 关联方

一方控制、共同控制另一方或对另一方施加重大影响，以及两方或两方以上同受一方控制、共同控制或重大影响的，构成关联方。

关联方一般可以概括为以下三类：

第一，存在单方控制关系的关联方：如果一个企业拥有另一企业财务和经营政策的决定权，则该企业对另一个企业存在单方控制关系。

第二，存在共同控制关系的关联方：如果两个企业共同出资组建合资企业，双方在合资企业实收资本中占比相同，这样合资企业各方都不能单独决定合资企业的发展方向和政策，必须通过相互协商而共同决定企业的生产和经营政策。

第三，存在重大影响的关联方：指一方对另一方财务和经营决策过程具有参与权利，可以施加影响但不能决定决策过程。这种影响可以通过以下渠道实现：拥有另一个企业20% 以上50% 以下的表决权，在被投资企业派驻代表，一方的生产经营严重依赖另一方的技术等。

2. 预付货款

预付货款是商业信用的一种形式，也是购货方先付货款，约定在以后一定时期收货的一种交易方式。它可分为全部预付和部分预付两种类型。

债务性融资是指通过银行或非银行金融机构贷款或发行债券等方式融入资金。债务性融资需支付本金和利息，能够带来杠杆收益，但是提高了企业的负债率。一般来说，对于预期收益较高、能够承担较高的融资成本而且经营风险较大的企业倾向于选择股权融资方式；而对于传统企业，经营风险比较小，预期收益也较小，则一般选择融资成本较小的债务性融资方式进行融资。

3. 企业所得税

中国：企业所得税的税率为25%。

美国：跨国公司企业所得税是35%；税收减免后，本土公司税率中位数为23%，跨国公司28%。

英国：跨国公司及本土公司的法定企业所得税税率是30%。但经税收减免之后，本土公司的总税收负担是20%左右，而跨国公司则为24%左右。

瑞士：企业所得税税率是21%，本土公司的实际税率中位数为17%，而跨国公司为 19%。

荷兰：无论公共有限责任公司（NV）还是私营有限责任公司（BV），均须向政府一次性缴纳营业利润所得税，应税利润不超过 20 000 欧元的部分税率为 20%；超过 20 000 欧元部分税率为 25%。

4. 税前利润补亏

《中华人民共和国企业所得税法》第十八条规定，企业纳税年度因经营不当发生的亏损，准予向以后年度结转，用以后年度的所得弥补，但结转年限最长不得超过五年。

5. 偷税

偷税是指纳税人故意违反税收法规，采用欺骗、隐瞒等方式逃避纳税的违法行为。如为了少缴纳或不缴纳应纳税款，有意少报、瞒报应税项目、销售收入和经营利润；有意虚增成本、乱摊费用，缩小应税所得额；转移财产、收入和利润；伪造、涂改、销毁账册票据或记账凭证等。

6. 跨国公司

跨国公司是指由两个或两个以上国家的经济实体所组成，从事生产、销售和其他经营活动的国际性大型企业。联合国跨国公司委员会认为跨国公司应具备以下三要素：第一，跨国公司是指一个工商企业，组成这个企业的实体在两个或两个以上的国家内经营业务，而不论其采取何种法律形式经营，也不论其在哪一经济部门经营；第二，这种企业有一个中央决策体系，因而具有共同的政策，此等政策可能反映企业的全球战略目标；第三，这种企业的各个实体分享资源、信息以及分担责任。

三、案例分析要点

（一）需要学生识别的关键问题

本案例需要学员识别的关键问题包括：税收策划与跨国集团的公司架构有什么关系？如何通过公司架构和资本结构的设计来进行税收成本控制？不同的税收策划方式对跨国公司的税负有什么影响？如何利用各国的税收优惠政策来减轻跨国公司的税负？什么是转让定价，如何巧用转让定价给跨国公司带来节税利益？

分析关键要点

案例分析关键点：税收策划的方式与手段、税收成本控制模型的构建、公司架构的设计。

案例教学关键知识点：各国有关跨国公司的税收优惠政策、税收策划方式的组合运用、转让定价的利益创造。

案例教学关键能力点：税收成本的控制、节税效益的创造、对公司架构及资本结构的有效规划。

（二）推荐解决问题的方案

本部分从案例说明书拟出的五个启发思考题出发进行分析，授课教师可参考以下分析思路与学员进行互动，也可以根据学员的专业知识储备和理论基础进行适当的调整。提出思考题的重点不是要求学生给出一个肯定、明确的答案，而是希望老师在课堂教学时启发学员主动去思考，提高学员分析问题和解决问题的能力。

1. 宝洁公司采用了什么节税方法？为何其纳税策划之路会走向失败？请结合案例内容进行说明。

本题涉及的知识点是税收策划的方法。设计本道题的主要目的是让学员明确税收策划的方法和具体运用，教师在课堂上可以根据以下的思路让学生进行讨论：

（1）宝洁公司采用了什么节税方法？

①宝洁为其关联企业借入巨额资金，虽不为自身所用，却承担着巨额的银行借贷利息，向银行大量借贷，借贷资金与随之产生的利息支付在账目上表现为负债。根据税法的规定，利息支出是在税前扣除的，于是，随着其税前利润的相对减少，其应交所得税也相应地减少，所以宝洁公司利用税前列支利息而达到其少缴所得税的目的。

②由于存在业务代理关系，宝洁公司可以预付部分资金给关联企业。而作为获得了巨额的无息贷款的关联企业，改善了资金运营状况，如果其当年利润仍表现为亏损，则继续不用缴纳所得税，如果其当年利润表现为盈利，根据我国税法规定，则可将税前利润弥补前五年的亏损。

（2）为何其纳税策划之路会走向失败？

宝洁作为外资企业，通过与其境内的关联公司借贷资金转移利润而避税，它的行为其实已经违背了正常企业的行为，宝洁将此次的资金使用权的转让定价即贷款利息定为零，减少了两个企业当年应缴纳的税收之和，规避了大量的所得税，实质上已经形成了偷税行为。

2. 星巴克的税收策划过程是怎么样的？其成功之处在哪里？请结合案例内容进行评析。

教师可以根据这两个问题引导学生思考，启发学生自行阅读案例，寻找答案。

（1）星巴克的税收策划过程是怎么样的？

教师可以通过简单的提问进行引导，比如“星巴克是如何设计税收策划方案的？”带领学员从案例阅读中找出详细说明：

星巴克公司设计了合理的纳税框架，分公司承担不同的业务合理节税：

①英国 Alki. LP——与 SCI 共同负责产品研发，签订有成本分摊协议，主要负责授予无形资产所有权的作用。

②瑞士星巴克贸易——负责星巴克全球范围的咖啡豆采购工作，销售给世界各地的星巴克制造公司，以较高的价格将咖啡豆卖给荷兰星巴克制造，采取转让定价的方式获得较高的利润。

③荷兰星巴克制造——在向瑞士星巴克贸易采购咖啡豆后将咖啡豆烘焙和包装好分销给各地的门店，利润流向英国。

④荷兰星巴克总部——负责和各门店谈判各项产品的具体销售协议，同时提供星巴克商标等无形资产的使用权，向各门店收取特许权使用费。实质上将大量的利润转给了英国公司。

在学员回答完上述问题之后，老师可以进行总结并进一步提出问题“税收策划过程中应注意什么？”

（2）星巴克的成功之处在哪里？

①星巴克利用无形资产的转让定价，通过由英国 Alki. LP 向荷兰星巴克总部、荷兰星巴克制造这两家公司收取特许权使用费的方式转移了利润。

②其次在英国，有限合伙企业不用承担纳税义务，只需要将利润分配后由各个合伙人按照各国的税法缴纳相应的税款即可，而它的合伙人位于美国的华盛顿州，华盛顿州是不征收个人所得税的州，所以这部分利润也不需在美国纳税。

③瑞士星巴克公司通过高价出售生咖啡豆给荷兰星巴克制造公司进行烘焙，其实就把这部分的利润转移到瑞士，因为瑞士是典型的避税天堂，企业所得税税率普遍低于多数欧美国家，把利润囤积在瑞士可以大大降低星巴克的税负。

3. 税收成本控制的方法有哪些？案例开篇提到的其中一种税收策划方法——转让定价一般适用于企业哪些生产经营环节？

设计本道题的目的是让学生了解税收策划过程中所使用的方法，学习每种方法的适用范围。具体可以从以下两个小问题逐步推进讨论。

（1）请简要阐述税收成本控制的方法：

①利用税收优惠政策；②分散税基；③利用税法弹性；④利用税法空白；⑤转让定价；⑥延期纳税；⑦利用会计核算方法；⑧利用临界点。

（2）税收策划方法中的转让定价一般适用于企业哪些生产经营环节？

①购买或销售商品；②购买或销售其他有形资产；③提供或接受劳务；④代理销售货物或签订合同；⑤经营租赁和融资租赁；⑥提供资金；⑦担保和抵押；⑧商标使用的许可授权；⑨研究与开发项目的转移；⑩关键管理人员报酬等。

4. 如何区分为避税而滥用转让定价的行为和普通正常的关联交易？

在学生阅读题目以后，教师可以进一步通过模拟情境性问题引导学员思考，加强学生对关联方交易的认知，并给出如下启示：

①明确关联方及其交易的内涵。《企业会计准则——关联方关系及其交易的披露》中明确规定：在存在控制关系的情况下，关联方如为企业时，不论它们之间有无交易，都应当在会计报表附注中披露包括企业经济性质、企业的主营业务所持股份或权益及其变化这些事项。并且，在企业与关联方发生交易的情况下，企业应当在会计报表附注中披露关联方关系的性质、交易类型及其交易要素，一般包括交易的金额或相应比例、未结算项目的金额或相应比例、定价政策。

②区分方法：可结合关联企业间业务往来交易额的认定情况和对企业当年或历年年度财务报表和会计报表审核情况，全面、系统地对企业当年或历年年度销售或营业收入、成本费用、盈亏率等情况进行综合分析比较，同时，对企业与关联企业间业务往来收取或支付价款进行初步分析，评价企业生产经营活动是否符合一般营业常规，并填制《企业基本情况表》和《历年生产经营状况分析表》，由企业确认。在此基础上进行重点调查审计对象的筛选。同其他国家相比，美国、澳大利亚等国都对转让定价文件的准备做出了规定，而我国转让定价税制中并没有规定纳税人在其经营过程中要作相应的文件准备，只规定了税务机关进行转让定价调查审计时，需要企业提供相应的文件资料或对有关文件资料进行确认和进行举证。

5. 跨国企业在进行纳税策划过程中，应如何合理制定节税方案来规避风险？

本道题设计的目的是让学员可以综合以上的理论知识和案例分析，结合课程专业知识进行系统的讨论，形成解决问题的思路。教师在教学过程中可以通过情境性问题带领学生从多角度为企业制定合理的节税方案出谋划策，如：

①恰当选择国际避税地；

②合理筹划跨国经营的资本结构；

③加强与税务机关的沟通；

④加强跨国税务筹划的风险管理等。

四、教学组织形式

（一）课前发放问题清单以及提问顺序、资料发放顺序

本案例探讨的题目依次为：

1. 宝洁公司采用了什么节税方法？为何其纳税策划之路会走向失败？请结合案例内容进行说明。

2. 星巴克的税收策划过程是怎么样的？其成功之处在哪里？请结合案例内容进行评析。

3. 税收成本控制的方法有哪些？案例开篇提到的其中一种税收策划方法——转让定价一般适用于企业哪些生产经营环节？

4. 如何区分为避税而滥用转让定价的行为和普通正常的关联交易？

5. 跨国企业在进行纳税策划过程中，应如何合理制定节税方案来规避风险？

（二）课时分配

整个案例的课堂时间控制在90分钟以内，时间与内容安排可参考以下建议：

1. 课前自行阅读资料；

2. 课前分小组进行思考讨论并提交分析报告提纲；

3. 课堂上教师简单介绍案例内容，点评课前每组提交的提纲；提出案例讨论关键点和核心问题，并说明接下来的讨论或陈述的要求等（15分钟）；

4. 小组讨论，20分钟之后每个小组代表进行发言，陈述观点（50分钟）；

5. 教师点评（10分钟）；

6. 教师对此次课题进行总结，布置作业，要求学员针对本次案例讨论提交一份具体的书面报告（15分钟）。

（三）讨论方式

本案例可以采用行动学习法分小组讨论。

（四）课堂讨论总结

课堂讨论总结的关键是：总结归纳每组发言者的主要观点，小组之间互相学习；重申其重点难点，明确学习目标；建议大家对案例再深入研究分析，拓展新思路和新观点。

案例 10

跨国公司国际税收风险管控——以Gucci为例*

---

*1. 本案例由广东工业大学管理学院的张源、杨雪姣、李惠方、王仲星等共同编写，作者拥有著作权的署名权、修改权、改编权。

2. 本案例授权广东工业大学产教融合 MPAcc 教学智库实验平台使用，广东工业大学产教融合 MPAcc 教学智库实验平台享有复制权、修改权、发表权、发行权、信息网络传播权、改编权、汇编权和翻译权。

3. 由于企业保密的要求，在本案例中对有关名称、数据等做了必要的掩饰性处理。

4. 本案例只供课堂讨论之用，并无意暗示或说明某种管理行为是否有效。

[案例封面]

专业领域：财务管理

适用课程：财税管理，税法

选用课程：税务筹划，中国税制研究

编写目的：案例从 Gucci 的税收争议入手，通过分析 Gucci 的税收管控策略，分析其纳税风险及控制，学习并掌握跨国纳税人如何借助各种税收政策进行合理节税。

知 识 点：税收筹划；所得税；税率差异

关 键 词：Gucci；税收风险；税收管控

中文摘要：古驰（Gucci）是全球奢侈品品牌之一，是意大利最大的时装集团，凭借其独特的创意和革新，以及精湛的意大利工艺闻名于世。古驰主要采用代理商、直营店、自营与代理相结合的销售模式，销售市场几乎遍布全球，其高额的销售收入与暴涨的利润引起税务部门注意。本案例以近期古驰的“逃税”新闻为切入点，通过探讨古驰“逃税”的条件和方法，总结古驰如何利用政策优惠和国际税率差异合理地减少税负，从而推广到整个奢侈品行业甚至跨国集团，对跨国公司的税收筹划方案进行总结。

[案例正文]

一、背景简介

古驰（Gucci），1921 年创立于佛罗伦萨，是全球奢侈品品牌之一，借由其独特的创意和革新，以及精湛的意大利工艺闻名于世。Gucci 品牌时装一向以高档、豪华、性感而闻名于世。品牌灵感源自演员，公主和名媛等杰出女性，时尚又不失高雅，以“身份与财富之象征”的品牌形象成为富有、上流社会的消费者的宠儿，因此一向被商界人士垂青。据商业咨询机构 L2 发布的一份《2017 年美国时尚品牌数字指数报告》，Gucci 是 90 个时尚品牌中数字指数最高的品牌。

2017 年 7 月 Gucci 在中国官网正式推出在线选购服务，令品牌第三季度电商销售额取得三位数的强劲增幅，刺激奢侈品电商销售额大涨 80% 。

意大利近年来一直在加大打击逃税力度，此前 LVMH 集团、华伦天奴、宝格丽和 Dolce & Gabbana 等奢侈品牌涉嫌逃税避税。2016 年 12 月，在检察官的要求下，意大利的法院向 Prada 发布了税务调查令。意大利著名珠宝品牌宝格丽（Bulgari）的继承人，也在 2015 年被指控于 2006—2010 年间逃税。Dolce & Gabbana 的联合创始人一度因逃税被判入狱。2017 年销售额和净利润涨幅高达 21. 7% 、领跑奢侈品行业的 Gucci 难逃法网，相关部门加紧对高利润低纳税额的 Gucci 展开调查。

二、Gucci 税收风险管控

Gucci 作为连续领跑行业 7 个季度的奢侈品牌，因近期爆发的税务问题蒙上阴影。2017 年 12 月 2 日，意大利米兰检察院怀疑 Gucci 通过在避税天堂瑞士报税来逃避税款并开始调查取证。与此同时，Gucci 母公司开云集团的一位前任高管与检察官展开合作对 Gucci 进行举报，指控 Gucci 从 2010 年开始至 2017 年有 13 亿欧元的未缴纳税款。据悉，检察院针对 Gucci 电脑数据和文档进行的详细分析及搜查共历时 3 天，调查相关资金或涉及品牌在瑞士卢加诺注册的商业活动，这些活动虽然名义上在卢加诺注册，但实际上由 Gucci 在米兰工作的管理人员操控，而卢加诺的企业能够享受更为优惠的税收条件（图 10 - 1）。

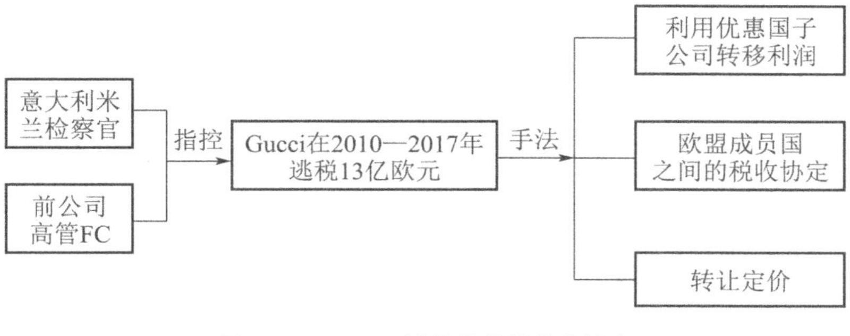

图 10 - 1　Gucci 被指控的税收争议点

数据来源：搜狐财经、纺织服装财经快讯。

Gucci 公司在一份电子邮件声明中也证实了这一消息，同时表示正在全力配合相关部门的调查，并对自身纳税流程的透明度充满信心。“Gucci 13 亿欧元逃税案”仍在持续发酵中。

（一）跨国公司进行国际税收筹划的风险性

在跨国公司开展国际税收筹划的过程中会存在一定风险，这一特点出现的原因主要表现在两个方面：

一方面是国际税收筹划的准确性。国际税收筹划实际上属于一种预测的工作形式，一些情况的改变对于最终的筹划效果会产生直接的影响，也就是说在这种风险之下跨国公司并不一定会取得预期的税收筹划结果。

另一方面就是国际上对税收筹划的合法性的界定还不统一。一些规定存在比较模糊的问题，存在的差异比较明显，所以在税收筹划中如果被确定为违法，就会为跨国公司带来很大的损失。

Gucci 此次的“逃税”事件正体现了合法性的界定问题。另外，跨国公司的国际税收筹划是一项比较综合的工作，需要考虑公司内各个不同的工作环节与内容，在国际税收筹划过程中需要对不同税收的差异进行考量，还要对不同国家中制定的税收执行政策进行分析，并且要关注不同国家的发展国情以及税法的变更、财会制度的变化情况，这些方面涉及的内容直接决定了税收筹划的复杂性。

一般跨国集团公司进行税收筹划主要有以下风险：

（1）财务风险。以跨国公司税收筹划获得的利益观察，依照财务管理杠杆原理，跨国公司进行资金筹集时，不仅仅需要考虑税收收益和财务杠杆利益，还需要将其中的财务风险考虑进去，跨国公司需求结合具体情况，将公司资本结构做出正确安排，避免发生过度负债的现象。

（2）市场风险。跨国公司面临的不再是某个国际地区的市场，而是全世界的市场。而世界市场的环境比较复杂，随时会发生资金供求变化，贷款利率也会出现波动，很可能会发生通货膨胀，等等。这诸多因素都处于不断变化当中，使跨国公司税收筹划难度加大，面临市场风险。

（3）政策风险。跨国公司在实行国际税收筹划时，所要面对的将会是不同国家的不同税收政策，而这些税收政策会不断地作出变化和调整，这就需要跨国纳税人对国际税收协定新变化进行密切关注，只有这样才能抓住复杂政策法规环境下的可用之处，保证在合法合规下实行国际避税，将跨国公司整体利益提高。

（4）汇率风险。跨国公司的经营超出了一国国境，在这种情况下，跨国公司是在所投资国家间进行税收筹划，而各国经济状况的变化和货币政策的调整不可避免地会引起汇率的波动，也会为跨国公司的税收筹划带来汇率风险。

（二）Gucci 的税收筹划条件

1. 税收优惠国

各国税率政策不同，比如欧美一些发达国家税率超过 30%，而一些发展中国家，为吸引外来投资，往往采取较低的税率，而一些避税港则为零税率。由此税率差异成为

Gucci集团公司投资时考虑的重要因素，也是其进行税收筹划的重点。例如，瑞士是最早的"避税天堂"之一。瑞士的企业所得税税率是21%，本土公司的实际税率中位数为17%，而跨国公司为19%。

瑞士企业所得税优惠：

（1）新成立的企业首先可享受州一级的税收优惠。绝大多数州可在最长十年的期限内对新成立的企业实行全部或部分免税。

（2）征收联邦税时，在某些联邦鼓励发展的地区建立的新企业也享有同样的税收减免。

（3）若现有企业对业务进行了根本性的调整，也可享受部分税收优惠。

（4）也有可能存在财务方面的税收减免，例如折旧增加；损失结转；对设立储备金和准备金进行税收减免；对科研和开发费用给予税收优惠。

（5）根据不同目的和需要，对在瑞士的股份公司实行相应的减税或免税政策，对控股公司和住所公司实行特殊政策；对合伙公司、资本公司、分支机构的征税也有相应的税收优惠政策。

（6）为增强瑞士经济环境的吸引力，联邦委员会对企业税进行了改革。企业税改革在诸多领域对税务进行了减免，旨在鼓励在瑞士新成立企业。这些减免主要涉及联邦税收，例如取消了资本税；对1998年4月1日以后新成立的公司提供印花税优惠，并对新成立的控股和住所公司提供附加减免措施。

2. 欧盟成员之间的税收协定

意大利是欧盟成员国之一。Gucci可以利用意大利和欧洲国家的相关协定（如，意大利与欧洲各国达成的欧盟成员国内所得税免税协议）安排税收筹划战略。

《欧洲共同体条约》确立了欧盟委员会在贸易中财税中立的原则，各成员国仍保留除关税以外其他税收政策的制定权和行使权，以保证各成员国主权和经济利益。1992年，为防止税收差异影响欧盟内部贸易流动，避免形成成员国之间贸易投资壁垒，欧盟委员会统一欧盟增值税最低基本税率标准为15%，其中社会文化性质的产品或服务的最低税率为5%。这个税率只是目标性的，具体执行以成员国规定为主，且各成员国规定各异。目前，各成员国中卢森堡税率最低，为15%，德国、西班牙为16%，而瑞典、丹麦的税率则高达25%。

2001年5月，欧盟出台了有关税收政策的基本文件《欧盟税收政策——未来的主要任务》（COM（2001）260）。该文件规定了欧盟委员会的政策目标是打击有害税收竞争，消除成员国之间的税收障碍。欧盟委员会不必对成员国的税收体制进行根本性调整，而只是在成员国无法单独解决问题、各国政策需要协调时才采取行动，协调领域包括公司税、增值税、消费税、机动车税以及研发投资等，主要通过非约束性的"通讯"方式实现。同时，欧盟委员会加强对各国税制的研究，促进成员国信息交换和提高税收政策透明度。总之，欧盟税收政策是以各成员国之间的税收协调和合作为主，同时保留一定程度的税收竞争，各国在税收制度上的差别仍将继续存在。

在2001年税收基本政策之外，欧盟陆续在不同年份以通讯形式对各成员国税收领域的政策提供交流平台与指导。欧盟强调，现存的指令和条例在任何情况下都必须尊重条约的基本原则，即保证商品、人员、服务及资本的自由流动，以非歧视性原则保证企业具有平等的竞争条件等。

3. 企业集团内部转让定价

利用转让定价手段在企业集团内部转移利润，使得企业集团的利润尽可能多地在低税国关联企业中实现，是跨国公司最常用的一种国际税收筹划策略。Gucci 业务遍布全球，可以通过操控企业之间的关联交易行为，把利润转移到低税率的国家，实现企业集团总税负降低的目的。

（三）Gucci 的税收管控方法探讨

Gucci 税收管控主要从以下三个方面来进行（图 10－2）。

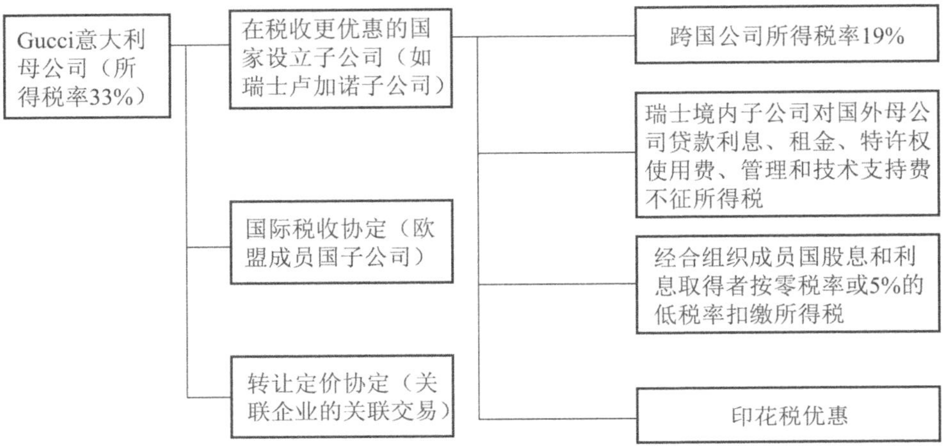

图 10－2　Gucci 税收筹划方法

数据来源：搜狐财经、纺织服装财经快讯。

1. 在税收更优惠的国家设立子公司

Gucci 利用双边避免成为纳税人的方法，把海外公司建立在一个所得税相对较低甚至为零的瑞士卢加诺，避开意大利的高所得税税率（按照 33% 的统一税率征税）。

瑞士是典型避税天堂，以低税率而闻名。而且瑞士对境内的子公司向其国外的母公司支付的贷款利息、租金、特许权使用费、管理和技术支持费不征收所得税。此外，与瑞士签订有避免双重征税条约的经合组织（OECD）成员国的股息和利息取得者将按零税率或 5% 的低税率扣缴所得税。还有根据不同目的和需要，对在瑞士的股份公司实行相应的减税或免税政策，对控股公司和住所公司实行特殊政策，对合伙公司、资本公司、分支机构的征税也有相应的税收优惠政策。

2. 用好国际税收协定

通常，国与国之间签订的国际税收协定中，一般都有互相向对方国家的居民提供所得税尤其是预提所得税的优惠条款，而这种优惠条款第三方居民不得享受。所谓利用国际税收协定，就是指一个第三方居民利用其他两个国家之间签订的国际税收协定获取其无法直接获得的税收利益。跨国公司可以通过设立具有税收协定国居民纳税人资格的子公司，来利用税收协定中的优惠条款，从而实现避税的目的。

3. 转让定价协定

利用转让定价手段在企业集团内部转移利润，使得企业集团的利润尽可能多地在低税率国的关联企业中实现，是跨国公司最常用的一种国际税收筹划策略。

三、策略及启示

Gucci 的案例告诉我们怎样合理地利用不同国家的税收协定和国际协定来进行纳税筹划，从而将更多的利润保留在企业，值得跨国公司借鉴。企业根据税收的各项优惠政策进行投资决策、企业制度改革、产品结构调整等，尽管在主观上是为了减轻税收负担，但在客观上也提高了企业自身的经营管理水平，尤其是财务和会计的管理水平。如果一个国家的现行税收法规存在漏洞而纳税人却无视其存在，这可能意味着：一方面是纳税人经营水平层次较低，对现有税法没有太深层次的掌握，就更谈不上依法纳税和诚信纳税；另一方面是一个国家税收立法质量差，如果税收法规漏洞永远存在，又怎能谈得上依法治税呢？税收筹划有利于企业降低税务成本，也有利于贯彻国家的宏观经济政策，使经济效益和社会效益达到有机结合，从而增加国家税收。如税收筹划中的避税筹划，就是对现有税法缺陷作出的昭示，暴露了现有税收法规的不足，国家则可针对税法缺陷采取相应措施，对现有税法进行修正，以完善国家的税收法规。

四、讨论题目

1. 为什么要加大对跨国企业的税务稽查？
2. 跨国集团一般有哪些税收管理方法？
3. 跨国公司进行税收筹划的风险有哪些？
4. 面对新的税务监管政策，跨国集团应该采取什么对策？
5. 本案例对跨国企业避税有什么启示？

五、参考资料

[1] 蔡昌．苹果公司全球战略税收筹划案例，2017.
[2] 李林根．企业对外投资税收筹划中应考虑的问题［J］．税务研究，2003（12）：60-63.
[3] 朱敏．跨国公司税收筹划风险及防范措施探讨［J］．商业会计，2012（11）：29-30.
[4] 杜海鸥．基于经营决策视角的跨国公司税务筹划［J］．商务会计，2012（2）：57-59.
[5] 晋自力．税收筹划及其在企业投资中的应用［J］．经济研究导刊，2013（25）：121-122.
[6] 蒋嫣．国际避税筹划方法及其运用的思考［J］．纳税与筹划，2008（10）：49-52.
[7] 刘耘．当代跨国公司的国际税收筹划分析［J］．商业研究，2004（8）：98-100.
[8] 王琴娥．我国企业的国际税务筹划［J］．企业管理，2005（7）：16-18.

[9] 贾晓俊．浅议跨国公司国际避税的新动向及其反避税措施［J］．税收与企业，2002（12）：26－28.

[10] 吕建锁．税收筹划的涉税风险与规避新探［J］．山西大学学报，2005（28）：46－49.

[11] Davis Bruce N. International tax planning under final check-the-box regulations［J］. Tax Management International Journal，1997（10）：3－17.

[12] Fox Stephen C. International tax planning for closely held US companies［J］. Journal of Taxation，2002（12）：359－375.

[13] Goulet Jeanne P. International tax planning-an essential step for global start-ups［J］. Corporate Taxation，2011（1）：3－8.

[14] T. Timothy Tuerff，Esq，Gretchen T. Sierra，Esq，Christopher Trump，Esq，and Maruti R. Narayan，Esq［J］. Tax Management International Journal，2011：371－394.

[15] Thomasson T S，Wilkinson B R. Structuring a tax efficient international operation. Journal of Accountong Education，2012.

[案例说明书]

一、本案例要解决的关键问题

本案例可以使学生充分了解类似 Gucci 的跨国奢侈品行业的税收筹划方法，并对其税收模式有充分的了解和认识。本案例从 Gucci 的税收争议入手，通过分析 Gucci 的纳税筹划策略，分析其税收筹划条件、方法及风险，学习并掌握如何借助各种相关政策及方式合理减少企业税负，总结跨国公司税收筹划的一般方法。让学生在案例教学过程中掌握如何在不同场景选择最有效的税收筹划方法，达到利润最大化，并产生最大的节税效益。

二、案例讨论的准备工作

（一）理论背景

本案例中涉及 Gucci 在海外公司设立子公司，选择不同国家设立子公司，其所缴纳所得税存在差异并且跨地区设立销售点不同的税率规定和适用原则。利用国际税收协定和转让定价协定，达到总体节税最大化。

1. 海外公司所得税的差异

Gucci 利用双边避免成为纳税人的方法，把海外公司建立在一个所得税相对较低甚至为零的国家，避开意大利的高所得税税率（按照33%的统一税率征税），就会使海外税收支出大大减少。

2. 转让定价协定的可利用

利用转让定价手段在企业集团内部转移利润，使得企业集团的利润尽可能多地在低税国关联企业中实现，是跨国公司最常用的一种国际税收筹划策略。跨国关联企业之间可以通过操控企业之间的关联交易等行为，把利润转移到低税率的国家，实现企业集团总税负降低的目的，但是此规定要求关联企业之间的转让定价要符合独立交易原则。

3. 国际税收协定的可利用性

为了解决国与国之间税收权益分配矛盾和冲突，各国之间一般都会通过签订国际税收协定给予缔约国居民一定的所得税优惠。第三国居民可以通过在缔约国一方设立子公司的方法，使子公司成为缔约国一方居民公司，从而享受到税收协定的优惠。Gucci 可以利用意大利和欧洲国家的相关协定（如，意大利与欧洲各国达成的欧盟成员国内所得税免税协议）安排税收筹划战略。

（二）制度背景

瑞士是最早的“避税天堂”之一。瑞士的企业所得税税率是21%，本土公司的实际税率中位数为17%，而跨国公司为19%。

瑞士企业所得税优惠：

（1）新成立的企业首先可享受州一级的税收优惠。绝大多数州可在最长十年的期限内对新成立的企业实行全部或部分免税。

（2）征收联邦税时，在某些联邦鼓励发展的地区建立的新企业也享有同样的税收减免。

(3) 若现有企业对业务进行了根本性的调整，也可享受部分税收优惠。

(4) 也有可能存在财务方面的税收减免，例如折旧增加；损失结转；对设立储备金和准备金进行税收减免；对科研和开发费用给予税收优惠。

(5) 根据不同目的和需要，对在瑞士的股份公司实行相应的减税或免税政策，对控股公司和住所公司实行特殊政策；对合伙公司、资本公司、分支机构的征税也有相应的税收优惠政策。

(6) 为增强瑞士经济环境的吸引力，联邦委员会对企业税进行了改革，企业税改革在诸多领域对税务进行了减免，旨在吸引国外资本在瑞士新成立企业。这些减免主要涉及联邦税收，例如取消了资本税；对 1998 年 4 月 1 日以后新成立的公司提供印花税优惠，并对新成立的控股和住所公司提供附加减免措施。

欧盟成员国之间的协定：

《欧洲共同体条约》确立了欧盟委员会（也称欧委会）在贸易中财税中立的原则，各成员国仍保留除关税以外其他税收政策的制定权和行使权，以保证各成员国主权和经济利益。1992 年，为防止税收差异影响欧盟内部贸易流动，避免形成成员国之间贸易投资壁垒，欧盟委员会统一欧盟增值税最低基本税率标准为 15%，其中社会文化性质的产品或服务的最低税率为 5%。这个税率只是目标性的，具体执行以成员国规定为主，且各成员国规定各异。目前，各成员国中卢森堡税率最低为 15%，德国、西班牙为 16%，而瑞典、丹麦的税率则高达 25%。

2001 年 5 月，欧盟出台了有关税收政策的基本文件《欧盟税收政策——未来的主要任务》(COM (2001) 260)。该文件规定了欧盟委员会的政策目标是打击有害税收竞争，消除成员国之间的税收障碍。欧委会不必对成员国的税收体制进行根本性调整，而只是在成员国无法单独解决问题、各国政策需要协调时才采取行动，协调领域包括公司税、增值税、消费税、机动车税以及研发投资等，主要通过非约束性的“通讯”方式实现。同时，欧委会加强对各国税制的研究，促进成员国信息交换和提高税收政策透明度。总之，欧盟税收政策是以各成员国之间的税收协调和合作为主，同时保留一定程度的税收竞争，各国在税收制度上的差别仍将继续存在。

在 2001 年税收基本政策之外，欧盟陆续在不同年份以通讯形式对各成员国税收领域的政策提供交流与指导。欧盟强调，现存的指令和条例在任何情况下都必须尊重条约的基本原则，即保证商品、人员、服务及资本的自由流动，以非歧视性原则保证企业平等的竞争条件等。

三、案例分析要点

(一) 需识别的关键问题

本案例需要学生识别的主要知识点包括：奢侈品税收筹划的方法，奢侈品税收筹划的条件。

进行纳税策划的必要性：

(1) 纳税策划有利于提高企业的经营管理水平和会计管理水平。资金、成本（费用）、利润是企业经营管理和会计管理的三大要素。企业的经营管理工作就是围绕如何有效使用资金，合理摊销及降低成本（费用），从而实现企业的目标利润而开展的。纳税策划就是实现资金、成本（费用）、利润的最优化，从而提高企业的经营管理水平。企业进行纳税策划离不开会计。企业设账、记账要考虑税法的要求。当会计处理方法与税法的要求不一致或允许进行会计政策、会计方法的选择时，会计人员可以通过纳税策划正确进行纳税调整，正确计税，正确编制财务报告，并进行纳税申报，从而有利于提高企业的会计管理水平，发挥会计的多重功能。

（2）纳税策划有利于降低企业的经营风险。企业进行纳税策划是在不违反税法规定的前提下进行的，这样企业就不会因为偷、逃税而担惊受怕或被处罚，从而规避了因为违反税法而带来的经营风险。

（3）纳税策划有利于实现纳税人的财务利益最大化。纳税策划不但可以减少纳税人的税收成本，还可以防止纳税人因违反税法而缴更多的税款和罚款，有利于纳税人实现财务利益的最大化。

（4）纳税策划有利于优化产业结构和资源的合理配置。纳税人根据税法中的税基与税率的差别，根据税收的各项优惠、鼓励政策，进行投资、筹资、企业改造、产品结构调整等决策，尽管在主观上是为了减轻自己的税收负担，但在客观上却是在国家税收经济杠杆的作用下，逐步走向了优化产业结构和生产力合理布局的道路，有利于促进资本的合理流动和资源的合理配置。

（二）解决方案及其评价

1. 解决纳税地点的方案

Gucci 双边避免成为纳税人的方法，是把海外公司建立在一个所得税税率相对较低甚至为零的国家，避开意大利的高所得税税率（按照33%的统一税率征税），就会使海外税收支出大大减少。

在税收更优惠的国家设立子公司：

检察院针对 Gucci 电脑数据和文档进行的详细分析及搜查共历时3天，相关资金或涉及品牌在瑞士卢加诺注册的商业活动收入，这些活动虽然名义上由卢加诺注册但实际上由 Gucci 在米兰工作的管理人员操控，而卢加诺的企业能够享受更为优惠的税收结构。Gucci 为什么要选择卢加诺作为子公司的所在地呢？

卢加诺所在的国家瑞士是联邦制国家，并没有统一的税收制度，因此一些税项是联邦政府独立征收的，另一些是州、乡镇和联邦政府同时征收的。即使是州与州之间，征收税种和税率也存在显著差别。由于瑞士金融业较为发达，因而瑞士联邦税务局对银行利息、证券和债券收益、利润分红征收所得税，要求支付利息时代扣代缴35%的所得税。但对于瑞士境内的子公司对其国外的母公司支付的贷款利息、租金、特许权使用费、管理和技术支持费不征收所得税。此外，与瑞士签订有避免双重征税条约的经合组织（OECD）成员国的股息和利息取得者将按零税率或5%的低税率扣缴所得税。根据不同目的和需要，对在瑞士的股份公司实行相应的减税或免税政策，对控股公司和住所公司实行特殊政策；对合伙公司、资本公司、分支机构的征税也有相应的税收优惠政策；为增强瑞士经济环境的吸引力，联邦委员会对企业税进行了改革，企业税改革后在诸多领域对税务进行了减免，旨在鼓励在瑞士新成立企业。这些减免主要涉及联邦税收，例如取消了资本税；对1998年4月1日以后新成立的公司提供印花税优惠，并对新成立的控股和住所公司提供附加减免优惠。瑞士本身的税收制度、税收优惠政策都为Gucci进行税收安排提供了巨大便利。

2. 解决纳税主体的方案

利用转让定价手段在企业集团内部转移利润，使得企业集团的利润尽可能多地在低税国关联企业中实现，是跨国公司最常用的一种国际税收筹划策略。跨国关联企业之间可以通过操控企业之间的关联交易行为，把利润转移到低税率的国家，实现企业集团总税负降低的目的，但是此规定要求关联企业之间的转让定价要符合独立交易原则。Gucci可以利用无形资产转让定价，使其海外利润承担较低的税负。

四、教学组织形式

（一）问题清单及提问顺序

本案例讨论题目依次为：

1. 为什么要加大对跨国企业的税务稽查?
2. 跨国集团一般有哪些税收管理方法?
3. 跨国公司进行税收筹划的风险有哪些?
4. 面对新的税务监管政策，跨国集团应该采取什么对策?
5. 本案例对我们企业跨国避税有什么启示?

【参考答案】

1. 金融危机以后，世界上主要国家加强了税收征管，投入很多精力来解决跨国避税问题。其中，瑞士、卢森堡、百慕大等素有避税天堂之称的小国或离岸金融中心纷纷在国际压力下放弃了数十年甚至数百年的保密传统，向外国政府开放其公民的账户信息。2009年4月召开的G20伦敦峰会上，众多国家首脑就郑重提出要重拳打击“避税天堂”，这在20国集团会议历史上尚属首次。2011年，中国与巴哈马、英属维尔京、马恩岛、根西、泽西、百慕大等6个离岸金融中心正式签署税收情报交换协定。2012年2月，美国司法部调查并起诉瑞士一家银行帮助美国人逃税，随后多家瑞士银行提出与美国当局庭外和解，向美方提交了大量客户信息。2014年5月，经济合作与发展组织宣布，包括瑞士和新加坡在内的47个国家共同签署了一份宣言，同意银行间自动共享与税务相关的海外账户信息，这标志着反避税的国际合作进入了一个新的阶段，国际避税天堂将渐渐成为一个历史名词。与美国FATCA正式生效消息相关联的另一条消息，是中美两国在反避税领域的合作。据《华尔街日报》报道，美国已经与中国政府初步达成了一份互惠协议，要求中国向美国提供美国公民金融账户信息，而作为回报，美国将中国公民美国账户信息提供给中国政府。显然，如果该协议正式签署并得到有力的执行，将极大地便利中国政府获取本国公民在美国的金融账户的情况。由于美国是中国人移民和投资的一个重要目标国，其中不排除一些腐败分子通过各种渠道将资产转移到美国。我国政府更容易获得中国公民账户信息显然可以为国内反腐败工作助一臂之力。

2. 设立国际控股公司、受控保险公司等公司机构。

①设立国际控股公司是当今跨国公司进行税收管理的重要途径之一。国际控股公司是跨国公司进行股权参与和控制走向专业化的一种组织结构。各国税收制度的差异很大。主要体现在：（i）课征的范围不同，如法国对利息免征预提所得税；（ii）税率高低不一，有些国家税率达到35%，而有的则低至0；（iii）有些国家对签有协定的国家企业使用低税率，但降幅不一。因此跨国公司一般可以在税收协定网络较发达且限定税率较低的国家或地区，如荷兰、瑞士等国家设立专门的国际控股公司，通过税收支出方面的运筹就可以实现少缴预提税、递延缴纳股息收入的所得税，增加税收抵免限额或递延缴纳资本利得的所得税。例如，子公司可以将税后利润不汇回母公司，而先汇到控股公司，由于控股公司设立在低税国家，这样大量的税后所得应负担的税收就可以滞留下来，成为纳税人一笔可观的无利息资金，控股公司还可以替跨国公司将这笔资金再投资于税负轻的项目上，以获得更大的收益。

②由跨国企业集团组建的保险公司，承保企业集团内部全部或部分的风险事务，除了获得企业集团涉足国际保险市场的经济利益外，还有很大的税收利益。受控保险公司往往设立在国际避税地，多数不征公司所得税或税率很低。这样，一方面保险费用可以在集团公司所得税前列支，另一方面受控保险公司的这笔保费收入又不用纳税，就可以获得双重税收利益。而避税地企业的税后利润作为股息分配时，通常也不征收股息预提税。跨国公司往往通过在缔约国、低税国或避税地设立以上类型的公司，除了可以获得税收方面的收益之外，还可以较容易地筹集资本，调整子公司的财务状况。例如，我国首钢集团通过在香港设立控股子公司就发挥了其卓著的筹资功能，同时也达到了减轻税负的目的。其与中国化工进出口总公司还在海外设立了自己的金融公司，达到了降低资金成本，降低税负的目的。

③利用关联企业交易中的转让定价。转让定价又称为转移价格，是指关联企业之间内部转让交易所确定的一种特殊的内部结算价格。转让价格通常不同于一般市场上的价格。国际关联企业的转让定价往往受跨国公司集团利益的支配，从而不受市场一般供求关系约束。又由于转让价格交易的双方是关联企业，这些企业之间有着共同的利益，因而这种内部结算价格可以低于或高于企业正常的会计成本，这就是企业可以利用转让价格进行税收支出运筹的基本原理。由于在现代国际贸易中，跨国公司的内部关联企业交易占有很大比例，因而可能通过利用其在全世界范围内高低税收的差异，借助转让价格实现利润的转移，以减轻公司的总体税负，从而保证了整个企业集团获得利润。

④通过避税地减少税收支出。避税地（taxheaven）在跨国纳税人眼里是“税收天堂”。避税地是指对所得、资本利得等课征低税率或无直接税的国家或地区。避税地国家或地区通常要求纳税人交纳各种首次性或年度性注册费，这些注册费构成了避税港国家或地区的主要财政来源。它们有的完全免征直接税，如百慕大、巴哈马；有的实行单一来源地税收管辖权，对境外收入不征税，如香港、巴拿马；有的低税负，包括税法的低税率或对有双边税收协定的国家的企业适用低税率，如列支敦士登、阿曼；还有的是对离岸公司和控股公司实行低税率政策，如荷兰、卢森堡。尽管现在一些发达国家对避税地采取警惕甚至敌视或限制态度，但避税地的出现是市场经济在世界范围发展的必然结果，有作用必有反作用，世界上只要存在高税国，就必然出现避税地，就像既然有出口倾销，必有进口限额；既然有关税壁垒，必然有关税同盟。我们要承认避税地的存在，并在国际税收管理

活动中充分利用它，以受其惠。

3. 跨国集团公司进行税收筹划主要有以下风险：①财务风险：以跨国公司税收筹划获得的利益观察，依照财务管理杠杆原理，跨国公司进行资金筹集时，不仅需要考虑税收收益和财务杠杆利益，还需要将其中的财务风险考虑进去，跨国公司需结合具体情况，将公司资本结构做出正确安排，避免发生过度负债的现象。②市场风险：跨国公司面临的不再是某个国际地区的市场，而是全世界的市场。而世界市场的环境比较复杂，随时会发生资金供求变化，贷款利率也会出现波动，很可能会发生通货膨胀等因素，这诸多因素都处于不断变化当中，使跨国公司税收筹划难度加大，面临市场风险。③政策风险：跨国公司在实行国际税收筹划时，所要面对的将会是不同国家的不同税收政策，而这些税收政策会不断地作出变化和调整，这就需要跨国纳税人对国际税收协定的新变化进行密切关注，只有这样才能抓住复杂政策法规环境下的可用之处，保证在合法合规下实行国际避税，将跨国公司整体利益提高。④汇率风险：跨国公司在经营行为上超出了一国国境，在这种情况下，跨国公司是在所投资国家间进行税收筹划，而各国经济状况的变化和货币政策的调整不可避免地会引起汇率的波动，也就会为跨国公司的税收筹划带来汇率风险。

4. 面对新的税务监管政策；跨国集团应采取如下对策：

（1）利用海外公司所得税的差异。利用双边避免成为纳税人的方法，把海外公司建立在一个所得税相对较低甚至为零的国家，避开高的所得税税率，就会使海外税收支出大大减少。

（2）转让定价协定的可利用。利用转让定价手段在企业集团内部转移利润，使得企业集团的利润尽可能多地在低税国关联企业中实现，这是跨国公司最常用的一种国际税收筹划策略。跨国关联企业之间可以通过操控企业之间的关联交易行为，把利润转移到低税率的国家，实现企业集团总税负降低的目的，但是此规定要求关联企业之间的转让定价要符合独立交易原则。

（3）国际税收协定的可利用性。为了解决国与国之间税收权益分配矛盾和冲突，各国之间一般都会通过签订国际税收协定给予缔约国居民一定的所得税优惠。第三国居民可以通过在缔约国一方设立子公司的方法，使子公司成为缔约国一方居民公司，从而享受到税收协定的优惠。值得一提的是，利用国际税收协定筹划具有一定的风险性，表面上来看是合法有效的，实际上却容易被认为滥用国际税收协定，税务当局可以通过加强与税收协定国家税收信息交换等方式加以控制。

5. Gucci 的案例告诉我们怎样合理地利用不同国家的税收协定和国际协定来进行纳税筹划，从而将更多的利润保留在企业，值得跨国公司借鉴。税收筹划有利于减少企业自身的税收违法行为的发生，强化纳税意识，实现诚信纳税。纳税人都希望减轻税负，如果有不违法的方法可以选择，自然就不会做违法之事。税收筹划的存在和发展为纳税人节约税收开支提供了合法的渠道，这在客观上减少了企业税收违法的可能性。企业根据税收的各项优惠政策进行投资决策、企业制度改造、产品结构调整等，尽管在主观上是为了减轻税收负担，但在客观上也提高了企业自身的经营管理水平，尤其是财务和会计的管理水平。如果一个国家的现行税收法规存在漏洞而纳税人却无视其存在，这可能意味着：一方面纳税人经营水平层次较低，对现有税法没有太深层次的掌握，更谈不上依法纳税和诚信纳税；另一方面意味着一个国家税收立法质量差，如果税收法规漏洞永远存在，又怎能谈得上依法治税呢？税收筹划有利于企业降低税务成本，也有利于贯彻国家的宏观经济政策，使经济效益和社会效益达到有机结合，从而增加国家税收。如税收筹划中的避税筹划，就是对现有税法缺陷作出的昭示，暴露了现有税收法规的不足，国家则可根据税法缺陷情况采取相应措施，对现有税法进行修正，以完善国家的税收法规。通过 Gucci 的案例我们可以看到，做税收筹划时不仅要合理灵活利用各种手法，还要注意在法律框架内进行筹划，统筹大局，应时而变。同时企业要做到：依法纳税，悉心筹划；具体问题具体分析，全面系统地综合筹划；坚持经济原则，综合衡量筹划方案；加强风险防范，全面提高有关人员素质。

（二）课时分配

本案例可以作为专门的案例讨论课来进行，需要学生在课前进行认真准备。如下是按照时间进度提供的课堂时间安排建议。

1. 课前计划：提出思考问题并给予提示，请学员在课前完成阅读和初步思考。

2. 课中计划：

（1）背景资料：5 分钟；

（2）理论背景：5 分钟；

（3）需要学生识别的关键问题：5 分钟；

（4）Gucci 的纳税策划分析：10 分钟；

（5）分组汇报，告知发言要求：25 分钟；

（6）对小组汇报进行评析，并做总结：10 分钟；

（7）同学提疑问：5 分钟。

（三）讨论方法

本案例可以采用小组式讨论方法。

（四）课堂讨论总结

学生需要在课堂学习并讨论本案例中涉及的各种纳税策划的方案及解决方法，同时查阅相关资料，将有疑问的地方提出并汇总，最后由指导老师完成疑难解答，达到彻底掌握销售环节的纳税策划知识为止。

案例 11

T 企业并购 S 企业的税收筹划之路*

*1. 本案例由广东工业大学管理学院的张源、钟明秀、郑钊燕、张婉莹共同撰写，作者拥有著作权中的署名权、修改权、改编权。

2. 本案例授权广东工业大学产教融合 MPAcc 教学智库实验平台使用，广东工业大学产教融合 MPAcc 教学智库实验平台享有复制权、修改权、发表权、发行权、信息网络传播权、改编权、汇编权和翻译权。

3. 由于企业保密的要求，在本案例中对有关名称、数据等做了必要的掩饰性处理。

4. 本案例只供课堂讨论之用，并无意暗示或说明某种管理行为是否有效。

[案例封面]

专业领域： 财务管理

适用课程： 财税管理，税法

选用课程： 税收筹划

编写目的： 本案例旨在引导学员分析T企业并购S企业过程中的涉税环节及相关税收筹划问题，掌握实操过程中税收筹划的有关知识，帮助企业在合理合法的前提条件下实施节税行为，以期实现企业价值最大化。

知 识 点： 企业并购；现金支付；股权支付

关 键 词： 税收筹划，并购重组，互联网行业，税负

中文摘要： 通过研究互联网企业的并购重组案例进行详细的税收筹划分析，着重分析现金支付、股权支付、混合支付三种支付方式的税收成本，对比各种支付方式的并购成本，综合分析各类方案的利弊，选择企业并购重组税后收益最大化的方案，以期能对互联网企业的并购重组提供一定的借鉴作用。

[案例正文]

一、背景介绍

（一）我国公司并购的现状

根据研究中心统计数据，2016 年中国并购市场表现较为活跃，合计完成并购案例 3105 起，同比增长 15.3%。同年，互联网行业并购案例 259 起，较 2015 年减少 19%（图 11－1），其原因是互联网行业并购制度的完善。从并购的数量规模来看，互联网产业并购相对于整个中国并购市场而言活跃度较高，这表明互联网行业的整合仍在发展。

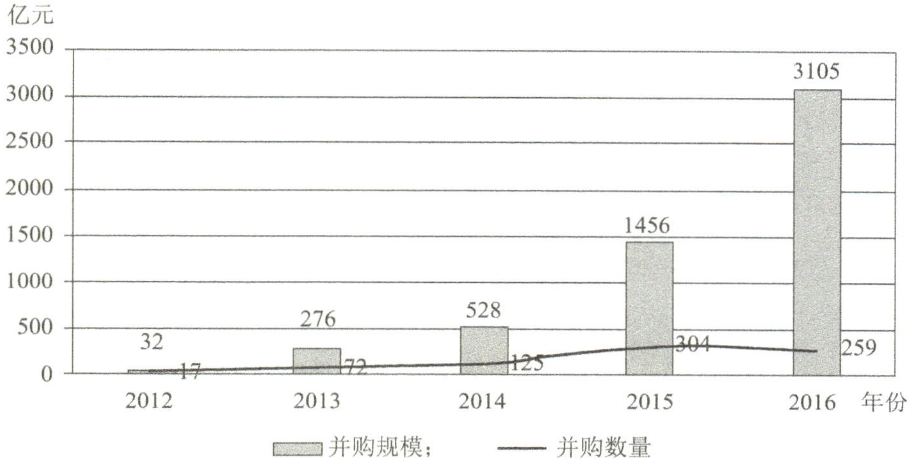

图 11－1　2012—2016 年中国互联网行业并购规模和数量

数据来源：清科数据库。

二、并购介绍

（一）T 企业简介

在本次并购活动中，T 企业为并购方。

1998 年 11 月，T 企业成立。作为中国目前领先的互联网增值服务提供商之一，T 企业一直秉承着“一切以顾客价值为主”的经营理念，致力于为亿级海量顾客提供稳定优质的各类服务，现处于稳健发展的阶段。2004 年 6 月，T 企业在香港联交所主板公开上市。

T 企业作为中国目前互联网企业的巨头，拥有强大的科技研发能力，其 50% 以上员工为研发人员，并且拥有完善的自主研发体系，在存储技术、数据挖掘、多媒体、中文处理、分布式网络、无线技术六大方向都拥有了一定数量的专利，T 企业在全球互联网企业中专利申请和授权总量均位居前列。

同时，T 企业近年来进行了一系列的并购活动，实现多元化经营，分散经营风险。T 企业信誉好，在社会中具有很高的评价，其旗下产品具有广泛的受众，并且用户忠诚度高，具有良好的发展前景。然而，T 企业在游戏开发板块较为薄弱。

（二）S 企业简介

在本次并购活动中，S 企业为被并购方。

2014 年 1 月，S 企业成立。目前该企业是国内移动游戏巨头，虽然 S 公司游戏产品不多，但是每一款游戏用户数量均很多，分布广泛，具有强大的玩家影响力，每日活跃用户（DAU）人数超过 8 千万，玩家在 3 款游戏中建立的玩家组织总数达到 2 亿。与 S 公司拥有的庞大游戏用户数量相比，S 企业的内部人员结构却十分精简，其企业员工总人数约 250 人。S 企业采取工作团队的组织形式，使其具有很强的灵活性和创造力。

然而，与 S 企业快速增长的业务相比，经营这家企业的管理工作却不多：在 S 企业里，250 多名员工工作非常有效率，虽然从 2014 年初成立时的 10 个人到现在，企业团队规模已经扩大了很多，但比起其他有着曾经类似地位的企业，250 依旧是个很小的数字。正是这 250 名员工，收获了 8 千万的活跃用户量和超过 1 亿元的年收入，开发的游戏产品位列 App Store 各大榜单的前列。由此来看，S 企业具有非常好的发展前景。通过此次并购，发生协同效应的可能性非常大。

（三）T 企业收购 S 企业的动因

2016 年 6 月 21 日，T 企业正式并购全国最有前途的游戏企业 S 企业。促使这场大规模并购的动机主要有以下四种：扩大 T 企业的市场份额，实施发展战略；顺应行业快速发展的要求；提高 T 企业整体研发能力；发生协同效应。

三、税收筹划过程

（一）选择并购目标

一般而言，并购方选择目标企业进行税收筹划，主要有三种选择：一是选择特点行业的企业，二是选择亏损企业，三是选择享受税收优惠企业。

1. 选择特点行业的企业的税收筹划

选择横向并购的企业，由于并购双方企业的经营模式、产品种类差别不大，税收方面的适用情况一般保持一致，但使用税率可能会存在差异。

选择纵向并购的企业，在合并后均可获得递延纳税和减少税负的好处。例如，并购后的产品生产环节整合为企业内部活动，并购前需要视为销售或提供应税劳务缴纳增值税的活动，在并购之后无需缴纳，税款可递延到最后环节缴纳。

选择混合并购的企业，一般致力于将企业发展成多元化经营模式。混合并购综合了横向并购和纵向并购的税收影响，并购的纳税主体属性、纳税税种、纳税环节都会发生改变。

T 企业并购 S 企业符合选择并购目标企业的税收筹划的要求，主要体现在 T 企业并购 S 企业属于横向并购。T 企业和 S 企业均属于互联网行业，主营收入主要来源于游戏产业。T 企业通过横向并购 S 企业进一步扩大了 T 企业游戏市场的占有率，发挥协同效应，实现了两者资源的有效配置和良性发展，最终实现规模经营。双方企业的征税项目差别不大，所适用的税率相差甚微，并购后所涉及的税务处理较少。

2. 选择亏损企业的税收筹划

选择亏损企业合并是为了尽可能利用税法上对亏损企业缴纳所得税的规定：亏损企业在未来五年内可在税前弥补以前年度亏损。即，如果一家盈利的企业并购了一家亏损企业，根据相关税法的规定，在并购之后，盈利企业在计算所得税时可扣除亏损企业的亏损，从而降低盈利企业的税负。

S企业2014年1月成立后，前期投资巨大，自2016年起开始盈利。因S企业前期亏损额大于后期净利润额，因此，T企业并购S企业后，将其设为子企业，根据相关税法规定，T企业在计算所得税时可扣除S企业的亏损，从而降低T企业的税负。

3. 选择享受税收优惠企业的税收筹划

根据财税〔2012〕27号文的规定，我国境内新办的集成电路设计企业和符合条件的软件企业，经认定后，在2017年12月31日前自获利年度起计算优惠期，第一年至第二年免征企业所得税，第三年至第五年按照25%的法定税率减半征收企业所得税，并享受至期满为止，即“两免三减半”的税收优惠政策。

S企业享受“两免三减半”的税收优惠政策，所以，盈利的T企业在并购S企业后，S企业享受的税收优惠政策能够在一定程度上减轻T企业的增值税额和企业所得税额，从而降低T企业整体的税务负担。

综上，可以看到，T企业选择S企业作为并购目标是合理之举，符合并购重组的税收筹划要求。

（二）选择出资方式

1. 选择并购资产或股权的税收筹划

对T企业并购S企业选择资产或股权的税收筹划分成两个方案进行讨论。

（1）选择并购资产

在本方案中，T企业并购S企业采取并购资产的方式。由表11－1可知，S企业固定资产评估值为1 950万元，无形资产评估值为30 150万元，资产总计166 300万元。收购资产占总资产的比重为19.3%，远小于特殊性重组的关于收购资产占总资产50%的要求，因此，此并购重组适用一般性税务重组。

表11－1　S企业的资产评估　　单位：万元

资产项目	账面价值	评估价值	资产项目	账面价值	评估价值
流动资产	131 000	132 200	递延所得税资产	530	530
非流动资产合计	12 500	34 100	长期待摊费用	1 470	1 470
固定资产（设备）	2 200	1 950	资产总计	143 500	166 300
无形资产	8 300	30 150			

资料来源：由T企业和S企业的财务报表整理。

T企业并购S企业采取资产并购后，S企业需要缴纳的税款明细如表11－2所示。

表 11－2　S 企业需缴纳税款

项目	应缴纳税额/万元	项目	应缴纳税额/万元
增值税	1950×17%＋30150×6%＝2 140.53	企业所得税	（1950＋30150－2200－8300－214.05）×15%＝3 207.89
城市维护建设税及教育费附加	2140.53×（7%＋3%）＝214.05	合计	5 562.47

与此同时，T 企业并购 S 企业，按公允价值入账资产，S 企业固定资产评估值小于账面价值，每年将少计提折旧，并购后将增加 T 企业的税收负担。S 企业无形资产评估值大于账面价值，T 企业并购 S 企业后按公允价值入账，每年无形资产将多计提折旧，产生税收挡板。查阅 S 企业财务报表，其机械设备使用年限为 4 年，游戏软件使用年限为 10 年。以贴现率为 6% 计算，T 企业并购 S 企业按公允价值入账资产所产生的抵税效果如表 11－3 所示。

表 11－3　资产按公允价值确认产生的抵税效果

项目	金额/万元	项目	金额/万元
固定资产		无形资产	
固定资产减值额	250	无形资产增加额	21 850
每年少计提折旧额	62.50	每年多计提折旧额	2 185
多缴纳税额	33.48	少缴纳税额	2 571.46
		对税收影响总计	4660.48

（注："－"表示节税）

因此，T 企业按并购资产的方式并购 S 企业，使得 S 企业承受较重的税收负担，需多缴纳 5 562.47 万元的税额；但是，T 企业按照公允价值入账资产能够为其带来抵税效果，少缴纳税款 4 460.48 万元。综上，在本方案中，T 企业选择并购 S 企业资产，将其设立为子企业，最终 T 企业的整体税负加重。

（2）选择并购股权

本方案中，T 企业并购 S 企业选择并购股权的方式获得控制权。一方面，从税收的角度来看，如果能够使收购股权比例超过 50%，那么并购企业可获得特殊性税务重组的税收优惠，从而降低税负。另一方面，从经济效益来看，T 企业通过股权并购 S 企业，能够获取 S 企业杰出的游戏软件开发能力和品牌效益。对于互联网行业而言，人才是核心竞争力。T 企业并购 S 企业的动因很大一部分是基于 S 企业的技术人才及其旗下的游戏品牌效益。

本方案中，采用收益法评估 S 企业的股东所有权益价值，所有者权益账面价值为 101 400 万元，评估值为 201 100 万元，评估增值为 99 700 万元，增值率为 98.32%。经 T 企业与 S 企业双方协议后，S 企业 100% 股权基础价值确定为 200 000 万元，T 企业决定收购 S 企业 100% 的股权，并在并购后将其设立为子企业。如表 11－4 所示。

表 11－4　S 企业 2016 年度资产负债表

科目	金额/万元	科目	金额/万元
流动资产合计	131 000	流动负责合计	34 000
非流动资产合计	12 500	非流动负债合计	8 100
资产合计	143 500	负债合计	42 100
		所有者权益合计	101 400

3. 选择支付方式的税收筹划

由表 11－4 所示，S 企业资产总额为 143 500 万元，负债总额为 42 100 万元，所有者权益总额为 101 400 万元，不符合负债支付的要求。因此在此次并购中，支付方式的税收筹划分为现金支付、股权支付和混合支付进行分析。

（1）现金支付的税收筹划分析

T 企业选择现金支付方式并购 S 企业，首先需要对 S 企业资产进行重新估值，由上文分析得出，S 企业 100% 股权基础价值为 200 000 万元。T 企业以 20 000 万元现金作为对价收购 S 企业 100% 股权，其股权支付比例小于 85%，因此本方案满足一般性税务重组的要求，对于股权的转让所得按照一般税务处理，即 S 企业的股东在确认股权转让所得时需缴纳所得税如表 11－5 所示。

表 11－5　S 企业应缴纳所得税

S 企业股东	出资额/万元	占比/%	印花税/万元	应缴纳转让股权所得税/万元
A 企业	1 000	20	20.00	（20 000×20%－1 000－20）×15%＝5 847.00
B 企业	1 500	30	30.00	（20 000×30%－1 500－30）×15%＝8 770.50
C 企业	2 000	40	40.00	（20 000×40%－2 000－40）×15%＝11 694.00
D 企业	500	10	10.00	（20 000×10%－500－10）×15%＝2 923.50
合计	5 000	100	100.00	29 235.00

综上，S 企业需要缴纳的总税额为：100＋29 235＝29 335（万元）。

T 企业需要缴纳的印花税为：200 000×0.05%＝100（万元）。另外，T 企业无需缴纳企业所得税，在取得股权的计算基础上按照股票公允价值 18.65 元/股确定，其他相关所得税事项保持不变。

在现金筹集的问题上，T 企业有两种筹集方式：内部融资和外部融资。

①内部融资：目前 T 企业的流动资产 1 491 540 万元，绝大部分为货币资金，流动负债 1 011 970 万元，营运资金 479 570 万元。2017 年计划使用金额为 250 000 万元，目前可使用的货币资金约 220 000 万元，略高于 200 000 万元，从理论上来说，T 企业适用现金支付进行并购。但是，需要注意到，T 企业所处于互联网行业，开发游戏等产品需要大量的资金支持，企业需要留有足够的货币资金维持运行。使用内部留存的方式会增加企业的财务风险，严重时可能造成现金流断裂。

②外部融资：企业通过举债或发行股票获得资金。一般而言，企业不愿意在经济效益

良好的情况下发行股票，这种筹资方式不仅会使股东对股票价值产生股价高估的误判，而且会分散企业的控制权，当然，发行股票的成本也比较高昂。

另外，企业选择负债融资，既可以保留内部留存，又能产生抵税效果，借款利息在计算净利润时扣除，起到降低所得税的作用。我国企业的资产负债率普遍在45% ～65%的范围内，互联网企业的资产负债率通常更高一些。T企业2016年度的资产负债率为52.96%，略偏低，可增加举债，充分利用杠杆作用。若T企业通过举债20 000万元，其资产负债率为53.46%，仍处于正常范围内。根据税法的规定，T企业通过负债融资收购S企业的20 000万元，属于经营性借款费用，可在计算净利润时扣除借款利息。综上，T企业采取负债融资能够取得资金，并且产生税盾效应，同时不会分散T企业股东的控制权。

假设T企业取得五年期长期借款200 000万元，利率为7%，贴现率为6%，则这笔长期借款可取得的节税收益为：200 000×15%×P/A（6%，5）=8 845.91（万元）。因此，本方案使T企业产生的并购成本明细如表11－6所示。

表11－6　T企业现金支付并购成本

项　目	金额/万元	项　目	金额/万元
五年后的本息和	200 000＋200 000×7%×5＝270 000	印花税	200 000×0.05%＝100
利息节税	－8 849.51	合计	261 250.49

综上所述，本方案采用现金支付，T企业与S企业需要缴纳的税额较大，并且T企业通过负债融资会产生利息费用，增大财务风险。同时，若采取现金支付，由于一般性税务重组的规定，S企业的亏损额不能在被并购后冲抵T企业的所得税计税基础。但是，不可置否，T企业采取现金支付，可以使收购过程变得高效快速。总的来说，现金支付所产生的税收负担和并购成本均较高，在实际的并购过程中实施的可能性较小。

（2）股权支付的税收筹划分析

本方案T企业并购S企业股权支付比例为100%。

根据表11－7的判定，T企业并购S企业的并购重组行为能够符合特殊性税务处理的相关规定。因此，本方案中T企业与S企业的原有各项资产、负债，以及其他相关所得税事项保持不变。

表11－7　T企业并购S企业特殊性税务重组的判定

项目	是否满足	项目	是否满足
合理的商业目的?	满足	合理的商业目的?	满足
收购股权比例?	满足（100%＞50%）	股权支付比例?	满足（100%＞50%）
连续12个月不改变经营活动?	可以满足	重组后12个月内不转让股权?	可以满足

资料来源：公开资料整理所得。

T企业印花税：10 723.86×18.65×0.05%＝100（万元）。

S企业印花税：200 000×0.05%＝100（万元）。

T企业和S企业的企业所得税均为0。

因此，T 企业税收为 100 万元；S 企业税收为 100 万元。同时，采用股权支付并购 S 企业，符合特殊性重组要求，S 企业的亏损可以起到挡税的效果。税法规定，企业合并，企业股东在该企业合并发生时取得的股权支付金额不低于其交易支付总额的 85%，以及同一控制下且不需要支付对价的企业合并，可以选择按以下规定处理：可由合并企业弥补被合并企业亏损的限额 = 被合并企业净资产公允价值 × 截至合并业务发生当年年末国家发行的最长期限的国债利率。2016 年年末，国家发行的最长期限的国债利率为 4.42%，则 T 企业可以弥补的限额为 120 000 × 4.42% = 5 304（万元），S 企业 2014—2016 年亏损总额为 = −3 700 + (−1 200) + 4 200 = −700（万元），700 万元 < 5 304 万元，因此 S 企业的亏损能够一次性弥补，取得的亏损抵免数额为 700 × 15% = 105（万元）。所以，T 企业可获得的税收抵免为 100 − 105 = −5（万元）。

相比于现金并购而言，股权并购所产生的税收成本较低。根据定价基础 20 个交易日的股票均价 18.65 元/股，T 企业股东在交易后将发生股权变动，变动情况如表 11 − 8 所示。

表 11 − 8　T 企业股权变动表

股东名称	交易前		本次发行股数	交易后	
	持股数/万股	持股比例/%		持股数/万股	持股比例/%
E	62 592.71	25	—	62 592.71	23.97
F	37 555.62	15	—	37 555.62	14.38
G	75 111.25	30	—	75 111.25	28.77
H	75 111.25	30	—	75 111.25	28.77
A	—	—	2 144.77	2 144.77	0.82
B	—	—	3 217.16	3 217.16	1.23
C	—	—	4 289.54	4 289.54	1.64
D	—	—	1 072.39	1 072.39	0.41
合计	250 370.82	100	10 723.86	261 094.68	100.00

从表 11 − 8 可计算得出，T 企业原有股东的股权共稀释了 10723.86 ÷ 261094.68 = 4.11%，评估未来五年的预测净利润，如表 11 − 9 所示。

表 11 − 9　T 企业未来五年利润

年度	第一年	第二年	第三年	第四年	第五年
净利润/万元	259 184.80	281 215.51	305 118.83	331 053.93	359 193.51

因此，未来五年 T 企业需支付给 S 企业的股利如表 11 − 10 所示。

表 11－10　股利支付下 T 企业需支付 S 企业股利　　单位：万元

年度	净利润	支付给 S 企业的股利	现值
第一年	259 184.80	259 184.80×（1－20%）×30%×4.11%＝2 556.60	2 411.89
第二年	281 215.51	281 215.51×（1－20%）×30%×4.11%＝2 773.91	2 468.77
第三年	305 118.83	305 118.83×（1－20%）×30%×4.11%＝3 009.69	2 516.97
第四年	331 053.93	331 053.93×（1－20%）×30%×4.11%＝3 265.51	2 598.76
第五年	359 193.51	359 193.51×（1－20%）×30%×4.11%＝3 543.09	2 647.58
合计	—	—	12 643.97

注：T 企业提取盈余公积的比例为 20%，固定支付的股利比例为 30%。

从股票的发行价格来看，根据 T 企业的定价基准日前 20 个交易日的股票均价为 18.65 元/股，而面向市场询价的估价为 25.85 元/股，即 T 企业每发行一股股票，将减少 7.20 元收益。因此股票发行产生的成本为 10 723.86×7.20＝77 211.80（万元）。

综上，T 企业并购 S 企业采取股权支付所产生的并购成本如表 11－11 所示。

表 11－11　T 企业股权支付并购成本

项　目	金额/万元	项　目	金额/万元
并购时支付的股权	200 000	亏损抵免	－105
印花税	100	发行股票产生的成本	77 211.80
支付股利	12 643.97	合计	289 850.76

本方案下 T 企业不需要缴纳税款，并且还可获得 105 万元的税收抵免，同时保留 T 企业的现金以维持运作。然而，采取股权支付，发行股票会造成较高的发行成本，导致并购成本较繁重，同时也稀释了原有股东对 T 企业的控制权。对于 S 企业，只需要支付 100 万元的印花税，即获得对 T 企业的股权，相对于现金支付而言，股权支付使得 S 企业的税收成本大幅降低。

（3）混合支付的税收筹划分析

本方案假设 T 企业并购 S 企业采用混合支付，85% 使用股权支付，15% 使用现金支付，适用特殊性税务重组的规定。经计算，T 企业将以 3.51% 的股权和 30 000 万元作为对价收购 S 企业 100% 股权，税收处理基本与股权收购相同，T 企业税收：100－105＝－5（万元）。T 企业收购 S 企业股权支付部分的计税基础跟 S 企业原有的计算基础相同，非股权支付部分按公允价值确定，股权支付部分按 5 000×85%＝4 250（万元）确认。S 企业现金支付的部分确定转让所得，根据非股权支付对应的资产转让所得或损失＝（被转让资产的公允价值－被转让资产的计税基础）×（非股权支付金额÷被转让资产的公允价值）可得，S 企业股东需确定的股权转让所得为（20 000－5 000）×15%＝29 250（万元），印花税为 200 000×15%×0.5‰＝15（万元），股权转让所得税为（29 250－15）×15%＝4 385.25（万元）。S 企业的总税负为 4 385.25＋15＝4 400.25（万元）。

T 企业以 3.51% 的股权换取 S 企业 85% 的股权，T 企业在未来五年需支付 S 企业的股利如表 11－12 所示。

表 11－12　混合支付下 T 企业需支付 S 企业股利　　单位：万元

年度	净利润	支付给 S 企业的股利	现值
第一年	259 184. 80	259 184. 80 ×（1－20%）×30% ×3. 51% =2 556. 60	2 059. 79
第二年	281 215. 51	281 215. 51 ×（1－20%）×30% ×3. 51%% =2 773. 91	2 108. 37
第三年	305 118. 83	305 118. 83 ×（1－20%）×30% ×3. 51% =3 009. 69	2 158. 07
第四年	331 053. 93	331 053. 93 ×（1－20%）×30% ×3. 51% =3 265. 51	2 219. 39
第五年	359 193. 51	359 193. 51 ×（1－20%）×30% ×3. 51% =3 543. 086	2 261. 07
合计	—	—	10 806. 68

注：T 企业提取盈余公积的比例为 20%，固定支付的股利比例为 30%。

发行股票产生的成本 =85% 股权支付发行的股数 × 市场估价与支付给 S 企业股票价格的差额 =9 115. 28 ×（25. 85 －18. 65）=65 630. 02（万元）。综上，本方案的并购成本如表 11 －13 所示。

表 11 －13　T 企业混合支付并购成本　　单位：万元

项目	金额	项目	金额
五年后的本息和	40 500	支付股利	10 806. 68
利息节税	－1 326. 89	亏损抵免	－105
并购时支付的股权	170 000	发行股票产生的成本	65 630. 02
印花税	15	合计	285 519. 82

本方案中，由于符合特殊性税务重组，T 企业的税负较低，并且能够保留货币现金，通过举债吸收外部资金；但是发行股票仍使得 T 企业的并购成本繁重。

（三）税收筹划方案对比分析

通过上述分析，T 企业在并购重组中进行税收筹划，首先需要选择合适的并购目标，而 S 企业满足并购重组的纳税筹划要求，T 企业并购 S 企业属于横向并购，并且 S 企业亏损额及其享受的税收优惠政策能够减少 T 企业的整体税负。其次，在确定 S 企业是 T 企业的理想并购目标后，分析 T 企业选择并购 S 企业的资产还是股权。经分析，选择并购 S 企业资产，其并购重组适用一般性税务重组，结果使 T 企业的整体税负不减反增；选择并购 S 企业股权，可获得特殊性税务重组的税收优惠，从而降低税负。因此选择并购 S 企业的股权，并讨论支付方式。支付方式分三种方案分析，分别是现金支付、股权支付及混合支付。

根据三种支付方式方案的税收成本和并购成本的分析，总结如表 11 －14 所示。

表 11－14　三种方案总税负与总成本对比　　单位：万元

项目	方案一	方案二	方案三
	现金支付并购	股权支付并购	混合支付并购
T 企业税收	100	－5	－5
T 企业并购成本	261 250. 49	289 850. 76	285 519. 82
S 企业税收	29 335	100	4 400. 25
总税负	29 435	95	4 395. 25
总成本	290 685. 49	289 945. 76	289 915. 07

从并购双方企业税负的角度来看，T 企业的选择方案的优越性为：方案二＝方案三＞方案一，S 企业的选择方案的优越性为：方案二＞方案三＞方案一。而从整体的税负来看，三种方案的优越性为：方案二＞方案三＞方案一。所以，从税负角度来看，方案二对于 T 企业和 S 企业而言都是最佳的税务筹划方案。

从并购成本的角度来看，T 企业的选择方案的优越性为：方案一＞方案三＞方案二。从整体的并购成本来看，三种方案的优越性为：方案三＞方案二＞方案一。所以，站在并购成本最小化的角度，应该选择方案三。如图 11－2 所示。

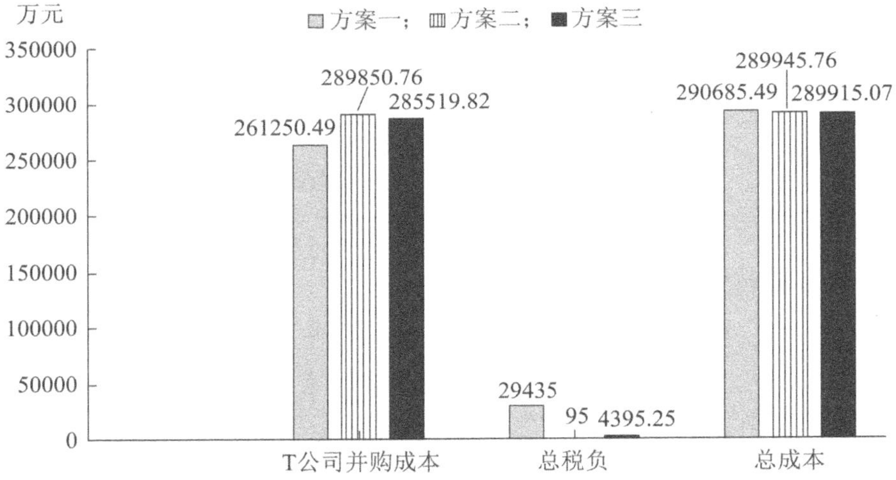

图 11－2　三种支付方式方案总税负与总成本对比表图

然而，虽然方案二税负最低，但该方案使得 T 企业原有股东的损失最大，其并购成本最高，可行性较小；方案一采用现金支付，虽然不影响 T 企业股东的股权，并购过程快捷迅速，但是短期大量现金流出企业对于 T 企业而言具有很大的财务风险，所以方案一采纳的可能性较小。方案三集合了方案一和方案二的优点，摒弃了两者的缺点。结合 T 企业与 S 企业的财务状况和经济效益等，从整体上来看，方案三使得 T 企业的税负最少，并且该方案的总成本最小，因此，方案三是最优方案。

综上，T 企业在并购 S 企业的过程中进行税收筹划的最佳方案是通过混合支付的出资方式并购S企业的100%股权。

四、并购的税务风险分析

（一）并购前税务风险分析

由于高新技术企业的特殊性，行业的发展趋势有时变化非常大，企业管理者需要具有战略性眼光。T企业在此次并购中，计划通过并购S企业达到进一步开拓游戏市场、增加企业声誉的目的。所以，在并购前，T企业在并购S企业时需注意了解S企业的信息，尤其是需要研究S企业享受的税收优惠政策，降低潜在税务风险，使得所采取的战略正确，达到增加企业利润的目的。

（二）并购中税务风险分析

T企业在并购重组中存在税收执法风险。T企业与S企业的并购，由于涉及两个企业的财务情况，税收筹划方案更加复杂。所有的税收筹划方案，只有税务机关认可了才有意义。加上一些偶然因素，税务机关的工作人员本身对政策的理解有偏差，那么更容易触及税收执法风险，有时候进行税务调整其税负将大大提高。

（三）并购后税务风险分析

（1）政策变动风险。在计算企业税负时，可能会出现政策变动风险。如果企业不能灵活应对外界政策的变化，将导致原税收筹划方案失效，企业税负增加。

（2）财务风险。在T企业并购S企业后，管理者才能够完全掌握双方企业重组后的财务数据。如果S企业存在欺瞒债务、偷税漏税等行为，这时T企业将产生潜在的税务风险，可能需要支付额外的罚金等。

五、案例启示

改革开放以来，我国市场经济得到快速发展，企业之间的竞争也在不断加剧。与此同时，我国的资本市场和企业组织制度也在逐步完善之中，企业在进行优胜劣汰的激烈竞争时，通常采取并购的方法进一步扩大企业规模。在并购重组的过程中，税收的作用也越来越重要。在并购重组过程中，对涉税环节进行税收筹划，不仅能够起到节税效果，减少企业的税收负担，而且能够优化企业的资源配置，协调企业内部和外部资源，有利于企业健康稳定发展。

对于互联网企业而言，制订并购重组中的税收筹划方案，摆在首位的是选择并购的目标企业。一般而言，理想的目标企业可以是这三种企业：一是对并购企业的发展利好的企业，二是存在较大亏损的企业，三是享受税收优惠政策的企业。当然，可以选择同时具备以上三种特征的企业。其次是权衡比较目标企业的股权或资产。通常来说，互联网企业是智力密集型企业，其固定资产少，无形资产多，资产并购的税收筹划效果不明显，一般会选择较为适合的股权并购方式。当然，具体采取资产并购还是股权并购方式取决于企业的具体情况和管理者的决策。

本案例在对T企业并购S企业方案进行分析后，得出结论：企业并购的支付方式对整个并购过程的影响较大。如果T企业采取现金支付方式，其优点在于现金支付程序简单快捷，大大缩短企业并购的时间；其缺点是T企业在短时间内流出大量现金，并且无法享受递延纳税的好处。如果T企业采取股权支付方式，能够避免现金支付所带来的弊端，如保持现金流的稳定。混合支付方式是现金支付和股权支付方式的一种折中方式，具有两种方式的优点，在现实操作中较常运用。通常，支付方式需要根据并购双方企业的具体情况而定。综合考察并购双方企业的实际情况，根据并购重组中涉及的税收筹划环节，制订切实可行的备选方案，再对各个备选方案进行详实仔细的分析，得出各种方案的优点和缺点，最终选择最优的税收筹划方案。

在互联网企业并购过程中，涉及并购前的税务风险、并购中的税务风险和并购后的税务风险。通常，并购前有并购双方企业各自的风险，并购中有税收执法风险，并购后存在政策变动风险和财务风险等。管理者在进行并购的决策时，必须全面且客观地认识整个过程中涉及的税务风险，提前准备好应对措施，才能使并购重组中的税收筹划更加有效进行。

六、讨论题目

以下问题作为课堂讨论时引导学员思考的问题，也可以布置给学员在课外准备案例时思考。

1. 互联网行业在我国的发展状况如何？有怎样的发展趋势？
2. T企业为何选择S企业作为并购目标？
3. T企业应如何选择并购S企业的税收筹划方案？试站在多角度分析不同税收筹划方案的影响。
4. 在本案例中，T企业并购S企业的过程中进行税收筹划，体现了哪些税收理论？
5. 本案例对企业在并购中进行税收筹划有什么启示？

七、参考资料

[1] 蔡昌．税法［M］．北京：中国人民大学出版社，2017.
[2] 蔡昌．税收筹划理论、实务与案例［M］．北京：中国人民大学出版社，2017.
[3] 蔡昌．避税那些事儿［M］．南昌：江西人民出版社，2015.
[4] 财政部．国家税务总局关于企业重组业务企业所得税处理若干问题的通知，财税〔2009〕59号.
[5] 郭建鸾，郝帅．跨国并购目标企业文化整合的影响因素与耦合机制研究［J］．中央财经大学学报，2015（1）：106－112.
[6] 刘红霞，王秀婷，李任斯．基于国家风险的我国企业跨国并购交易财务政策选择研究［J］．中央财经大学学报，2014（03）：61－68.
[7] 张军．T企业收购背后的逻辑［J］．英才，2010（05）：24.
[8] 李维萍．企业并购的税收协同效应及观点分析［J］．涉外税务，2007（5）：34－38.

[9] 邓远军．课税对企业并购影响的经济分析［J］．扬州大学税务学院学报，2008，(2)．
[10] 秦宁．我国企业并购中的税收筹划问题研究［D］．青岛：青岛理工大学，2010．
[11] 徐强．企业并购重组中的税收筹划研究［D］．石河子：石河子大学，2015．
[12] 李潇．企业并购重组的税收筹划研究——以百圆裤业并购环球易购为例［D］．杭州：杭州电子科技大学，2015．
[13] 关于企业处置资产所得税处理问题的通知［S］．财税〔2008〕828号．

[案例说明书]

一、案例目标

本案例要实现的教学目的在于：通过T企业并购S企业过程中进行税收筹划的案例，引导学生分析并购过程中的涉税环节及相关税收筹划问题，并利用国内税收优惠政策来选择并购目标以及制订税收筹划方案，实现企业价值最大化。一方面，要求学生及时关注国内最新的税收政策，分析国内经济形势，培养税收筹划意识。另一方面，学生要学会利用税收政策选择合理的并购目标，并制订企业在并购中能实现企业价值最大化的税收筹划方案。

二、案例讨论的准备工作

为了实现本案例目标，学生应该具备下列相关知识背景。

（一）理论背景

1. 并购重组概述

（1）并购重组的含义。从广义上来说，企业并购包括兼并（merger）和收购（acquisition）两部分，通常被称为“M&A”。其中，兼并又称为“吸收合并”，是指原本互相独立的两家或两家以上企业通过一定形式形成一个企业的过程，原企业的权利义务由存续（或新设）企业承担，要求双方经营者在得到股东支持的情况下按照严格的法律程序操作。收购是指一家企业用支付现金或股票的方式购买另一家企业股票或资产，以获得该企业全部资产或某项资产的所有权的行为。因此，在市场机制的作用下，企业并购是指企业为获得其他企业的控制权而进行的产权交易活动。

（2）企业并购的方式。企业并购的方式有很多种，其中按照并购双方所属行业上下游的关系可以分为横向并购、纵向并购和混合并购。如表11－14所示。

表11－14　并购方式

并购方式	含　义
横向并购	为实现规模报酬效应，两个生产经营活动类似的企业进行并购，形成垄断势力，减少行业竞争，提高市场控制力
纵向并购	有向前和向后两种方式，前者是为达到对销售市场的控制和管理而并购下游企业，后者是为实现生产一体化，通过控制原材料的供应来节约生产成本而并购上游企业
混合并购	经营无密切关系，又处不同行业之间的并购，可带来新的利润增长点，也可分散经营风险

资料来源：公开资料整理所得。

3. 税收筹划概述

（1）税收筹划的概念。税收筹划，是指在纳税行为发生之前，在税法允许的范围内，通过对纳税主体的经营活动或投资行为等涉税事项做出安排，以达到少缴纳和递延缴纳税款，并降低税收风险，最终实现企业价值最大化的一系列谋划活动。

税收筹划具有以下三个特点：

①合法性：税收筹划活动守法而不违法。

②事先性：针对企业具体情况，在企业纳税义务发生之前做好税收筹划的方案。

③风险性：因为税收筹划活动是对企业未来的纳税义务进行筹划，因此具有不确定性。

（2）税收筹划的动因。企业进行税收筹划主要有以下几个动因：

①节税效应是税收筹划的最基本动因，企业并购重组进行税收筹划，其根本目的是寻求税负最小化，实现利润最大化。

②税收筹划可规避风险。在企业并购重组过程中进行税收筹划，能够尽可能规避各类风险，实现企业涉税风险最小化，达到并购双方利益均衡，达成共赢。

③外部条件影响税负。在税收筹划中，各种外部条件，如税种、税率等，均存在差异。而这些差异对税收负担的影响不同，从而进一步促进了企业对税收筹划的需求。

（二）制度背景

1. 目标企业选择环节的税收筹划

（1）选择特点行业的企业的税收筹划。选择横向并购的企业，由于并购双方企业的经营模式、产品种类差别不大，税收方面的适用情况一般保持一致，但适用税率可能会存在差异。例如，增值税一般纳税人适用17%的增值税税率，而小规模纳税人适用3%的增值税税率且不得抵扣进项税额（2019年以前）。此时企业应考虑并购后如何进行税收筹划以减少税负。

选择纵向并购的企业，在合并后可获得递延纳税和减少税负的好处。例如，并购后的产品生产环节整合为企业内部活动，并购前需要视为销售或提供应税劳务缴纳增值税的活动，在并购之后无需缴纳，税款可递延到最后环节缴纳。

选择混合并购的企业，一般致力于将企业发展成多元化经营模式。混合并购综合了横向并购和纵向并购的税收影响，并购的纳税主体属性、纳税税种、纳税环节都会发生改变。

（2）选择亏损企业的税收筹划。选择合并亏损企业是为了尽可能地利用税法上对亏损企业缴纳所得税的规定：亏损企业在未来五年内可在税前弥补以前年度亏损。即，如果一家盈利的企业并购了一家亏损企业，根据相关税法的规定，在并购之后，盈利企业在计算所得税时可扣除亏损企业的亏损，从而降低盈利企业的税负。

（3）选择享受税收优惠企业的税收筹划。根据财税〔2012〕27号文的规定，我国境内新办的集成电路设计企业和符合条件的软件企业，经认定后，在2017年12月31日前自获利年度起计算优惠期，第一年至第二年免征企业所得税，第三年至第五年按照25%的法定税率减半征收企业所得税，并享受至期满为止，即“两免三减半”的税收优惠政策。

2. 并购重组出资环节的税收筹划

并购重组中出资环节的税收筹划，首先确定是采用并购企业的股权还是资产，然后再比较各种并购方式，如现金、债权、股权，或综合几种并购方法，从中选取合适合理的支付方式。

（1）选择资产或股权的税收筹划。对于并购企业的资产或股权的税收筹划，税法上规定：纳税人在资产重组的过程中，将全部或者部分实物资产以及与其相关联的债权等一并转让给其他单位或个人，不征收增值税。在股权转让中，单位及个人承受企业股权时，如果股权转让后，企业法人存续时，企业土地、房产权属未发生转移的情况，不属于契税征收范围。根据《关于进一步支持企业事业单位改制重组有关契税政策的通知》（财税〔2015〕37 号）第三条：两个或两个以上的企业，依据法律规定、合同约定，合并为一个企业，且原投资主体续存的，对合并后的企业承受合并各方的土地、房产权属，免征契税。

（2）选择支付方式的税收筹划。在选择支付方式时，通常有以下四种具体方式可供选择（表 11－15）。

表 11－15　支付方式

支付方式	定义	优点	缺点
现金支付	并购方企业支付一定数额的现金取得目标企业的控制权。这里的现金，包括货币性资产和非货币性资产	①并购简单、快捷、高效； ②资产转让带来折旧抵税效果	①适用于一般性纳税处理，不享受递延纳税的好处； ②税负最重
股权支付	并购方企业将已含有自身股权的资产（主要是股票）为对价来换取目标企业的控制权	①免税并购； ②税负最轻	①并购过程缓慢
混合支付	并购方企业采用现金和股权混合进行支付，换取目标企业的控制权	①综合现金和股权支付的优点； ②可选择免税并购	①并购过程缓慢； ②税收筹划最复杂
承担负债支付	并购方企业采取承担债权的方式并购资不抵债或者净资产为零的目标企业	①免税并购； ②现金、资产支付少	①负债加重； ②财务风险加大

资料来源：公开资料整理所得。

3. 并购重组融资环节的税收筹划

（1）内部融资。内部融资是企业优先考虑的融资方式。该融资方式资金的主要来源是企业的盈余公积和未分配利润。内部融资的资本成本最低，不会分散股东的所有权，由于内部融资是企业自身可以调动的资金，所以能够以最短的时间解决资金筹集问题。但是，从另一个角度来看，采取内部融资方式筹集资本会占用企业的部分现金流，加大企业的财务风险；同时，如果盈余公积和未分配利润占用过多，会降低股东获得的股息，长期下来可能会影响企业的股价，有损企业的信誉，从而影响企业的长期发展。

（2）外部融资。除内部融资外，企业还可以采取外部融资方式筹集资金。外部融资主要是通过发行债券和股票，将企业外部的资金转化为企业内部资金。

股权融资是指发行企业的股票来获取资金，常见的方式有非定向增发、定向增发、配股等。股权融资所筹集的资金具有永久性，不需要偿还资金，同时也不需要支付利息，资金成本比债权融资小。然而，股权融资会分散原有股东对企业的控制权，并且股息在税后支付，不具有节税效果；同时，股票发行的程序繁杂，对企业的要求高，发行费用高昂，可能会导致股票的收益下降。

债权融资是指企业发行债券来获取资金。在这种融资方式下，借款利息在税前扣除，具有节税效果，同时债券融资能够带来杠杆效应，运用得恰当可获得超额收益。然而，债权融资的资本成本较高，对借款资金的使用限制较多，容易带来代理成本和财务困境。同时，税法规定了企业之间的债资比，超过比例的债务利息不能抵扣税额。

三、案例分析的要点

（一）需要学员识别的关键问题

1. 互联网行业在我国的发展状况如何？有怎样的发展趋势？

2. T企业为何选择S企业作为并购目标？

3. T企业应如何选择并购S企业的税收筹划方案？试站在多角度分析不同税收筹划方案的影响。

4. 在本案例中，T企业并购S企业的过程中进行税收筹划，体现了哪些税收理论？

5. 本案例对企业在并购中进行税收筹划有什么启示？

（二）解决问题的可供选择方案及其评价

1. 互联网行业在我国的发展状况如何？有怎样的发展趋势？

当下，我国互联网行业发展势头迅猛，涉及范围广，影响力度大，吸引大量的资金和人才，互联网企业也如雨后春笋一般，迅速成立，发展壮大。据中国互联网协会数据显示：在2017年“中国互联网企业100强”中，互联网的主要业务领域覆盖综合门户、垂直门户、B2B电商、综合电商、垂直电商、网络游戏、网络视频、产业服务、网络营销、IDC和CDN3、个人工具、在线旅游等。从图11－3可以看到，互联网百强企业中，网络游戏类型的企业数量最多，占总数的17%。

游戏、大数据和人工智能这三大趋势增长越发明显，行业增长速度保持高速。有大数据领域的相关企业数量占据近半壁江山，25家与游戏相关的企业入围100强，如图11－3所示。在2016年，中国互联网百强企业的互联网业务收入总规模高达1.07万亿元，同比增长46.8%，带动信息消费增长8.73%；72家企业互联网业务收入增速超过20%，其中31家企业实现100%超高速增长；百强企业研发投入达到749.6亿元，同比增长29.7%，平均研发强度达11.76%；研发人员达到15.6万人，同比增长17.65%。

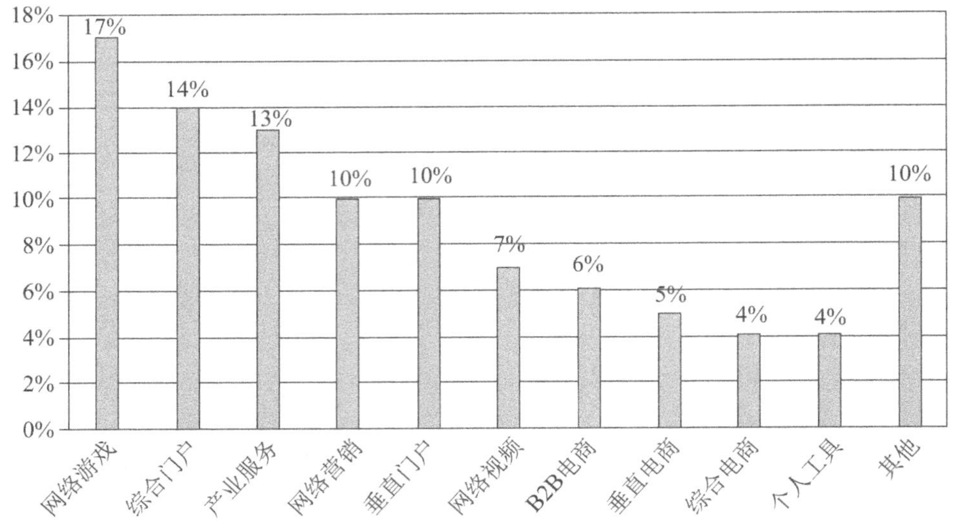

图 11－3　2017 年中国互联网企业 100 强业务类型数量占比图

资料来源：公开资料整理

综上，互联网行业在我国具有很好的发展前景，特别是网络游戏领域，吸引力极强，是互联网行业的聚宝盆。

2. T 企业为何选择 S 企业作为并购目标?

（1）T 企业并购 S 企业主要出于以下几个动因：

①扩大市场份额，实施发展战略。T 企业的游戏玩家主要来源于其通信网络的用户，其开发的游戏较简单，缺少吸引力。而 S 企业的游戏具有强大的市场，游戏研发能力强，玩家数量众多。T 企业并购 S 企业有利于扩大国内游戏市场，增强 T 企业的潜在营收能力。

②顺应行业快速发展的要求。互联网行业发展迅猛，在竞争愈发激烈的情况下，积极选择并购可以借助目标企业拓展市场，并通过强强合作增加核心竞争力。

③提高 T 企业整体研发能力。T 企业收购 S 企业，不仅将 S 企业的卓越人才纳为己用，而且能够获取 S 企业的技术，保证 T 企业之后开发的手机游戏产品的质量，提高企业的品牌声誉，获取利润。

④具有协同效应。T 企业拥有强大的平台推广能力和形成商业模式的能力，S 企业在游戏行业具有标杆地位，通过此次并购重组，这对于双方而言，均是有利可图的双赢合作。据大数据预测，大型多人在线和多人竞技游戏将在 2020 年达到 300 亿美元规模，年复合增长率为 5.2%；移动游戏市场将以 8.1% 的年复合增长率在 2020 年将达到 480 亿美元规模。可以看到，游戏产业正在迅速发展，移动游戏也因其便捷性将成为游戏市场的摇钱树。利用并购的协同效应，T 企业能够进一步扩大游戏市场。

（2）选择目标企业进行税收筹划的可行性：

一般而言，并购方选择目标企业进行税收筹划，主要有三种选择：一是选择特点行业的企业，二是选择亏损企业，三是选择享受税收优惠企业。

①选择特点行业的企业。T企业和S企业均属于互联网行业，主营收入主要来源游戏产业，属于横向并购。双方企业的征税项目差别不大，所适用的税率相差甚微，并购后所涉及的税务处理较少，税务费用较低。

②选择亏损企业。查阅S企业2014—2016年利润表可知，S企业目前仍处于亏损状态。T企业并购S企业后，因S企业前期亏损额大于后期净利润额，据相关税法规定，T企业并购S企业后，将S企业设为其子企业，T企业可在计算所得税时扣除S企业的亏损，降低了T企业的税负。

③选择享受税收优惠企业。S企业享受“两免三减半”的税收优惠政策，因此盈利的T企业在并购S企业后，S企业享受的税收优惠政策能够在一定程度上减轻T企业的增值税额和企业所得税额，从而降低T企业整体的税务负担。

综上，T企业选择S企业作为并购目标是合理之举，既符合T企业的发展战略，又符合并购重组的税收筹划要求。

3. T企业应如何选择并购S企业的税收筹划方案？试站在多角度分析不同税收筹划方案的影响。

本案例中，T企业在并购重组中进行税收筹划，首先需要选择合适的并购目标，而S企业满足并购重组的纳税筹划要求。T企业并购S企业属于横向并购，并且S企业亏损额及其享受的税收优惠政策能够减少T企业的整体税负。

其次，在确定S企业是T企业的理想并购目标后，分析T企业选择并购S企业的资产还是股权。经分析，选择并购S企业资产，其并购重组适用一般性税务重组，结果使T企业的整体税负不减反增；选择并购S企业股权，可获得特殊性税务重组的税收优惠，从而降低税负。因此选择并购S企业的股权，并讨论支付方式。支付方式分三种方案来分析，分别是现金支付、股权支付及混合支付。

根据三种支付方案的税收成本和并购成本的分析，总结如表11－13及图11－2所示。

从并购双方企业税负的角度来看，T企业的选择方案的优越性为：方案二＝方案三＞方案一，S企业的选择方案的优越性为：方案二＞方案三＞方案一。而从整体的税负来看，三种方案的优越性为：方案二＞方案三＞方案一。所以，从税负角度来看，方案二对于T企业和S企业而言都是最佳的税务筹划方案。

从并购成本的角度来看，T企业的选择方案的优越性为：方案一＞方案三＞方案二。从整体的并购成本来看，三种方案的优越性为：方案三＞方案二＞方案一。所以，站在并购成本最小化的角度，应该选择方案三。

然而，需看到，虽然方案二税负最低，但该方案使得T企业原有股东的损失最大，其并购成本最高，可行性较小；方案一采用现金支付，虽然不影响T企业股东的股权，并购过程快捷迅速，但是短期大量现金流出企业对于T企业而言具有很大的财务风险，所以方案一采纳的可能性较小。方案三集合了方案一和方案二的优点，摒弃了两者的缺点。结合T企业与S企业的财务状况和经济效益等，从整体上来看，方案三使得T企业的税负最少，并且该方案的总成本最小，因此，方案三是最优方案。

综上，T企业在并购S企业的过程中进行税收筹划的最佳方案是通过混合支付的出资方式并购S企业的100%股权。

4. 在本案例中，T 企业并购 S 企业的过程中进行税收筹划，体现了哪些税收筹划理论？

企业并购重组税收筹划的理论依据有契约理论、有效税收筹划理论、系统理论、并购的税务风险理论等。本案例中，T 企业在并购 S 企业的过程中进行税收筹划，体现的税收筹划理论有：

（1）契约理论。契约理论是指交易双方签订合同或者协议，一方出售财产所有权，另一方支付商定的货币取得标的物的所有权；或者交易双方订立具有法律效力的约定，一方出让财产的使用权，另一方获得具有时效性的部分产权。

如果没有契约关系的存在，税收筹划就没有必要存在。税法实际上是政府与纳税人签订的通用税收契约，在这种契约关系下，政府通过税收的强制性征收税款，税务筹划可以看成是纳税人对税收环境的一种适应性反应。T 企业在进行并购重组中的税收筹划是按照税法进行的，利用相关税收优惠政策。而且，T 企业与 S 企业的并购是通过契约的形式确定的，具有约束双方企业行为的作用，保障并购双方税收筹划的顺利开展。

（2）有效税收筹划理论。有效税收筹划理论认为，有效税收筹划是以企业需求为导向，降低企业税负，提高税后收益的管理。税收并不是管理的绝对因素，只是影响因素；有效的税收筹划需建立在双方许可的条件下，综合考虑显性、隐性、管理的支出等因素。

T 企业在并购之前，对 S 企业的全部情况进行了解，尽可能避免因信息不对称导致并购价格高估的情况。

（3）系统理论。系统理论认为，一个系统中的各种要素是相互联系、相互作用的，各要素之间并不是单独存在的。系统受内外部环境影响，系统以外部环境作为资源的输入端和产品的输出端，又与自身内部相关因素相互作用。

在 T 企业并购重组税收筹划这个整体开放的系统中，进行税收筹划的步骤如下：

①分析 T 企业自身的情况，了解并购目标 S 企业的情况，确定外部环境影响因素，明确 T 企业希望达到的目标；

②了解与互联网企业并购和税收筹划相关的法律法规，熟悉其内容和操作方法，综合考察并购双方企业的实际情况，根据并购重组中涉及的税收筹划环节制订切实可行的备选方案；

③对各个备选方案进行详实仔细的分析，权衡利弊，选择最优的税收筹划方案进行实施。

（4）并购的税务风险理论。并购的税务风险理论将税务风险按照并购进行的顺序分为并购前税务风险、并购中税务风险和并购后税务风险。

①并购前税务风险：主要表现为在信息不对称的情况下，并购企业选择目标企业产生选择不当的风险。在此次并购中，T 企业计划通过并购 S 企业达到进一步开拓游戏市场、增加企业声誉的目的。在并购前，T 企业在并购 S 企业时需了解 S 企业的信息，尤其是需要研究 S 企业享受的税收优惠政策，降低潜在税务风险，使得所采取的战略正确，达到企业利润增加的目的。

②并购中的税务风险：在并购重组过程中，选择不同的交易方式可能会引发政策选择的税务风险。政策选择风险是指企业对政府政策理解出现偏差而导致政策误读。T 企业与 S 企业的并购，由于涉及两个企业的财务情况，税收筹划方案更加复杂。所有的税收筹划

方案，只有税务机关认可了才有意义。如果T企业的税收筹划行为与国家法律法规、税收政策出现偏差或冲突，将导致税收筹划失效，使企业成本不减反增，甚至影响企业经营。

③并购后税务风险：在企业并购重组后，T企业面对政策变动风险。在计算企业税务时，可能会出现政策变动风险。如果企业不能灵活应对外界政策的变化，将导致原税收筹划方案失效，企业税负增加；另外，在T企业并购S企业后，管理者才能够完全掌握双方企业重组后的财务数据。如果S企业存在欺瞒债务、偷税漏税等行为，这时T企业将产生潜在的税务风险，可能需要支付额外的罚金等。

5. 本案例对企业在并购中进行税收筹划有什么启示？

企业在采取并购扩大企业规模的过程中，税收的作用越来越重要。在并购重组过程中，对涉税环节进行税收筹划，不仅能够收到节税效果，而且能够优化企业的资源配置，有利于企业健康发展。

对于互联网企业并购的税收筹划，首先是选择并购的目标企业。通常，理想的目标企业可以是这三种企业：一是对并购企业的发展利好的企业，二是存在较大亏损的企业，三是享受税收优惠政策的企业。

其次，权衡比较目标企业的股权或资产。通常来说，互联网企业是智力密集型企业，其固定资产少，无形资产多，资产并购的税收筹划效果不明显，一般会选择较为适合的股权并购方式。当然，具体采取资产并购还是股权并购方式需考虑企业的具体情况和管理者的决策。

再者，考虑企业并购的支付方式。如果T企业采取现金支付方式，其优点是现金支付程序简单快捷，大大缩短企业并购的时间；缺点是T企业在短时间内流出大量现金，并且无法享受递延纳税的好处。如果T企业采取股权支付方式，能够避免现金支付所带来的弊端，如保持现金流的稳定，但会稀释股权。混合支付方式是现金支付和股权支付方式的一种折中方式，具有两种方式的优点，在现实操作中较常运用。

最后，考虑并购的税务风险。通常，并购前有并购双方企业各自的风险，并购中有税收执法风险，并购后存在政策变动风险和财务风险等。管理者在进行并购的决策时，必须全面且客观地认识整个过程中涉及的税务风险，提前准备好应对措施，才能使并购重组中的税收筹划更加有效进行。

四、教学组织形式

（一）课前发布问题清单以及提问顺序、资料发放顺序

本案例探讨的题目依次为：

1. 互联网行业在我国的发展状况如何？有怎样的发展趋势？

2. T企业为何选择S企业作为并购目标？

3. T企业应如何选择并购S企业的税收筹划方案？试站在多角度分析不同税收筹划方案的影响。

4. 在本案例中，T企业并购S企业的过程中进行税收筹划，体现了哪些税收理论？

5. 本案例对企业在并购中进行税收筹划有什么启示？

（二）课时分配

整个案例的课堂时间控制在 90 分钟以内，时间与内容安排可参考以下建议：

1. 课前自行阅读资料；

2. 课前分小组进行思考讨论并提交分析报告提纲；

3. 课堂上教师简单介绍案例内容，点评课前每组提交的提纲；提出案例讨论关键点和核心问题，并说明接下来的讨论陈述的要求等（15 分钟）；

4. 小组讨论，之后每个小组代表进行发言，陈述观点（50 分钟）；

5. 教师点评（10 分钟）；

6. 教师对此次课题进行总结，布置针对本次案例讨论提交一份更加具体的书面报告的作业（15 分钟）。

（三）讨论方式

本案例拟采用小组式的讨论方式。

（四）课堂讨论总结

课堂讨论总结的关键是：总结归纳每组发言者的主要观点，小组之间互相学习；重申其重点难点，明确学习目标；建议大家对案例再深入研究分析，拓展新思路和新观点。

案例 12

芝麻开花节节高——B 地产企业税收管理之路*

* 1. 本案例由广东工业大学管理学院的张源、钟颖、朱旖璐、温芳颖共同编写，作者拥有著作权的署名权、修改权、改编权。
2. 本案例授权广东工业大学产教融合 MPAcc 教学智库实验平台使用，广东工业大学产教融合 MPAcc 教学智库实验平台享有复制权、修改权、发表权、发行权、信息网络传播权、改编权、汇编权和翻译权。
3. 由于企业保密的要求，在本案例中对有关名称、数据等做了必要的掩饰性处理。
4. 本案例只供课堂讨论之用，并无意暗示或说明某种管理行为是否有效。

[案例封面]

专业领域：财务管理

适用课程：财税管理，税法

选用课程：税务筹划

编写目的：本案例旨在引导学员了解B地产企业税收管理的过程，研究以B地产企业为代表的房地产企业在税收管理过程中如何根据企业自身特点进行合理节税，使学员进一步了解和掌握税收理论知识和税收筹划的实践运用。

知 识 点：合理节税；税务风险控制

关 键 词：房地产企业；税收筹划；价值最大化

中文摘要：本案例研究了B地产企业税收管理的具体实施，该企业以各个经营环节为基础，对相关税种作出一定的节税安排，以提高税后收益，从而实现该企业价值最大化。

[案例正文]

一、背景介绍

B 房地产企业（集团）股份有限公司是国家房地产开发一级资质企业。涉税业务主要有如下两个特点：

（1）涉及的税种较多。我国目前有十八个税种，而 B 地产企业实际缴纳的有关税种约十种，有城建税、土地增值税、企业所得税、教育费附加等，占比超过二分之一。

（2）税务程序复杂。B 地产企业的业务除了地产以外，还兼顾了物业管理、建筑、设计、销售代理、酒店管理等，各个行业有其固定的税种，应分开计算和分别缴纳，这直接导致了 B 地产企业的税务程序复杂。

二、B 地产企业税收管理过程

（一）增值税

自 2018 年 5 月 1 日起，纳税人发生增值税应税销售行为或进口货物，原适用 17% 和 11% 税率的，税率分别调整为 16%、10%（财税〔2018〕32 号）。

1. 选择合适的销售定价方式

土地增值税中有规定，对于增值率低于 20% 的普通住宅免征土地增值税，因此，B 地产企业在制定销售价格时需要考虑销售价格对增值率的影响，以便就土地增值税的免税临界点进行税收管理。以下就 B 地产企业的定价方案进行假设，并加以分析。

假设 B 地产企业在广东省有待出售的普通住宅，普通住宅占地面积为 15 000 平方米，开发成本为 10 000 万元，建设开发成本为 12 000 万元。（销售 2016 年 4 月 30 日前购买的不动产按照简易计税办法征收 5%；增值税、城市维护建设税 7%，教育费附加 3%，以下数据保留至小数点后两位）

方案一：其销售价格预计为 2 万元/平方米。

分析：

销售价格 $=15\,000\times2=30\,000$（万元）

应缴纳增值税额 $=\dfrac{30000}{1+5\%}\times5\%=1428.57$（万元）

应缴纳城市维护建设税和教育费附加 $=1428.57\times10\%=142.86$（万元）

允许扣除项目合计 $=10000+12000+(10000+12000)\times20\%+142.86=26542.86$（万元）

收入额 $=30\,000-1428.57=28571.43$（万元）

增值额 $=28571.43-26542.86=2028.57$（万元）

增值率 $=\dfrac{2028.57}{26542.86}=7.64\%$

应缴纳土地增值税 $=2028.57\times30\%=608.57$（万元）

税后利润 $=28571.43-142.86-608.57-10000-12000=5820$（万元）

方案二：先计算出 B 地产企业土地增值税的免税临界点，然后确定销售的价格。

分析：为了方便方案二在 B 地产企业以后的运用，本文对于土地增值税免税点建立一个函数模型进行分析。假设总销售收入为 X 万元，可扣除项目为 Y 万元（除了城市维护建设税和教育费附加），可扣除项目金额为$\frac{X}{1+5\%}\times5\%\times10\%+Y$，

$$\frac{\left(X-\frac{X}{1+5\%}\times5\%\right)-\left(\frac{X}{1+5\%}\times5\%\times10\%+Y\right)}{\frac{X}{1+5\%}\times5\%\times10\%+Y}<20\%$$

则 $X<1.2676Y$，$Y<\frac{1}{1.2676X}$

如图 12－1 所示，X 的取值在曲线的下方，就能够满足免税临界点的要求。所以，B 企业为了能够达到免缴土地增值税的目的，应该按照图 12－1 的销售收入与可扣除项目的关系进行税收管理。

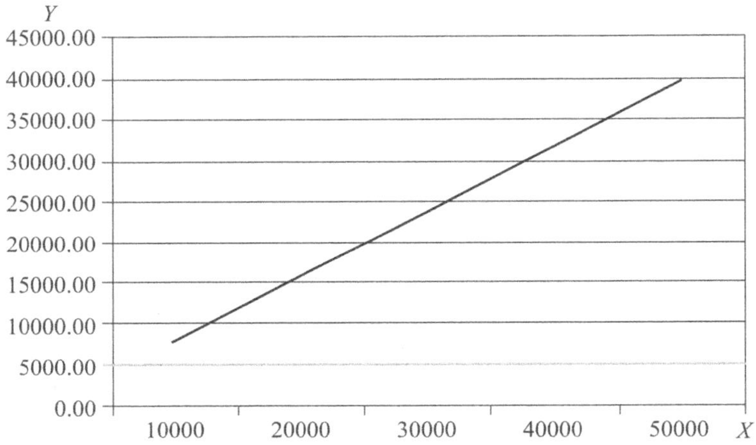

图 12－1　$X<1.2676Y$ 的折线图（单位：万元）

资料来源：据上文销售收入与可扣除项目之间的函数关系整理所得。

根据上文总结的有关销售收入与可扣除项目之间存在的函数关系可知，函数关系为 $X<1.2676Y$，其中 $Y=26400$，计算 B 地产企业开发的 15 000 平方米的普通住宅的销售价为 $26400\times1.2676=33464.64$（万元），则

单价 = 2.23 万元/平方米

应缴纳增值税额 $=\frac{33464.64}{1+5\%}\times5\%=1593.55$（万元）

应缴纳城市维护建设税和教育费附加 $=1593.55\times10\%=159.36$（万元）

允许扣除项目合计额 $=10000+12000+(10000+12000)\times20\%+159.36=26559.36$（万元）

收入额 $=33464.64-1593.55=31871.09$（万元）

增值额 $=31871.09-26559.36=5311.73$（万元）

增值率 $=\frac{5311.73}{26559.36}=20\%$

此时，满足了土地增值税的免税条件，免缴土地增值税税额。

税后利润为 31871.09 - 10000 - 12000 - 159.36 = 9711.73（万元）

假定上述所开发的房屋能够全部出售，方案二比方案一的税后利润更高，那么说明销售价格越高，企业的税后利润相对也会越高。但是，在现实生活中，如果销售价格大大高于市场价格，可能会导致消费者无力购买房屋，并且企业也容易遭到国家有关部门的检查和举报，那么该税收管理的方案可能是无效的。

2. 采取价格折扣奖励形式代替奖励实物形式

按销售额给予奖励是B地产企业比较常见的营销策略，以下将对两种比较常见的奖励方式进行分析：

方案一：采用实物奖励形式。

假设B地产企业将出售价值为500万元的别墅，若奖励价值达10万元的小汽车，公司应缴纳销售房屋的增值税为 500×16% = 80（万元）（不考虑进项税额抵扣），另外，奖励小汽车应当缴纳增值税为 10×16% = 1.6（万元），两项合计应缴纳增值税为 80 + 1.6 = 81.6（万元）。

方案二：采用价格折扣奖励形式。

假设用价格优惠2%的方法，则销售额为 500×（1 - 2%）= 490（万元），则应缴纳增值税为 490×16% = 78.4（万元）。

将两种方式进行比较，第二种方案可以节税3.2万元，节税率为3.9%。尽管节税率不算很高，但是如果B地产企业全年计划销售额较大的话，则采用价格折扣奖励方式的节税额还是相当可观的。

2. 合理分解租金收入

对于B地产企业而言，租金收入包含的种类比较多，其中主要有水电费和物业费用。为了能够做到分解租金收入，B地产企业应该在准备出租房屋时，订立两份合同，一份为出租合同，一份为物业合同。并且，可以在物业合同中约定代收水电费的佣金。但是需要注意的是，不能收取太高的佣金，否则容易造成业主的不满，同时也会影响B地产企业的销售情况。

（二）土地增值税

1. 合理选择利息扣除方式

利息费用居高不下已经成为现代企业难以避免的问题之一，利息费用又与企业土地增值税密切相关。而在计算土地增值税的时候，一般利息费用有两种处理方法：第一种是企业能够提供金融机构的证明，并且将利息费用按照开发项目进行分摊；第二种是企业不能提供金融机构的证明或企业的利息费用没有按照开发项目进行分摊。

假设：B地产企业在广东省有一个房地产开发项目，支付土地使用权金额50 000万元，开发成本为5 000万元，利息费用为 X。（法律规定，凡能够按转让房地产企业项目计算分摊并提供金融机构证明的，允许据实扣除，但最高不能超过按商业银行同类同期贷款利率计算的金额，其他房地产企业开发费用，按金额之和的5%以内计算抵扣；凡不能

按转让房地产项目计算分摊利息支出或不能提供金融机构证明的，房地产企业开发费用按计算的金额之和的10%以内计算扣除）

方案一：B地产企业采用第一种处理方法，

可抵扣的金额 $=(50000+5000)\times5\%+X=2750+X$（万元）

方案二：B地产企业采用第二种处理方法，

可抵扣的金额 $=(50000+5000)\times10\%=5500$（万元）

对于B地产企业而言，如果 $X=2750$，则两种方案没有什么区别。如果 $X<2750$，则选择第一种方案；反之，则选择第二种方案。

综上所述，利息费用＜（取得土地使用权的金额＋开发成本）×5%，则选择第一种方案；反之，则选择第二种方案。

3. 将销售收入分散

B地产企业的税种基本上都以销售收入为计价基础，因此可将销售收入分散，从而降低税基，减少增值税和土地增值税的税负。B地产企业可以通过建立独立的销售公司和签订房屋的精装房合同进行税收管理，其中建立独立的销售机构也是企业比较常见的税收管理方式，主要就是建立B地产企业的下属机构，由B地产企业支付下属机构的佣金可以作为土地增值税的扣除金额，从而降低土地增值税。

此外，签订精装房合同目前应当作为房地产企业主要的分散销售收入的方式，我们可以根据2016年新出台的“营改增”政策，B地产企业在购进精装房时的支出的进项税额可以在增值税中得以抵扣，从而降低增值税的税负。而签订精装房合同有两种方式，一种为合并定价合同，另一种是分开定价合同。合并定价合同就是将房屋净装修的价格算在销售价格中，而其中的房屋精装修成本可以在计算土地增值税时得以扣除。分开定价合同就是房屋的销售价格和房屋的装修价格分别订立合同，分开定价的房屋装修价格无需缴纳土地增值税。

综上，B地产企业可以建立单独的销售机构，并且推出精装修的普通住宅，不仅迎合了消费者的需求，而且可以为企业带来更大的税后利润（图12－2）。

分散销售收入
- 建立独立的销售机构
- 签订精装房合同
  - 合并定价合同
  - 分开定价合同

图12－2　分散销售收入的方式

资料来源：据公开资料整理所得。

4. 通住宅与豪宅分开核算

假设B地产企业开发了一个新项目，预计销售收入为3亿元，该项目包括了两部分：一部分是豪华住宅，预计销售收入为1亿元，另一部分为价值2亿元的普通商品房。经过初步测算，整个工程中按照《中华人民共和国税法》（以下简称《税法》）规定的可扣除项目金额为2.2亿元，其中普通住宅的可扣除项目金额为1.6亿元，豪华住宅的可扣除项目金额为6000万元。根据当地主管税务机关的规定，该工程的两种商品房可以分开核算，也可以合并核算。

现在有三种可供选择的方案：

方案一：两个工程项目统一管理、统一进行会计核算。

根据《税法》规定，如果两个项目不分开核算，

增值额与扣除项目金额的比例 $=\frac{30000-22000}{22000}=36\%$

因此适用30%的税率，应缴纳土地增值税 =（30000 - 22000）×30% =2400（万元）

方案二：两个项目分开管理，分别进行会计核算。

根据《税法》规定，如果将两个不同性质的开发项目分开进行会计核算，分别计算开发成本和开发成果，那么应缴纳土地增值税为

普通住宅：增值率 $=\frac{20000-16000}{16000}=25\%$，适用30%的税率，

应缴纳土地增值税 =（20000 - 16000）×30% =1200（万元）

豪华住宅：增值率 $=\frac{10000-6000}{6000}=67\%$，适用40%的税率

应缴纳土地增值税 =（10000 - 6000）×40% - 6000×5% =1300（万元）

二者合计为2500万元，分开核算比不分开核算多支出税金100万元。

方案三：对普通住宅的支出项目进行筹划和控制。

在将两个项目分开管理、分开进行会计核算的基础上，对普通住宅的支出项目进行税收筹划和控制，使普通住宅的增值率控制在20%以下。根据《税法》规定，如果将两个不同性质的项目分开进行会计核算，分别计算开发成本和开发成果，那么，应缴纳土地增值税如下：

（1）普通住宅，将普通住宅的可扣除项目金额做适当的控制，使普通住宅的增值率限制在20%，这可以通过增加公共生活设施、改善住房的设计或其条件等方法来实现。

设普通住宅的可扣除项目金额为 M，那么

$$\frac{20000-M}{M}=20\%$$

等式中可计算出 $M=16666$（万元）。即在可扣除项目金额为16666万元的条件下，普通住宅免征土地增值税。

（2）豪华住宅，增值率 $=\frac{10000-6000}{6000}\approx 67\%$，适用40%的税率，

应缴纳土地税 =（10000 - 6000）×40% - 6000×5% =1300（万元）

此时，该企业应缴纳的土地增值税仅为豪华住宅应缴纳的1300万元。

方案一应缴纳土地增值税2400万元；方案二应缴纳土地增值税2500万元；方案三通过筹划，应缴纳土地增值税1300万元，达到节税目的。

需要说明的是，虽然《税法》规定，纳税人既建造普通住宅又建造其他商品房的，应分别核算土地增值税，但是《土地增值税暂行条例》也规定，土地增值税以纳税人房地产企业成本核算的最基本的核算项目或核算对象为单位计算，因而在实际中，纳税人应在了解当地具体政策规定的情况下，据实处理。

（三）房产税

1. 改变房屋租赁方式

房屋租赁是指租赁双方在约定的期间内，出租方将房屋的使用权让渡给承租方，并收取租金的一种经营方式；仓储是指在约定时间内，房产所有人用该房产代客贮存、保管货物，并收取仓储费的一种经营方式。不同的经营方式适用不同的税收法律法规政策进行征税。

B 地产企业可以将租赁房屋的性质改变为仓储，比如将其中的 10 套房屋租赁，则需要出租人按照出租价格的 12% 缴纳房产税，而作为仓储则只需要房产保管人按照房产原值的 1.2% 缴纳房产税。“营改增”后，出租 2016 年 4 月 30 日之前取得的不动产，可以使用简易计税法按照 5% 征收增值税。

假设 B 地产企业拥有 10 套闲置房屋，其总价值为 5000 万元，租金为每年 500 万元，租期为 5 年。

方案一：B 地产企业将 10 套房屋给 X 公司存放货物。

方案二：B 地产企业将 10 套房屋继续给 X 公司存放货物，但将租赁合同改为仓储合同，并且配备保管人员进行管理。

方案一中，B 地产企业缴纳增值税 $=\frac{500}{1+5\%}\times 5\% =23.80$（万元）

缴纳房产税 $=500\times 12\% =60$（万元）

缴纳城市维护建设税和教育费附加 $=23.80\times 10\% =2.38$（万元）

共缴纳税额 $=60+2.38=62.38$（万元）

而方案二中，B 地产企业缴纳增值税 $\frac{500}{1+5\%}\times 5\% =23.80$（万元）

缴纳房产税 $=5000\times$（$1-30\%$）$\times 1.2\% =42$（万元）

缴纳城市维护建设税和教育费附加 $=23.80\times 10\% =2.38$（万元）

方案二总共缴纳税额 $=42+2.38=44.38$（万元）

方案二比方案一节税 $62.38-44.38=18$（万元），达到节税的目的。

在这个环节进行税收管理时，还需要注意政策的变化，在财政部、国家税务总局《关于全面推开营业税改征增值税试点的通知》（财税〔2016〕36 号）中，明确将仓储服务纳入物流辅助服务征收增值税的范围。

（四）企业所得税

根据《财政部、国家税务总局关于营改增后契税、房产税、土地增值税、个人所得税计税依据问题的通知》（财税〔2016〕43 号）规定，自 2016 年 5 月 1 日起在计征个人所得税时，税务机关核定的计税价格或收入不含增值税。

1. 筹划发展再投资

随着企业的发展，再投入是企业持续经营中经常发生的经济行为。企业股东应算好税收账来增加企业的再投入，争取以较低的税收成本取得较高的经济收益。

假设 B 地产企业注册资本为 100 000 万元，有甲、乙两个自然人股东，截至 2017 年末，B地产企业所有者权益为100 000万元，其他公积金和未分配利润为零。2018年初，通过董事会的决议，B地产企业决定新开发一个楼盘，经测算需新增资金300 000万元，甲、乙股东商定此笔资金由公司股东按原出资比例分别筹集。

对于公司增资的问题，除了应当考虑有关股东的投资意愿以外，还有一个重要的问题，那就是税收问题。因为增资方案的不同，对投资人的投资回报产生不同的影响。现给出三种资金投入方案：

方案一：通过股权投资的方案对公司投入300 000万元。（增资扩股）

分析：

甲、乙两个自然人股东通过股权投资的方案为公司增资，假设该投资项目在以后年度，每年取得税前所得50 000万元。对该公司及股东相关企业所得税、个人所得税、股东收益计算如下：

应缴纳企业所得税 = 50 000 × 25% = 12 500（万元）

应缴纳股息分红个人所得税 = (50 000 - 12 500) × 20% = 7500（万元）

综合以上两个因素，该企业应纳税合计 = 12 500 + 7500 = 20 000（万元）

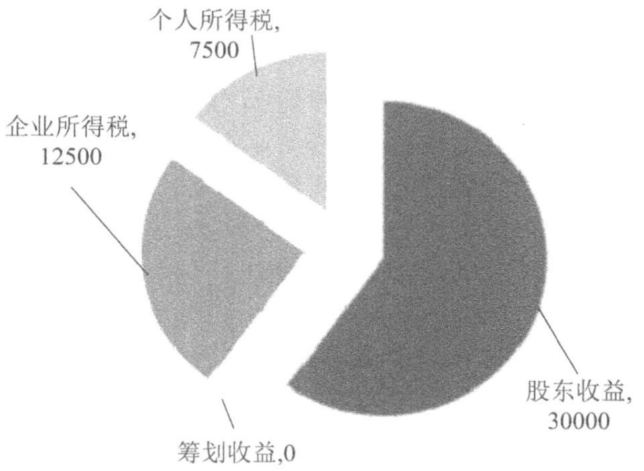

图12－3　增资扩股的利益分布（单位：万元）

股东收益 = 50 000 - 20 000 = 30 000（万元）（见图12－3）

方案二：公司向股东借款300 000万元。

分析：

根据《国家税务总局关于企业向自然人借款的利息支出企业所得税税前扣除问题的通知》（国税函〔2009〕777号）规定，企业向股东或其他与企业有关联关系的自然人借款的利息支出，应根据《中华人民共和国企业所得税法》（以下简称《企业所得税法》）第四十六条及财政部、国家税务总局《关于企业关联方利息支出税前扣除标准有关税收政策问题的通知》（财税〔2009〕121号）规定的条件，计算企业所得税扣除额。

由于财税〔2008〕121号文件规定，企业向股东或有关联关系的自然人借款的利息支出可以在企业所得税前扣除，为企业的股东对企业进行再投入时是采取股权投资还是对公司借款提供了可选择的可能。

因此，方案二的整体税负及股东收益测算如下：

（1）企业所得税。假设股东对公司借款300 000万元（该公司本年度除向股东借款外没有向其他关联方借款，并且年度内没有变化），年利率为10%，年利息为30 000万元，该年度金融企业同期同类贷款利率为11.5%。根据《中华人民共和国企业所得税法实施条例》第三十八条规定，非金融企业向非金融企业借款的利息支出，不超过按照金融企业同期同类贷款利息计算的数额的部分，准予扣除，该公司向股东借款发生的利息支出为

30000 万元，没有超过《税法》的规定。

财税〔2008〕121 号文件规定，根据《企业所得税法》第四十六条和《企业所得税法实施条例》第一百一十九条规定，企业接受关联方债权性投资的利息支出，在计算应纳税所得额时，企业实际支付给关联方的利息支出，除符合“企业如果能够按照《企业所得税法》及其实施条例的有关规定提供相关资料，并证明相关交易活动符合独立交易原则的；或者该企业的实际税负不高于境内关联方的，其实际支付给利益关联方的利息支出，在计算应纳税所得额时准予扣除”的条件外，债权性投资与其权益性投资的比例不超过“金融企业 5∶1，其他企业 2∶1”和《企业所得税法》及其实施条例有关规定计算的部分，准予扣除，超过的部分不得在发生当期和以后年度扣除。

由于 B 地产企业是向企业股东借款，因此，此借款利息应根据财税〔2008〕121 号文件的规定，在“按照《企业所得税法》及其实施条例的有关规定提供相关资料，并证明相关交易活动符合独立交易原则”的基础上，按与股东权益性投资比例不超过 2∶1 的借款额计算的利息可在所得税前列支，超过部分不得列支。

关联债资比例 = 30 000 ÷ 10 000 = 3

不得扣除利息支出 = 3000 ×（1 − 2 ÷ 3）= 1000（万元）

可扣除的利息支出 = 3000 − 1000 = 2000（万元）

仍以该项目年应纳税所得 50 000 万元为前提计算，应纳税所得为 50 000 − 20 000 = 30 000（万元）；应交企业所得税 = 30 000 × 25% = 7500（万元）

（2）个人所得税。

股东利息收入应缴纳个人所得税 300 000 × 10% × 20% = 6000（万元）

企业所得税前列支利息为 20 000 万元，但实际会计列支利息 30 000（万元），可分配利润为 50 000 − 30 000 − 7 500 = 12 500（万元）

股东股息分红收入应缴纳个人所得税 12500 × 25% = 2500（万元）

应缴纳个人所得税 6000 + 2500 = 8500（万元）

（3）整体税收负担。

综合以上两个因素，B 地产企业应纳税合计为：7500 + 8500 = 16000（万元）；股东收益（30000 − 6000）+（20000 − 7500 − 2500）= 34000（万元）（图 12－4）

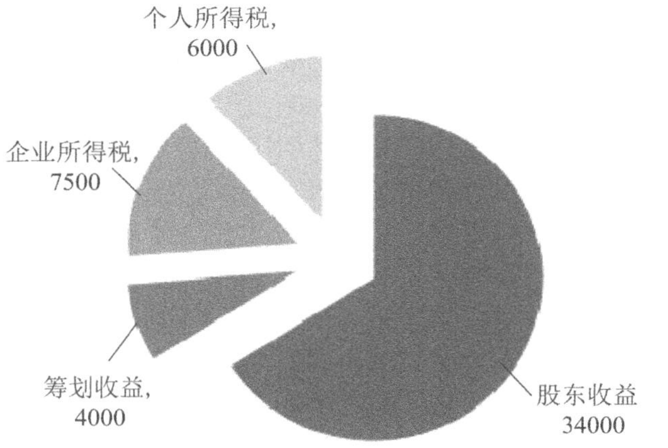

图 12－4　向股东借款的利益分布（单位：万元）

方案三：股东向公司股权投资 50 000 万元，公司向股东借款 250 000 万元。

（1）企业所得税

假设：仍以该项目年应缴纳所得 50 000 万元、企业向股东借款年利率 10%、B 地产企业本年度除向股东借款外没有向其他关联方借款并且年度内没有变化为前提计算。

关联债资比例 = 250 000 ÷（50 000 + 100 000）= 1.67

B 地产企业的借款比例没有超过《税法》规定，实际支付的 250 000 × 10% = 25 000（万元）利息可全额扣除。

应纳税所得 = 50 000 − 25 000 = 25 000（万元）

应交企业所得税 = 25 000 × 25% = 6250（万元）

（2）个人所得税

股东利息收入应缴纳个人所得税 = 250 000 × 10% × 20% = 5000（万元）

企业所得税前列支利息为 25 000（万元）

可分配利润 = 50 000 − 25 000 − 6250 = 18 750（万元）

股东股息分红收入应缴纳个人所得税 = 18750 × 20% = 3750（万元）

应缴纳个人所得税 = 5000 + 3750 = 8750（万元）

（3）整体税收负担

综合以上两个因素，B 地产企业应纳税合计 = 6250 + 8250 = 15 000（万元）；股东收益 = (25 000 − 5000) + (25 000 − 6250 − 3750) = 35 000（万元）（请参阅图 12 − 5）

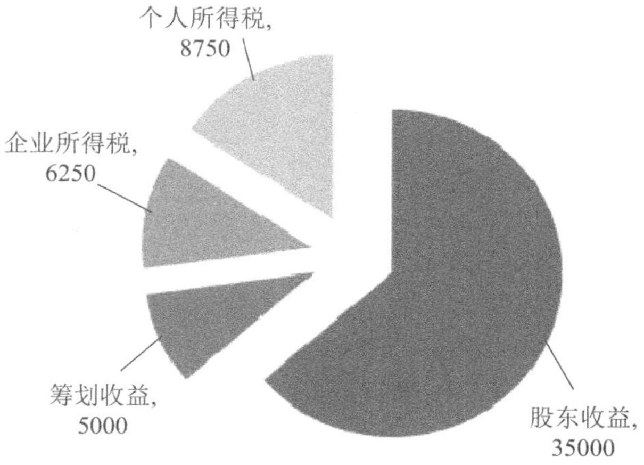

图 12 − 5　既扩股权又借款的利益分布（单位：万元）

在方案一的条件下，股东获得收益 30 000 万元；在方案二的条件下，股东获得收益 34 000 万元；在方案三的条件下，股东获得收益 35 000 万元。方案三与其他两种方案相比，税收负担低且股东收益高，其应为 B 地产企业的最佳选择。

对于本案例而言，从上述三种方案可以发现，股权收入的税收负担高于公司向股东借款的税收负担，而股东收益则是股权收入收益低于向公司股东借款收益。在公司向股东借款方案中，由于受债权性投资与其权益性投资比例的限制，超过比例的借款利息不得在企业所得税前列支。方案三中针对此问题，将方案一合理地拆分为公司向股东借款和股权投资两部分，使债权投入与其权益性投资比例符合了《税法》的规定，企业借款发生的利息得以全额扣除，降低了企业再投入业务的税收负担。因此，方案三是 B 地产企业的最佳选择。

三、参考资料

[1] 徐立华．税收管理流程下企业税务风险管理浅析［J］．财经界：学术版，2016 (01)：1.

[2] 王曦，王丹舟．税收规避行为的国内外文献综述与展望——基于企业价值视角［J］．财会月刊，2016（24）：5.

[3] 陈仕敏．企业财务分析——以 B 地产企业为例［J］．中国乡镇企业会计，2017 (03)：

2.
[4] 朱进．营改增后企业税收筹划研究［J］．中小企业管理与科技（中旬刊），2017(12).
[5] 罗惠方．我国房地产企业行业税收筹划管理问题研究［J］．全国商情，2016(26)：2.
[6] 刘爽．房地产企业销售业务税收筹划研究［J］．市场研究，2018（02）.
[7] 戴娟．H房地产公司的纳税筹划设计与应用［D］．南京：南京信息工程大学，2017.
[8] 杨晓霞．我国房地产企业开发项目税收筹划研究［J］．财经界：学术版，2018(02).
[9] 焦育超．浅析“营改增”对企业税收的影响及筹划对策［J］．市场研究，2018(01)：2.
[10] 王德圣．B置业集团黑龙江公司发展战略研究［D］．哈尔滨：黑龙江大学，2016.
[11] 周晓峰．河北B房地产企业公司发展战略研究［D］．石家庄：河北地质大学，2016.
[12] 姜鉴航．“营改增”背景下房地产企业税务筹划方案研究［D］．济南：山东大学，2017.
[13] 袁才新．基于S房地产企业有限公司的税务风险管理研究［D］．广州：广东财经大学，2017.

四、讨论题目

1. 探讨B地产企业的发展战略及其发展的优势和劣势。
2. 分析行业内竞争者的特点。
3. 结合税收政策，分析房地产企业涉税业务的特点。
4. 如果要多元化发展，B地产企业有哪些进行转型升级的方向。
5. 分析B地产企业优化税收管理的保障措施有哪些。

[案例说明书]

一、案例拟解决的关键问题

1. 懂得税务筹划在遵从税法和其他法律法规的前提下应从企业整体出发，对生产和经营等活动进行调查和分析，要全面看待问题，分析问题。

2. 了解B地产企业的财务状况及其各个涉税业务的税收管理状况，以及如何将房地产企业的整体经营按税种去具体分析，最终得出对B地产企业税收管理优化的建议和措施，同时让学生们懂得整体与部分的关系，结合每个税种的特点进行税务筹划的具体研究。

3. 了解到税务筹划也具有风险性，必须要加强风险防范意识，注重税务筹划实施的保障问题。

二、案例讨论的准备工作

为了有效地实现本案例的目标，学生应具备下列相关知识。

（一）理论背景

2017年增值税税率的调整；土地增值税、房产税、企业所得税等税种的计税方式和税收优惠政策；房地产企业开发、销售和持有阶段的税务处理和相关规定。

（二）制度背景

2016年2月，中国人民银行、中国银监会发布了《关于调整个人住房贷款政策有关问题的通知》，规定在不实施限购措施的城市，居民家庭首次购买普通住房的商业性个人住房贷款，原则上最低首付款比例为25%，各地可向下浮动5个百分点，目的是进一步支持合理住房消费，促进房地产企业和市场平稳健康发展。

2016年6月，国务院发布了《关于加快培育和发展住房租赁市场的若干意见》，支持住房租赁消费，促进住房租赁市场健康发展。

2017年1月10日，住建部和财政部印发《关于做好城镇住房保障家庭租赁补贴工作的指导意见》，明确租赁补贴具体政策，各地要结合当地住房租赁市场的租金水平、补贴申请家庭支付能力以及财力水平等因素，分档确定租赁补贴的标准。说明国家致力于加快推进房地产企业长效机制建立以及购租并举住房制度建设。

2018年，国土资源部部长姜大明在两会期间表示，将采取分类调控的原则，增加一线城市的土地供应面积。原因是最近一年一线城市房价上升快，为防止异常交易推高房价，全力支持一线城市地方政府调控措施。

三、案例分析要点

（一）需要学员识别的关键问题

分析 B 地产企业优化税收管理的保障措施有哪些？

（二）问题分析

（1）提高税收管理风险意识。B 地产企业在进行税收管理时必须提高税收管理风险意识，主要原因在于：一是宏观环境在不断变化，如法律法规、优惠政策等，使得税收管理本身就具有很大的风险性；二是税收管理是一种提前安排计划的经济活动，是提前结合目前的各种状况进行筹划的，这就必然会为企业带来一定的风险；三是税收管理人员的实际税务管理能力可能存在差异，而税收管理需要综合能力较强的专业人员，要对企业的经营和财务状况相当了解和掌握，能够跟上国家的宏观经济形势和各种政策变动的步伐，只有这样的人才能够胜任这一角色。

（2）时刻关注政策变化，及时完善税收管理方案。如果国家的税收政策发生了变化，那么企业应当及时做出相关方案的调整，要与时俱进，才能使所做出的税收管理方案具有可行性和实用性。一旦发现方案在执行过程中存在问题，就必须及时调整方案或者停止继续执行方案。另外，国家在引导经济发展方向的同时，往往会有一系列对于税收方面的优惠政策，以此来提高社会的积极性。经济的发展是千变万化的，所以，国家对于税收优惠的政策也是频繁变动的。因此，企业也要根据国家政策的变动，适时地调整税务管理与筹划方案，以达到降低税负的目的。

（3）提高税务人员的综合能力。税收管理工作不是一项轻而易举就能完成的工作，它需要具备多种能力的人才，不但要掌握法律法规、财务管理、经济、税法等专业知识，还要对 B 地产企业的经营情况有一定的了解。另外，在多个筹划方案下进行抉择，企业就要考虑其他方案里面隐含的机会成本。

四、教学组织方式

本案例可以在专门的案例讨论课中使用。如下是按照时间进度提供的课堂计划建议，仅供参考。

（一）问题清单及提问顺序、资料发放顺序

任课老师可以提前一周发放案例正文以及问题清单给学生，供学生熟悉并深入理解，并鼓励学生利用课余时间思考提出的问题。任课老师上课提问可按照问题清单顺序提问。

（二）讨论方式

本案例可以采用小组式的讨论，或者进行小组上台演示、讲解、分析的 PPT 演示。

（三）课堂计划（预计 1.5 小时）

（1）梳理案例：由任课老师简单梳理案例内容，明确思考问题（5 分钟）。

（2）分组讨论：学生间进行交流，形成发言提纲（20 分钟）。

（3）小组发言：组长发言，其他成员补充。黑板板书上简要写明每个小组的观点，以利于后面的分析评价以及归纳总结（35 分钟）。

（4）小组展示：分组上台展示 PPT，展示小组的讨论成果（20 分钟）。

（5）案例总结：教师就讨论及讨论情况进行点评，并就案例提出延伸问题引导大家进行课后探究（10 分钟）。

（四）课堂讨论总结

课堂讨论总结的关键是：归纳各小组发言者的主要观点；重申其重点及亮点，对有争议的观点带领同学一起分析；对大家没有看到的角度进行提醒，引导同学们进一步思考。最后，提出需要大家对案例素材扩展研究和深入分析的方面，为下次课前回顾做准备。

案例13

长袖善舞、跨界融合——华泰证券持股江苏银行的会计核算变更*

* 1. 本案例由广东工业大学管理学院的张卓、李泽辉、罗漫玲，武汉交通职业学院饶紫薇撰写，作者拥有著作权中的署名权、修改权、改编权。
2. 本案例授权广东工业大学产教融合 MPAcc 教学智库实验平台使用，广东工业大学产教融合 MPAcc 教学智库实验平台享有复制权、修改权、发表权、发行权、信息网络传播权、改编权、汇编权和翻译权。
3. 由于企业保密的要求，在本案例对有关名称、数据等做了必要的掩饰性处理。
4. 本案例只供课堂讨论之用，并无意暗示或说明某种管理行为是否有效。

[案例封面]

专业领域：财务会计理论与方法、财务报表分析

适用课程：财务会计理论与实务

选用课程：财务报表分析

编写目的：本案例旨在通过分析华泰证券对江苏银行所持股份分类、持有期间核算以及重分类会计核算变更的会计处理，引导学员深度理解和掌握金融资产分类的原则、可供出售金融资产的会计核算以及重大影响的判断标准、公允价值向权益法转换的会计处理方法。

知 识 点：金融资产转换和重分类；会计政策变更；长期股权投资；可供出售金融资产

关 键 词：会计政策变更；重大影响；权益法；可供出售金融资产

中文摘要：2017 年 12 月，华泰证券股份有限公司（以下简称“华泰证券”）收到江苏国资委通知，要求公司充分行使股东权利，有效发挥对江苏银行股份有限公司（以下简称“江苏银行”）董事会的重要影响力。经公司研究，于 2017 年 12 月 30 日发布了《关于变更江苏银行股权投资会计核算方法的公告》，决定将江苏银行的股权投资从财务投资转为战略投资，确认为长期股权投资，按权益法核算。公告出台后，受此利好影响，华泰证券一周的累计涨幅高达 14.08%，远远领先于券商板块其他股票的表现。本文在对可供出售金融资产、金融资产转换和重分类、公允价值转换为权益法核算、重大影响的判定等知识点进行梳理的基础上，进一步思考华泰证券关于变更江苏银行股权投资会计核算方法的理由是否充分，此次变更对公司财务状况及经营成果如何影响。

[案例正文]

一、引言

在2018年第一周的大盘交易日，在券商板块普遍调整的背景下，华泰证券近两日的累计涨幅远高于其他券商股；如果从2018年第一个交易日开始计算，华泰证券第一周的累计涨幅已经高达14.08%，更是远远高于券商板块4.5%的涨幅。对于华泰证券近期股价的表现，有分析人士指出，华泰证券近期调整对江苏银行持股的会计核算标准可能也是影响因素之一。根据公告，目前华泰证券持有江苏银行6.4亿股，持股比例5.54%，为江苏银行的第三大股东。华泰证券将江苏银行的股权投资从财务投资转为战略投资，确认为长期股权投资，按权益法核算。据华泰证券测算，这一调整增加公司2017年当期投资收益约30亿元，增加营业外收入约7亿元。剔除相关费用及所得税后，增加2017年当期净利润约21亿元，减少其他综合收益约23亿元。华泰证券对江苏银行所持股权的此次会计核算变更是否合理？应将其划分为哪一类金融资产，依据是什么？我们对此进行深入探讨。

二、交易双方概况

（一）华泰证券股份有限公司

华泰证券股份有限公司（华泰证券）的前身为江苏省证券公司，于1990年12月经中国人民银行总行批准设立，1991年4月9日领取企业法人营业执照，1991年5月26日正式开业。1994年，经江苏省体改委批准，公司改制为定向募集股份公司。1997年6月，公司更名为“江苏证券有限责任公司”。1999年3月，公司更名为“华泰证券有限责任公司”。2007年11月29日经中国证监会批准，公司整体变更为“华泰证券股份有限公司”。2007年12月7日，公司办理了工商登记变更手续。2009年7月，公司吸收合并信泰证券有限责任公司。2010年2月，公司成功在上交所挂牌上市。2015年6月，公司在香港联交所主板挂牌上市。经过26年的稳健发展，目前已经成为A+H两地上市领先的大型综合证券集团。其历史沿革如图13－1所示。

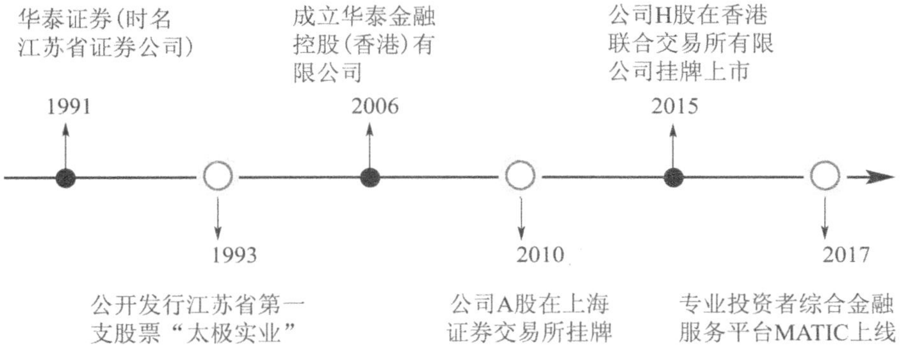

图13－1　华泰证券历史沿革

目前华泰证券已成为国内领先的大型综合证券集团，具有庞大的客户基础、领先的互联网平台和敏捷协同的全业务链体系。公司从事的主要业务包括财富管理业务、机构服务业务、投资管理业务和国际业务。公司搭建了客户导向的组织机制，通过线上线下有机结合的方式，为个人和机构客户提供全方位的证券及金融服务，并致力于成为兼具本土优势和全球视野的一流综合金融集团。华泰证券业务覆盖广泛，并且在境外通过华泰金控（香港）和对 AssetMark 的收购，稳步推进国际化战略，在中国境内拥有 242 家营业部，29 家分公司，分布于上海、北京、广东、江苏、湖北等 29 个省、市、自治区。

随着国内社保基金、养老金及企业年金等的持续入市，专业投资者的长足发展以及包括 QDII、QFII、互联互通、A 股纳入 MSCI 后海外资金的加速入场，长期机构资金市场占比正显著提升。机构投资者的迅速发展对市场变化和运行规律的影响更加深刻。丰富的以交易为中心的机构服务业务发展模式，体系化的机构服务优势和差异化的机构服务能力，已成为华泰证券发展的核心竞争力，公司规模和业绩得到飞速发展，如图 13－2 和图 13－3 所示。

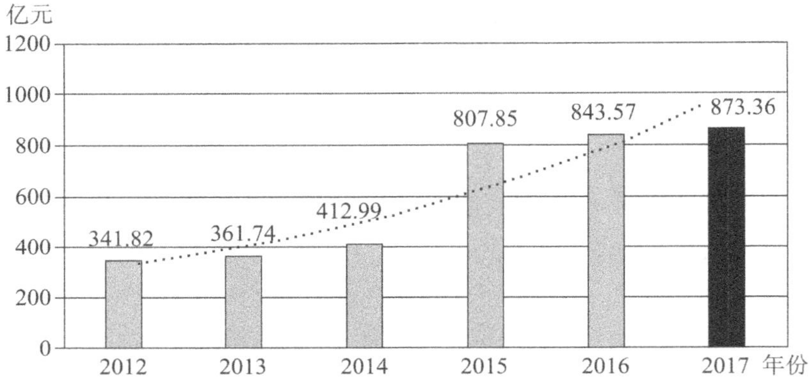

图 13－2　归属于母公司股东的权益

数据来源：华泰证券 2017 年度财务报告。

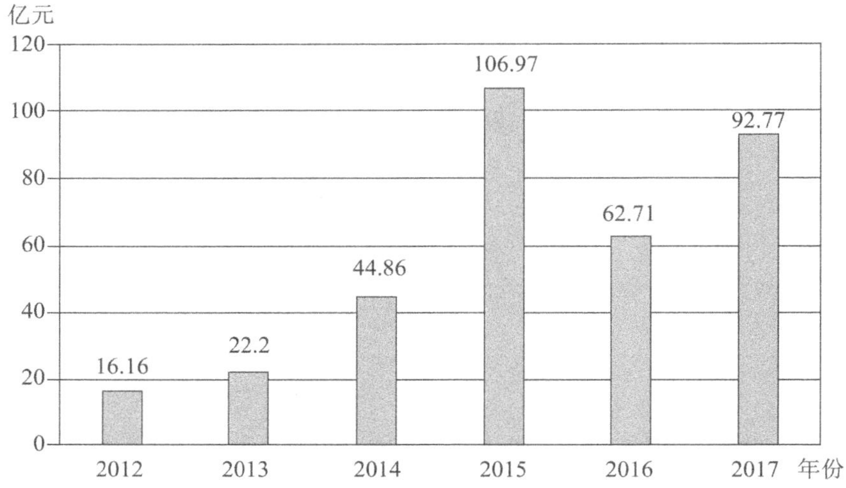

图 13－3　归属于母公司股东的净利润

数据来源：华泰证券 2017 年度财务报告。

（二）江苏银行

江苏银行是在江苏省内无锡、苏州、南通等10家城市商业银行基础上，合并重组而成的现代股份制商业银行。江苏银行于2007年1月24日正式挂牌开业，是江苏省内最大的法人银行。江苏银行下辖13家省内分行、4家省外分行，服务网络辐射长三角、珠三角、环渤海三大经济圈，实现了江苏省内县域全覆盖，开创了地方法人银行改革的新模式。营业网点538家，员工1.4万余人。发起设立了苏银金融租赁公司和丹阳保得村镇银行。2016年8月2日，在上海证券交易所主板上市，股票代码600919，目前已被纳入MSCI指数、上证50指数。江苏银行前十大股东如表13－1所示。

表13－1　江苏银行前十大股东名单　　2017.12.31

股东名称	持股数/股	持股比例/%	股本性质
江苏省国际信托有限责任公司	892 803 026	7.73	流通A股
江苏凤凰出版传媒集团有限公司	873 180 982	7.56	流通A股
华泰证券股份有限公司	640 000 000	5.54	流通A股
无锡市建设发展投资有限公司	546 489 186	4.73	流通A股
江苏沙钢集团有限公司	350 000 000	3.03	流通A股
中国东方资产管理股份有限公司	295 606 101	2.56	流通A股
苏州国际发展集团有限公司	270 353 286	2.34	流通A股
江苏省广播电视集团有限公司	248 303 375	2.15	流通A股
南通国有资产投资控股有限公司	218 244 860	1.89	流通A股
江苏宁沪高速公路股份有限公司	200 000 000	1.73	流通A股

数据来源：华泰证券2017年度财务报告。

江苏银行秉承“融创美好生活”的使命，在“融合创新、务实担当、精益成长”的企业文化引领下，致力于建设“特色化、智慧化、综合化、国际化”的一流上市银行。截至2017年末，资产总额达1.77万亿元，各项存款总额达10 078亿元，各项贷款总额达7 473亿元。全年实现净利润120.16亿元，上缴税收52.76亿元。

江苏银行的发展得到了社会各界的肯定，获得江苏省委省政府授予的“江苏省优秀企业”、银监会授予的“全国银行业金融机构小微企业金融服务先进单位”、《金融时报》评定的“最具竞争力中小银行”“最具创新力银行”等多项荣誉称号。在英国《银行家》杂志2017年度全球1000强银行排名中，按一级资本列117位，比上年上升了9位。被美国《环球金融》杂志评为中国最佳城市商业银行。江苏银行各关键绩效指标如表13－2所示。

表 13-2　江苏银行各关键绩效指标

指标类型	指标名称	2017 年	2016 年	2015 年
经济指标	总资产/亿元	17 705.51	15 982.92	12 903.33
	营业收入/亿元	338.39	314.56	280.47
	贷款总额/亿元	7472.89	6493.80	5617.83
	净利润/亿元	120.16	106.37	95.05
	纳税总额/亿元	52.76	63.76	52.07
	总资产收益率（ROA）	0.71	0.74	0.82
	净资产收益率（ROE）	13.72	14.47	15.72
	不良贷款率/%	1.41	1.43	1.43
	资本充足率/%	12.62	11.51	11.54
	拨备覆盖率/%	184.25	180.56	192.06
社会指标	营业网点数/个	538	541	534
	自助设备数/台	1 695	2 138	2 074
	小微企业贷款余额/亿元	3 130.30	2 692.00	2 265.00
	涉农贷款余额/亿元	1 463.30	1 287.00	1 178.00
	员工总人数/人	14 662	14 409	14 046
	女性员工比例/%	56.73	57.06	57.62
	员工人均培训时长/h	122.88	126.39	107.38
	客户投诉解决率/%	100	100	100
	公益捐赠/万元	1 466.58	1 933.57	1 337.00
环境指标	绿色信贷余额/亿元	670	467	243
	个人网银交易余额/亿元	8 116.40	7 859.12	6 759.60
	手机银行交易余额/亿元	7 349.81	4 506.36	1 656.77
	公司网银交易余额/亿元	53 141.96	85 040.22	53 550.03
	人均办公用纸总量/t	0.01	0.01	0.03

数据来源：华泰证券 2017 年度财务报告。

三、行业并购、风生水起

由于券商多元化的战略要求，参股金融机构股权意愿渐渐盛行。多家上市券商持有非上市券商、基金公司、期货公司和资产管理公司等金融机构的股权。目前行业内已有多家证券公司参股商业银行，部分证券公司已经成为商业银行第一大股东。在 29 家 A 股上市券商中，就有两家券商——方正证券和国元证券大规模持有在港股上市的银行股股权。仅方正证券和国元证券两家券商，持有的银行股股权就高达 4.3 亿股，持股市值则超过

19.81 亿元。方正证券 2017 年年报显示，公司持有盛京银行 3 亿股，初始投资金额为 15 亿元。此外，方正证券还持有广东南粤银行 1 690 万股，初始投资金额为 1300 万元。以上会计核算科目均归类为可供出售金融资产。另一家持有银行股权较多的券商是国元证券，截至 2017 年末，国元证券持有徽商银行 11625.7 万股，占其总股本的 1.05%。国元证券对徽商银行的初始投资金额为 15959.6 万元，会计核算科目也是可供出售金融资产。

四、结缘十年，不忘初心

华泰证券与江苏银行的交易可以追溯到 2006 年，根据华泰证券此前披露的《首次公开发行股票招股意向书》，2006 年 11 月 20 日，原有限公司与江苏银行签订了《江苏银行股份有限公司股份认购协议》，认购江苏银行股份 5 亿股，占总股本的 6.37%，每股价格 1.2 元，合计 6 亿元。2006 年 11 月 24 日，以上事项经原有限公司 2006 年度第五次临时股东会通过。本次认购已经中国银行业监督管理委员会银监复〔2006〕472 号文批准；同时中国证监会以“机构部部函（2006）546 号”《关于华泰证券有限责任公司认购江苏银行股份有限公司部分股权的监管意见函》对本次认购江苏银行股份一事不持异议，并明确要求公司不得具体参与江苏银行的经营管理。

2010 年 3 月，华泰证券再次对江苏银行增资扩股，公司第一届董事会第十六次会议于 3 月 1 日以通讯方式召开，会议以记名投票方式表决，一致审议通过了关于公司认购江苏银行 2010 年定向募集股份的议案。根据该议案，华泰证券拟出资 7 亿元人民币，以每股 5 元的价格认购江苏银行股份有限公司 2010 年定向募集股份 1.4 亿股。以华泰证券此次参与增资扩股的方案推算，每股 5 元的价格较之四年前公司首次认购江苏银行股份的每股 1.2 元的价格已经大为提升。截至 2009 年年末，江苏银行未经审计的财务数据显示，该行总资产已经达到 3 363 亿元，2008 年实现净利润约为 26.3 亿元，同比增长 51.85%。

2016 年 6 月 20 日江苏银行在上交所上市申购，总发行数量 115 445 万股，发行价格为 6.27 元/股。随着江苏银行正式登陆 A 股市场，其众多“影子股”也因此而面临资产重估。其中，华泰证券持有江苏银行 6.4 亿股，占其发行前总股本的 6.16%，位列第三大股东，也是持有江苏银行股份最多的上市公司。而在其 2015 年半年报和 2014 年年报中均披露，对江苏银行的初始投资金额为 13 亿元。如果按江苏银行 6.27 元/股的发行价计算，华泰证券所持股份价值 40.128 亿元，比初始投资增值 27.12 亿元。2016 年一季报显示，华泰证券当年第一季度实现净利润约 12.46 亿元，以此计算，华泰证券所持江苏银行股权比初始投资增值部分，超过其当年第一季度净利润的两倍。

五、长袖善舞、战略联盟

2017 年 12 月，华泰证券收到《省国资委关于华泰证券股份有限公司加强对所持江苏银行股权管理的通知》（苏国资〔2017〕165 号），通知要求公司充分行使股东权利，有效发挥对江苏银行董事会的重要影响力，对江苏银行的持股比例要保持稳定。江苏银行作为地方国资委主要发起设立的商业银行，股权较为分散，没有实际控制人。经过多轮增资和上市融资，国有持股比例被稀释。

为贯彻落实江苏省国资委通知要求，2017 年 12 月 28 日经公司相关会议研究决定，通过下列措施发挥对江苏银行董事会的重要影响力：①加强国有资产股东间协同。在江苏省国资委统一领导下，强化与江苏银行第一大股东及其他省属国有资产股东协同，有效行使股东权利和履行股东义务，切实发挥公司及江苏国有资产股东对江苏银行的重要影响。②落实重大事项的决策审批。与江苏银行财务和经营政策相关的董事会和股东大会议案，需经公司集体研究决定，再交由委派董事发表意见，有效保障公司及江苏国有资产股东整体利益。③积极参与相关政策制定。从国有资产保值增值出发，提交与江苏银行财务和经营政策相关的议案，主动参与相关政策的制定过程，有效发挥公司在江苏银行经营发展过程中的应有作用。④加强双方战略合作。在现有与江苏银行开展的客户资金三方存管业务、资金业务、资产证券化、债券承销等业务的基础上，进一步扩大业务合作范围，有效发挥双方在各自领域优势，优势互补，共同服务实体经济。

目前，公司持有江苏银行 6.4 亿股，持股比例 5.54%，为江苏银行第三大股东，并向江苏银行董事会派驻 1 名非执行董事。据《企业会计准则》中关于重大影响的相关规定："在被投资单位的董事会或类似权力机构中派有代表。在这种情况下，由于在被投资单位的董事会或类似权力机构中派有代表，并相应享有实质性的参与决策权，投资方可以通过该代表参与被投资单位财务和经营政策的制定，达到对被投资单位施加重大影响。"经审慎评估，公司认为，对江苏银行的股权投资满足上述规定，公司认为能够对江苏银行实施重大影响，根据《企业会计准则》规定，决定将江苏银行的股权投资从财务投资转为战略投资，将江苏银行股权投资的会计核算方法由《企业会计准则第 22 号——金融工具确认和计量》调整为《企业会计准则第 2 号——长期股权投资》，确认为长期股权投资按权益法核算。

随后华泰证券发布了《关于变更江苏银行股权投资会计核算方法的公告》及补充公告，公告中披露了此次变更的详细说明，并测算此次调整增加公司 2017 年当期投资收益约 30 亿元，营业外收入约 7 亿元；剔除相关费用及所得税后，增加 2017 年当期净利润约 21 亿元，减少其他综合收益约 23 亿元。上述会计核算方法变更除对公司 2017 年当期产生影响外，公司将以江苏银行合并财务报表中的净利润和其他权益变动为基础进行会计核算。

六、讨论题目

1. 企业在对持有金融资产进行分类时，应综合考虑的因素是什么？
2. 在综合考虑以上因素的基础上，企业将取得的金融资产在初始确认时划分为哪几类？
3. 2006 年华泰证券在初次取得江苏银行股权时将其划分为哪一类金融资产，依据是什么？
4. 权益法的定义及其适用范围是什么？公允价值转换为权益法核算的依据是什么？
5. 华泰证券关于变更江苏银行股权投资会计核算方法理由充分吗？请说明。
6. 公允价值转换为权益法核算的会计核算方法是什么？
7. 华泰证券此次会计核算方法变更对公司财务状况及经营成果的影响是什么？请

分析。

8. 如何评价华泰证券此次会计核算变更?

七、参考资料

[1] 华泰证券首次公开发行股票招股意向书。
[2] 华泰证券股份有限公司关于变更江苏银行股权投资会计核算方法的公告。
[3] 华泰证券股份有限公司关于变更江苏银行股权投资会计核算方法的补充公告。
[4] 华泰证券 2017 年年度报告。
[5] 企业会计准则第 2 号——长期股权投资。
[6] 企业会计准则第 2 号——应用指南。
[7] 企业会计准则第 22 号——金融工具确认和计量。

[案例说明书]

一、本案例要解决的关键问题

本案例要实现的教学目标是：在对可供出售金融资产、金融资产转换和重分类、公允价值转换为权益法核算、重大影响的判定等知识点进行梳理的基础上，进一步思考华泰证券关于变更江苏银行股权投资会计核算方法理由是否充分，此次变更对公司财务状况及经营成果如何影响。

二、案例讨论的准备工作

为了有效实现本案例教学目标，学员应该具备下列相关知识背景。

（一）制度背景

通过阅读《企业会计准则第 2 号——长期股权投资》和《企业会计准则第 22 号——金融工具确认和计量》，深刻理解对可供出售金融资产、金融资产转换和重分类、公允价值转换为权益法核算、重大影响的判定等内容。

（二）行业背景

券商参股金融机构盛行，多家上市券商持有非上市券商、基金公司、期货公司和资产管理公司等金融机构的股权，部分证券公司已经成为商业银行第一大股东。在 29 家 A 股上市券商中，方正证券和国元证券大规模持有在港股上市银行的股权。仅方正证券和国元证券两家券商，持有的银行股股权就高达 4.3 亿股，持股市值超过 19.81 亿元。方正证券 2017 年年报显示，公司持有盛京银行 3 亿股，初始投资金额为 15 亿元，同时也持有广东南粤银行 1690 万股，初始投资金额为 1300 万元。以上投资在会计核算中均归类可供出售金融资产。另一家持有银行股权较多的券商是国元证券，截至 2017 年年末，国元证券持有徽商银行 11625.7 万股，占其总股本的 1.05%，初始投资金额为 15959.6 万元，会计核算科目也是可供出售金融资产。

三、案例分析要点

（一）需要学员识别的关键问题

本案例需要学员识别的主要知识点包括：股权投资的重分类、可供出售金融资产的会计核算、长期股权投资权益法的会计核算、重大影响的认定标准。

（二）解决问题的可供选择方案及其评价

1. 企业在对持有金融资产进行分类时，应综合考虑的因素是什么？

金融资产分类是金融资产会计处理的起点，企业在对某金融资产进行分类时，应综合考虑以下因素：

（1）持有该金融资产的目的或意图，例如，是否为交易而短期持有，是否为持有至到期等；

（2）该金融资产合约的性质，如是否为衍生金融工具（资产）、权益证券或债务工具等；

（3）该金融资产是否在公开市场上交易，如是否在证券交易所挂牌交易等；

（4）持有该金融资产的企业所在行业及所从事业务特征，如该金融资产是否为金融机构所持有等；

（5）持有该金融资产的企业所选择的风险管理方式或会计政策。

2. 在综合考虑以上因素的基础上，企业将取得的金融资产在初始确认时划分为哪几类？

在综合考虑上述因素的基础上，企业应将取得的金融资产在初始确认时划分为以下几类：

（1）以公允价值计量且其变动计入当期损益的金融资产；

（2）持有至到期投资；

（3）贷款和应收款项；

（4）可供出售的金融资产。

金融资产分类与金融资产计量密切相关。不同类别的金融资产，其初始计量和后续计量采用的基础也不完全相同。因此，上述分类一经确定，不应随意变更（即重分类）。

3. 2006 年华泰证券在初次取得江苏银行股权时将其划分为哪一类金融资产，依据是什么？

2006 年华泰证券在初次取得江苏银行股权时将其划分为可供出售金融资产。

2006 年经江苏国资委批准华泰证券投资入股江苏银行。2006 年 11 月 20 日，华泰证券与江苏银行签订了《江苏银行股份有限公司股份认购协议》，华泰证券认购江苏银行股份 5 亿股，占总股本的 6.37%，每股 1.2 元，合计人民币 6 亿元。根据当时监管部门对公司投资入股的批复，公司不得具体参与江苏银行的经营管理。为贯彻落实上述监管要求，公司作为江苏银行的前三大股东之一，未向江苏银行派出高级管理人员，未积极主动参与江苏银行的财务和经营政策的制定过程，未曾向江苏银行董事会提交议案。经审慎评估，公司认为在上述情况下，公司不能实质性参与经营决策，对江苏银行不具有控制或者共同控制，也没有重大影响，根据《企业会计准则第 22 号——金融工具确认和计量》的规定，公司将持有的江苏银行股权作为财务投资，并且有明显证据显示并未短期持有，因此将其确认为可供出售金融资产并以公允价值计量。

4. 权益法的定义及其适用范围是什么？公允价值转换为权益法核算的依据是什么？

权益法是指投资以初始投资成本计量后，在持有期间内，根据被投资单位所有者权益的变动，投资企业按应享有（或应分担）被投资企业所有者权益的份额调整其投资账面价值的方法。会计准则规定，投资企业对被投资方具有共同控制或者重大影响的，即对合营企业投资及联营企业投资，应当采用权益法核算。

该案例中华泰证券持股江苏银行改按权益法核算的依据显然不是共同控制，而是重大影响，那么如何判断对被投资单位具有重大影响呢？企业通常可以通过以下一种或几种情形来判断是否对被投资单位具有重大影响：①在被投资单位的董事会或类似权力机构中派有代表。这种情况下，由于在被投资单位的董事会或类似权力机构中派有代表，相应享有实质性的参与决策权，投资方可以通过该代表参与被投资单位财务和经营政策的制定，达到对被投资单位施加重大影响。②参与被投资单位的财务和经营政策制定过程。这种情况下，在制定政策过程中可以为其自身利益提出建议和意见，从而可以对被投资单位施加重大影响。③与被投资单位之间发生重要交易。有关的交易因对被投资单位的日常经营具有重要性，因而一定程度上可以影响到被投资单位的生产经营决策。④向被投资单位派出管理人员。在这种情况下，管理人员有权力主导被投资单位的相关活动，从而能够对被投资单位施加重大影响。⑤向被投资单位提供关键技术资料。因被投资单位的生产经营需要依赖投资方的技术或技术资料，表明投资方对被投资单位具有重大影响。

5. 华泰证券关于变更江苏银行股权投资会计核算方法理由充分吗?

2017 年 12 月 30 日，华泰证券发布了《关于变更江苏银行股权投资会计核算方法的公告》，江苏银行作为地方国资主要发起设立的商业银行，股权较为分散，没有实际控制人。经过多轮增资和上市融资，国有持股比例被稀释，江苏省国资委于 2017 年 12 月下发通知，要求华泰证券对江苏银行持股比例保持稳定，充分行使股东权利，有效发挥对江苏银行董事会的重要影响力。为贯彻落实江苏省国资委通知要求，2017 年 12 月 28 日经华泰证券相关会议研究决定，通过下列措施发挥对江苏银行董事会的重要影响力。①加强国有资产股东间协同。在江苏省国资委统一领导下，强化与江苏银行第一大股东及其他省属国有资产股东协同，有效行使股东权利和履行股东义务，切实发挥公司及江苏国有资产股东对江苏银行的重要影响。②落实重大事项的决策审批。与江苏银行财务和经营政策相关的董事会和股东大会议案，需经公司集体研究决定，再交由委派董事发表意见，有效保障公司及江苏国有资产股东整体利益。③积极参与相关政策制定。从国有资产保值增值出发，提交与江苏银行财务和经营政策相关的议案，主动参与相关政策的制定过程，有效发挥公司在江苏银行经营发展过程中的应有作用。④加强双方战略合作。在现有与江苏银行开展的客户资金三方存管业务、资金业务、资产证券化、债券承销等业务的基础上，进一步扩大业务合作范围，有效发挥双方在各自领域优势，优势互补，共同服务实体经济。基于以上措施，华泰证券认为能够对江苏银行实施重大影响，根据《企业会计准则》规定，决定将江苏银行的股权投资从财务投资转为战略投资，确认为长期股权投资按权益法核算。

而江苏银行随后也发布公告称与华泰证券于 2018 年 3 月 14 日在南京签订了全面战略合作协议，确立全面战略合作关系。根据协议，双方同意在银证基础业务、权益类投资及研究业务、固定收益业务、投行业务等方面进行交流与合作。协议有效期限为五年，期满后双方如无异议，本协议自动延期五年。可见华泰证券已将江苏银行股权从财务投资转为战略投资，发挥对江苏银行董事会的重大影响。

6. 公允价值转换为权益法核算的会计核算方法是什么?

投资企业对原持有的被投资单位的股权不具有控制、共同控制或重大影响，按照金融工具确认和计量准则进行会计处理的，因追加投资等原因导致持股比例增加，使其能够对被投资单位实施共同控制或重大影响而转按权益法核算的，应在转换日按照原股权的公允价值加上为取得新增投资而应支付对价的公允价值，作为改按权益法核算的初始投资成本；原股权投资于转换日的公允价值与账面价值之间的差额，以及原计入其他综合收益的累计公允价值变动转入改按权益法核算的当期损益。在此基础上，比较初始投资成本与获得被投资单位共同控制或重大影响时应享有被投资单位可辨认净资产公允价值份额之间的差额，前者大于后者的，不调整长期股权投资的账面价值；前者小于后者的，调整长期股权投资的账面价值，并计入当期营业外收入。

7. 华泰证券此次会计核算方法变更对公司财务状况及经营成果的影响是什么？请分析。

（1）2006 年初始投资。

2006 年 11 月 20 日，华泰证券认购江苏银行股份 5 亿股，占总股本的 6.37%，每股价格 1.2 元，合计人民币 6 亿元。根据当时监管部门对公司投资入股的批复，公司不得具体参与江苏银行的经营管理。根据管理者的持有意图，华泰证券对该股权划分为可供出售金融资产，初始投资成本为 6 亿元。

借：可供出售金融资产——成本　　600 000 000
　贷：银行存款　　600 000 000

（2）2010 年再次增资。

2010 年华泰证券又出资 7 亿元人民币，以每股 5 元的价格认购江苏银行定向募集股份 1.4 亿股。以华泰证券此次参与增资扩股的方案推算，每股 5 元的价格较之四年前公司首次认购江苏银行股份的每股 1.2 元的价格已经大为提升。

借：可供出售金融资产——成本　　700 000 000
　贷：银行存款　　700 000 000

（3）2016 年调整公允价值。

2016 年 6 月 20 日江苏银行在上交所上市申购，发行价格为 6.27 元/股，其中华泰证券持有江苏银行 6.4 亿股，占其发行前总股本的 6.16%，而在其 2015 年年报中披露，对江苏银行初始投资金额为 13 亿元。如果按江苏银行 6.27 元/股的发行价计算，华泰证券所持股份价值 40.13 亿元，比初始投资增值 27.13 亿元。

借：可供出售金融资产——公允价值变动　　27 130 000 000
　贷：其他综合收益　　27 130 000 000

（4）2017 年会计核算变更。

2017 年 12 月华泰证券对江苏银行的股权投资由可供出售金融资产变更为长期股权投资按权益法核算，而在 2016 年年报中披露，所持江苏银行的股份账面价值为 36 亿元，计入其他综合收益金额累计为 23 亿元。2017 年 12 在进行会计政策变更时，华泰证券所持江苏银行股权投资的公允价值是多少？应如何认定呢？在转换日华泰证券所持江苏银行股份仍为 6.4 亿股，而转换当月即 12 月末江苏银行股价在 6.7 元/股附近震荡，由于无法从已披露的资料取得该股权公允价值的认定方法，因此取值 6.7 元/股为计算依据，公允价值共计约 43 亿元，为改按权益法核算的初始投资成本，转换日股权公允价值 43 亿元与其账面价值 36 亿元的差额计入投资收益

借：长期股权投资　　430 000 000
　贷：可供出售金融资产　　360 000 000
　　投资收益　　700 000 000

同时将计入其他综合收益的累计公允价值变动 23 亿元转入投资收益。

借：其他综合收益　　　　　　　　　　230 000 000

　贷：投资收益　　　　　　　　　　　　230 000 000

在此基础上，比较按权益法核算的初始投资成本与获得联营企业可辨认净资产公允价值份额，前者大于后者的，不调整长期股权投资的账面价值；前者小于后者的，调整长期股权投资的账面价值，差额计入当期营业外收入。华泰证券在 2017 年财务报告附注中已披露了在江苏银行净资产公允价值中所享有的份额的计算过程，如表 13 – 3 所示，约为 50.5 亿元。

表 13 – 3　华泰证券享有江苏银行份额计算表（2017.12）　　单位：元

江苏银行资产	1 770 551 000 000.00	少数股东权益	1 680 540 482.74
江苏银行负债	(1 657 725 459 517.26)	归属于母公司普通股股东权益	91 167 000 000.00
江苏银行净资产	112 825 540 482 74	华泰证券按持股比例计算的净资产份额	5 054 101 196.68

数据来源：华泰证券 2017 年度财务报告。

因此该调整分录如下：

借：长期股权投资　　　　　　　　　　750 000 000

　贷：营业外收入　　　　　　　　　　　750 000 000

上述调整增加公司 2017 年当期投资收益约 30 亿元，营业外收入约 7 亿元；剔除相关费用及所得税后，增加 2017 年当期净利润约 21 亿元。

8. *如何评价华泰证券此次会计核算变更？*

华泰证券对持有江苏银行股权进行重分类的原因是管理层的持股目的发生变化，由无控制、无共同控制和无重大影响转为具有重大影响即向联营企业投资，这体现了华泰证券的投资的战略定位。另外会计政策调整后，华泰证券净利润的稳健程度有望得到提升，在原计量方式下，江苏银行股价变动将会对华泰证券的净资产产生直接影响，调整为长期股权投资按权益法核算后，江苏银行合并报表净利润将按照持股比例直接影响华泰证券净利润，而江苏银行股价波动不再对华泰证券产生影响，这直接提升了公司的业绩稳健性。综合来看，计入长期股权投资按权益法核算是符合公司持股目的，且有利于提升业绩稳健性的一种选择。

四、教学组织方式

（一）问题清单及提问顺序、资料发放顺序

本案例讨论题目依次为：

1. 企业在对持有金融资产进行分类时，应综合考虑的因素是什么？

2. 在综合考虑以上因素的基础上，企业将取得的金融资产在初始确认时划分为哪几类？

3. 2006 年华泰证券在初次取得江苏银行股权时将其划分为哪一类金融资产，依据是什么？

4. 权益法的定义及其适用范围是什么？公允价值转换为权益法核算的依据是什么？

5. 华泰证券关于变更江苏银行股权投资会计核算方法理由充分吗？请说明。

6. 公允价值转换为权益法核算的会计核算方法是什么?

7. 华泰证券此次会计核算方法变更对公司财务状况及经营成果的影响是什么?请分析。

8. 如何评价华泰证券此次会计核算变更?

(二) 课时分配

1. 课后自行阅读资料:约2小时;
2. 小组讨论并提交分析报告提纲:约2小时;
3. 课堂小组代表发言、进一步讨论:约1小时;
4. 课堂讨论总结:约0.5小时。

(三) 讨论方式

建议采用分小组的形式进行讨论,先给所有学生一定的自行准备时间,然后在课堂上针对每个问题分别进行小组讨论。

具体做法如下:

(1) 学生自行准备。在正式开始集中讨论前一到两周,就要把案例材料分发给学员。让学员有充分的时间阅读案例材料、查阅相关资料、搜集必要信息,并积极地思索,初步形成关于案例中的所提问题的分析解决方案。

(2) 小组讨论。在课堂上将学员划分为由3～6人组成的几个小组。小组成员要多样化,这样他们在准备和讨论时,表达不同意见的机会就多些,学员对案例的理解也就更深刻。各个学习小组的讨论地点应该彼此分开。小组应以他们自己有效的方式组织活动,教师不应该进行干涉。

(3) 小组代表发言。各个小组派出自己的代表,发表本小组对于案例的分析和处理意见。发言时间一般应该控制在10分钟以内,发言完毕之后发言人要接受其他小组成员的询问并作出解释,此时本小组的其他成员可以代替发言人回答问题。

(4) 教师点评。在小组讨论和小组代表发言后,教师可以归纳出几个意见比较集中的问题和同学们提出的解决方案,对这些问题和解决方案进行重点点评,并对案例所涉及的问题进行进一步的延伸和拓展。

(5) 请学习小组课后以书面报告形式写出最终的分析报告,总结结果作为小组课后作业,这样学生能够做更进一步的讨论,对案例本身以及涉及的相关问题有一个更加深刻的认识。

(四) 课堂讨论总结

课堂讨论总结的关键是:归纳发言者的主要观点;重申其重点及亮点;提醒大家对焦点问题或有争议观点进行进一步思考;建议大家对案例素材进行扩展研究和深入分析。

案例 14

是“艺术”还是“魔术”？——海正药业研发支出会计处理变身术*

* 1. 本案例由广东工业大学管理学院的张卓、孙丽姿撰写，作者拥有著作权中的署名权、修改权、改编权。
  2. 本案例授权广东工业大学产教融合 MPAcc 教学智库实验平台使用，广东工业大学产教融合 MPAcc 教学智库实验平台享有复制权、修改权、发表权、发行权、信息网络传播权、改编权、汇编权和翻译权。
  3. 由于企业保密的要求，在本案例中对有关名称、数据等做了必要的掩饰性处理。
  4. 本案例只供课堂讨论之用，并无意暗示或说明某种管理行为是否有效。

[案例封面]

专业领域：财务会计

适用课程：财务会计理论与实务

选用课程：财务会计理论与实务，财务报表分析

编写目的：本案例旨在帮助理解以下主要内容：研发支出资本化给企业带来的风险及后果；研发支出资本化对企业利润的调节作用；研发支出资本化的会计处理方法等。

知 识 点：研发支出；研发支出资本化；利润调节

关 键 词：研发支出资本化；研发支出；开发阶段；海正药业；利润调节

中文摘要：2007年新的会计准则允许“研发支出资本化”，许多企业以此为契机利用“研发支出资本化”进行盈余管理。其中海正药业近两年对研发支出的会计处理越来越激进，从“0资本化”向“50%资本化”转变，而其营业收入、净利润却发生了断崖式暴跌，不禁令人思考，如若海正药业将研发支出计入当期损益，其利润将下跌更加严重。由此可见研发支出资本化对企业利润调节的影响。

[案例正文]

一、公司概况

浙江海正药业股份有限公司（股票代码600267. SH，以下简称“海正药业”）始创于1956年，公司于2000年发行4000万股A股在上海证券交易所上市，共有员工近万人，是中国最大的抗生素、抗肿瘤药物生产基地之一。

2015年实现归属于上市公司股东的净利润与2014年相比下降95.59%，公司控股子公司原研发产品特治星在产品的供货方面出现了问题，公司部分抗肿瘤类产品销量下滑及部分原料药因FDA（美国食品药品监管局）进口警示而暂时不能进入美国市场等一系列的原因，导致销售收入减少，以致利润下降。

2016年公司营业收入973 342.35万元，同比增长11.02%，主要原因是公司控股子公司海正辉瑞通过学术推广促进其产品销量增加，其中海正制剂产品销量同比增长37.86%。但由于受2015年FDA进口警示和2016年欧盟药品管理局（EMA）警告影响，公司部分原料药品种不能进入美国和欧洲两大药政市场销售，导致公司整体收益下降，2016年归属于上市公司股东的净利润为－9 442.80万元，同比下降796.03%。

二、研发支出资本化

海正药业的历年年报显示，2013—2016年公司资本化研发投入占比由2013年的17.36%逐年增加至2016年的46.97%。海正药业历年年报研发投入披露情况如表14－1及图14－1所示。

表14－1　海正药业2013—2016年研发投入披露情况

年份	2013	2014	2015	2016
费用化研发投入/亿元	4.0	4.1	4.5	4.1
资本化研发投入/亿元	0.8	1.4	3.8	3.6
研发投入合计/亿元	4.8	5.5	8.3	7.7

数据来源：海正药业2013—2016年年度财务报告。

海正药业的开发支出首次出现于2014年第四季度，2013—2016年，海正药业的“开发支出”科目出现暴增，分别为0元、6049万元、3.34亿元、6.48亿元。2015年和2016年，开发支出分别同比增长了2.74亿元（增幅452%）和3.14亿元（增幅94%）。

海正药业对于2015年研发支出的大幅增加的解释是，主要是本期公司创新药及生物药的临床等研发投入增加。然而，2015年，海正药业的业绩出现断崖式下跌，如果公司仍将巨额研发投入计入当期损益，那么当年新增的2.74亿元开发支出将全部确认为费用，公司的净利润将出现巨额亏损。

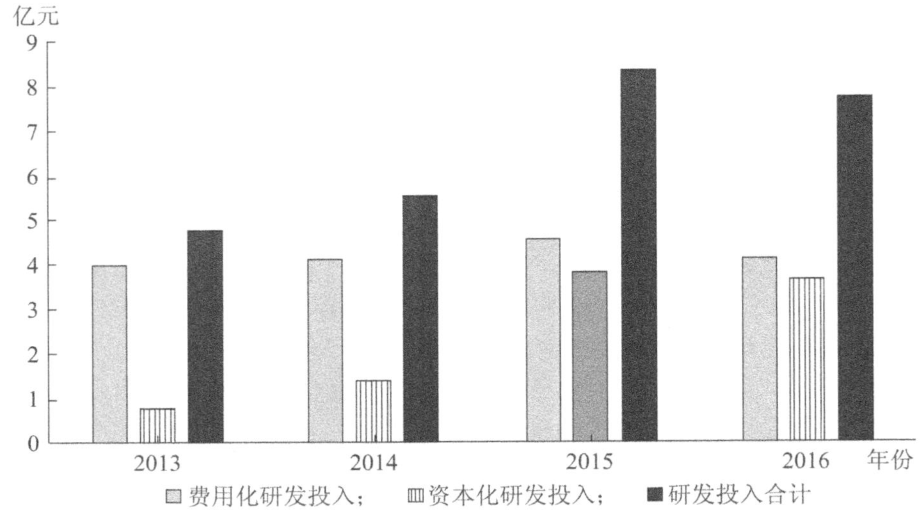

图 14－1　海正药业 2013—2016 年研发投入情况比较图

数据来源：海正药业 2013—2016 年年度财务报告。

根据会计政策的相关要求，企业内部自行进行的研究开发项目，应区分研究阶段和开发阶段两个部分分别进行核算。研究阶段其特点在于具有一定的计划性和探索性，是指获取新的技术和知识等进行的有计划的调研，研究阶段的有关支出发生时，应当以费用化计入当期损益；而开发阶段与研究阶段不同，其特点是具有针对性且处于该阶段的项目形成成果的可能性较大，是指在进行商业性生产或使用前，将研究成果或其他知识应用于某项计划或设计，以生产出新的或具有实质性改进的材料、装置、产品等，满足技术可行性等资本化的 5 个条件时应当予以资本化，列为"开发支出"，计入无形资产。

而在实务工作中，会计准则中对于如何划分研究阶段与开发阶段的相关规定不具体，而且关于开发阶段的支出是否符合资本化条件的规定也不明确，十分主观。实务中会计师往往根据企业的实际情况以及相关信息予以判断，并优先采纳企业的意见，这就为企业调节利润提供了空间。

认定研发支出资本化的首要条件是项目处于开发阶段。资料显示，海正药业的研发支出资本化在 2015 年和 2016 年主要集中在仿制药的项目上，而对于仿制药品项目，行业内一般认可的开发阶段起点是拿到临床批件。那么，海正药业对于开发阶段是如何划分的呢?

海正药业表示，其以企业会计准则及相关规定为依据，开发阶段包括临床试验及样品生产申报两项内容。研究项目以进入临床试验或满足申报期（已有国家药品标准原料与制剂）为开发阶段开始的标志，以取得新药证书或生产批件作为终点。公司在开发阶段的相关支出，需在"开发支出"科目分项目中进行明细核算，符合资本化要求的，在项目获取新药证书或生产批件形成无形资产时转入"无形资产"科目进行明细核算。

一家上市药企的董秘认为："一般仿制药研发费用必须拿到临床批件才可以资本化，申报期就开始资本化在会计处理上明显是不严谨的，药品申报拿不到临床批件的情况也是常见的，只有拿到临床批件才有条件对外进行技术转让，也才符合内部研究开发项目开发阶段的支出资本化的条件之一。”

事实上，药品研发的风险是巨大的。海正药业的公告显示，海正药业在2015年就撤回了参芪健脑颗粒等5个药品的注册申请，公司在这5个研发项目上已投入研发费用1 530万元左右。2016年1月，海正药业又相继撤回了奥氮平片、注射用比阿培南、氨基葡萄糖软骨素片、阿卡波糖片的生产注册申请，在这4个研发项目上已投入研发费用1 792万元左右。因此，企业还应考虑到最终研发项目失败撤回注册申请，已资本化的研发费用是否会对公司当期经营业绩产生影响及应当如何处理等问题。

三、结果评价

研发支出资本化能起到调增企业利润的作用，然而这是一把双刃剑，研发支出资本化不仅会对企业的利润、所得税产生影响，同时也会影响企业现金流的分类。当开发支出资本化时，其现金流出应计入投资性活动流出（用于构建无形资产支付的现金），而少计经营性现金流出，因此影响经营性现金流，对投资者识别DCF模型估值企业将会产生影响。不过，正是由于可调增企业利润的作用，研发支出资本化成为越来越多的上市公司或拟IPO企业调节利润、美化财务报表的手段。

四、讨论题目

1. 会计准则中，研发支出的会计处理是如何规定的？
2. 研究阶段与开发阶段是如何划分的？
3. 研发支出资本化的确认与计量为管理层提供了哪些利润调节的空间？
4. 你认为海正药业对于研究阶段与开发阶段时点的划分是否合理？给出理由。
5. 如果研发失败，原已资本化的研发支出应如何处理？请进行尝试性探讨。

五、参考资料

[1] 杜鹏．海正药业报表化妆术——2015年开发支出蹊跷大增2.74亿元．证券市场周刊，2016．
[2] 并购优塾．就算证监会来了也揪不出毛病！——上市公司轻松一招，调节3亿元利润而且操盘手法完全合理、合法、合规，2017. http：//mp. weixin. qq. com/s/QU3ivoQI28olbJvwCtSy1w.
[3] 曹学平．海正药业研发支出资本化 激进路径引争议［N］．中国经营报，2016．
[4] 兰玲．研发支出资本化与费用化的现实思考［J］．中国注册会计师，2012（2）．
[5] 李娜．新会计准则下研发费用的处理对医药企业的影响［J］．新会计准则，2013（5）．

[案例说明书]

一、案例要解决的关键问题

本案例主要适用于财务会计的研发支出资本化相关知识点教学。自2007年，新的会计准则允许“研发支出资本化”，许多企业便抓住机会，把它作为调节利润、美化财务报表的手段。因此，本案例的教学目的是通过该研发支出资本化案例的讨论和学习，使学员认识并掌握以下主要内容：研发支出的会计处理；研发支出两阶段的划分；研发支出资本化对利润的调节作用；研发支出资本化的会计处理为企业管理者提供了哪些可操作空间？

二、案例讨论准备工作

（一）理论背景

在2007年以前，我国会计准则要求大多数情况下研发支出要计入当期损益，直接影响企业当期利润。然而研发通常是一件长期持续的事情，在尚未研发成功时，企业会面临高额的研发支出，成本极高，一旦产品研发成功，则会给企业未来带来持续的经济流入，收入极高，此时，财务报表的反映就会失真。2007年后我国为了鼓励企业研发、解决成本与收益在时间上的匹配问题，对会计准则进行了改革，引入了“研发支出资本化”。《企业会计准则第6号——无形资产》第8条规定：企业内部研究开发项目研究阶段的支出，应当于发生时计入当期损益。《企业会计准则第6号——无形资产》第9条规定：企业内部研究开发项目开发阶段的支出，同时满足5个条件时，可以确认为无形资产。

1. 开发阶段有关支出资本化的条件

根据《企业会计准则第6号——无形资产》第9条的相关规定，企业内部研究开发项目开发阶段的支出，同时满足下列条件的，才能确认为无形资产：

（1）完成该无形资产以使其能够使用或出售在技术上具有可行性；

（2）具有完成该无形资产并使用或出售的意图；

（3）无形资产产生经济利益的方式，包括能够证明运用该无形资产生产的产品存在市场或无形资产自身存在市场，无形资产将在内部使用的，应当证明其有用性；

（4）有足够的技术、财务资源和其他资源支持，以完成该无形资产的开发，并有能力使用或出售该无形资产；

（5）归属于该无形资产开发阶段的支出能够可靠地计量。

2. 内部研究开发支出的会计处理

企业内部研究和开发无形资产，其在研究阶段的支出全部费用化，计入当期损益，即“管理费用”；开发阶段的支出符合条件的予以资本化，不符合条件的计入当期损益。如果实在无法区分研究阶段和开发阶段的支出，应将其所发生的研发支出全部费用化，计入当期损益。

企业自行开发无形资产发生的研发支出，不满足资本化条件的，借记“研发支出——费用化支出”科目，满足资本化条件的，借记“研发支出——资本化支出”科目，贷记“原材料”“银行存款”“应付职工薪酬”等科目。

研究开发项目达到预定用途形成无形资产的，应按“研发支出——资本化支出”科目的余额，借记“无形资产”科目，贷记“研发支出——资本化支出”科目。

3. 研究阶段与开发阶段的区别

研究阶段与开发阶段的区别如表14－2所示。

表14－2 研究阶段与开发阶段的区别

区　别	研究阶段	开发阶段
目标不同	不具体、不具有针对性	针对具体目标、产品、工艺等
对象不同	一般很难具体化到特定项目上	往往形成对象化的成果
风险不同	成功率低、风险较大	成功率高、风险较小
结果不同	多是研究报告等基础性成果	多是具体的新技术、新产品

三、案例分析要点

（一）需要学员识别的关键问题

本案例需要学员识别的主要知识点包括：研发支出的会计处理；研发支出两阶段的划分；研发支出资本化对利润的调节作用；研发支出资本化的会计处理中为企业管理者调增利益目的提供了哪些可操作空间。

（二）推荐解决问题的方案

1. 会计准则中，研发支出的会计处理是如何规定的？

企业内部研究和开发无形资产，其在研究阶段的支出全部费用化，计入当期损益，即“管理费用”；开发阶段的支出符合条件的资本化，不符合条件的费用化，计入当期损益，即“管理费用”。如果实在无法区分研究阶段和开发阶段的支出，应将其所发生的研发支出全部费用化，计入当期损益。

企业自行开发无形资产发生的研发支出，不满足资本化条件的，借记“研发支出——费用化支出”科目，满足资本化条件的，借记“研发支出——资本化支出”科目，贷记“原材料”“银行存款”“应付职工薪酬”等科目。

研究开发项目达到预定用途形成无形资产的，应按“研发支出——资本化支出”科目的余额，借记“无形资产”科目，贷记“研发支出——资本化支出”科目。

2. 研究阶段与开发阶段是如何划分的？

研究阶段是指获取新的技术和知识等进行的有计划的调研；而开发阶段是指在进行商业性生产或使用前，将研究成果或其他知识应用于某项计划或设计，以生产出新的或具有实质性改进的材料、装置、产品等。而在实务工作中，会计准则中对于如何划分研究阶段与开发阶段的相关规定不具体，以及关于开发阶段的支出是否符合资本化的条件的规定不明确，应当根据企业的实际情况以及相关信息予以判断。

3. 研发支出资本化的确认与计量为管理层提供了哪些利润调节的空间？

（1）研发支出资本化初始成本的计量具有不确定性。

①研究阶段与开发阶段划分的不确定性。从理论上讲，研究阶段是指获取新的技术和

知识等进行的有计划的调研；开发阶段是指在进行商业性生产或使用前，将研究成果或其他知识应用于某项计划或设计，以生产出新的或具有实质性改进的材料和装置、产品等。但是在实际操作中，研究和开发阶段在一定程度上是很难区分清楚的。因此，企业若想在短期内增大利润，只要在合理合规的情况下将研发项目一直处于“开发阶段”即可，这便为企业提供了一定的会计处理空间。

②研发项目能否成功具有不确定性。即使处于研发的最终阶段，研究项目依旧有可能失败，而且项目是否成功主要看未来能否为企业带来经济利益的流入。然而在实务中，并没有一个明确的指标用来衡量研发的项目是否成功。

③技术和市场的不确定性。企业在进行初始研发的时候都看到了研发项目的内在潜力，然而研发一般是一件长期持续的事情，且企业不能掌握竞争对手的研发进度，等到研发成功进行大规模生产时，技术和产品很可能已经不占据市场优势。未来新的技术、产品等都会对研发带来很大的不确定性。

④收益的不确定性。通常情况下，研发产品给企业带来的经济利益都体现在未来的生产经营活动中，研发产品产生的经济利益可能存在于商品的销售收入以及提供劳务所取得的报酬收入中，或者企业因使用了该项无形资产使得企业在某项生产经营活动中节约了成本。因此，合理确定研发项目未来的收益十分困难。

（2）研发支出资本化后后续计量的复杂性。研发支出资本化后即形成无形资产的后续计量，包括无形资产的摊销和无形资产减值准备的提取。

根据企业会计准则的有关规定，使用寿命有限的无形资产的摊销方法有平均年限法、工作量法、双倍余额递减法、年数总和法等，企业选择的方法应当能反映与该项无形资产有关的经济利益的预期消耗方式。但在实务中，企业选取摊销方法时更多的是考虑财务报告美化和节税。而且影响无形资产摊销的其他主要因素：无形资产的初始成本、资产的预计使用寿命、资产减值准备的提取，都在一定程度上具有复杂性和不确定性。

关于无形资产减值准备的提取方面，相关的会计准则规定无形资产在会计期末发生减值迹象时要进行减值测试。估计无形资产是否发生减值主要是估计其可收回金额是否低于无形资产的账面价值。而其中，可收回金额是按照无形资产的公允价值减去处置费用后的净额与资产预计未来现金流量的现值确定的。在实务中，无形资产的公允价值和预计未来现金流量的现值都具有一定的可控性，人为控制的空间较大，由此可见，无形资产的期末价值带有很大的不确定性。

综上所述，研发支出资本化在实务操作中十分复杂，这种复杂性给研发支出资本化的会计处理带来了很大的不确定性，也为企业研发支出的会计处理带来了很大的人为技术处理空间。

4. 你认为海正药业对于研究阶段与开发阶段时点的划分是否合理？给出理由。

不合理。事实上，药品研发的风险是巨大的。一般仿制药研发费用必须拿到临床批件才可以资本化，申报期就开始资本化在会计处理上明显是不严谨的，药品申报拿不到临床批件的情况也是常见的，只有拿到临床批件才有条件对外进行技术转让，也才符合内部研究开发项目开发阶段的支出资本化的条件之一。在药品研发过程中，极有可能最终研发失败，企业最终只能撤回药品的注册申请。案例中也明确表示，根据海正药业的公告，海正药业在 2015 年就撤回了参芪健脑颗粒等 5 个药品的注册申请，在这 5 个研发项目上已投入研发费用 1530 万元左右。2016 年 1 月，海正药业又相继撤回了奥氮平片、注射用比阿培南、氨基葡萄糖软骨素片、阿卡波糖片的生产注册申请，在这4个研发项目上已投入研发费用1 792万元左右。

5. *如果研发失败，原已资本化的研发支出应如何处理？请进行尝试性探讨。*

企业发现已经研发了几年的研发项目无成功的可能或即便成功也无经济价值（前期已经资本化），决定终止该项目并清理前期已经资本化的研发支出，对此，会计该怎么处理，企业会计准则并没有明确的规定。建议可考虑的办法有：

（1）在终止资本化的当期，将所有资本化金额（含前期）一次性全部转入当期损益。

（2）追溯调整。将前期已资本化的研发支出按照实际支出的期间进行追溯调整，在实际发生的期间进行费用化，计入当期损益。

四、教学组织方式

（一）问题清单及提问顺序、资料发放顺序

本案例讨论题目依次为：

1. 会计准则中，研发支出的会计处理是如何规定的？
2. 研究阶段与开发阶段是如何划分的？
3. 研发支出资本化的确认与计量为管理层提供了哪些利润调节的空间？
4. 你认为海正药业对于研究阶段与开发阶段时点的划分是否合理？给出理由。
5. 如果研发失败，原已资本化的研发支出应如何处理？请进行尝试性探讨。

（二）课时分配

1. 课前自行阅读资料：约3小时；
2. 小组讨论并提交分析报告提纲：约2小时；
3. 课堂小组代表发言、进一步讨论：约1小时；
4. 课堂讨论总结：约0.5小时。

（三）讨论方式

本案例可以采用个人或小组式进行讨论，选代表进行发言，当学员就某一问题有争议时进一步深入讨论。

（四）课堂讨论总结

课堂讨论总结力求精炼简洁，切中重点，对于重点问题和新颖观点要加以强调，对焦点问题和有争议的问题要进一步思考和讨论，将案例与理论知识相结合，巩固学生的基础知识，扩展思维。总结要点要集中在以下几个方面：

（1）研发支出会计处理及两阶段的划分标准；

（2）研发支出资本化的条件；

（3）研发支出会计处理在实务中的运用；

（4）研发支出资本化对企业的影响。

案例 15

从海康威视看高新技术企业股权激励之路*

---

*1. 本案例由广东工业大学管理学院的张军波、陈国雄、余倩妍等共同撰写，作者拥有著作权中的署名权、修改权、改编权。

2. 本案例授权广东工业大学 MPAcc 教学智库实验平台使用，广东工业大学 MPAcc 教学智库实验平台享有复制权、修改权、发表权、发行权、信息网络传播权、改编权、汇编权和翻译权。

3. 由于企业保密的要求，在本案例中对有关名称、数据等做了必要的掩饰性处理。

4. 本案例只供课堂讨论之用，并无意暗示或说明某种管理行为是否有效。

[案例封面]

专业领域： 财务会计

适用课程： 财务会计理论与实务，财务管理理论与实务

选用课程： 财务会计理论与实务

编写目的： 本案例旨在帮助学员从高新技术企业的特征及资本市场上企业股权激励方式的选择为引入点，通过分析海康威视在高业绩背景下股权激励案例，分析高新技术企业实施股权激励的动机和目的、方案的设计及实施效果的分析。另外，学员可以在此基础上，思考不同企业股权激励的异同，从而将其运用到实务实践当中。

知 识 点： 股权激励；方案设计；实施效果

关 键 词： 股权激励；方案设计；实施效果；海康威视

中文摘要： 股权激励起源于20世纪50年代的美国，到90年代，股权激励因其高效、操作性强等特点在世界范围的企业中得到广泛应用。在我国，股权激励的探索开始于改革开放以后，但是由于法律和经济层面的限制，股权激励的实施进展缓慢，在2005年4月，经国务院批准，股权分置改革开始启动，之后的几年中，一系列的关于股权激励的政策法规相继出台。这些政策的颁布推动了股权分置改革和股权激励的发展，也反映出在股权激励法律层面的不断完善。本案例描述了海康威视作为一家高新技术类的上市企业，经历漫长的不断发展，在2012—2018年度每两年进行一次股权激励。其丰富的股权激励经历有充足的案例供我们学习、分析。通过案例分析，引导学员了解高新技术企业及其特征、股权激励方案的设计和目的以及思考不同上市公司股权激励的异同，同时加深学员对资本市场的认识。

[案例正文]

作为一家国有控股的高科技公司，海康威视成立于2001年，是安防行业中的领军企业，主营业务为监控设备的生产和研发，主要产品包括摄像机、光端机、云存储等。在产品创新方面领先于行业平均水平，为顾客提供便捷、高效、智能、可靠的技术与服务，为我国的全球化、智能化进程添砖加瓦，贡献了极大的力量。

公司所处的行业和公司性质决定了其对研发的投入占比很大，海康威视的员工总数超25 000人，其中比例最高的就是研发人员，有上万人，对研发的投入达到销售额的近10%，绝对值在行业内部数一数二。海康威视是博士后科研工作站单位，在核心技术、前瞻技术和大数据服务等领域都处于行业领先地位，并且在智能化进程中，海康威视的业务不断延伸，拥有很强的持续发展基础和实力。海康威视的分公司遍布中国大陆，并且在海外有数十家分支机构，研发的产品在世界范围内广泛应用，在大型项目中发挥了重要的作用。

海康威视于2010年在中小板上市，股权较为集中，最大的股东为中国海康集团有限公司，占总股本持股比例39.91%。海康威视的前五大股东分别是中国海康集团有限公司、龚虹嘉、新疆微讯投资管理有限合伙企业、新疆普康投资有限合伙企业、中国电子科技集团公司第五十二研究所，自公司上市来所持股份相对稳定。

海康威视自2012年以来，便启动了股权激励计划，并在2012年、2014年、2016年、2018年4年分别实施股权激励。为何海康威视要实施股权激励？为何还要多次实施？股权激励的实施方案是如何设计的？方案实施效果如何？这些都是我们要学习、分析的关键点，希望能从案例分析中学习到股权激励的相关知识，应用到未来实践当中。

一、背景介绍

（一）资本市场股权激励盛行

我国的高新技术企业主要在深圳证券市场的中小板和创业板上市，因为主板市场对上市公司的规模和融资额有较高的限定。中小板定位于具有高成长性企业以及高科技的中小企业；创业板定位于自主创新企业和其他高成长性创业企业。从定位以及实际情况都可以看出，中小板和创业板是高新技术企业融资的主要渠道，高新技术企业在这两个板块占据了绝大部分的比例，所以本章接下来主要对创业板以及中小板实施股权激励政策的情况进行分析。

根据交易所公布的数据，截至2018年9月底，约6成的创业板上市公司实施了股权激励计划。相对于主板市场来说，创业板市场的上市公司更为积极地实施了股权激励机制。自我国第一家创业板上市公司探路者宣布实施股权激励计划后，整个创业板市场股权激励计划就迅速推广实施开来。

本文总结了2011—2017年我国A股市场宣告实施股权激励计划的公司数量，并且单独汇总了创业板的数量，分析了创业板股权激励在整体A股市场的占比情况。通过对比发现，创业板股权激励计划的实施增速远超整体A股市场，所占比例自2011年的3.48%，开始逐年迅速增长，在2016年达到了一个峰值，占整体市场的40.64%，2017

年增长速度有所放缓，但仍保持较高水平。无论从数量，还是从占比来看，.都保持较高的增长值，可见创业板股权激励的范围越来越广。

表 15－1　2011—2017 年上市公司股权激励计划的实施情况统计

年份	2011	2012	2013	2014	2015	2016	2017
实施股权激励的公司数量	115	118	146	161	215	251	407
实施股权激励的创业板公司数量	4	14	28	32	62	102	134
创业板占实施股权激励公司的比例/%	3.48	11.86	19.18	19.88	28.84	40.64	32.93

（二）相关政策背景

（1）制度环境。随着我国市场经济体制的确立、上市公司的产权制度的进一步完善、法人治理结构的进一步健全，特别是资本市场、经理人市场、产品市场和相关政策法规的进一步配套和完善，我国股权激励机制有效性充分发挥所需的各种环境条件也在逐步形成，其中很重要的一项就是股权分置问题的解决，全流通的实现。

2003 年，国资委主任李荣融认为国内上市公司可以尝试年薪制、股权及股票期权的多种薪酬激励方式。2004 年 2 月，时任中国证监会主席尚福林在“中国公司治理政策对话会”上表示，股权激励等长期激励机制将在我国上市公司薪酬制度中逐步推行。

（2）法律环境。2005 年 10 月 27 日中华人民共和国第十届全国人民代表大会常务委员会第十八次会议通过了《中华人民共和国公司法》《中华人民共和国证券法》（以下简称新《公司法》，新《证券法》），这也为我国管理层股权激励提供了基本的法律依据。修订后的《公司法》《证券法》在公司资本制度、回购公司股票和高级管理人员任职期内转让股票等方面均有新的规定，上市公司实施股权激励的法律障碍得以消除。比如新公司法将过去所实行的实缴资本制改为认缴资本制，注册资本可以分期追缴，这样公司在成立时可以预留部分注册资本，在日后对管理人员进行激励的话，此类资本就可以作为股权的来源。新《公司法》第 134 条规定：公司不得收购本公司股份。但是，有下列情形之一的除外：将股份奖励给本公司职工，依此规定收购本公司股份的，应当经股东大会决议；并且收购的股份不得超过本公司已发行股份总额的 5%，用于收购的资金应当从公司的税后利润中支出，所收购的股份应当在一年内转让给职工。2006 年 3 月 15 日，财政部印发了财企【2006】67 号文件《关于公司法施行后有关企业财务处理问题的通知》，其中对通过回购股票作为股份来源的情况作了具体的规定：“因实行职工股权激励办法而回购股份的，回购股份不得超过本公司已发行股份总额的 5%，所需资金应当控制在当期可供投资者分配的利润数额之内。公司回购股份时，应当将回购股份的全部支出转作库存股成本，同时按回购支出数额将可供投资者分配的利润转入资本公积金。”

新《公司法》使股份非公开发行有了法律依据。其第七十八条规定：“股份有限公司的设立，可以采取发起设立或者募集设立的方式。发起设立，是指由发起人认购公司应发行的全部股份而设立公司。募集设立，是指由发起人认购公司应发行股份的一部分，其余股份向社会公开募集或者向特定对象募集而设立公司”。此外，还降低了股权转让的限制，其第一百四十二条规定："发起人持有的本公司股份，自公司成立之日起一年内不得转让。公司公开发行股份前已发行的股份，自公司股票在证券交易所上市交易之日起一年内不得转让。公司董事、监事、高级管理人员应当向公司申报所持有的本公司的股份及其变动情况，在任职期间每年转让的股份不得超过其所持有本公司股份总数的百分之二十五；所持本公司股份自公司股票上市交易之日起一年内不得转让。上述人员离职后半年内，不得转让其所持有的本公司股份。公司章程可以对公司董事、监事、高级管理人员转让其所持有的本公司股份作出其他限制性规定"。

新《证券法》第十条规定："非公开发行证券，不得采用广告、公开劝诱和变相公开方式"，明确肯定了非公开发行的概念。第十三条规定："上市公司非公开发行新股，应当符合经国务院批准的国务院证券监督管理机构规定的条件，并报国务院证券监督管理机构核准。"既可以向特定对象发行，也可以向不特定对象发行。

（3）政策环境。2005 年 12 月 31 日证监会出台了《上市公司股权激励管理办法（试行）》，并于 2006 年 1 月 1 日起施行。这一管理办法的颁布与实施，为我国一直在尝试使用股权激励作为上市公司激励经理人的方式提供了必要的法律基础。2006 年 9 月，国资委及财政部联合颁发了《国有控股上市公司（境内）实施股权激励试行办法》，标志着国有上市公司股权激励在方案制订上有了依据。

该管理办法以促进和规范上市公司股权激励机制的发展为目的，以限制性股票和股票期权为股权激励的主要方式，从实施程序和信息披露角度予以规范。至此我国上市公司股权激励进入了股票期权和限制性股票两种激励模式竞争的时代。

2008 年，中国证监会相继发布了《股权激励有关事项备忘录 1 号》《股权激励有关事项备忘录 2 号》及《股权激励有关事项备忘录 3 号》。

《股权激励有关事项备忘录 1 号》主要对激励基金来源问题、激励对象问题、限制性股票授予价格的折扣问题、行权指标设定问题等进行了说明。具体包括如下：

①如果标的股票的来源是增量，即定向增发方式取得股票，则提取的激励基金不得用于资助激励对象购买限制性股票或者行使股票期权。

②持股 5% 以上的主要股东或实际控制人原则上不得成为激励对象。除非经股东大会表决通过，且股东大会对该事项进行投票表决时，关联股东须回避表决。这是为了避免大股东的利益输送给相关人。

③对限制性股票激励计划，如果标的股票的来源是增量，即通过定向增发方式取得股票，发行价格不低于定价基准日前 20 个交易日公司股票均价的 50%。

④行权指标的设定，原则上实行股权激励后的业绩指标（如每股收益、加权净资产收益率和净利润增长率等）不低于历史水平。市值指标：如公司各考核期内的平均市值水平不低于同期市场综合指数或成分股指数；行业比较指标：如公司业绩指标不低于同行业平均水平。

《股权激励有关事项备忘录 2 号》主要着重对股份来源、重大事件实施的时间间隔问题及激励对象进行了更加清晰的界定。具体包括如下：

①上市公司监事会应当对激励对象名单予以核实，并且监事成员不能作为激励对象。激励对象为董事、高管人员的，须披露其姓名、职务、获授数量。除董事、高管人员外的其他激励对象，须通过证券交易所网站披露其姓名、职务。

②上市公司提出增发新股、资产注入、发行可转债等重大事项动议至上述事项实施完毕后30日内，上市公司不得提出股权激励计划草案。

③股东不得直接向激励对象赠予（或转让）股份。股东拟提供股份的，应当先将股份赠予（或转让）上市公司，并视为上市公司以零价格（或特定价格）向这部分股东定向回购股份。

《股权激励有关事项备忘录3号》规定了股权激励计划不能随意改变或者取消，以确保激励过程的严肃性和激励性，避免随意改变对二级市场的影响。

此外还有：

一是上市公司应根据股权激励计划设定的条件，采用恰当的估值技术，分别计算各期期权的单位公允价值；在每个资产负债表日，根据最新取得的可行权人数变动、业绩指标完成情况等后续信息，修正预计可行权的股票期权数量，并以此为依据确认各期应分摊的费用。

二是行权和解锁条件：上市公司股权激励计划应明确，股票期权等待期或限制性股票锁定期内，各年度归属于上市公司股东的净利润及归属于上市公司股东的扣除非经常性损益的净利润均不得低于授予日前最近3个会计年度的平均水平且不得为负。

三是激励对象范围合理性问题：董事、高级管理人员、核心技术（业务）人员以外人员成为激励对象的，上市公司应在股权激励计划备案材料中逐一分析其与上市公司业务或业绩的关联程度，说明其作为激励对象的合理性。避免随意对员工进行股权激励，拒绝利益输送。

二、海康威视概况

（一）海康威视简介

海康威视成立于2001年，公司位于浙江杭州，主要从事国防及家庭用视频监控产品的研发、生产及销售，是目前我国国防服务业的龙头企业。其主要产品包括摄像机、光端机、硬盘录像机、监视器、视频盒子、报警盒子、云存储等，且主要产品均已通过美国UL、欧盟CE等安全认证，获得全世界的广泛认可。此外，海康威视一直靠着过硬的技术，高涨的创新热情，不断地为客户提供最新、最安全、环保以及可靠的产品和服务。同时，海康威视也是见证和推进全球走向数字化、智能化时代的功臣，见证了中国在视频监控装备上的快速进步。

海康威视是一家国有控股的高科技公司，公司于2010年5月在深交所中小板上市，是我国安防行业上市市值最大的公司。海康威视是一家极其重视科研的公司，在科研人员人数方面：截至2015年底，公司拥有人员15 222人，科研技术人员7 181人，占据了总人数的47.18%，即将近一半的人都是科研工作人员。在科研技术方面：拥有大数据、云计算、双目识别等九大核心技术，在技术方面具有全球领先水平。在科研产品方面：拥有千余系列和近万款产品。对不同行业，不仅提供了针对行业特性的专业化产品，同时包含更加人性、智能化方案。海康威视自成立以来，发展迅猛，规模不断扩大，截止到2015年底，海康威视已在我国35个城市设立分公司，同时，在中国香港、荷兰、印度、美国、巴西等21个国家和地区建立子公司。海康威视作为目前全球领先的监控产品的研发商和制造商，其产品和解决方案已经在100多个国家（地区）成功应用。此外，在一些非常重要的安保活动比如北京奥运会、60 周年国庆大阅兵，以及巴西世界杯等发挥了极其重要的作用。表 15－2 为海康威视发展历程。

表 15－2　海康威视发展历程

年份	事　　件
2001	杭州威视数字技术有限公司成立
2002	DS－4000M 视音频压缩卡和 DS－8000 网络硬盘录像机发布
2003	DS－4000H 视音频压缩卡和 DS－8000M 网络硬盘录像机发布
2004	DS－6000H 视频服务器和 DS－8000HC 网络硬盘录像机发布
2005	顺利通过 ISO9001 体系认证和 CCC 产品认证
2006	入选福布斯 2006 中国潜力 100 家中的 20 名
2007	通过 ISO4001：2004 环境体系认证，入选 2007 全球安防 50 强
2008	公司正式更名为“杭州海康威视数字技术股份有限公司”
2009	成为上海世博安保项目主要监控产品提供商
2010	海康威视 A 股在深圳证券交易所正式挂牌上市 获得重庆 50 亿元平安城市项目
2011	海康威视顺利通过 CMMIL3 正式评估，正式走向了一个更新、更高的台阶
2012	海康威视收购河南华安保全 51% 股权
2013	发布了世界第一款 30 倍 200 万像素高清一体化机芯 中国制造业自主品牌价值评价结果首次全球发布，海康威视品牌获得 65.35 亿元估值
2014	2013 年营收破百亿：开启安防百亿时代 与阿里云达成战略合作，萤石云、阿里云深层对接 牵手百度推出“百度云·萤石”智能视频业务 为建立海外资本运作平台，海康威视拟发行境外上市外资股（H 股）并在香港联合交易所有限公司主板挂牌上市，发行数量约占公司发行后总股本的 8%
2015	布局“萤石云＋”互联网战略 美国电子安全协会授予执行战略伙伴称号

（二）海康威视股权结构

2001 年杭州威视数字技术有限公司成立，并于 2008 年正式更名为杭州海康威视数字技术股份有限公司。2010 年 5 月份海康威视正式在深交所中小板挂牌上市，从图 15－1 中可以看出，海康威视是一家国有控股的高科技公司，股权非常集中。海康威视最大的股东是中国海康集团有限公司，占总股本持股比例 39.91%。海康威视的前五大股东分别是中国海康集团有限公司、龚化嘉、新疆微讯投资管理有限合伙企业、新疆普康投资

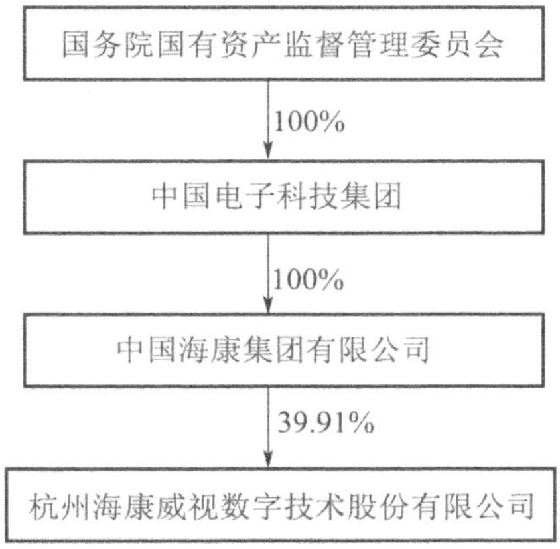

图 15－1　海康威视的产权性质

有限合伙企业、中国电子科技集团公司第五十二研究所。自公司上市以来所持股份相对稳定。

（三）海康威视的财务状况

从表 15 －3 可看出，海康威视自 2010 年上市以来，资产、负债和净资产都在稳定增长，净资产在行业中的排名自上市以来都在前五名之内，经过 5 年的发展，2015 年海康威视资产已经达到303.16 亿元，是2010 年上市当年的将近5 倍，2015 年海康威视净资产达到 192.97 亿元，是 2010 年净资产的将近 4 倍。同时，从行业排名来看，海康威视始终保持在行业排名的前列。这些数据都表明，海康威视的财务状况良好。

表 15 －3　海康威视财务状况

年　份	2010	2012	2014	2015	2016	2018
资产合计/亿元	65.49	105.89	212.91	303.16	413.5	634.7
负债合计/亿元	9.07	19.18	64.11	110.19	168.7	255.2
净资产/亿元	56.42	86.71	148.79	192.97	244.8	379.4
净资产增长率/%	—	53.69	71.59	29.69	26.86	54.98

（四）海康威视的经营成果

从表 15 －4、图 15 －2 可看到，海康威视自 2010 年上市以来至 2015 年，营业总收入都在快速增长，上市 4 年，营业总收入就达到百亿元，足可以看出海康威视发展速度之快，2015 年海康威视的营业总收入达到252.71 亿元，是2010 年营业总收入的7 倍，净利润也在稳步增长，2015 年净利润达到 58.82 亿元，是 2010 年净利润的将近 6 倍，从柱状图，可看出海康威视营业收入和净利润的增长之快。

表 15 －4　海康威视的经营成果

年　份	2010	2011	2012	2013	2014	2015
营业收入/亿元	36.05	52.32	72.14	107.46	172.46	252.71
营业收入同比增长率/%	71.57	45.10	37.89	48.96	60.37	46.64
净利润/亿元	10.52	14.81	21.37	30.67	46.65	58.82
净利润同比增长率/%	49.06	40.78	44.29	43.52	52.10	25.80
营业收入行业排名	8	8	6	5	5	4
净利润行业排名	1	1	1	1	1	1

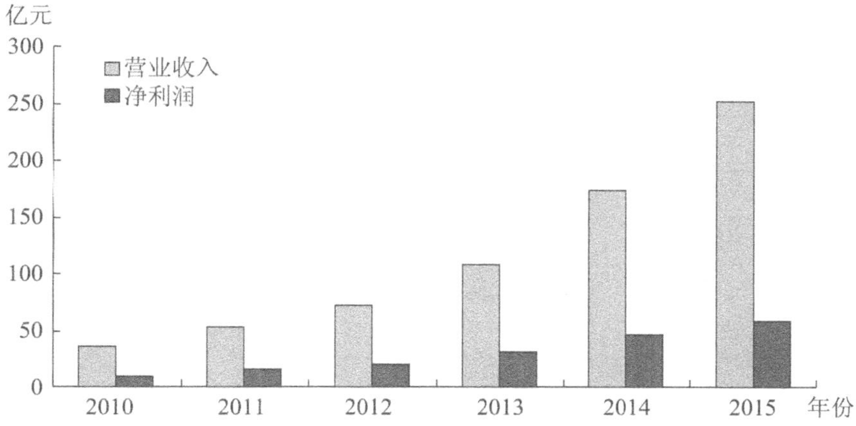

图 15－2　海康威视的经营成果

三、海康威视漫漫股权激励之路

（一）海康威视股权激励动机

全球恐怖主义和许多区域战争让世界陷入混乱，并引起人们的恐慌，基于此，人们意识到安全的重要意义。全球安全威胁事件频发，让全球安防市场发展更加强劲，安防市场的不断增长，激励了安防企业积极行动追逐时代潮流。安防公司的增长取决于主要业务地区对于安全的渴望，海康威视自 2010 年 5 月 28 日上市以来，外部市场政策的完善，再加上安防行业的成长期，急需人才与资本的双重投入。股权激励将所有者与企业员工的利益绑定在一起，以确保推出的战略能够获得全体核心员工的支持，达到最佳的效果。

2008 年国际金融危机爆发引发了全球经济衰退，海外客户需求及支付能力下降，国内经济受到影响，然而安防设备需求仍在不断增长。有研究报告指出，至 2012 年，全球安防设备需求将以每年 7.8% 速度高速增长，市场规模将达到 900 亿美元，视频监控市场的增长趋势不变。社会安全意识也在不断提高，人们对安防产品保障生活安全的认可程度也在提高。在金融危机和市场增长机遇的双重背景下，缺乏竞争力的弱势企业由于经营管理不善，创新能力不强，后续发展动力不足而在竞争中被淘汰。海康威视在此背景下推出 2012 年股权激励方案，以期抓住市场增长机遇，吸收大量优秀人才进行技术储备，加大对新产品的研究和开发力度，重点攻关图像处理技术和网络技术，提高公司产品的附加值，同时加强知识产权保护，提高专利数量和质量。

推出股权激励以来，海康威视实现了跨越式发展，公司从国内领先的安防公司成长为具备全球影响力的安防公司，安防行业在平安城市、智慧城市的大局建设中保持高景气度，“十二五”期间安防行业维持约 20% 的复合增长率，2014 年公司再次提出股权激励方案，以期激励员工实现二次跨越增长，巩固行业地位，实现从产品竞争向解决方案竞争的转型，公司竞争力和规模又上一个新台阶。

（二）丰富的股权激励之路

海康威视4次股权激励方案基本情况如表15－5所示。

表15－5　海康威视4次股权激励方案基本情况

年　份	2012	2014	2016	2018
激励方式	限制性股票	限制性股票	限制性股票	限制性股票
激励数量	9 247 000股 占0.46%	58 000 000股 占1.44%	53 573 628股 占0.88%	131 960 548股 占1.43%
激励对象	中层管理人员、核心技术及骨干，共620人	高级、中层、基层管理人员、核心技术及骨干成员，共1 181人	高级、中层、基层管理人员、核心技术及骨干成员，共2 990人	高级、中层、基层管理人员、核心技术及骨干成员，共6 514人
股份来源	定向增发	定向增发	定向增发	定向增发
股份价格	10.65元	9.50元	12.63元	16.98元
解锁期	三年	三年	三年	三年

解锁条件如表15－6所示。

表15－6　解锁条件

年　份	解　锁　条　件
2012	a）第一次解锁：解锁时点前一年度净资产收益率不低于15%，且不低于标杆公司前一年度75分位水平；解锁时点前一年度相比授予时点前一年度的复合营业收入增长率不低于30%，且不低于标杆公司同期75分位增长率水平； b）第二次解锁：解锁时点前一年度净资产收益率不低于16%，且不低于标杆公司前一年度75分位水平；解锁时点前一年度相比授予时点前一年度的复合营业收入增长率不低于30%，且不低于标杆公司同期75分位增长率水平； c）第三次解锁：解锁时点前一年度净资产收益率不低于17%，且不低于标杆公司前一年度75分位水平；解锁时点前一年度相比授予时点前一年度的复合营业收入增长率不低于30%，且不低于标杆公司同期75分位增长率水平
2014	a）第一次解锁：解锁时点前一年度净资产收益率不低于20%，且不低于标杆公司前一年度75分位水平；解锁时点前一年度相比授予时点前一年度的复合营业收入增长率不低于35%，且不低于标杆公司同期75分位增长率水平； b）第二次解锁：解锁时点前一年度净资产收益率不低于20%，且不低于标杆公司前一年度75分位水平；解锁时点前一年度相比授予时点前一年度的复合营业收入增长率不低于30%，且不低于标杆公司同期75分位增长率水平； c）第三次解锁：解锁时点前一年度净资产收益率不低于20%，且不低于标杆公司前一年度75分位水平；解锁时点前一年度相比授予时点前一年度的复合营业收入增长率不低于26%，且不低于标杆公司同期75分位增长率水平

续上表

年　份	解　锁　条　件
2016	a）第一次解锁：解锁时点前一年度净资产收益率不低于20%，且不低于标杆公司前一年度75分位水平；解锁时点前一年度相比授予时点前一年度的复合营业收入增长率不低于25%，且不低于标杆公司同期75分位增长率水平； b）第二次解锁：解锁时点前一年度净资产收益率不低于20%，且不低于标杆公司前一年度75分位水平；解锁时点前一年度相比授予时点前一年度的复合营业收入增长率不低于23%，且不低于标杆公司同期75分位增长率水平； c）第三次解锁：解锁时点前一年度净资产收益率不低于20%，且不低于标杆公司前一年度75分位水平；解锁时点前一年度相比授予时点前一年度的复合营业收入增长率不低于21%，且不低于标杆公司同期75分位增长率水平； d）解锁时点前一年的经济增加值（EVA）需较上一年度有所增长，且高于授予前一年的EVA
2018	a）第一次解锁：解锁时点前一年度净资产收益率不低于20%，且不低于标杆公司前一年度75分位水平；解锁时点前一年度相比授予时点前一年度的复合营业收入增长率不低于20%，且不低于标杆公司同期75分位增长率水平； b）第二次解锁：解锁时点前一年度净资产收益率不低于20%，且不低于标杆公司前一年度75分位水平；解锁时点前一年度相比授予时点前一年度的复合营业收入增长率不低于20%，且不低于标杆公司同期75分位增长率水平； c）第三次解锁：解锁时点前一年度净资产收益率不低于20%，且不低于标杆公司前一年度75分位水平；解锁时点前一年度相比授予时点前一年度的复合营业收入增长率不低于20%，且不低于标杆公司同期75分位增长率水平； d）解锁时点前一年的经济增加值（EVA）需较上一年度有所增长，且高于授予前一年的EVA

由表15－5、表15－6可看出，海康威视4次的股权激励都采用限制性股票的形式，激励对象会根据企业发展过程的变化，解锁条件也会有所不同，表明海康威视没有因为第一期股权激励的成功而照葫芦画瓢，而是因应公司的发展，因应时代的变化，去改变，去完善。

（三）投资者及市场的反应

海康威视公司从2010年上市以来至今分别于2012年、2014年、2016年、2018年推出股权激励方案，总共推出了4期，其中2012年的首期激励方案到2016年末已经全部成功解锁，2014年的第二期激励方案到2017年末也成功解锁两期。因为2012年、2014年推出的激励方案已经成功解锁，所以接下来的重点是研究2012年、2014年推出的方案的市场反应。

从图15－3可看到，异常收益率和累积异常收益率在草案公布之前的两天为负值，在事件日前一天，异常收益率上升并且转为正值，说明海康威视的股权激励计划可能被某些投资机构提前获知，买入了海康威视的股票，在股权激励草案发布当天，异常收益率达到峰值，说明市场对于海康威视的股权激励计划有着正向反应，在窗口日的后两天异常收益率为正值，第三天降为负值，表明市场反应逐步回归正常，累积异常收益率在股权激励草案发布之后三天保持正值，可见投资者对于本次股权激励方案持积极态度。

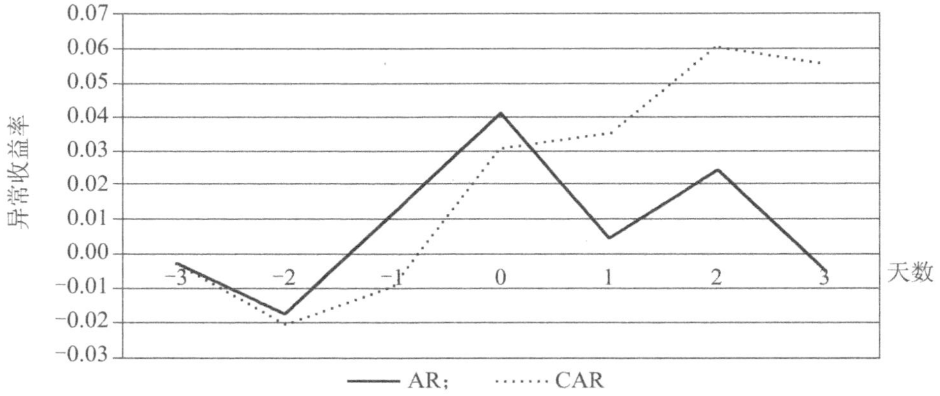

图 15－3　2012 年股权激励投资者反应

从图 15－4 可以看出，2014 年海康威视股权激励的市场反应与 2012 年的相比，最大的区别在于 2014 年的异常收益率在窗口日的前一天达到最大值，对比之前两天的负值，足以说明企业即将公布股权激励草案的消息提前泄露，海康威视的股票价格早已上涨，在窗口日，累积异常收益率达到峰值，之后的三天，累积异常收益率由负转正，说明草案公布的影响力在减弱，市场回归理性，但是累积异常收益率一直为正，充分说明这次股权激励方案得到了投资者的认可。

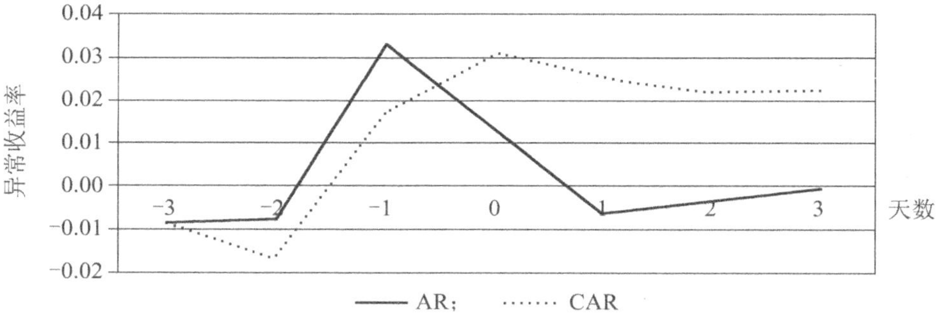

图 15－4　2014 年股权激励投资者反应

四、讨论题目

本案例，应着重讨论以下问题：

1．股权激励有什么种类及各种类分别有什么优劣性？

2．海康威视如何进行股权激励？

3．4 次股权激励有什么异同？原因是什么？

4．海康威视与同行业竞争对手汉威电子的股权激励有什么不同？

五、参考资料

[1] 游春. 股权激励、董事会、TMT 团队与经营绩效——基于中国上市公司的实证分析 [J]. 管理评论，2010 (9)：88-94.

[2] 冯星，陈少华. 股权激励实施效果研究——来自沪深两市上市公司的经验证据 [J]. 现代管理科学，2014 (2)：36-47.

[3] 周嘉南，雷霆. 股权激励影响上市公司权益资本成本吗？ [J]. 管理评论，2014 (3)：39-52.

[4] 章雁. 上市公司股权激励实施效果实证研究——基于 2009 年沪深股市 A 股经验数据 [J]. 中国管理科学，2010 (11)：229-233.

[5] Loderer C, Martin K. Executive Stock Ownership and Performance Tracking Faint Traces [J]. Journal of Financial Economics, 1997, 45 (2)：223-255.

[6] 刘广生，马悦. 中国上市公司实施股权激励的效果 [J]. 中国软科学，2013 (7)：35-44.

[7] Laux V. On the Benefits of Allowing CEOs to Time Their Stock Option Exercises [J]. Journal Economics, 2010, 41 (1)：77-93.

[8] 陈修德，梁彤缨. 管理层激励约束与企业效率 [J]. 华南理工大学学报：社会科学版，2012，14 (5)：11-21.

[9] 林朝颖，黄志刚. 股权激励与创业板上市公司成长——基于生命周期视角的研究 [J]. 管理现代化，2014 (9)：65-74.

[10] Oyer P, Schaefer S. Why do Some Firms Give Stock Options to All Employees? An Empirical Examination of Alternative Theories [J]. Journal of Financial Economics, 2005 (76)：99-133.

[11] John E C, Wayne R. Stock Option Plans for Non-executive Employees [J]. Journal of Financial Economics, 2001, 61 (2)：253-287.

[12] 邵帅，周涛，吕长江. 产权性质与股权激励设计动机——上海家化案例分析 [J]. 会计研究，2014 (10)：43-50.

[案例说明书]

一、本案例要解决的关键问题

本案例要实现的教学目标在于：引导学员深入理解高新技术企业股权激励的现状、种类及股权激励方案的选择。一方面，学员可以了解高新技术企业的特征以及目前我国资本市场上股权激励的基本状况；另一方面，学员可以了解到新《上市公司股权激励方法》的出台以及证券法、公司法的修订对公司股权激励的影响。此外，学员还可以通过海康威视股权激励案例深入思考公司股权激励方案的选择。在此基础之上，进一步关注在相关政策背景下上市公司未来的股权激励方式的选择，并思考如何结合企业实际情况和不同激励方式的优缺点去选择最合适的方式。

二、案例讨论的准备工作

为了有效实现本案例目标，学员应该具备下列相关知识背景。

（一）理论背景

目前，随着我国经济的发展，政府越来越重视创新以及核心知识的作用。为此，高新技术企业的发展也更加受到国家的关注。我国最近几年为了鼓励高新技术企业的发展，制定了很多优惠措施，体现了我国支持企业发展核心知识的决心。但是，企业自身如何发挥吸引力，从企业层面吸引并留住人才，对于高新技术企业来说尤为迫切。因为这种类型的企业技术含量高，后续发展潜力大，对人力资源的依赖程度自然也高。因此，如何激励职工最大限度地为企业发挥价值，同时降低委托－代理成本，是当前高新技术企业开展工作所必须考虑的问题。

（二）行业背景

我国的高新技术企业主要在深圳证券市场的中小板和创业板上市，因为主板市场对上市公司的规模和融资额有较高的要求。中小板定位于具有高成长性以及高科技的中小企业；创业板定位于自主创新企业和其他高成长性创业企业。从定位以及实际情况都可以看出，中小板和创业板是高新技术企业融资的主要渠道，高新技术企业在这两个板块占据了绝大部分的比例，我国创业板在2009年正式成立，截至2017年12月31日在创业板共有364家企业公告了604套股权激励方案（包含后来终止实施的方案），截至2017年创业板公布的股权激励预案数如图15－5所示。我国中小板在2004年正式成立，截至2017年12月31日在中小板共有427家企业公告了636套股权激励方案，如图15－6所示。

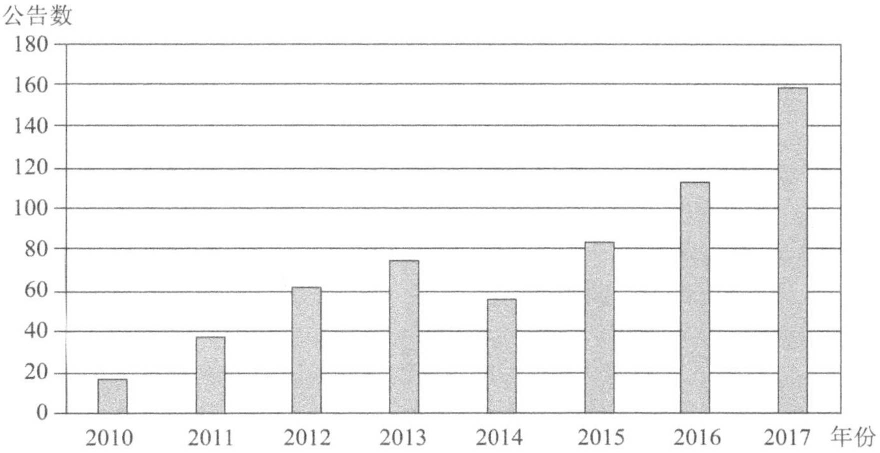

图 15－5　创业板公告股权激励方案情况

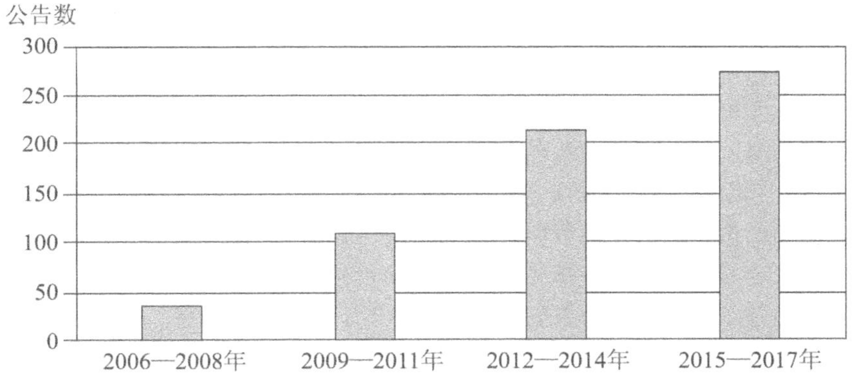

图 15－6　中小板公告股权激励方案情况

三、案例分析要点

（一）需要学员识别的关键问题

关键点在于高新技术企业股权激励方式的选择及优劣势、股权激励方案的设计、流程等，然后结合高新技术企业的特征，对高新技术企业实施股权激励有一个初步的认识。同时以海康威视为例，结合海康威视 4 次股权激励分析海康威视发展之路，引发学员对高新技术企业股权激励道路的思考。

（二）解决问题的可供选择方案及其评价

1. 股权激励有什么种类及各种类分别有什么优劣性？

股权激励种类有股票期权、限制性股票、股票增值权、虚拟股票、延期支付。

（1）股票期权是指企业对符合要求的激励对象赋予将来一定时间内按照事先约定的价格和一定的解锁条件来购买公司股票的权利，约定的行权价格一般会低于当时股票二级市场的价格。其运行机制简单概括为：当激励对象行权时，公司二级市场的股价高于约定的行权价格时，激励对象就会选择行权购买公司的股票以此来获得相应的利益差价而获利；相反，若行权时公司在二级市场的股价低于约定的行权价格，这种激励也就失去了原本存在的意义，这时，激励对象当然不会选择行使购买权。但是，这种模式的运行基础对市场的有效性要求较高，需要市场能准确反映公司价值的增减情况。

由此可见，股票期权的优点主要体现在可以把公司的激励对象与所有者的利益进行结合。这样被激励对象就会更多地为公司的未来发展考虑，可以在一定程度上减少公司管理者的短视行为，实现公司利益的最大化。另外，这种模式，企业没有现金支出，还可以减少公司的工资成本。对于激励对象来说，可以锁定他们的风险，如果不行权的话并没有什么损失。其缺点体现在，这种方式对资本市场保证获取收益的条件是他们的有效性要求很高，获授者要保证激励后增加的努力确实能够改善企业的业绩并在二级市场上得到反映。

（2）限制性股票是指企业为了实现相应的目的，事先约定以较低的价格或者无偿的方式将一定数量的股票售予或赠送给被激励对象，但在授予时公司会约定这些股票的很多权益是受到限制的。大多数企业首先会对被激励对象服务期限设限，达不到相应的工作年限就无法进行解锁，如果离职的话就算已经解锁的股票也会被收回，只有超过相应的服务期限，被激励者才能完全获得这些股票相应的权利；还有一个业绩的限制，只有达到约定的账面业绩指标才可以进行解锁获得相应的股票权利。

股票期权与限制性股票最重要的区别在于，对于限制性股票而言，被激励对象已实际获得、但处置受到期限限制的股票，而股票期权则是预期收益的权利。相比于按照二级市场的价格进行相应折扣的限制性股票，激励对象由于需要付出一定的本金，因此当激励失效时需要承受一定的风险，但一般来说这个折扣价格比市场价格会低很多，这种风险并不大，无偿授予的限制性股票则不存在这种风险。相比于限制性股票，期权最大的风险就是股票市场价格低于约定的行权价格，从而变成一张废纸，但是一旦市场存在获利的空间，其回报率会是令人满意的。

限制性股票的优点主要体现在可以较好地达到留住人才的目的，因为限制性股票一般有解锁期限的限制，若在这一期限内离开公司，则其已经成功解锁的股票也会被企业收回。此外，对于激励对象来说，现金支出压力较小。其缺点是对于限制性股票，国家的相关规定中明确规定了被激励获授股票的要设置相应的业绩条件，业绩目标和股价的科学确定比较困难，可能过易或者过难，不易于实现激励的目标。此外，激励对象会拥有实际股票，享有所有权，公司难以对激励对象形成一定的约束。

（3）股票增值权是授予激励对象获得股票价格上涨收益的权利，但并不能获得这些股票的所有权，自然也不拥有相应的股东权益比如表决、配股、分红等。其核心是以公司股票在二级市场上价格的上涨带给激励对象相应的收益。

股票增值权的优点是操作程序简单，便于操作，由于并不会导致股权的实际变动，因此企业无须过多考虑标的股票来源的问题。但是公司给被激励对象支付的增值收益要从税后利润中提取，这将导致公司的付现压力较大。

（4）虚拟股票。根据字面意思可知，这并不是真正的股票。被激励对象不必支付相应对价，他们所获得的是股票的分红权，对企业的每年剩余价值具有索取权，其他相应的股东权利比如表决所、所有权、处置权等则无法获得。将企业利润与自身收益相结合，能够极大地激发被激励对象为企业的发展而效力，从而促进企业的发展。但是，这种方式与股票增值权一样，对企业现金流的充足度要求较高，成本也比较大。

（5）延期支付。企业将激励对象的部分薪酬（比如年度奖金、津贴）按照约定当日企业在股票二级市场上的价格换算为股票，存入企业为此设立的账户。在约定期满后，以股票或者当时的股价折算为现金支付给被激励对象。采用这种方式，被激励对象承受的最大风险就是当股票价格下跌时，被激励对象可能得不到任何收益，但当股票价格上涨时就可以带来相应的收益。这种方式有效地将个人收益与公司的业绩建立起紧密关系。

股权激励机制对企业的发展起到了举足轻重的作用，企业在选择时应当结合企业的具体情况，理性思考企业所处的发展阶段，对现金流和股权结构等的要求，既面向未来又兼顾历史，通过激励模式和约束条件的结合引导激励对象将个人利益与集体利益相结合。

2. 海康威视如何进行股权激励？

具体基本情况如表 15 - 5 所示，解锁条件如表 15 - 6 所示。

3. 4 次股权激励有什么异同？原因是什么？

（1）2016—2018 年解锁条件中加入经济增加值的考核。

EVA 指标作为一种衡量企业真正盈利的指标，体现企业最终经营目标，从股东角度衡量公司的资本使用效率和价值创造能力，因为在业绩评价过程中对权益资本成本的计量更为合理，所以有效规避了可能由资本成本计量失误造成的盲目投资，避免了传统财务指标的弊端，更加准确地衡量企业业绩，促进企业长期、全面发展。

（2）激励人数逐次上涨，且上涨幅度较大。

从激励对象的构成来看，2012 年的主要激励对象是业务骨干和中层管理人员，因为 2012 年时海康威视上市才两年，正是企业高速发展、业务大规模扩张之际，股权激励的目的就是为了使公司保持增长势头。对关键员工的激励有利于公司战略目标的实现，公司的总人数有 8 074 人，激励对象总人数有 620 人，按比例计算的话，股权激励的人员较少，所选取的对象为对公司战略实现产生影响的核心人员，因为这些人员具有一定的影响力和不可替代性。激励对象的选取符合公司的发展阶段和国家的相关法律规定。

2014 年的股权激励对象数量比 2012 年增加了将近 1 倍，共有 1 161 人。其中最大的一个区别是 2014 年的股权激励对象中包括了高层管理人员 10 人，因为在 2014 年海康威视已经上市 4 年，经历了 2012 年、2013 年的高速发展，进入了更为成熟的发展阶段，企业的规模在行业内数一数二，净资产和净利润在行业里名列前茅，这时对能给企业的战略决策、发展方向产生重大影响的高层管理人员进行激励有利于企业保持管理结构稳定，促进企业的业绩增长；并且 10 名高层管理者获授的股数低于中层管理者，总共占总股本的比例为 0.02%，高层管理者通过股权激励谋取私利的可能性较低。此外，本次股权激励包括了基层管理人员和核心骨干员工，这两部分人员占到了全部授予对象的 97.6%，对比 2012 年的 65%，这次股权激励更加重视对基层人员的激励，以吸引基层骨干员工为企业创造价值为目的。

2016 年和 2018 年，激励人数分别为 2 990 人和 6 514 人，基层人员的激励比例占到更高的份额，是因为企业经过多年的发展，规模较大，且发展模式、战略已成熟，需要更多地激励基层工作人员，可见经过过去几次的股权激励后，海康威视的人员规模、股权激励方案的成熟程度都得到了很大提升。

（3）一直使用限制性股票作为激励方式的原因。

海康威视4次股权激励的模式均为限制性股票模式。目前，我国上市公司使用最多的股权激励模式为股票期权和限制性股票两大类，可以说这两种股权激励模式各占据着半壁江山。首先，从限制性股票和股票期权的含义中，我们可以看出，股票期权需要激励对象出资购买公司股票，而限制性股票不需要激励对象自己出资。这对于海康威视4次股权激励的主要激励对象是业务骨干、核心技术员工的群体来说，使用限制性股票模式，对激励对象的个人财务压力较小。股票期权模式更加适用于有一定经济实力的高管人群等，例如，同行业中的长园集团选择的激励模式是股票期权模式，其主要激励对象是董事、高管及核心技术人员中有一定经济实力的员工。其次，从限制性股票和股票期权的优缺点可以看到，在股票期权模式中，由于事先只是赋予激励对象一定的权利，缺乏相应的约束条件，容易导致激励对象为了获益而片面追求股价提升，忽视企业的长远发展，造成企业的严重损失。对于海康威视这种专注于企业可持续发展的高科技上市公司来说，显然是不适合的。而在限制性股票模式中，这种风险是不存在的。综上因素，相比于股票期权模式，海康威视股权激励选择限制性股票模式更为适合。

4. 海康威视与同行业竞争对手汉威电子的股权激励有什么不同？

（1）股权激励模式较汉威电子模式更适合企业发展。

海康威视推出的股权激励模式为限制性股票模式。相比于汉威电子推出的期权模式，海康威视更倾向于限制性股票。按照相关法规的要求，对于股票期权，要求被激励对象确实出资进行购买，而限制性股票可以是被激励者低价购买或者是无偿获赠的方式。海康威视推出的限制性股票采用的是第二种方式，即无偿获赠。海康威视股权激励对象不包括高管，全部为中层管理人员和业务骨干等，对于这部分群体，可能并没有足够的可支配现金，所以对他们来说，采用无偿获赠限制性股票的模式，财务压力也应该比较小。相比于汉威电子的期权模式，海康威视的限制性股票模式更加适应企业自身激励对象的设定情况。此外，从限制性股票和股票期权的优缺点可以看到，在股票期权模式中，由于事先只是赋予激励对象一定的权利，缺乏相应的约束条件，容易导致激励对象为了获益而片面追求股价提升，忽视企业的长远发展，造成企业的严重损失；而采用限制性股票模式时，因为方案推出之前会设置相应的约束机制包括服务期限的限制等，使得管理层受到的制约会更多，企业的风险就会被缩减。

综上因素，海康威视股权激励选择限制性股票模式更加适合企业自身的发展，也是企业制定方案时经过多方权衡的结果。

（2）激励对象范围较汉威电子更具有针对性。

海康威视的员工在2012年有8 000多人，2015年已经达到15 000多人，截至2017年底已经达到26 000多人，可以看出海康威视规模发展快、增长潜力巨大。在2012年推出的股权激励计划中激励对象不包括高级管理层，因为2010年海康威视刚刚入驻中小板，2012年海康威视此时正处于高速发展阶段，更需要对公司的核心竞争力做出贡献的员工提供相应激励，因此，海康威视的这次股权激励计划的主要激励人群设定为业务骨干。其次，截至2012年底，海康威视及其全资子公司在职员工总数8 000多人，本次股权激励共授予对象620人，相较于公司全体职工人数而言，此次股权激励对象人数不多。此外，海康威视首期股权激励数量占总股本的比例为0.46%，与10%的最高要求相距较远，这也说明，海康威视此次激励的效果可能不是很突出。

（3）有效期限长，有利于公司的长远发展，较汉威电子目标更长远。海康威视三次股权激励有效期均达到了我国法律相关条款的上限，这也是我国唯一一个三次实行股权激励政策都选择最长期限10年作为有效期的企业。对于海康威视这种科技型公司，公司员工偏向年轻化，其主要激励对象为基层管理人员和核心骨干员工，10年的有效期可以增加其与公司的关联性，降低员工离职的可能性；并且，对于这种科技型企业而言，较注重研发的持续性以及其转化为成果的能力，设置较长的有效期可以在一定程度上保证研发的质量。从海康威视10年有效期的设定可以看出，董事会激励的目的是为了企业的长远发展。而汉威电子4年的有效期，对于其激励对象激励时效短，其方案的设计动机可能有一定的福利性。

（4）行权条件符合法规要求，较汉威电子的设计更为全面。

海康威视属于国有控股公司，根据国资委的相关文件，国有控股上市公司推出股权激励方案时要建立完善的业绩考核体系和办法。海康威视的业绩评价指标只包含以净资产收益率为代表的反映股东回报和以营业收入增长率为代表的反映公司盈利能力及市场价值的指标，但是缺少反映企业收益质量的相关指标，如运营指数等，从这方面看来业绩考核指标还不够完善。但是，海康威视在解锁要求上设立了与同行业的对比要求，是具有创新性以及有效性的一点，有利于股权激励制度真正发挥作用。汉威电子在设置解锁条件时，仅要求了账面短期业绩指标，也未设置行业之间的比较，容易导致企业管理人员追求短期利益而损害企业。

四、案例后续发展

（1）海康威视股权激励以来财务绩效的变化如表15－7所示。

表15－7　海康威视股权激励以来财务绩效的变化

年　份	2012	2014	2016	2018
速动比率/%	4.11	2.75	2.70	1.94
总资产周转率/次	0.76	0.97	0.89	0.87
净资产收益率/%	27.70	36.27	34.56	33.99
净利润/亿元	21.4	46.7	74.2	114
净利润增长率/%	44.28	52.13	26.46	20.4

从表15－7可看出，股权激励计划实施以来，海康威视的净利润一直在大幅上升，工作人员以企业业绩上升为主要目标，股权激励能起到预期作用。

（2）海康威视股权激励以来人员流动的变化。

海康威视员工总数从2012年的8 074人增至2015年的15 222人，再到2018年的34 392人，仅仅3年时间，员工总数就增加了将近2倍（图15－7），可以看出海康威视规模发展之快。从其员工构成来看，首先，研发人员从人数和人员占比来看，始终保持着第一名的位置，人数从2012年的3 450人增加至2015年的7 181人，增加了2倍多，人员占比从2012年的42.73%增长至2015年的47.17%，将近总人数的一半。这些数据说明海康威视对科研的高度重视，这么一家重科研的公司，其核心技术员工也自然被海康威视列为股权激励的重点激励对象。其次，营销人员的增长速度是所有人员结构中增长最快的，从2012年的888人增长至2015年的3554人，增长了4倍之多。营销人员的快速增长，充分说明海康威视的生产规模和产品在快速增长，需要更多的营销人员予以支持，其业务骨干也是海康威视进行激励的重点激励对象。最后，管理人员和职能人员的人数保持稳定，生产人员随着机械自动化的发展而有所减少，但始终保持在20%以上的人员占比。

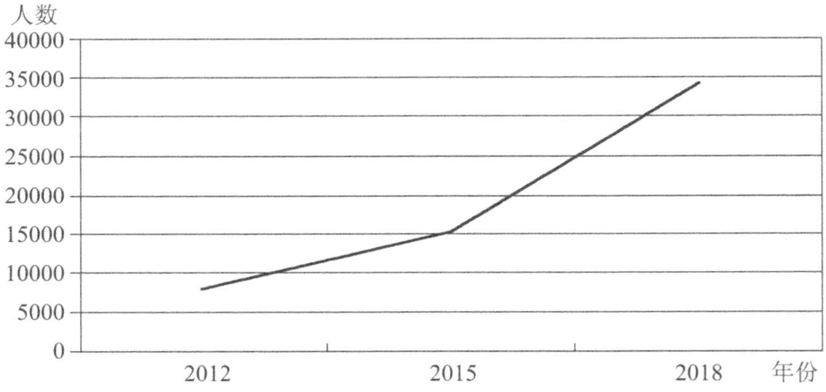

图15－7　海康威视工作人员数量变化

五、分析思路

分析思路如图15－8所示。

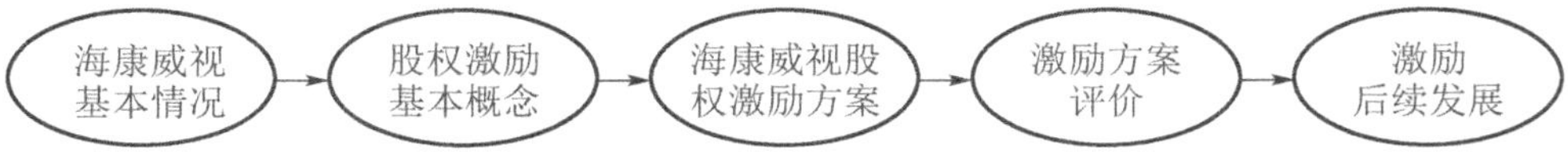

图15－8　分析思路

注：本图由作者整理而得。

六、教学组织方式

（一）问题清单及提问顺序、资料发放顺序

本案例讨论题目依次为：

1. 股权激励有什么种类及各种类分别有什么优劣性？
2. 海康威视如何进行股权激励？
3. 四次股权激励有什么异同？原因是什么？
4. 海康威视与同行业竞争对手汉威电子的股权激励有什么不同？

（二）课时分配

本案例可以按照如下的课堂计划进行分析和讨论，仅供参考。可根据具体情况调整时间或略去其中某一部分，整个案例课的课堂时间控制在 90 分钟左右。

（1）课前准备：提前发放案例正文和思考问题，请学生在课前完成阅读和初步思考，并了解高新技术企业、海康威视基本情况、股权激励等。另外，请班长对班内学生进行合理的分组。

（2）课堂计划：教师简要介绍案例及主题，约 5 分钟；案例故事回顾：采用随机提问方式对案例故事进行回顾，为下一步讨论打好基础，约 10 分钟；案例分析与讨论：按照研究问题的顺序逐个提出问题，学生以小组方式选一名发言人进行抢答，每个问题的讨论控制在 10 ～ 15 分钟，总共约 60 分钟；教师进行案例总结：教师对整个案例以及问题、学生的讨论进行一个全面的概括总结，约 15 分钟。

（3）课后计划：以本案例为基础，关注其他同行业公司，进一步对比分析，并请每位学生撰写案例讨论心得，约 1000 字。

（三）讨论方式

本案例可以采用小组式进行讨论。

（四）课堂讨论总结

课堂讨论总结的关键是：归纳发言者的主要观点；重申其重点及亮点；提醒大家对焦点问题或争议观点进行进一步思考；建议大家对案例素材进行扩展研究和深入分析。

案例 16

上市公司商誉减值风险探索——以天神娱乐为例*

* 1. 本案例由广东工业大学管理学院的张军波、余博佳、杨添、姚琦馨撰写，作者拥有著作权中的署名权、修改权、改编权。
2. 本案例授权广东工业大学产教融合 MPAcc 教学智库实验平台使用，广东工业大学产教融合 MPAcc 教学智库实验平台享有复制权、修改权、发表权、发行权、信息网络传播权、改编权、汇编权和翻译权。
3. 由于企业保密的要求，在本案例中对有关名称、数据等做了必要的掩饰性处理。
4. 本案例只供课堂讨论之用，并无意暗示或说明某种管理行为是否有效。

[案例封面]

专业领域： 财务会计

适用课程： 财务会计理论与实务

选用课程： 财务会计理论与实务

编写目的： 本案例旨在通过介绍天神娱乐一系列的并购活动，引导学员了解商誉形成的原因，分析商誉减值风险影响因素，并对天神娱乐在2018年产生巨额商誉减值进行介绍及原因分析，帮助学员对商誉减值有进一步的了解，并在了解商誉减值原因的基础上懂得如何在并购活动后预防商誉减值。

知 识 点： 企业并购；商誉；商誉减值

关 键 词： 天神娱乐；企业并购；风险防范

中文摘要： 时代的发展和政策的利好使得现代企业掀起了一轮又一轮的合并浪潮，越来越多的并购交易活动呈现高溢价的状态。高溢价并购带来了高额商誉累积，也带来了更高的商誉减值风险。商誉减值成了资本市场上的黑天鹅，多家公司因为商誉减值而导致公司亏损。在这样的背景下，更加突出了商誉研究的重要性。本文选取了一家游戏行业的上市公司天神娱乐，介绍其从2015年开始的一系列并购活动以及如今该公司的商誉及商誉减值状况，分析其2018年发生大额商誉减值的各种原因。本文对于商誉减值部分的阐述在一定程度上有助于加深上市公司对商誉减值风险的理解，从而能够帮助上市公司更加准确识别商誉减值的风险，与此同时，本文还着重分析其并购过程中面临的商誉减值风险以及过后出现大额商誉减值的原因，据此提出相应的风险防范措施，从而为企业的并购风险管理与规避提供思考和应用的方向。

[案例正文]

一、案例背景

2018 年对于上市公司而言注定是不平凡的一年，众多上市公司踩中“地雷”并引发资产减值损失、坏账损失等问题。2018 年 11 月 16 日，中国证券监督管理委员会发布《会计监管风险提示第 8 号——商誉减值》，旨在提醒上市公司以及相关第三方机构谨慎并合理防范和处理商誉后续计量环节的有关会计监管风险。近年来，我国资本市场企业并购现象频发，导致商誉不断累积。2014—2018 年我国上市公司商誉和商誉减值逐年攀升，其中商誉年平均增长 31.44% 且 2018 年商誉泡沫高达 13 076 亿元，累积数量令人震惊；而商誉减值年平均增长 128.61% 且 2018 年较 2014 年增长了 61.44 倍，增长速度相当罕见，如表 16-1 所示。面对这浮躁的资本市场，如何消除商誉泡沫和防范商誉减值累积变为“地雷”，对于上市公司而言具有重要的现实意义。

表 16-1　2014—2018 年上市公司商誉和商誉减值统计结果

年份	2014	2015	2016	2017	2018
商誉/亿元	3 333	6 541	10 530	13 036	13 076
商誉减值/亿元	27	79	114	367	1659

二、案例介绍

（一）天神娱乐简介

大连天神娱乐股份有限公司（股票代码：002354）成立于 2010 年，是一家业务覆盖游戏、应用分发平台、广告、影视产业的泛娱乐产业集团。

天神娱乐集团前身为北京天神互动科技有限公司，于 2014 年借壳上市而现身于 A 股市场，之后更名为大连天神娱乐股份有限公司。

在创立之初借《傲剑》进入端游与手游之外的页游这一空白的细分市场。其创始人朱晔（天神娱乐前董事长兼总经理）称，公司启动资金 300 万元，但《傲剑》上市一周年，其同时在线用户数超过 10 万，月营收稳定在 4 000 万元左右，并创下了国产页游首个突破千服大关（服务器总数突破 1 000 组）的记录，其单月最高营收曾突破 8 000 万元。之后，天神娱乐又陆续上线《飞天》《天神传奇》《武动乾坤 2D》《傲剑 2》。

随着“低头族”的出现，手游市场迅速膨胀，页游度过了属于自己的黄金发育期。但正是这极短黄金期，随着《傲剑》和《飞天》的成功，天神互动迅速完成资本原始积累，也一度成就了其页游老大的地位。

2014 年，成立 4 年之后的天神互动通过科冕木业在深圳中小板借壳上市，不久科冕木业更名天神娱乐。随后，朱晔以百亿代价将爱思助手、Avazu、雷尚科技、妙趣横生、一花科技、合润传媒、幻想悦游及嘉兴乐玩等纳入旗下，其参投公司更是不胜枚举。即便经历 2015 年股灾，天神娱乐股价和市值依然一路飙升，2015 年 12 月其总市值达到近 350 亿元的顶峰！也正是在这一年，朱晔因自掏腰包花费 234 万美元与股神巴菲特共进午餐而名噪一时，而2016年，他又以创业导师身份参加北京电视台创业真人秀《寻找独角兽》，成为投资界的风云人物。

（二）天神娱乐商誉形成梳理

根据《企业会计准则第20号——企业合并》《企业会计准则第6号——无形资产》及其应用指南，商誉是指企业合并成本大于合并取得被购买方各项可辨认资产、负债公允价值份额的差额。根据天神娱乐年度财务报告，2015—2017年，天神娱乐并购活动频繁，其中不乏溢价并购，在这期间，天神娱乐完成8起并购，共产生约84.5亿元商誉。

（1）天神娱乐的全资子公司北京天神互动科技有限公司（以下简称“天神互动”）分两次收购北京妙趣横生网络科技有限公司（以下简称“妙趣横生”）：2014年8月以3 100万元取得妙趣横生5%的股权；2015年10月，收购剩余95%的股权，两次收购的成本总计6.2亿元，共产生商誉约5.04亿元。

（2）2015年2月，天神娱乐支付6亿元现金收购深圳为爱普信息技术有限公司100%股权，产生商誉约4.93亿元。

（3）2015年10月，天神娱乐以现金和股份的方式支付8.8亿元，收购雷尚（北京）科技有限公司100%的股权，产生商誉约7.83亿元。

（4）2015年10月，天神娱乐以0.1亿元现金收购上海麦橙网络科技有限公司（以下简称“上海麦橙”）100%的股权，又以发行股份和现金支付的方式，以20.7亿元取得Avazu 100%的股权，二者的合并成本超过可辨认净资产公允价值的10倍，共产生商誉约18.85亿元。

（5）2016年10月，天神互动以9.86亿元现金收购深圳市一花科技有限公司100%的股权，产生商誉约9.02亿元。

（6）2017年1月，天神娱乐以发行股份和支付现金相结合的方式，购买北京幻想悦游网络科技有限公司93.5417%的股权，合并成本为34.17亿元，共产生商誉约29.28亿元。

（7）2017年1月，天神娱乐以股份和现金的方式支付7.42亿元，收购北京合润德堂文化传媒有限责任公司96.36%的股权，产生商誉约5.2亿元。

（8）2017年2月，天神娱乐以现金的方式购买嘉兴乐玩网络科技有限公司42%的股权，共支付4.69亿元，产生商誉约4.36亿元。

综上，天神娱乐有关非同一控制下企业合并产生商誉的情况如表16－2所示。

表16－2　2015—2017年天神娱乐情况统计表

被并购方	并购年份	购买日可辨认净资产公允价值/万元	并购成本/万元			商誉/万元
			现金对价	股份对价	总对价	
Avazu 上海麦橙	2015	19 484.05	53 599.00	154 401.00	208 000.00	188 515.95
雷尚科技	2015	9 737.68	22 000.00	66 000.00	88 000.00	78 262.32
为爱普	2015	11 635.34	60 000.00	—	60 000.00	49 303.73
妙趣横生	2015	10 696.27	3 500.00	58 500.00	62 000.00	50 364.66

续上表

被并购方	并购年份	购买日可辨认净资产公允价值	并购成本			商誉
			现金对价	股份对价	总对价	
一花科技	2016	8 404. 25	98 600. 00	—	98 600. 00	90 195. 75
合润传媒	2017	48 860. 55	35 875. 04	38 324. 96	74 200. 00	52 016. 30
幻想悦游	2017	22 183. 70	171 125. 83	170 525. 88	341 651. 71	292 791. 16
嘉兴乐玩	2017	3 265. 19	46 882. 50	—	46 882. 50	43 617. 31

三、商誉减值风险及形成原因的探索

（一）商誉减值风险

1. 交易标的溢价过高的风险

由表 16 - 3 可以看出，天神娱乐在 2015—2017 年的 8 起并购活动中，每次并购活动产生的商誉占合并成本的比例均超过了 70%，且大部分超过了 80%，有的甚至超过了 90%，这已经足以看出每次并购的溢价程度非常高。并购过程中，评估标的资产价格主要采用基于未来盈利预测的收益法。而高溢价的产生主要是并购企业对被并购方前景的普遍看好，因此，虽然采用收益法评估是基于历史经营情况和行业发展速度等综合考虑进行谨慎预测，但还是有可能对企业未来的盈利能力做出过于乐观的估计，一旦被并购方所处行业产生发展放缓、市场竞争加剧等变化，便很可能出现被并购标的的盈利达不到预期，从而使交易标的的实际价值低于评估价值，引起商誉减值。特别是对于高额的溢价，一旦盈利达不到预期，便会出现大额的商誉减值。

表 16 - 3　2015—2017 年天神娱乐并购产生商誉占合并成本比例的情况

被并购企业名称	商誉账面原值/万元	商誉占合并成本比例/%
北京妙趣横生网络科技有限公司	50 364. 66	81. 23
深圳为爱普信息技术有限公司	49 303. 73	82. 17
雷尚（北京）科技有限公司	78 262. 32	88. 93
Avazu 和上海麦橙网络科技有限公司	188 515. 95	90. 63
深圳市一花科技有限公司	90 195. 75	91. 48
北京幻想悦游网络科技有限公司	292 791. 16	85. 70
北京合润德堂文化传媒有限责任公司	52 016. 30	70. 10
嘉兴乐玩网络科技有限公司	43 617. 31	93. 04

2. 交易标的业绩承诺无法实现以及业绩补偿承诺发生违约的风险

由于天神娱乐这几次并购对交易标的的评估主要依赖于收益法的评估结果，即对交易标的未来各年的净利润、现金流净额进行预测，从而得到截至评估基准日的评估结果。交易标的所处的网络游戏行业和互联网广告行业发展较快，市场规模快速扩张，交易标的在行业内具有较强的实力，未来发展前景可期。相关交易对方均对交易标的的未来业绩进行了承诺，若届时行业发展放缓或企业经营状况发生较大改变，交易标的可能发生业绩承诺无法实现的风险。而与此同时，公司在这些并购活动的过程中，对价的支付进程较快。在业绩补偿期的后半段，若交易标的无法实现其承诺业绩，将可能出现公司未解锁的对价合计低于交易对方应补偿金额之情形。上述情况出现后，某一交易对方存在拒绝依照《重组协议》的约定履行业绩补偿承诺的可能性。因此，本次交易存在业绩补偿承诺实施违约的风险。

3. 游戏行业发展放缓的风险

近年来随着3G、4G、Wifi覆盖面的不断扩大，移动互联网快速发展，智能移动终端迅速普及、功能不断强大，支付方式更加便捷，人们娱乐消费观念也在转变，移动网游行业快速发展的市场基础已基本确立，行业进入了高速增长的阶段。对于天神娱乐并购的妙趣横生、雷尚科技、一花科技以及幻想悦游这几家游戏公司而言，行业的快速发展为企业的成长提供了坚实的保障。但是，网络游戏行业的增长速度仍然受到一系列不确定因素的影响，这些因素包括但不限于：个人电脑、移动手机、互联网基础设施、移动通信设施等在中国和海外市场的普及程度，网络游戏目标市场容量、游戏玩家的支付能力、当地经济发展状况、产业政策的支持力度等，以上各项指标的增长速度放缓可能影响网络游戏行业的增长速度。若未来支撑行业高速发展的因素发生不利变化，网络游戏行业的整体增长速度放缓，则存在影响其未来经营成果的风险。

4. 市场竞争加剧的风险

近年来，移动网游的消费需求旺盛，市场规模快速扩张，具备良好的盈利空间。但随着市场的盈利空间被逐步打开，市场潜能被进一步释放，更多的主体试图进入到这一领域之中，届时市场的竞争状况将会更加激烈。虽然在并购时，天神娱乐并购的几家公司在自己所处的行业中均拥有较大的优势，然而，如果在后续的发展过程中未能保持或进一步提高自身的市场份额，可能致使其在激烈的市场竞争中出现市场份额下滑的情况，将会对并购标的的发展空间产生不利影响。从而引发商誉减值的风险。

5. 核心人员流失的风险

作为自主研发的网络游戏企业，拥有稳定、高素质的游戏开发人才队伍是游戏企业保持技术领先优势的重要保障。随着移动终端系统不断升级、功能不断加强，市场对移动游戏的要求不断升级、更新以保持对用户的持续吸引，进而巩固和提高其游戏服务品质和市场地位。

天神娱乐并购的游戏企业拥有稳定、高素质的研发团队，其开发的一系列游戏均拥有雄厚的用户基础。但若并购标的不能有效维持核心人员的激励机制并根据环境变化而持续完善，将会影响核心人员的积极性、创造性的发挥，甚至造成核心人员的流失。同时，若被并购企业不能从外部引进并保留与其发展所需密切相关的技术及运营人才，则将无法持续有效地研发出高质量的游戏，进而对其经营运作、发展空间及盈利水平造成不利的影响。

6. 游戏产品内容可能不符合现行监管法规的风险

文化部为加强网络游戏管理，规范网络游戏经营秩序，维护网络游戏行业的健康发展，在2010年出台了《网络游戏管理暂行办法》。该办法中不仅对从事网络游戏运营企

（二）截至 2018 年商誉减值情况

根据天神娱乐披露的相关数据，公司 2014 年和 2015 年均未计提商誉减值准备。2016 年，经北京国融兴华资产评估有限责任公司的减值测试，天神娱乐的子公司 Avazu 和上海麦橙共计提商誉减值准备 1 364.96 万元，其余子公司的商誉均未发生减值。2017 年，天神娱乐聘请北京北方亚事资产评估事务所（特殊普通合伙）对与并购相关的子公司的相关资产组的可回收金额进行评估，根据评估结果，对妙趣横生计提商誉减值准备 3 037.89 万元；另外，2017 年 6 月，天神娱乐以全资子公司 Avazu 100% 股权作价人民币 221 500 万元，出资 DotC United.，获得后者 30.58% 的股权，因此，需要将非同一控制企业 Avazu 的合并商誉金额 188 515.95 万元全部转出；其余相关合并均未计提商誉减值。2018 年天神娱乐经过减值测试，计提商誉减值准备 481 401.68 万元。如表 16 – 4 所示，天神娱乐对商誉减值的处理，从几乎未确认减值，变为 2018 年突然确认巨额减值。具体各子公司的减值情况如表 16 – 5 所示。

表 16 – 4　2015—2018 年天神娱乐的商誉减值情况

年份	2015	2016	2017	2018
商誉减值准备/万元	0	1 364.96	1 672.93	481 401.68
商誉减值准备占商誉账面余额的比重/%	0	0.30	0.26	70.82

表 16 – 5　子公司具体情况

被合并企业名称	并购时点商誉确认金额/万元	2018 年商誉减值准备/万元	计提比例/%	业绩承诺期	完成情况
北京妙趣横生网络科技有限公司	50 364.66	45 703.36	90.74	2014—2016	完成
深圳为爱普信息技术有限公司	49 303.73	0	0.00	2014—2016	完成
雷尚（北京）科技有限公司	78 262.32	78 262.32	100.00	2015—2017	完成
深圳市一花科技有限公司	90 195.75	90 013.04	99.80	2016—2019	2018 年未完成
北京幻想悦游网络科技有限公司	292 791.16	292 791.16	100.00	2016—2018	2018 年未完成
北京合润德堂文化传媒有限责任公司	52 016.30	52 016.30	100.00	2016—2018	2016 年、2018 年未完成
嘉兴乐玩网络科技有限公司	43 617.31	43 617.31	100.00	无	

从表16－5中可以看出，天神娱乐2015—2017年并购的8家公司，除了在2017年出售的Avazu和上海麦橙网络科技有限公司，其余7家子公司在2018年均计提了大额的商誉减值准备，计提比例均接近惊人的100%。

最终，由于2018年天神娱乐计提了大量的商誉减值准备，天神娱乐2018年报预告显示，由于43亿元商誉减值影响，公司业绩预亏73亿～78亿元，且预告发布之后还曾多次下调盈利指标，为市场传达了强烈的消极信号。4月30日，天神娱乐2018年度报告正式发布，其全年实现营业收入26亿元，但因资产减值损失增长幅度高达6642.5%，归属母公司的净利润最终为－71.5亿元，亏损额度接近营收的3倍。

（三）商誉减值原因分析

1. 高溢价导致商誉减值

天神娱乐从2014年开始的一系列并购活动，每次并购活动产生的商誉占合并成本的比例均超过了70%，且大部分超过了80%，有的甚至超过了90%，每次并购的溢价程度非常高。一般对于高溢价并购的背后是并购方对被并购企业前景的看好。然而，从表16－5可以看出，虽然最初并购的北京妙趣横生网络科技有限公司、深圳为爱普信息技术有限公司、雷尚（北京）科技有限公司都完成了业绩承诺，但是，随后并购的深圳市一花科技有限公司、北京幻想悦游网络科技有限公司、北京合润德堂文化传媒有限责任公司这3家企业均出现承诺业绩未达标的情况，这使得天神娱乐要重新评估各子公司的商誉的减值。综上分析，天神娱乐在并购过程中可能存在过度高估被并购企业的价值，这也可能是直接导致企业发生商誉减值的原因。

2. 对并购标的的行业发展前景过于乐观

对于3家完成了承诺业绩的公司，虽然完成了业绩，但是在完成业绩之后，业绩开始下滑，在2018年也几乎全额计提了商誉减值，天神娱乐发布的公告显示，此次公司发生大额商誉减值的原因主要是：①近年来游戏行业人口红利消失、行业增速下滑、市场竞争日趋激烈，同时，由于各游戏子公司过分依赖少数重点产品，产品单一又缺少新开发产品，而存量运营的游戏，部分受生命周期、移动游戏市场份额挤压等影响，致使运营流水下滑，最终导致了多家游戏子公司的巨额商誉减值。②对于新媒体产业，如合润德堂传媒公司，受娱乐圈补税、天价片酬治理影响，以及部分艺人丑闻曝光等社会负面影响，部分艺人主观减少曝光率，广告切入机会减少，整体广告业务受到不利影响；同时，受“限古令”等不利政策影响，电视剧播放审查严格，导致电视剧广告植入市场容量缩水，合润传媒电视剧广告业务受到不利影响。

天神娱乐的商誉发生大额减值的另外一个原因源于并购之时对各公司所处行业未来发展的预测的错误判断，对所处行业过于乐观，以及对外部市场变化无法做出有效的应对措施。

四、讨论题目

1. 天神娱乐巨额商誉是如何产生的?
2. 天神娱乐并购过程中产生的高溢价是否合理?

3. 天神娱乐在2018年产生巨额商誉减值的原因是什么？
4. 如何降低企业在并购过程中产生商誉减值风险？

五、参考资料

[1] 龚雄武．天神娱乐商誉“雪崩”[J]．经理人，2019（04）：52－57.
[2] 胡凡，李科．股价高估与商誉减值风险[J]．财经研究，2019，45（06）：71－85.
[3] 王湘鹏．商誉减值风险及防范探究[J]．黑龙江科学，2019，10（07）：106－107.
[4] 颜雅晴．企业合并商誉减值问题研究[D]．上海：上海国家会计学院，2018.
[5] 孟荣芳．上市公司并购重组商誉减值风险探析[J]．会计之友，2017（02）：86－89.

[案例说明书]

一、本案例关键问题

本案例的教学目标：本案例主要通过对天神娱乐从2014年之后的一系列并购活动进行详细描述，引出天神娱乐产生巨额商誉的过程，让学生进一步了解商誉形成的方式，并分析其在并购中可能产生的商誉减值风险，找出其在2018年出现巨额商誉减值的原因。希望本案例可以教会学员如何在今后企业并购活动中识别商誉减值的风险，从而采取一定的措施去降低商誉减值的风险。

二、案例讨论的准备工作

为实现本案例的教学目标，学员应在案例讨论前通过预发资料了解以下的相关知识背景 。

（一）理论背景

1. 商誉的本质

在16世纪中后期，由于商业上的需要，有了商誉这样的词语。当时商业上对它的定义是“企业经营活动中能够取得的所有有利条件”，当时的学术界一直没有对这一概念引起重视。19世纪后期，学术界才开始对商誉这一要素进行讨论和研究，把其概念演变为“商誉是业主与客人之间的友好关系”。到了20世纪，随着经济的发展，企业之间的组织形式越来越复杂，企业的竞争越来越激烈，要想突现企业的优势，就不能仅仅依赖业主与客人之间的友好关系，生产组织、销售环节、企业内部管理等方面成了企业提升优势的重要因素，这些方面的优势，能获得超额的利润。后来在学术界逐渐规范了商誉的概念，Hendrickson是著名的当代会计学理论家，他在其权威的著作《会计理论》里介绍了商誉的3个概念，就是后来人们所称的商誉三元论。

（1）好感价值论：好感价值论是指企业的良好形象给客人带来了对企业的好感，这种好感来自企业的各个方面，例如企业所具有的较高商业地位，拥有有利的地理位置，优秀的品牌效应以及完善的内部管理模式等。但是这些因素都不是具体的实物，它是看不见摸不着的，财务人员不能准确地将这些无形资源入账，于是商誉又被定义为无形资源论。

（2）超额收益论：超额收益论是指企业在一段时间内的盈利能力能够超过同行业平均盈利能力所高出的那部分利润。企业拥有了商誉就表明其拥有了超过正常盈利水平的能力，但因为其无法独自辨认，所以只有与企业整体相结合所创造出的超额收益才能集中体现商誉的价值。

（3）剩余价值论：剩余价值论也称总计价账户论。其内涵是商誉不能独立获得收益，而是所有资产成为一个整体而创造出的收益大于这些资产单项价值的总和；是持续经营价值的体现；是指拥有忠诚的客户、优秀的管理模式、有利的地理位置等不能确认为资产但是却是整体获得收益不可缺失的产物。

2. 商誉的确认

（1）并购企业中商誉的会计处理。我国2006年的企业会计准则在企业合并这一章中规定："并购企业支付的并购成本大于并购时获得的被并购企业的可辨认净资产公允价值的差额应确认为商誉。"对于非同一控制下的合并，企业会计准则规定，并购方应根据企业会计准则确认并购成本和并购时获取的被并购方可辨认净资产公允价值，并比较两者之间的大小。合并成本的内容包括：①并购企业在交易中为获得被并购企业的主导权而支出的成本，包括资产，被并购企业负债及权益性证券的公允价值。②企业并购重组而发生的直接相关费用。③对于未来发生事项的金额对并购成本有影响的应计入合并合同中，前提是：可能会对合并成本有影响的该未来事项能够在购买日可靠地计量其金额。企业要在购买日将并购成本大于被并购方可辨认净资产公允价值的差额确认为商誉；如果是小于被并购方可辨认净资产公允价值，则首先应对合并成本的计量进行复核，如果复核后合并成本依然小于被并购企业的可辨认净资产公允价值，则将其差额计入当期损益。

（2）商誉的后续计量。从会计历史上来看，对商誉的后续计量曾经存在几种方法：其一是分年度摊销，其二是一次性处理，其三是不摊销而每年至少进行一次减值测试和计提减值准备。美国公认会计原则（GAAP）在2002年之前是按照40年的年限摊销商誉的，由于美国财务会计准则理事会（FASB）在2001年修订相关准则时取消了权益结合法，而对企业界做出了妥协，即商誉不再进行摊销，而是每年进行减值测试，没有减值则不会产生损失（费用）。国际会计准则理事会（IASB）随后在修订其业务合并准则时也采用了美国GAAP的做法。我国会计准则（或企业会计制度）在2006年及之前是将商誉混合在总的并购溢价中按照10年或短于10年的合同投资期限进行摊销的（即股权投资借方差额及其摊销），2007年开始实施的与国际财务报告准则（IFRS）相趋同的新会计准则采用了和IFRS一致的商誉会计处理方法，即不再摊销，而是每年进行减值测试。到了现在还是沿用不摊销但每年进行减值测试的后续计量方法。

3. 商誉风险

商誉风险主要指商誉减值所带来的负面后果。根据我国现行会计准则的规定，商誉减值直接影响企业的当期损益。这种财务报表层面上的负面后果，不仅吞噬了企业的业绩，也会直接或间接向二级市场投资者传达利空信息，从而造成一系列负面市场反应和内部人道德风险。

（二）行业背景

1. 游戏产业发展的现状

（1）网络游戏市场规模增长放缓，行业进入平台期。中国游戏市场规模从绝对值上来看是不断增加的，一方面是由于移动互联网的普及为网络游戏的运行奠定了良好的配套运行设施，而且随着人民生活水平的不断提高，对娱乐产品的需求也不断上升。另一方面是因为文化娱乐产业之间的联动发展不断地得到推进，这促使游戏产业链得到延展。但从市场规模的相对值来看，网络游戏市场规模的增长幅度开始下降，这是由于已充分地利用了人口红利。

（2）游戏玩家注重游戏体验，客户端游戏市场规模出现下跌。2012—2015年端游的市场规模不断扩大，而2016年和2017年出现下跌，由2015年的657.4亿元下降到2017

年的580.4亿元，这主要是因为生活节奏变快，玩家过于忙碌，坐在电脑前的时间大大减少。客户端游戏需要花更多的时间借助电脑运行，而移动游戏相对灵活，有利于玩家充分利用其碎片化的闲暇时间，这就导致了客户端游戏用户向移动游戏转移。

2. 我国并购商誉的现状

遍观当今世界各国发展经济和科学技术的形势，可以发现，企业的生存环境随着时间的推移也在不停地发生变化，这就表明企业之间也有了随之而来的竞争压力和风险。有的企业为了在这场没有硝烟的战争中处于不败之地，采取了企业并购来增强核心力的重要策略。从1900年以来，企业之间的并购就屡见不鲜，而且并购的规模也是水涨船高。改革开放后，中国经济一直都是平稳而快速地发展着，越来越多的本土企业做大做强，一些资本比较雄厚的企业为了能更快速地扩大规模选择并购其他公司，这样一来可以很快实现规模的增大，企业的结构也更加多样化。

中国2012年并购数量是991起，2013年并购数量是1 232起，2014年并购数量是1 929起，2015年并购数量是2 692起，2016年并购数量是3 105起，就这5年的时间增加了2 114起，为2012年的2倍多；而并购总额从3 172.65亿元人民币增长到18 435.53亿元人民币，增长率高达481.07%，这些庞大的数据反映了中国近些年来并购市场的繁荣。经统计，我国2009—2017年这9年时间的并购案例总数达17 502起，并购的总额合计达到了79 213.24亿元。

而与中国近些年来的并购市场的繁荣相对应的便是不断增长的合并商誉。商誉一般由企业在合并中，收购方付出的对价与被收购方的可辨认净资产公允价值的差额所形成。在收购活动中，收购方所出的最终收购价往往会高于被收购公司的公允价值。为了会计处理方便，将支付对价中超过公允价值这部分计入“商誉”这一会计科目。据统计，2008年年末时，A股总体商誉净值约有720亿元，然而随着并购规模的不断扩大，A股上市公司的商誉账面金额也是水涨船高。据数据显示，2018年末A股上市公司商誉总额为1.3万亿元，是10年前的18倍左右。随着商誉规模的不断攀升，伴随而来的商誉减值风险的不断提高，从2018年A股上市公司公布出来的年报已经可以看出商誉减值问题对公司利润影响的严重程度了。除了个别公司因为特殊原因之外，已经披露年报的A股上市公司中，亏损个股的数量达到了452家，创历史新高，值得注意的是，在这些亏损的上市公司中，因为商誉减值侵蚀上市公司利润的占到一半。在2018年，871家上市公司共计提商誉减值准备的金额高达1 658.6亿元，是A股商誉减值史上最高的年份，是2017年的4.5倍，2016年的14.5倍。由于商誉减值，亏损10亿元的上市公司数不胜数，而由于商誉减值而导致亏损最为严重的则是天神娱乐，亏损达70多亿元，仅仅集团的控股公司的合并商誉就使得该公司亏了40多亿元。与此同时，也有很多公司因为计提了商誉减值准备而出现了上市之后的亏损。

三、案例分析要点

（一）需要学员识别的关键问题

1. 天神娱乐巨额商誉是如何产生的?
2. 天神娱乐并购过程中产生的高溢价是否合理?

3. 天神娱乐在2018年产生巨额商誉减值的原因是什么？
4. 如何降低企业在并购过程中产生商誉减值风险？

（二）解决问题的可供选择方案及其评价

1. 天神娱乐巨额商誉是如何产生的？

商誉是指能在未来期间为企业经营带来超额利润的潜在经济价值，或一家企业预期的获利能力超过可辨认资产正常获利能力（如社会平均投资回报率）的资本化价值。商誉是企业整体价值的组成部分。在企业合并时，它是购买企业投资成本超过被合并企业净资产公允价值的差额。

根据天神娱乐年度财务报告，其巨额商誉主要是在2015—2017年发生的8起并购活动产生的。其中分别为：①2014年8月，以3 100万元取得妙趣横生5%的股权；2015年10月，收购剩余95%的股权，两次收购的成本总计6.2亿元，共产生商誉约5.04亿元。②2015年2月，天神娱乐支付6亿元现金收购深圳为爱普信息技术有限公司100%股权，产生商誉约4.93亿元。③2015年10月，天神娱乐以现金和股份的方式支付8.8亿元，收购雷尚（北京）科技有限公司100%的股权，产生商誉约7.83亿元。④2015年10月，天神娱乐以0.1亿元现金收购上海麦橙网络科技有限公司（以下简称“上海麦橙”）100%的股权，又以发行股份和现金支付的方式，以20.7亿元取得Avazu 100%的股权，二者的合并成本超过可辨认净资产公允价值的10倍，共产生商誉约18.85亿元。⑤2016年10月，天神互动以9.86亿元现金收购深圳市一花科技有限公司100%的股权，产生商誉约9.02亿元。⑥2017年1月，天神娱乐以发行股份和支付现金相结合的方式，购买北京幻想悦游网络科技有限公司93.5417%的股权，合并成本为34.17亿元，共产生商誉约29.28亿元。⑦2017年1月，天神娱乐以股份和现金的方式支付7.42亿元，收购北京合润德堂文化传媒有限责任公司96.36%的股权，产生商誉约5.2亿元。⑧2017年2月，天神娱乐以现金的方式购买嘉兴乐玩网络科技有限公司42%的股权，共支付4.69亿元，产生商誉4.36亿元。总共产生约84.5亿元商誉。

2. 天神娱乐并购过程产生的高溢价是否合理？

由表16-3可以看出，天神娱乐在2015—2017年的8起并购活动中，每次并购活动产生的商誉占合并成本的比例均超过了70%，且大部分超过了80%，有的甚至超过了90%。

每次并购基本都是高溢价，高溢价的背后一般都是对被并购企业的盈利能力以及所处行业的看好，然而从表16-5可以看到，有3家并购的企业并未如期完成业绩，这可以看出对并购企业的盈利能力分析是存在失误的，与此同时，虽然另外几家企业都如期完成了业绩承诺，但是，在2018年依旧计提了巨额的减值准备。从天神娱乐发布的公告中可以看到，发生巨额商誉减值的原因主要是行业市场下滑所致，这说明天神娱乐对被并购企业的行业的发展前景过分看好，从上面分析可以看出，天神娱乐在并购过程中对被并购企业的价值估计过于乐观，存在高溢价现象，并购价值存在不合理的可能性。

3. 天神娱乐在2018年产生巨额商誉减值的原因是什么？

第一点是高溢价导致商誉减值，天神娱乐从2014年开始的一系列并购活动，每次并购活动产生的商誉占合并成本的比例均超过了70%，且大部分都超过了80%，有的甚至超过了90%，每次并购的溢价程度非常高。一般对于高溢价并购的背后是并购方对被并购企业前景的看好。然而，从表16－5可以看出，虽然最初并购的北京妙趣横生网络科技有限公司、深圳为爱普信息技术有限公司、雷尚（北京）科技有限公司都完成了业绩承诺，但是，随后并购的深圳市一花科技有限公司、北京幻想悦游网络科技有限公司、北京合润德堂文化传媒有限责任公司这三家企业都出现承诺业绩未达标的情况，这使得天神娱乐要重新评估各子公司的商誉的减值。综上分析，天神娱乐在并购过程中可能存在过度高估被并购企业的价值，这直接导致企业发生商誉减值。

第二点是对并购标的的行业发展前景过于乐观。3家完成了承诺业绩的公司，虽然完成了业绩，但是在完成业绩之后，业绩开始下滑，在2018年也几乎全额计提了商誉减值准备，天神娱乐发布的公告显示，此次公司发生大额商誉减值的原因主要是：①近年来游戏行业人口红利消失，行业增速下滑，市场竞争日趋激烈，同时，由于各游戏子公司过分依赖少数重点产品，产品单一又缺少新开发产品，而存量运营的游戏，部分受生命周期、移动游戏市场份额挤压等影响使运营流水下滑，最终导致了多家游戏子公司的巨额商誉减值。②对于新媒体产业的合润德堂文化传媒公司，受娱乐圈补税、天价片酬治理影响，以及部分艺人丑闻曝光等社会负面影响，部分艺人主观减少曝光率，广告切入机会减少，整体广告业务受到不利影响；同时，受“限古令”等不利政策影响，电视剧播放审查严格，导致电视剧广告植入市场容量缩水，合润德堂文化传媒电视剧广告业务受到不利影响。

4. 如何降低企业在并购过程中产生的商誉减值风险？

（1）合理准确评估被购买方企业价值，减少商誉堆积。首先，在我国当前企业价值评估中，信息不对称问题比较突出，导致合并估值可能严重失真。因此，要做好目标公司调研工作，对财务信息、非财务信息进行搜集，将估值整合到数据中，并提高估值的准确性和可靠性，避免商誉出现失真现象。其次，在估值过程中，估值方法的选择对估值效应有较大影响。而估值方法本身存在的缺陷，也会对估值可靠性产生不利影响。针对这一情况，估值方法选择要结合目标公司的具体情况，把握目标公司的行业特点及各个发展阶段的情况。在本案例中，天神娱乐并购Avazu、雷尚科技、合润传媒等公司采用的最终评估方法均为收益法，全部被购买方的评估价值均得以增值且增值额远大于会计账面价值，其中大多数公司评估价值增值20倍以上且最高增值223倍，虽然收益法或许会更加适用于游戏、新媒体等轻资产企业的估值，但是由于收益法最重要的是对被并购企业未来的盈利能力进行主观估计，而游戏、新媒体企业在收益方面会存在很大不确定性，对于收益法估计出来的企业价值可能容易出现过度高估的现象。所以在使用的时候应当更加注意对企业内部的无形资产的盈利能力进行更加谨慎的估计，尤其是对其生命周期的估计，与此同时，还应当考虑企业的可持续研发能力，应该综合各方面的因素，谨慎估计其未来的收益，从而避免过高估值的现象。

（2）加强并购之后的整合。天神娱乐在进行组织结构整合时，最大程度保持了幻想悦游的自主经营权，没有对其组织架构和人员安排进行重大调整。天神娱乐管理层认为这种做法可以保持标的公司原有的竞争优势，殊不知这会使得该组织结构难以适应集团的发展战略，天神娱乐也难以与幻想悦游产生良好的协同效应。并购整合往往是并购方案设计中容易被忽视的一个阶段，很多并购活动的失败也往往是因为并购整合不利。天神娱乐管理层是时候停下快速扩张的脚步，根据企业的发展战略和市场需求对有关的资源进行重新配置，以突显企业的核心竞争力，并寻求资源配置与客户需求的最佳结合点。就此次并购而言，天神娱乐应当充分利用幻想悦游提供的海外游戏发行和运营平台，使天神娱乐旗下的游戏产品能够更好地实现“走出去”的战略。

四、教学组织方式

（一）问题清单及提问顺序、资料发放顺序

本案例讨论题目依次为：

1. 天神娱乐巨额商誉是如何产生的?
2. 天神娱乐并购过程产生的高溢价是否合理?
3. 天神娱乐在 2018 年产生巨额商誉减值的原因是什么?
4. 如何降低企业在并购过程中产生的商誉减值风险?

（二）课时分配

1. 课前计划

发放案例正文，提供思考问题给学生，请学生在课前完成阅读，了解相关理论知识，并对案例中涉及的问题进行讨论，以小组为单位形成初步观点。

2. 课堂计划

（1）小组讨论并提交分析报告提纲：约 2 小时；

（2）课堂小组代表发言，进一步讨论：约 2 小时；

（3）课堂讨论总结：约 0.5 小时。

（三）讨论方式

本案例可以采用小组式进行讨论。

（四）课堂讨论总结

课堂讨论总结的关键是：归纳发言者的主要观点；重申其重点及亮点；提醒大家对焦点问题或有争议观点进行进一步思考；建议大家对案例素材进行扩展研究和深入分析。

案例 17

患生于所忽，祸起于细微——勤上光电并购广州龙文教育*

*1. 本案例由广东工业大学管理学院的张军波、彭薇、吴晓静撰写，作者拥有著作权中的署名权、修改权、改编权。
2. 本案例授权广东工业大学产教融合 MPAcc 教学智库实验平台使用，广东工业大学产教融合 MPAcc 教学智库实验平台享有复制权、修改权、发表权、发行权、信息网络传播权、改编权、汇编权和翻译权。
3. 由于企业保密的要求，在本案例中对有关名称、数据等做了必要的掩饰性处理。
4. 本案例只供课堂讨论之用，并无意暗示或说明某种管理行为是否有效。

[案例封面]

专业领域： 财务管理

适用课程： 财务管理理论与实务

选用课程： 财务管理理论与实务

编写目的： 通过本案例的教学和讨论，能够帮助学员进一步了解业绩承诺相关知识。在公司并购过程中，为何签订业绩承诺，为何选择被收购公司，收购定价是否合理，最后为何会业绩失诺，业绩失诺给公司带来的经济后果又是什么。

知 识 点： 业绩承诺；勤上光电；动因；经济后果

中文摘要： 东莞勤上光电股份有限公司，是半导体照明行业中第一家也是唯一一家以LED照明灯具为主营业务的上市公司。本文旨在通过分析勤上光电并购广州龙文教育过程中业绩承诺的动因、并购定价、经济后果等，掌握业绩承诺相关知识。

[案例正文]

一、案例背景

(一) 公司概况

1. 并购方：勤上光电股份有限公司

勤上光电股份有限公司（简称勤上光电）创建于1993年，1994年开始进行户外装饰灯的生产与销售。1998年开始进行低功率和中功率LED的研发。2004年开始大功率LED应用的研发。2007年，勤上光电股份公司与清华大学实现“产、学、研”联合，在LED应用技术研发及科技创新方面投入了巨大研发技术力量，实现从传统产业到高新技术产业的升级，由劳动密集型制造业向高新技术产业链纵深发展，并由功能性照明产品上升到节能照明、智能照明系列解决方案，逐步探索出一条半导体照明与风光互补再生能源紧密结合的产业发展之路。2011年11月在深圳成功上市，证券号：002638。

2. 被并购方：广州龙文教育

广州龙文教育成立于1999年，是一家专注于学生能力培养、学科知识辅导及心理疏导的个性教育机构。截至2019年，广州龙文教育遍及北京、上海、广州、武汉、天津等21个城市，共500余所分校。广州龙文教育始终专注为6～18岁孩子提供分层次、梯度式及个性化的课外同步辅导服务，整合优质教育资源，以满足不同层次学生的需求。2019年母公司勤上光电正式入主广州龙文教育，将未来发展方向定义为“为更多家庭和孩子带来专业的辅导”。广州龙文教育凭借一流的师资团队，致力于打造成具有影响力的综合性教育产业集团。

(二) 宏观背景

随着我国经济转型与市场竞争的加剧，企业客观上需要扩宽生产经营渠道，开辟新的业务领域或市场，这使得并购活动频频发生。受财税体制与证券监管制度的影响，大部分上市公司的并购类型为控股合并。根据Wind数据库，2018年中国并购市场宣布并购案例6 998起，其中披露金额的并购案例有4 965起，较上年减少603起，交易总金额约为5 768.43亿美元，同比下滑1.86%；完成并购案例数量为2 948起，其中披露金额的有2 265起，较上年减少339起，交易总金额约为3 043.76亿美元，同比下滑6.61%。虽然并购总数整体稍稍下降，但并购趋势仍然火热。

在非同一控制下合并中，由于标的资产未来盈利能力存在较大不确定性，出让方对标的资产的了解程度远高于购买方，双方出现了信息不对称的情况。为避免此类情况发生，2008年5月18日起实施的《上市公司重大资产重组管理方法》规定：交易双方应当与上市公司就相关资产实际盈利数不足利润预测数的情况签订明确可行的补偿协议。

并购后，标的资产的控制权已经交付给上市公司，只有上市公司可以披露标的资产的实际盈利数。这意味着这些资产必须始终保持原有状态并单独核算，这不利于并购后的业务整合。所以，在2014年11月23日起实施的《上市公司重大资产重组管理办法》中，取消了上市公司向非关联第三方发行股份购买资产的盈利预测补偿强制性规定。在现行并购背景下，并购方对标的公司未来发展的预测比较困难，导致估值过高是并购中最大的风险之一，因而引入一种估值调整机制，是控制收购风险的有效办法。因此又增添新规定：上市公司应当在重大资产重组实施完毕后3年内的年度报告中单独披露相关资产的实际盈利数与评估报告中利润预测数的差异情况，并且交易双方应当就相关资产实际盈利数不足利润预测数的情况下签订明确可行的补偿协议。此补偿协议即“业绩承诺”。一方面，并购方可以通过业绩承诺补偿协议达到保护己方利益不受损害，通过业绩承诺收获更大利益；另一方面，业绩承诺可以对被并购方企业起到激励作用，促使其达成业绩承诺。

在A股市场上与同行业中业绩承诺的履行状况方面，2014—2016年是A股上市公司并购大爆发的3年，而2016—2018年则是业绩承诺大爆发的3年。2017年、2018年业绩承诺期满的并购涉及的上市公司分别为253家、262家（其中5家上市公司未披露年报，被出具非标或将并购标的剥离，不确定业绩承诺是否完成），业绩承诺期间合计承诺金额为1 364亿元和1 824.4亿元。其中未达到业绩承诺的上市公司分别为78家与87家，占总数的约三分之一，不可小觑。

再看同处光电行业的其他企业的业绩承诺情况。2016年，为改善子公司盛波光电的经营状况，锦江集团作为增资主体认购盛波光电40%的股权，盛波光电作出了业绩承诺，但最后业绩失诺。2017年，联建光电对爱普新媒进行增资并收购其全部股权，联建光电与爱普新媒签订业绩承诺，同样也业绩失诺。2018年，华灿光电以发行股票的方式收购和谐光电100%的股权，并与和谐光电签订业绩承诺，业绩承诺尚未到期。

二、案例情况

（一）业绩承诺动因

1. 基于资金缺口的动机

勤上光电股份有限公司自成立后一直保持高速发展，为应对激烈的行业同质化竞争，勤上光电制定了提升企业综合竞争力的发展战略。产品开发方面，公司将建立与绝大部分现存传统功能性照明产品对应的替换性LED照明标准化产品体系。市场开拓方面，公司将在国内建立八大区域运营管理中心。另外，公司将对新商业模式EMC进行开发和完善，EMC模式可令用户无需支付初始购买成本，此种模式意味着公司需要垫付大量资金。近些年来为了适应公司发展，引进了大量研发、营销、管理方面的优秀人员，加大了在产品研发方面及市场拓展方面的投入，优化了营销人员的激励机制，不断开发、引进新技术，扩展销售渠道。

从表17-1可以看出，4个项目一共需要约4.6亿元的资金。公司用于构建固定资产、无形资产和其他长期资产支付的现金为3.5亿元，而勤上光电2008年、2009年经营活动产生的现金流量净额仅仅为1 008万元和2 260万元。这也与勤上光电所处的行业相关，LED户外照明产品销售对象主要是政府公用事业单位，此类销售的回款期较长，影响了现金流。勤上光电2008—2011年经营活动和投资活动产生的现金流量净额之和均为负值，需要依靠融资才能保证正常的经营和投资活动。所以，勤上光电的资金需求很大，靠内部资金是无法满足的，急需外部融资。

表 17－1　项目投资金额汇总

项目名称	项目总投资/万元	建设期/年
LED 户外照明与景观照明项目	20 338. 14	2
LED 室内照明项目	14 111. 95	2
LED 照明研发设计中心项目	7 660. 14	2
公司运营管理中心项目	4 233. 10	1
合计	46 343. 33	—

2. 融资渠道狭窄

我国企业的融资来源顺序首先是股权融资，其次债务融资，最后才是内源融资。结合中国实际情况来看，在民营企业的初创期，私募股权基金等风险资本是企业理想的投资者。具体来说，勤上光电选择私募股权投资的主要原因是：

从客观条件来看，一方面，在我国社会主义经济制度的背景下，国有企业在我国的市场发展中具有十分重要的地位，国有企业几乎垄断性地占有社会资金，其中也包括股权投资的形式。这加剧了中小企业和创新型企业融资难的问题。另一方面，勤上光电这样的民营中小企业由于是新兴行业，资产规模不大且资金实力薄弱，缺乏必要的抵押品，信用记录也不完整，申请银行贷款的审批时间过长，获取银行贷款比较困难。并且，我国资本市场还处于不完善状态，还没有建立起较系统的适合中小企业融资的市场。所以，从客观条件来讲，企业不太容易获得除股权融资之外的融资渠道。

从主观方面来说，企业认为债务融资有硬性的借款条约的约束，需要定期支付利息，到期偿还本金。企业进行债务融资会有偿债风险，可能会导致资金链断裂，债券融资成本将成为企业沉重的负担。债券融资成本将硬性约束企业管理层过度投资和无所作为等行为，减少企业管理层对资金的支配能力。相较而言，股权融资的成本——股利分红的约束是软性的。相当多的上市公司多年不分红，或者只是象征性地分红，极少有企业将当年盈利全部分配，股利分红的支出极低。因此，较弱的约束强度和较低的融资压力成为企业管理层产生股权融资偏好的重要原因。

3. 借助机构投资者优势

勤上光电在 2007 年 10 月到 2010 年 12 月，这 3 年的时间内引入了深圳创投、通盈创投、天津达正元投资基金中心等 20 多家机构投资者，机构股东的引进，有利于公司提高公司规范运作水平，完善公司治理。引入机构投资者具有下列 3 个方面优势：

第一，机构投资者可以提供增值服务。引入机构投资者，除了获得资金支持，还可以获得机构投资者的资源优势和丰富的管理经验，为企业提供具有前瞻性的战略指导。例如财务制度和内控制度的完善、法律咨询、人才的引进和培养等。

第二，引入机构投资者有助于提升企业的市场说服力，在未来上市的时候更容易获得大众的支持。企业与机构投资者已经成为事实上的利益共同体，机构投资者更看重企业未来的长期收益，希望在上市之后带来丰厚的报酬。所以会尽力帮助企业渡过上市中的难关，提升企业价值。

第三，机构投资者比个人投资者更有能力监督管理层。在涉及公司重大决策时，为了保护投资者的自身利益，机构投资者会加强干预。当然，机构投资者并非代替企业原有的治理结构，只是在不威胁到控股股东控制权的前提下，在董事会中占有席位，改善企业效率不足的局面。

综上所述，勤上光电为了满足企业发展对资金的需求，顺利获得私募股权融资，接受股权投资中的对赌协议成为它的必然选择。

4. K12 教育行业处于朝阳行业

在我国教育资源分布不平衡的格局下，以中高考为主要类型的选拔性考试和择校、分班需求在相当一段时期内基本属于众多 K12 阶段孩童的“刚需”。同时，2008 年奥运宝宝热潮以及全面二孩政策的实施，使得 K12 教育即将迎来良好的人口红利期。目前我国处于 K12 教育阶段的人口高达 1. 8 亿，预计 2020 年达到 2. 12 亿。据艾瑞咨询数据显示，近 5 成家庭年均教育的支出在 6 000 元以上，考虑到区域性差别，这一风口市场的规模将在万亿量级。另外，由于试错成本相对较高，教育产品属于非价格敏感类，因而需求与价格的稳定提高使得 K12 教育成为抗周期的优秀行业，市场关注度不断提高。

K12 教育市场十分分散，集中度较低，目前课外辅导机构前五家的市场份额合计未超过 5%。目前全国性布局的 K12 课外辅导机构包括新东方、好未来、学大、龙文等，其余机构多为区域性布局，预期未来十年行业或将迎来大规模的整合，具备品牌优势和运营能力的教育公司有望借助资本力量快速提升市场份额和行业整合能力。最后，教育的本质是对个人能力与素质的提升，每个个体都是独立的，因而真正的“完美教育”应当是强调个性化的因材施教，由此衍生出了社会生活水平提高下巨大的一对一教育产品的差异化需求。广州龙文教育作为全国领先的 K12 一对一个性化课外辅导品牌，经过多年的积累，目前在师资、课程研发体系、人员培训体系、营销与运营体系等方面具备丰富的经验与优势。根据搜狐教育相关统计，2009—2014 年，一对一个性化辅导在课外辅导细分行业中的市场占有率从约 28% 提升到 31%，且将继续保持稳定增长。

5. 布局双主业驱动战略

在全球经济不确定因素增多和经济总体疲软的态势下，我国宏观经济下行压力增大，众多产业面临空前的转型、整合挑战和机遇。过去的 2015 年度是我国的并购重组年，也是勤上光电面对 LED 产业现状积极持续探索行业并购整合和战略转型升级的一年。同时在国家持续推进简政放权、激发激活社会创新驱动的政策治理背景下，证监会等相关监管机构以上市公司为主要主体的社会机构进行跨行业、跨地区、跨所有制的并购重组扫除了许多政策障碍和限制，为公司战略转型和产业升级奠定了良好的社会基础，拓展了政策空间。如前所述，面对宏观经济下行压力以及半导体照明产业“红海”格局，为了提升公司的持续盈利能力，维护全体股东利益，实现公司价值提升，勤上光电一直在探索战略并购转型和行业整合升级，经过充分研判和审慎选择，报告期内公司拟通过发行股份及支付现金的方式，购买广州龙文教育科技有限公司 100% 股权，以此作为公司战略发展转型升级、进军教育产业的开篇之作。本次交易完成后，勤上光电将实现半导体照明产品与 K12 辅导服务的双主业布局，将会扩大公司资产总额和净资产规模，提高整体毛利率和销售净利率水平，提升公司的盈利能力和抗风险能力，进而提升公司价值，更好地回报股东。

（二）业绩承诺完成情况

如果广州龙文教育科技有限公司（简称龙文教育）2015—2018年度经审计的净利润合计（净利润指扣除非经常性损益后归属于龙文教育股东的净利润，加上2015年同一控制下企业合并产生的子公司期初至合并日的当期净损益，并扣除勤上光电股份于本次发行时发行股份募集配套资金用于龙文教育项目建设所直接产生的损益）低于承诺利润5.638亿元，则业绩承诺方龙文教育需按照约定承担净利润承诺补偿责任。

广州龙文教育业绩承诺期内业绩实现情况如表17-2所示。

表17-2 广州龙文教育业绩承诺期内业绩实现情况

项目名称	实现净利润/万元	项目名称	实现净利润/万元
2015年度扣除非经常性损益后净利润+同一控制下企业合并产生的子公司期初至合并日的当期净损益	8 626.36	2018年度扣除非经常性损益后净利润	5 769.45
2016年度扣除非经常性损益后净利润	6 642.46	合计	29 451.45
2017年度扣除非经常性损益后净利润	8 413.62		

广州龙文教育2015—2018年度实现净利润合计29 451.45万元，相较承诺金额——不低于人民币56 380万元，减少26 928.55万元，完成率为52.24%，未完成业绩承诺。

广州龙文教育科技有限公司自1999年创办以来，集团直营式管理，以“诚信办学”为宗旨，以“名师辅导”为核心，以“个性化教学”为特色，业界诨号为“成都小吃”，主要开展中小学一对一同步辅导业务。短短5年时间，这家公司已经号称“全中国规模最大的中小学课外辅导机构”。广州龙文教育在全国54个城市拥有1 068家分校，学生超过10万人，专职员工1.5万人，算上兼职员工则有2万余人。

30余个城市教学点无办学资格。先上车后买票，各地教育局对于民办培训机构办学资格证审批的谨慎与日益增长的培训市场需求形成鲜明对比。广州龙文教育虽在全国54个城市都拥有分校，但其中有30多家分校并无办学资格，且广州龙文教育科技有限公司在工商行政管理局登记的经营范围为大型活动组织策划服务、体育用品及器材批发等，并没有教育办学资格。

广州龙文教育的师资力量薄弱、不稳定，流动性较大。报告期内受四部委开展校外培训机构专项治理行动的影响，广州龙文教育对部分教学点进行整改或关停，同时广州龙文教育为了符合相关要求，投入大量资金对大部分教学点进行了优化和整合；为了提升竞争力，引进了优质教师，对生源进行拓展，在很大程度上影响了收益实现，对2018年度业绩产生了较大影响。

据勤上光电2018年年报显示，广州龙文教育主要利润增长点——“小班化辅导建设项目”以及“在线教育平台及O2O建设项目”所获专项投资一个被叫停，一个从近4.4

亿元减为 9 000 万元。

（三）并购定价

并购定价主要依据对被并购公司广州龙文教育的资产评估结果，而具体资产评估过程如下：

根据勤上光电委托银信资产评估有限公司所出具的评估报告来看，勤上光电拟用非公开发行股票并支付现金的方式收购广州龙文教育 100% 的股份，评估方法为收益法与市场法，评估基准日为 2015 年 8 月 31 日。

资产评估的对象是被评估单位截至评估基准日的股东全部权益价值。评估范围是被评估单位截至评估基准日所拥有的全部资产和负债。广州龙文教育母公司财务数据如表 17－3 所示。

表 17－3　广州龙文教育母公司财务数据

流动资产账面金额/元	249 284 864. 01	资产合计	290 306 882. 97
长期股权投资账面金额/元	37 700 000. 00	流动负债账面金额/元	302 882 947. 97
固定资产账面金额/元	740 995. 89	非流动负债账面金额/元	
无形资产账面金额/元	203 055. 66	负债合计/元	302 882 947. 97
长期待摊费用账面金额/元	2 377 967. 37	所有者权益合计/元	－12 576 065. 04

广州龙文教育母公司主要资产如表 17－4 所示。

表 17－4　广州龙文教育母公司主要资产

序号	被投资单位名称	持股比例/%	账面价值/元
1	广州龙文教育科技有限公司	100	100 000
2	湖北环球龙文教育科技有限公司	100	1000 000
3	杭州龙文教育科技有限公司	100	500 000
4	湖州龙文教育咨询有限公司	100	100 000
5	嘉兴龙文教育科技有限公司	100	500 000
6	宁波龙文环球教育信息咨询有限公司	100	500 000
7	台州龙文教育咨询有限公司	100	1 000 00
8	无锡龙文教育信息咨询服务有限公司	100	300 000
9	舟山龙文教育咨询有限公司	100	500 000
10	大连龙文教育咨询有限公司	100	1 000 000
11	南宁龙文教育咨询有限公司	100	1 000 000
12	重庆龙文教育信息咨询有限公司	100	500 000
13	成都市龙文教育咨询有限公司	100	500 000
14	南京龙文教育信息咨询有限公司	100	500 000

续上表

序号	被投资单位名称	持股比例/%	账面价值/元
15	郑州龙文环球教育科技有限公司	100	500 000
16	天津龙文教育信息咨询有限公司	100	500 000
17	佛山龙文教育咨询有限公司	100	100 000
18	长沙龙文教育咨询有限公司	100	1 000 000
19	上海龙文教育信息咨询有限公司	100	1 000 000
20	上海盛世龙文文化传播有限公司	100	25 000 000
21	北京龙举云兴教育科技有限公司	100	2 000 000
22	苏州龙文教育信息咨询有限公司	100	500 000
	合计		37 700 000

1. 广州龙文教育科技有限公司母公司的其他实物资产

广州龙文教育科技有限公司母公司的其他实物资产如表17－5所示。

表17－5　广州龙文教育科技有限公司母公司其他实物资产

项目	账面金额/元	数量/项	现状、特点
现金	444 647. 42		人民币
电子设备	724 008. 16	568	账实相符、正常使用
车辆	16 987. 73	1	账实相符、正常使用

银信资产评估公司对广州龙文教育的评估结论为：采用收益法评估时，评估后广州龙文教育科技有限公司股东全部权益价值为20.14亿元，评估增值20.80亿元，增值率为3151.52%。

但在业绩承诺期到期后，勤上光电又聘请上海东洲资产评估有限公司对截至2018年12月31日广州龙文教育的股东权益进行估值，估值结果显示，截至2018年12月31日，广州龙文教育的股东权益价值为6.6亿元。与2015年20亿元的收购价格相比，减值13.4亿元。

企业间并购所追求的往往不是1＋1＝2，而是1＋1＞2的效应，即使被并方并购当时并不显见十分出色，若能够与上市公司发挥协同效应，将使得并购产生更多的收益，让并购交易支付的代价更为值得。在本次并购交易前，勤上光电是一家典型的半导体照明行业企业，主营业务为半导体照明产品的生产和销售，其经营情况按照行业划分，2015年，实现收入中半导体照明占据99.1%，为8.49亿元，半导体照明实现营业利润2.47亿元，占全部营业利润的99.83%。而按照产品来看，勤上光电的主要产品为户外照明、景观产品及显示屏，分别实现营业收入3.89亿元、1.91亿元和1.18亿元，占营业收入总额的45.73%、22.51%、13.89%。广州龙文教育则是典型的教育辅导类公司，主要从事K12一对一课外辅导，2015年广州龙文教育共取得营业收入7亿元，其中咨询服务费收入暨一对一课外辅导收入6.85亿元，占到了97.8%。勤上光电并购广州龙文教育是典型的跨业的相关资质进行了规定，也对游戏产品的内容设置进行了原则性规定，例如游戏内容不得含有宣扬淫秽、色情、赌博、暴力或者教唆犯罪的内容，不得在网络游戏中设置未经网络游戏用户同意的强制对战，不得以随机抽取等偶然方式诱导网络游戏用户采取投入法定货币或者网络游戏虚拟货币方式获取网络游戏产品和服务等。虽然并购的游戏公司均设有专职人员在研发过程中对游戏产品内容进行合规性审核，但由于游戏中玩法设计可能变化多样，游戏公司的工作人员对监管法规的理解可能存在偏差，网络游戏监管法规可能滞后于游戏行业发展，使得标的资产经营过程中可能出现游戏产品内容不符合现行监管法规，而被责令整改或处罚的风险。

7. 对少数重点产品过于依赖的风险

天神娱乐的并购标的之一幻想悦游的海外游戏发行业务的收入主要来源于深圳第七大道科技有限公司研发的核心游戏产品《神曲》。2014 年、2015 年及 2016 年 1—6 月，《神曲》占幻想悦游游戏业务收入的比例分别为 95.65%、90.05% 和 57.24%，为幻想悦游的经营和发展做出了巨大的贡献。但是，随着移动互联网的兴起所带来的移动网络游戏的爆发，以及游戏生命周期的固有限制，单一的网页游戏产品将无法支撑幻想悦游未来长期持续的盈利水平。为应对这一局面，幻想悦游自 2014 年起即大力布局移动网络游戏的发行及运营业务，储备优秀的移动网络游戏产品，优化其收入结构。2016 年，幻想悦游已上线《火影忍者》《战舰帝国》《开炮吧坦克》等多款重量级精品游戏，同时，在上述精品游戏之外，幻想悦游在 2015 年末及 2016 年初还上线了超过 20 余款新游戏，以进一步充分发挥平台的优势，优化产品结构，降低对单一产品的依赖。

幻想悦游凭借自身强大的发行及运营能力，良好的市场口碑，独特的细分市场壁垒以及与游戏研发商良好的合作关系，能够持续取得新游戏产品的代理授权。随着新的优秀游戏产品的不断上线，幻想悦游的游戏平台的品牌知名度及流量优势将进一步得到加强。幻想悦游在与游戏研发商的商业谈判中将能够占据更为优势的地位。幻想悦游的游戏产品种类及结构已经得到了丰富和优化。普通单一游戏的运营情况将不再会对其未来经营业绩构成重大影响。尽管如此，类似于《神曲》《火影忍者》等少数超重量级、超精品游戏的运营成果仍将构成幻想悦游收入的重要组成部分，可能对幻想悦游的经营业绩构成一定的影响。

8. 整合风险

企业并购后整合对于如今的企业来说也是一大难题。从公司经营和资源整合的角度，上市公司将对并购标的公司的治理结构、人力资源管理、财务管理、客户管理、业务流程管理以及业务拓展等方面进行一定的融合；为保持标的公司原有的竞争优势，同时保证上市公司对标的公司的控制力，上市公司会最大程度保持标的公司的自主经营权，不会对其组织架构和人员安排进行重大调整。尽管如此，交易完成后的整合过程中仍可能会对本公司和并购标的的正常业务发展产生不利影响，也可能对公司董事会、经营班子的经营策略、人才战略、公司文化以及公司战略构成挑战，从而对公司和股东造成损失。交易完成后，公司未来业务的发展具有不确定性，若不能对标的公司实施有效整合利用，则不能发挥标的公司对上市公司的协同效应，从而导致投资价值丧失，可能给公司和股东造成损失。

行业并购，主并公司是制造类公司，被并公司则是新兴服务类企业，二者风马牛不相及，并购双方的业务相关性很小，短期内难以产生协同效应。此种情势下，要想支撑20亿元的支付价格，需要依赖于标的公司优良的盈利能力或者是持续增长的盈利水平。

（四）业绩承诺未实现的经济后果

1. 对经营绩效的影响

对经营绩效的影响可以主要从业绩承诺未实现前后勤上光电股份股价的涨跌幅来看。从表17－6可以看出，在公告龙文教育未完成每年的业绩承诺前后的股价均出现下跌。

表17－6　交易前后股价变化

报告日期	未完成业绩承诺致歉日前后一日		
	前一交易日/（元/股）	后一交易日/（元/股）	差值（元/股）
2017/4/25	9.04	7.33	1.71
2018/4/4	5.31	4.63	0.68
2019/4/30	2.97	2.94	0.03

2. 对公司治理的影响

自2016年1月开始，勤上光电股份多名高管陆续辞职（表17－7），公司公告均将离职理由归结为个人原因，显然难以令人信服，结合2015—2018年勤上光电股份的财务状况来看，业绩承诺未实现导致的巨额商誉减值才是高管离职的真正原因。

表17－7　公司公告离职高管名单

公告日期	高管姓名	职务
2016年4月18日	汪凤鸿	证券事务代表
2016年5月27日	段铸	副总经理
2017年4月14日	胡绍安	副总经理兼董事会秘书
2017年11月21日	陈永洪	总经理
2018年2月1日	吴坚	总经理
2018年9月18日	孙伟华	副总经理
2018年11月6日	姚丽萍	公司股东监事
2019年11月1日	李敏	内部审计负责人

三、讨论题目

1. 勤上光电股份为何选择了广州龙文教育？
2. 并购定价是否合理？
3. 广州龙文教育为何业绩失诺？
4. 分析业绩失诺的经济后果。

[案例说明书]

一、本案例要解决的关键问题

通过本案例的教学和讨论，能够帮助学员进一步了解业绩承诺相关知识。在公司并购过程中，为何签订业绩承诺，如何选择被收购公司，勤上光电的收购定价是否合理，最后为何会业绩失诺，业绩失诺给公司带来的经济后果是什么。

二、案例讨论的准备工作

为了有效实现本案例目标，学员应该具备下列相关知识背景。

（一）理论背景

信息不对称理论、财务报表分析。

（二）案例背景

随着我国经济转型与市场竞争的加剧，企业客观上需要扩宽生产经营渠道，开辟新的业务领域或市场，这使得并购活动频频发生。受财税体制与证券监管制度的影响，大部分上市公司的并购类型为控股合并。根据 Wind 数据库，2018 年中国并购市场宣布并购案例 6 998 起，其中披露金额的并购案例有 4 965 起，较上年减少 603 起，交易总金额约为 5 768.43 亿美元，同比下滑 1.86%；完成并购案例数量为 2 948 起，其中披露金额的有 2 265 起，较上年减少 339 起，交易总金额约为 3 043.76 亿美元，同比下滑 6.61%。虽然并购总数整体稍稍下降，但并购趋势仍然火热。

在非同一控制下合并中，由于标的资产未来盈利能力存在较大不确定性，出让方对标的资产的了解程度远高于购买方，双方出现了信息不对称的情况。为避免此类情况发生，2008 年 5 月 18 日起实施的《上市公司重大资产重组管理方法》规定：交易双方应当与上市公司就相关资产实际盈利数不足利润预测数的情况签订明确可行的补偿协议。

并购后，标的资产的控制权已经交付给上市公司，只有上市公司可以披露标的资产的实际盈利数。这意味着这些资产必须始终保持原有状态并单独核算，这不利于并购后的业务整合。所以，在 2014 年 11 月 23 日起实施的《上市公司重大资产重组管理办法》中，取消了上市公司向非关联第三方发行股份购买资产的盈利预测补偿强制性规定。在现行并购背景下，并购方对标的公司未来发展的预测比较困难，导致估值过高是并购中最大的风险之一，因而引入一种估值调整机制，是控制收购风险的有效办法。因此又增添新规定：上市公司应当在重大资产重组实施完毕后 3 年内的年度报告中单独披露相关资产的实际盈利数与评估报告中利润预测数的差异情况，并且交易双方应当就相关资产实际盈利数不足利润预测数的情况签订明确可行的补偿协议。此补偿协议即“业绩承诺”。一方面，并购方可以通过业绩承诺补偿协议达到保护己方利益不受损害，通过业绩承诺收获更大利益；另一方面，业绩承诺对被并购方企业可以起到激励作用，促使其达成业绩承诺。

在 A 股市场上与同行业中业绩承诺的履行状况方面，2014—2016 年是 A 股上市公司并购大爆发的3年，而2016—2018年则是业绩承诺大爆发的3年。2017年、2018年业绩承诺期满的并购涉及的上市公司分别为253家、262家（其中5家上市公司未披露年报，被出具非标或将并购标的剥离，不确定业绩承诺是否完成），业绩承诺期间合计承诺金额为1 364亿元和1 824.4亿元。其中未达业绩承诺的上市公司分别为78家与87家，占总数的约三分之一，不可小觑。

同处光电行业的其他企业的业绩承诺情况。2016年，为改善子公司盛波光电的经营状况，锦江集团作为增资主体认购盛波光电40%的股权，盛波光电作出了业绩承诺，但最后业绩失诺。2017年，联建光电对爱普新媒进行增资并收购其全部股权，联建光电与爱普新媒签订业绩承诺，同样也业绩失诺。2018年，华灿光电以发行股票的方式收购和谐光电100%的股权，并与和谐光电签订业绩承诺，业绩承诺尚未到期。

三、案例分析要点

1. 需要学员识别的关键问题

勤上光电为何选择了广州龙文教育？并购定价是否合理？龙文教育为何业绩失诺？如何分析业绩失诺的经济后果。

2. 解决问题的可供选择方案及其评价

在业绩承诺与并购定价相关的文献、准则、政策及理论的指导下，先是对勤上光电并购广州龙文教育的动因及定价进行解析，发现勤上光电与广州龙文教育的协同性较差，且广州龙文教育的盈利质量和盈利增长能力不强，不足以支撑并购交易价格，并购定价过高。进一步分析发现，造成并购定价过高的主要原因是对标的资产估值过高，且主并方在议价谈判中相对被并方不占优势。接下来对广州龙文教育的业绩承诺未完成的原因进行分析，以及业绩失诺后的经济后果。得出并购定价过高是引发勤上光电节节败退的罪魁祸首，过高的业绩承诺是经济后果的导火索，并购后的整合问题阻碍了公司经营，直接导致了股价下跌与高管离职。

3. 推荐解决问题的方案

明确企业的发展战略和方向，理性对待市场上的热点产业，避免盲目并购、跟风并购，避免因为追逐政策性红利而扭曲企业自身战略。在选定好战略方向后应对目标企业做精心筛选，在并购前全面收集信息，做好尽职调查，降低信息不对称程度。

重视议价谈判，将企业价值评估与博弈有机结合，并购定价并不等于并购估值。但是，在目前的实际情况中，并购重组的各方将重点都放在价值评估上，忽视了议价博弈，与此同时，这种直接依据评估定价的做法容易导致并购重组双方主观上影响资产评估的过程和结果，使得在许多并购交易中，交易定价博弈的过程被提前到了资产评估阶段，这让并购定价更易出现不合理，因此，并购企业应该重视议价谈判，并购中应该签订业绩补偿协议。业绩承诺是保障并购方权益的一种有效手段，为了降低并购方的投资风险，应该与被并方签订业绩承诺，业绩补偿的约定内容可以更多样化，而不仅仅囿于标的企业未来的盈利状况，而且业绩补偿方式的设定应有可操作性。

重视并购后的整合工作。目标企业成为并购方的子公司并不意味着并购的结束，两家不同的公司在制度、管理水平、人员配置等各个方面都有差异，尤其是跨界并购，差异更大。

增强企业内生增长能力。企业发展的核心始终是靠业务能力的提升，买买买带来的业绩增长常常不可持续，过分依赖外延式扩张，尤其是热点炒作式的投资，长期而言对企业发展弊大于利。

四、教学组织方式

1. 问题清单及提问顺序、资料发放顺序

本案例讨论题目依次为：

（1）勤上光电为何选择了广州龙文教育?

（2）并购定价是否合理?

（3）广州龙文教育为何业绩失诺?

（4）分析业绩失诺的经济后果。

2. 课时分配

（1）课后自行阅读资料，约2小时；

（2）小组讨论并提交分析报告提纲：约2小时；

（3）课堂小组代表发言、进一步讨论：约2小时；

（4）课堂讨论总结：约0.5小时。

3. 讨论方式

本案例可以采用小组式进行讨论。

4. 课堂讨论总结

课堂讨论总结的关键是：归纳发言者的主要观点；重申其重点及亮点；提醒大家对焦点问题或有争议观点进行进一步思考；建议大家对案例素材进行扩展研究和深入分析。